王福堂先生近照

1956 届北京大学中文系语文专业毕业照，第三排左四为王福堂先生

1960 年北京大学语言学教研室香山留影，左六为王福堂先生

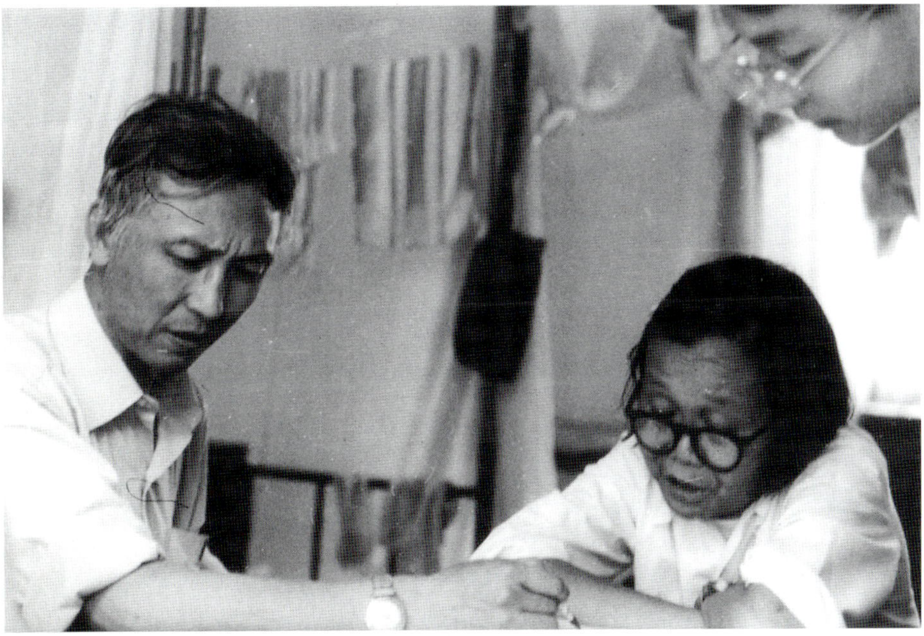

方言调查

王福堂先生与学生

王福堂王洪君夫妇

难得休闲

承泽堂方言论丛

王福堂教授八秩寿庆论文集

CHENGZETANG FANGYAN LUNCONG

李小凡 项梦冰 主编

语文出版社
·北京·

图书在版编目（ＣＩＰ）数据

承泽堂方言论丛 / 李小凡，项梦冰主编. -- 北京 ：
语文出版社，2014.3
ISBN 978-7-80241-252-1

Ⅰ. ①承… Ⅱ. ①李… ②项… Ⅲ. ①汉语方言—方言研究 Ⅳ. ①H17

中国版本图书馆CIP数据核字(2014)第033038号

责任编辑 章承董
装帧设计 李建章
出　　版 语文出版社
地　　址 北京市东城区朝阳门内南小街51号　100010
电子信箱 ywcbsywp@163.com
排　　版 泰博瑞国际文化传媒有限公司
印刷装订 北京市兆成印刷有限责任公司
发　　行 语文出版社　新华书店经销
规　　格 787mm×1092mm
开　　本 1/16
印　　张 28.25
字　　数 522千字
版　　次 2014年4月第1版
印　　次 2014年4月第1次印刷
印　　数 1-1,000
定　　价 68.00元

010-65253954(咨询) 010-65251033(购书) 010-65250075(印装质量)

前　言

这本汉语方言学论文集是为祝贺王福堂教授八秩寿诞组编的。

王福堂教授是方言学界德高望重的前辈学者。他1934年4月22日出生于浙江绍兴，1952年从杭州第一中学（杭州高级中学）毕业，考入北京大学中文系，1956年本科毕业后留系任教，先后在语言学教研室和现代汉语教研室从事汉语方言学教学和研究。投身汉语方言学事业六十年来，王福堂教授为学科的发展和学术水平的提升作出了重要贡献。2002年从教学岗位退休十余年来，他仍然保持着学术的青春，笔耕不懈，而且成果倍增，可谓“老骥伏枥，志在千里；烈士暮年，壮心不已”。

王福堂教授对汉语方言学影响深广，这种影响既来自所记方言语料因其均衡性和精准性而为学界广泛征引，又来自所思理论方法因其前瞻性和恰当性而为学人多所吸纳。他十年磨一剑，打造出《汉语方音字汇（第二版）》（1989）和《汉语方言词汇（第二版）》（1995）。这两部涵盖汉语各大方言的语料集是方言语音研究、词汇研究，尤其是比较研究的坚实基础，已经并将持久地嘉惠学林。为了打造这两部精品，上世纪80年代到90年代，他不计个人得失，漠视以发表论英雄的潮流，将教学之外的全部精力尽数投入，十余年间不著一书一文，而当大功告成之际，两部书上却不见他的个人署名。90年代以后，他立足汉语“自己的方言土壤”，刻意“尝试在理论上和方法上进行创造性的探索”，出版了《汉语方言语音的演变和层次》（1999）及其修订本（2005）。此书虽然只是“探索中的一些初步设想”，但因直面汉语方音普遍存在而用现成理论不好解释的种种现象，其分析鞭辟入里，其解释别开生面，对近十来年的方音研究极具指导性和启发性，因而有着很高的引用率。

王福堂教授笔耕五十五载，撰著不图数量，行文惜字如金，但含金量都很高，体现出十分精致谨严的治学风格。他的处女作是关于故乡方言的《绍兴话记音》（1959），绍兴方言的论文虽占了篇数的五分之一，他却不满足于这种“零散的”研究，而希望对绍兴方言“作有规模的调查和系统的写作”，一度又曾担心“已经很难有条件”完成夙愿，但他坚持不懈，新著《绍兴方言研究》(2014)终于在他年逾八旬时得以问世。王福堂教授方言研究的精髓在于将其“作为比较语言学的一个组成部分”，因此，其视野并不囿于绍兴话和吴语，而是放眼整个汉语方言，对官、闽、客、赣、湘、粤各大方言以及平话、徽语乃至湘南、粤北土话都有深入的研究和独到的见解，这在同辈学者中并不多见。

王福堂教授从教五十八年，大学一毕业就给袁家骅先生当助教，辅导“汉语方言学”课，指导田野调查。60 年代他开始主讲方言学课程，根据教学实际调整了逐一讲授七大方言的授课方案，写出 20 万字的讲稿，分为十讲：1. 绪论，2. 汉语方言发生发展的历史鸟瞰，3. 现代汉语方言的类别和分布概况，4. 绍兴方言，5. 粤方言，6. 现代汉语方言的语音，7. 现代汉语方言的词汇，8. 现代汉语方言的语法，9. 汉语方言的分化和集中，10. 汉语方言研究的历史概况。其中 4、6、7、8、10 五讲为《汉语方言概要》所无。“文革”结束后，王老师倾全力打造《汉语方音字汇(第二版)》和《汉语方言词汇(第二版)》，以致坐失将这本油印讲义修订付梓的良机，而此后的多家著作也多采取相似的架构。上世纪 60 和 70 年代王老师就曾带领学生到江苏无锡、山西太谷、湖南韶山进行过方言调查。80 年代他将这种课堂讲授与田野调查相辅相成的教学模式制度化，每年都带领汉语专业数十名学生长途跋涉，进行一个月的田野调查，年逾花甲仍亲自上阵。王老师育人润物无声，而且不限于受业弟子，各路青年才俊都曾受过他的感染、点拨或提携。他在北大承泽园的寓所多有后学造访，来者常有如沐春风之感。

王福堂教授学高德重，他的学问扎实精深，他的品德高洁无瑕，他的八秩寿诞值得庆贺。这是承受过先生恩泽的后学同侪共同的心愿。但我们深知王老师拒绝虚荣，厌恶排场，故拟编写一本汉语方言学论文集以偿心愿，遂于元宵节发出倡议，即刻得到热烈响应，年底收齐文稿。29 篇文章来自天南海北，异国他乡，分为通论、音韵、词汇、语法、方言分区、方言文化六组，这部急就章即告完成。出版过王福堂教授多部著作的语文出版社乐意承印本书并给以优先安排，北京大学汇丰商学院智汇谷产学研基地东莞市智汇谷投资服务中心提供出版资助，谨此一并致谢。

李小凡　项梦冰

2013 年 12 月 31 日

目　录

现代汉语方言学史研究刍议

戴昭铭

因研究之需，我想找一本方言学史看看，未料现代汉语方言研究虽有近百年的历史和丰硕的成果，却找不到一部完整的学科史①。失望之余，我想应该写一篇文章倡议一下现代汉语方言学史的研究。本文试从必要、可能和任务三个方面讨论这个问题。

一　建立现代汉语方言学史的必要

现代汉语方言学史应当是关于现代汉语方言研究的学术史，而不是关于现代汉语方言研究的一般性综述。一般性综述只能提供相关方面研究成果的概貌，而学术史则应当站在历史的高度结合相关研究成果论析本学科学术思想的起源和发展、学术理论的演进和研究方法的更新、评断研究中的成败得失，从而给读者以学术智慧上的启迪。就一般意义而言，学术史知识是对青年学子进行学术训练不可或缺的教学内容，其重要性其实并不亚于学科基本理论和基本技能。假如我们在教学中仅仅注重学科基本理论的讲授和基本技能的训练，而不是同时注重学术史知识的传授，结果至多只能培养出一些学术工匠，而难以培养出有创新精神的学问家。其中的缘由在于，一部好的学术史能揭示出该学科在创新过程中不断发展的真谛所在，从而

---

① 华学诚《汉语方言学史》（台湾艺文印书馆 2001）阐述的是扬雄《方言》研究的历史，并非"现代汉语方言学史"。何耿镛《汉语方言研究小史》（山西人民出版社 1984）、何九盈《中国现代语言学史》第四章"方言学"（广东教育出版社 1995，407－446）、北京市语言学会《中国语言学百年论丛·汉语方言学》（金有景、金欣欣撰，237－257）、刘坚主编《二十世纪的中国语言学》拾"二十世纪的汉语方言学"（王福堂撰，北京大学出版社 2004，507－536）、盛林、宫辰、李开《二十世纪中国的语言学》第八章"方言学"（党建读物出版社 2005，319－361）等虽然做过一些开拓性的工作，但还算不上不完整的现代汉语方言学史。

使学习者养成对学术增长点的发现能力和自觉创新的动力。即便是学有所成的专家,也能从学术史著作所提供的广阔的学术视野、深邃的问题分析、精到的学术评断中获得教益,得到范围相对有限的个人阅读难以得到的领悟和启发。因此,一部好的学术史著作对于相关领域的学术研究的推进作用,是毋庸赘言的。

现代意义的汉语方言研究,以民国年间前中央研究院的相关研究为开端,已经有近百年的历史。在早期的草创宏图阶段,尽管社会动荡不安,人员相对稀少,然而几位学术大师所作的调查研究,不仅已具备相当可观的规模,而且为后来的研究奠定了相对完整的学术规范。其中《现代吴语的研究》《厦门音系》《湖北方言调查报告》等数种,已经成为现代汉语方言研究的经典。上世纪50年代为"推普"而进行的大规模的方言普查,尽管在方式上有群众运动的性质,过程和成果都有粗疏有余、科学性不足的弊病,但中国科学院语言研究所为方言调查之需而编写的《方言调查字表》[①]《汉语方言调查字音整理卡片》《方言词汇调查手册》《古今字音对照手册》《汉语方言调查手册》等,却体例严谨、科学而实用,标志着方言调查手段和学术规范的完善化。"文革"以后学术复兴,汉语方言研究的成绩可以用"大规模、全方位"来概括。所谓"大规模",指方言调查覆盖范围之广泛、发表论著数量之巨大,标志性成果学术分量之厚重,都不是以往数十年可以比拟;所谓"全方位",指方言研究突破了此前专注于单点音系描写的模式,呈现出向理论探讨、词汇和语法研究、词典编纂、方言地理研究、方言地图集编制、方言比较、方言史研究、方言与文化关系研究、方言音档和数据库建设等众多领域和方面的全面推进。而且,令人欣慰的是,在这场"规模"和"方位"的全面进展中,方言学所获得的实质性学术进步,与语法学、词汇学、语音学和音系学、修辞学等兄弟学科相比,不仅总体上毫不逊色,而且在某些方面还有所胜出。

然而,时间跨度近百年,研究业绩和学术进步如此巨大的现代汉语方言学,至今无有一部学术史著作予以概括和总结。汉语语法学史、汉语词汇学史的专著均已有多部,而汉语方言学史独缺,这种不平衡局面不应再长久持续。即便从填补学术空白的角度而言,现代汉语方言学史的编纂也应当引起学界同仁们的关注了。

---

① 该表是以赵元任的《方言调查字表》为蓝本增删改定的。

二 建立现代汉语方言学史的可能

建立现代汉语方言学史的可能，首先在于现代汉语方言学学科地位的确立和学科属性的明晰。

科学是人类探索世界的认知活动。学科是随着人类认知水平的提高、认知手段的增强、研究对象的显化和研究程度的深化逐渐形成的。在科学史上，许多显要的学科都是由当初的潜科学或边缘学科发展而来的。作为一个学科的汉语方言学，其形成也有一个由潜到显的过程。中国尽管上古的西汉时代已有扬雄的《方言》一书，但其"方言"概念并非现代语言学的"方言"概念，其中所收载的词语不仅有与"雅言"相对而言的俗语异称，也有殊方异族的非汉语词。在漫长的封建社会中，"方言"的采集一直被当作与民间歌谣采集相似的"采风""问俗"类工作。上世纪 20 年代初北京大学的"歌谣研究会"尽管认识到了方言研究的重要，但仍只是把它作为"研究歌谣的第一步基础工夫"来强调的。汉语方言研究脱离对歌谣采集的依附性，显示出它具有自己明确的对象、系统的方法和独特的成果，其标志性事件是 1928 年赵元任、杨时逢《现代吴语的研究》的出版。此书以及稍后直至上世纪 40 年代末出版的一系列同类论著[①]，已经表现出汉语方言研究成为相对独立学科的明显资质。只是此时"(汉语)语言学"的学科地位尚未确立，其下位的"方言学"当然无从提起。上世纪 50 年代以后，由于过分强调推普的重要性和限制方言使用的必要，方言研究的意义被片面地说成主要为推普工作服务，其地位反倒从原先的学术研究降到了应用研究。改革开放以后，方言研究逐渐摆脱了单纯为推普服务的从属地位，学科意识逐渐明朗，研究者的学术自觉普遍形成。其标志性事件是 1979 年《方言》季刊的创办和 1981 年全国汉语方言学会的成立。这两件大事迅速地促成了方言研究的勃兴，许多省建立了自己的方言学会，不少大学设立了方言研究机构，各种类型的方言学术研讨会不断举办，研究队伍日益壮大，学术成果涌现势头之健前所未有。据有关统计，仅 1979 年至 1996 年这 18 年中所发表的论文达

---

① 这些论著有《两粤音说》(王力，1928 年)、《厦门音系》(罗常培 1931 年)、《钟祥方言》(赵元任，1939 年)、《临川音系》(罗常培，1941 年)、《中山方言》(赵元任，1948 年)、《华阳凉水井客家话记音》(董同龢，1948 年)、《湖北方言调查报告》(赵元任、丁声树、杨时逢、吴宗济、董同龢，1948 年)等数十种。

1700 多篇，出版的专著达 600 多种，大大超过了此前 70 年的总和。[①]

这样的背景促成了方言学家理论意识的觉醒。游汝杰于 1992 年推出了中国第一部《汉语方言学导论》。该书首次较为系统、明确地阐述了汉语方言学研究的对象、意义（价值）、任务和方法，并简要地勾勒了汉语方言研究的历史，体现了汉语方言学作为一个学科的理论的自觉和地位的确立。进入新世纪，伴随着汉语方言研究的繁荣，应教学之需又有多部通论性的教材面世，如《汉语方言学》（李如龙 2001，2007）、《汉语方言学教程》（游汝杰 2004）、《现代汉语方言概论》（侯精一 2002）、《汉语方言学基础教程》（李小凡、项梦冰 2009）等。

时至今日，汉语方言学作为汉语语言学一个相对独立的分支学科，其地位似乎已不再是个问题，然而关于其学科的属性，上列著作均未见有明确的说法。其实早在 1996 年，关于方言学的学科属性，张振兴先生已经有过明晰的阐述：

> 方言学是语言学中的基础学科。汉语方言的调查研究对我国语言学工作者是一种知识上和技能上的全面训练和考验。事实证明，一个优秀的方言工作者，往往可以胜任语言学其他许多部门的研究工作。因此，从学术价值和实际用途两方面说，汉语方言研究在我国语言学科的建设中，是应该给予优先考虑的一个部门。[②]

张先生为什么要把方言学的学科属性确定为语言学的“基础学科”？我的体会是，语言学研究语言，然而语言只是一种概括的抽象，方言才是语言的真实存在方式；语言是一种以声音为形式手段表现意义（包括词汇语义和结构意义）的符号系统，对语言的感知和认识首先必须借助于语音，语言研究首先必须会做语言调查（首先是语音调查）；方言学课程所进行的语音训练以及方言调查和音系整理方法的传授正是抓住了语言的本质属性，其所传授的知识和培养的能力正是成为一个语言学家所不可缺少的基础知识和基本能力；缺少了这方面的知识和能力，就不容易成为一个出色的语言学家。西方语言学界正是这样培养人才的，这也正是我国许多留学欧美的前

---

① 见张振兴《蓬勃发展中的汉语方言学》，收载于许嘉璐、王福祥、刘润清主编《中国语言学现状与展望》，外语教学与研究出版社 1996 年出版，第 166 页。

② 同上书，第 162－163 页。

辈学者成为语言学大家的重要原因之一。①

总之，方言学学科地位的确立和学科属性的明晰，使学科史的建立具备了基本的可能。

汉语方言学史建立的可能，还在于本身理论的成熟、方法的完备有效，以及它对于汉语研究理论和普通语言学理论的独特贡献。

现代汉语方言研究的理论和方法，导源于西方的描写语言学。但是，以对汉语方言语音描写为开端的现代汉语方言学，并没有单纯套袭西方语言学音系描写的模式。汉语结构既有与西方语言的共性又有独特的个性，汉语语音描写更有本土形成的音韵学传统，这使民国年间那些学贯中西的语言学前辈一开始就以高度的理论自觉走"中西结合"的路子：既吸收西方语音学和音系学的现代科学性，又利用从传统音韵学形成的适合汉语特点的民族性，建立了独具特色的音位描写和声韵调描写融成一体的现代汉语方言语音研究模式。其准确、实用、便捷、科学和可传授性等众多优点令人赞叹。这与套袭印欧语法又随西方语法学的发展而步趋以致至今尚未建立汉语语法描写的完善模式的汉语语法学形成鲜明对照，也是理论薄弱、进展迟缓、成果差强人意的汉语词汇学所难以比拟的。现代汉语方言学研究力量相对薄弱，成果却相对丰厚，与它几乎从未走过弯路有关系。

新时期以来，汉语方言学顺理成章地从语音描写扩展到其他领域，其卓有成效的实践均得益于理论思维的创新。在方言地理区划方面，1987 年出版的《中国语言地图集》（李荣、熊正辉、张振兴主编）提出的五级划分、十大区类以及划分大区和区的两条标准（"古入声字的演变"和"古全浊声母字的演变"），尽管学界尚有异议，但成果本身无疑是对传统分区理论的突破。游汝杰（1984，1992）提出的现代方言区划与历史人文地理的关系、历史上五种移民方式与现代方言地理五种分布类型的关系，不仅见解新颖，而且有很强的解释力。李如龙（2001）从"汉语方言不可能只有语音特征而没有词汇特征"②的思路出发，提出了方言特征词理论，并带领弟子们进行了研究。特征词对于方言区划的单纯语音标准，无疑是一项有意义的补充，其研究实践还

---

① 遗憾的是，西方语言学的这一传统在我国没有得到强调，方言学知识及相关训练在我国语言学人才培养中未获得应有的地位，以致造成许多语言研究者知识和技能的结构性残缺。尽管张先生已经表明并强调了方言学的基础学科属性，然而似乎并未引起应有的重视。

② 李如龙《汉语方言特征词研究 · 前言》，厦门大学出版社 2001 年出版，第 2 页。

可丰富充实方言词汇的比较研究。在方言语音历史演变研究方面，王洪君(1992)提供的文白异读引起的叠置式音变的现象、王福堂(1999、2006)提出的汉语方言语音演变的层次理论，以及在相关论著中揭示的方言语音变异现象，不仅使我们看到了迥异于拉波夫所描述的社会语言变异，也使我们认识到了中国语言学家用自己理论和实践充实完善普通语言学的可能。

在中国语言学界，徐通锵是公认的最有理论创新自觉和理论探索精神的语言学家。为了中国语言学不再步趋西方语言学而走上中西有效结合的理想道路，从上世纪80年代起，他用20余年的时间孜孜不倦地探索，终于有了自己的理论创获。他说：

> 这一探索过程最重要的发现就是结构、变异和音变的制约关系，即结构的不平衡性产生变异，而变异的范围和方向则受音系结构格局的控制，并根据这种制约关系的研究提出语音的易变性和音系结构的格局的稳固性的对立统一的理论和方法。①

这无疑是一项具有普通语言学价值的理论发现，而这一发现正是他坚持长期"自己进行汉语方言的调查和研究"②的结果。徐先生利用自己的发现修正了西方语言学的"内部拟测法"的不合理处③。他于上世纪90年代初推出的《历史语言学》把丰富的汉语方言语料、自己的理论发现与西方语言学理论熔铸成一体，在语音历史演变的理论方面首次实现了中国语言学界"中西结合"的梦想。徐先生的成绩表明了汉语方言研究可以达到的深度和高度，是汉语方言学史上值得大书特书的一笔。

新时期里中国语言学的不少实质性进展，都与汉语方言研究有关。比如，上世纪80—90年代文化语言学的兴起，始自游汝杰(与周振鹤合作)的《方言与中国文化》以及他对建立中国文化语言学的倡导。《方言与中国文化》奠定了文化语言学"关系论派"的研究模式，催生了汉语学界、民族语言学界、外语学界和对外汉语学界"语言与文化"研究的热潮。这一热潮在一定程度上刷新了语言教学的观念、内容和方法，其中许多研究者成为当时刚刚兴起的中国社会语言学的生力军，其成果成为以定性分析、文化解释为主

---

① 徐通锵《汉语研究方法论初探·序言》，商务印书馆2004年，第2页。

② 同上。

③ 参见徐通锵《音系中的变异和内部拟测法》，《中国语言学报》第三期，商务印书馆1989年；《音系的结构格局和内部拟测法》，《语文研究》1994年第3－4期。

的中国特色社会语言学成果的重要组成部分。

总之，即便不列举新世纪以来汉语方言研究其他方面的进展和成果，仅仅看到上述汉语方言学界对中国语言学的重要贡献，我们已经完全可以相信，我们倡议建立的现代汉语方言学史，不仅完全有现实可能，而且可以写成一部有血有肉、内容丰富、有一定理论高度和深度的学术史。

三　现代汉语方言学史研究的任务

关于现代汉语方言学史研究的任务，以个人孤陋之见，觉得目前可以提出的有以下方面：

1. 划分现代汉语方言研究的历史阶段

历史研究要划分阶段，是题中应有之义。但划分所依据的标准，向来是一个难题。学科史与社会政治史既有关联，又不能混同。学科史应当按学术成长过程以及学术产品的性质类型的变化来划分历史阶段。

2. 探讨现代汉语方言学理论和方法形成发展的历史过程

学科发展不是学术成果堆积的结果，而是学术、理论和方法的演进的过程。对这种演进过程的探究，既要借助于对不同阶段学术成果的比较，也要借助于对学术成果以外的现象和材料的分析。后者比如国内外的社会背景和学术背景、与研究者学术成长有关的传记、序跋、自述、师承关系和门派情况等资料。前一类（学术成果）是显性材料，不易忽视，后一类是隐性材料，容易被忽略。但是如果忽略了后一类资料，往往不能清楚地勾勒出学术发展的某些轨迹。

3. 描述汉语方言学及时吸收现代科技而使研究手段科学化的历程

方言研究从语音入手，语音的物理属性使方言研究与现代科学技术始终维持着亲密关系。从民国初年刘复的《四声实验录》到现代的多地多所实验语音学研究机构，从上世纪二三十年代的方言录音唱片灌制到后来的磁带录音、数据录音，一直到当前全国性大规模的方言有声语料数据库的建设，现代科技的使用在培养人才、推进学术、保存和收藏资料等方面的作用，不可忽视。然而其具体情形仍需下一番发掘和描述的工夫。

4. 评述各阶段具有代表性的学者的成果及其历史作用

学术群体中具有代表性的学者，即通常所谓的“大家”，对于学术史的推进作用毋庸置疑，然而熟悉和认识“大家”的成果并作出恰如其分的评断，却是撰史者的最大难题。其中不仅需要浩繁的时间和精力，更要超越自己知识范围和分析能力的局限。学术史研究需要撰史者兼具史家的眼光和学者的功力。在汉语语法学史的研究中，邵敬敏可谓堪当其任者，所以他的两部汉语语法学史均甚有质量。我们期望想象中的现代汉语方言学史至少能有这样的水平。

5. 概括和总结现代汉语方言研究中的经验和教训

学科发展中的有益经验固然宝贵，但疏误的教训也不必讳言。现代汉语方言研究的文献即便不会浩如烟海，也可以汗牛充栋。这么多的文献当然不会都是成功之作。事实上各个时期的方言研究都有一些不够科学严谨的粗疏之作，好像一架劣质相机照出了扭曲的图像。这样的学术文献有不如无。但撰史者却不应回避了事，而应择其要者分类点评其失误之所在，用以警诫后学。

关于建立现代汉语方言学史问题，本文的议论只是一种倡导。现代汉语方言的多样性和深刻的歧异性，方言学成果的众多和涵盖范围之广大，都决定了现代汉语方言学史不能像汉语语法学史的研究那样，仅凭一人之力就能大功告成，而需要有关方面组织各方言区有志趣的学者协作完成。敝人希望全国方言学会或中国社会科学院语言研究所方言研究室能够承担起组织的责任，使我们能在不久的将来看到第一部《现代汉语方言学史》面世。

参考文献

徐通锵 1996《历史语言学》，北京：商务印书馆。
徐通锵 2004《汉语研究方法论初探》，北京：商务印书馆。
王福堂 1999《汉语方言语音的演变和层次》，北京：语文出版社。
王福堂 2006 汉语方言语音中的层次，《语言学论丛》第 32 辑，北京：商务印书馆。
王洪君 1992 文白异读与叠置式音变，《语言学论丛》第 17 辑，北京：商务印书馆。
李如龙 2001《汉语方言特征词研究》，厦门：厦门大学出版社。

游汝杰 周振鹤 1984 方言地理和历史行政地理的密切关系,《复旦学报》第 2 期。
游汝杰 1992《汉语方言学导论》,上海:上海教育出版社。
詹伯慧 2009 汉语方言研究 30 年,《云南师范大学学报》第 2 期。
张振兴 1996 蓬勃发展中的汉语方言学,许嘉璐、王福祥、刘润清主编《中国语言学现状与展望》,北京:外语教学与研究出版社出版。

附 记

2000 年,我申报的《天台方言研究》获国家社科基金资助立项。开始时对自己能否做好这项研究心里没底,因为我的专业方向本来不是方言学,尽管早年在复旦大学读研究生期间上过"方言和方言调查"课,并尝试整理过家乡话天台方言的音系,但没有做过深入研究,当时心想最好能得到一位明师的指点。2001 年 3 月,在苏州召开的第二届国际吴方言学术讨论会上,我认识了向往已久的王福堂先生,并冒昧地提出了请他做指导教师的要求,幸获首肯。这年 8 月,我到北京大学开始为期一年的访学,成了王先生的正式学生。

在北大访学的一年中,我多次到位于承泽园的王先生家中求教,每次都受到先生夫妇的热情接待。先生为人诚恳实在,毫无教授架子。他指导学生,有"大匠运斤"的风度:只需寥寥数语,便能令人茅塞顿开。印象最深的是他看了我的课题研究计划,没说几句就使我决心删去其中不切实际的设想,从而保证了研究的顺利开展。对我提出的疑难,先生总是不厌其烦地悉心解答。这一年不仅是我多年少有的心情最愉快的一年,也是我方言研究能力获得实质性提高的一年。2002 年,我所在的单位申报博士点,需要把我课题研究的阶段性成果印成《天台方言初探》出版。我把书稿呈送先生审阅,他在百忙之中给我写了详细的修改意见,不仅帮我把住了质量关,更使我受到了严谨学风的熏陶。2006 年,《天台方言研究》在中华书局出版,又承蒙先生欣然赐序,为我的小书壮行。我自知这本小书有许多缺憾,但学界同行却给了不少肯定性评议,后来还获得了教育部普通高校人文社科研究成果三等奖。如果没有王先生的指导和把关,肯定不会有这样的成绩的。

在和王先生夫妇的交往中,我感受到的不仅是学风的纯正,还有人品的正直高洁。为此我想请他们二位到我的工作单位黑龙江大学讲学。2002 年

1 月，我校文学院和香港大学语言学系合办的“第二届龙港语言学问题讲习班”在黑龙江大学举行。使我感到荣幸的是，王福堂、王洪君二位先生接受了邀请，同来为讲习班各讲了两次课。学员们均反映受益匪浅。

值此王先生八十华诞的良辰，愿以拙文及此小记为王先生寿，并遥寄深深的怀念和祝福！

（戴昭铭　黑龙江大学文学院）

浅论语音属性与音变

赵日新　吴　迪

一　语音的属性

语言是交际工具，但语言又并不仅仅只是交际工具。语言是一种社会现象，是信息载体，是符号系统。语言虽然不是一种自然现象，也不只是生理现象和心理现象，但语言作为人类发音器官发出来的声音，作为交际工具，作为符号系统，不仅具有物理性质，也还具有生理、心理、社会属性，其发声和感知同样是语言产生的重要因素，而社会属性更是语言得以成为语言的本质属性。

语音属性包括物理属性、生理属性和社会属性。物理属性即音高、音强、音长和音色，生理属性是指语音是由人的发音器官发出来的表示一定意义的声音，社会属性是语音的本质属性。以往的语音研究中，重视语音的社会属性（从语言的工具性角度考虑），认为音类比音值更重要，对语音的其他属性特别是生理、心理属性重视不够。

关于语音的物理属性，过去大多只重视具有区别意义功能的音高、音强和音长等，而对音色即一个声音区别于其他声音的特色大多只从形成不同音色的原因角度泛泛而谈；对语音的生理属性，大多只是介绍发音器官以及常见的发音部位；关于语音的社会属性，一般也只从语音和语义之间没有必然联系、语音的系统性等角度来加以说明。从静态角度说明语音属性自然是必要的，不过从语音属性与音变的关系角度来看，语音属性的重要性尚未得到充分的认识。

索绪尔指出，语言符号本身及构成符号的两个方面——概念和音响形象的价值是“由围绕着它的要素决定的”（索绪尔 1980：162）。“在词里，重要的不是声音本身，而是使这个词区别于其他一切词的声音的差别。因为带有意义的正是这些差别。”（索绪尔 1980：164）“语言不可能有先于语言系统而存在的观念或声音，而只有由这系统发出的概念差别和声音差别。一个符号所包含的观念或声音物质不如围绕它的符号所包含的那么重要。”“语言只要求有区别”（索绪尔 1980：165），而不一定“要求声音有不变的素质”（索绪尔 1980：166）。音位学的这些核心思想如此深入人心，一定程度上导致人们对“声音本身”的重要性认识不足。

实际语流中的音段及其组合体都是物理属性、生理属性、社会属性乃至心理属性的复合体。只有全面认识所有的语音属性，才能为音变的分析和预测提供可能。

本文从语音的物理属性、生理属性、心理属性三个方面探讨其与音变的关系。本文认为，语音的物理属性（主要指发音的声学特征）是引起音变的最基本条件，今天的音类也许是昨天的音值，今天的音值很可能就是明天的音类。

语言接触中对权威方言或外方言音类的习得或“折合”往往受制于发音器官的既成习惯以及对语音的选择性感知，从而引起“中介语”与“目的语”的偏差，本文将这种因语音的生理和心理属性造成的偏差也看成是一种广义的“音变”。

语音的其他属性都是在其社会属性之下发挥作用的，但从音变的角度来看，其他属性同样起着不可忽视的作用。

二　语音变化的实质

以往讨论语音变化的原因，谈外因的居多，讨论内因的较少。所谓语音变化的外因，大多指周边方言或权威方言的影响、移民的影响等，谈到语音演变的内在原因，则多从音节内部声韵调各个部分互动的角度来分析，除了“省力”“语音系统的制约”“某个音段的变化引起的系列变化”等说法外，大多语焉不详。

就语音演变的内因而言，省力原则、音节各部分之间的相互协调以及语音系统的制约的确是重要的条件，但问题是，同样的音节，为什么在有的方言中会发生变化，而在有的方言中不发生变化？或者在有的方言中发生这样的变化，而在别的方言中发生那样的变化？从音位学的观点来看，很难解释为什么相同的语音条件会发生不同的变化。相同的语音条件发生不同的变化固然跟音变规律起作用的时间、地域有关，但语音自身的原因特别是具体音值或发音特征的差别应该也是一个非常重要的方面。从音系的角度看，音位是区别特征的总和。区别特征是一套音系的若干对对照或对比特征。从发音上看，每个音段都可以分析为若干个语音特征，所以每个音段也就可以用一束语音特征的集合来表达。理论上对某个音段语音特征的描写主要关注它跟别的音段的区别以及它的本质特征，但在实际的语流中被突显的可能只是其中的某个特征，或者是本质特征以外的某个相关特征被唤醒。比如元音[u]，从音系学的角度分析，一般具有[+高][+后][+圆]的特征，这些特征是从它与别的音段相区别的角度得出来的，但在实际的语言或方言中，导致该音段所处的音节发生变化的特征也许并不是[+高][+后][+圆]特征的"合取"，而可能是其中的某一个特征（比如[后]）得以突显，或者是跟[+高][+后][+圆]相关的某个特征（如"唇"或"摩擦"）在某种条件下被唤醒。这就像词典对词条的释义，只要求反映其本质特征及该概念与其他概念之间的本质区别，而对于其他特征则往往忽略不计，比如《现代汉语词典》对"桌子"一词的释义是"家具，上有平面，下有支柱，在上面放东西或做事情"，但在"小孩有桌子那么高了"这样的句子中，唤醒的却是"桌子"释义中并不存在的"高度"的属性。

音位有自由变体和条件变体，音位的条件变体往往跟其出现环境即前后音段有关，这些不同的变体在语音特征上表现出不同的特点，从音位角度看没有对立，所以归纳为一个音位。在不同的方言中，相对应的同一音位（音类）的不同变体，其音值很可能具有不同的发音特征，呈现出不同的音值特点，而这很可能就是起变/不变的源头。

语音演变规律的时间性、地域性可能更多的只是一种表象，影响或决定语音演变的条件才是本质。这种条件中，语音的物理、生理、心理属性应该是其中较为重要的因素。

三　语音的物理声学属性与音变

3.1 结构主义语言学强调相同语音条件应该引起相同的语音变化，此话固然不错，但所谓"相同的语音条件"多数是从音位层面来说的，具体到实际音值也就是声音的物理属性层面，条件很可能并不完全相同，这就是我们可以观察到有众多“相同”的语音条件却引起不同的语音变化的原因。

结构主义语言学理论特别是音位学理论指导下的语言调查包括汉语方言调查，都特别强调音位的归纳，虽然后期音位学强调语音的声学特征，但并未将这些特征跟音变有机地联系起来。对描写语音系统来说，音位归纳自然是非常必要的，但各个音位具体的声学特征和发音体征也应该放在同等重要的位置。

音类比音值重要的绝对化认识导致近些年来的汉语方言调查对具体音值的重要性认识不足，如今的众多方言调查报告对声、韵、调具体音值的描写都非常简略，有的甚至从缺。老一辈方言学者如赵元任等都非常重视方言具体音值的详尽描写，但这一传统并未得到很好的继承。

音位归纳固然便于方言之间的比较，但音位归纳可能会使不同方言的特殊个性被模糊、被掩盖、被抹杀，可能造成“千言一面”的结果。以往没有引起足够重视的音值方面，其实也是体现方言个性、特殊性的重要方面。音值的重要性主要表现在：反映一个方言的特殊语音面貌和个性；某些音类对应但具体音值不同的音，其后续的变化往往正是由其不同音值所引起的；某些音值特征会导致所在音节发生一系列的变化，使同一个方言发生不同的分化，使音节面貌呈现不同特点。如晋语、中原官话汾河片都有长元音韵母，虽然长短元音不对立，却能显示一种不同于普通话的特殊的韵母结构，高元音作为韵腹而央低元音作为韵尾，这种音值上的特点反映的是这一带方言的特殊语音面貌。又如徽语长元音与短元音不对立，没有音位价值，但长元音会引起音节的系列变化，如“饭”在祁门方言的读音：祁山镇 fũːɐ→箬坑乡 fũː^{m}ɐ→芦溪乡 hmũː^{m}ɐ，忽略长元音的具体发音特点，就无法解释芦溪方言“饭”字的读音，无法解释“饭”字的声母何以变为 hm。

一些经典的方言调查报告对音值的描写大都非常详细具体，显示了作者在听音辨音方面的超强能力，如赵元任《台山语料》：鼻音 m，n，ng 听起来发硬，是因为它后头总带一点浊塞音流，换言之当鼻音声母完毕元音韵母开始的时候，鼻腔关得太早，口腔开得太迟，所以结果 ma，na，nga 读成 m^{b}a，n^{d}a，ng^{k}a。但在韵尾的 m，n，ng 没有这种现象。

元音 e 在开尾跟在附声韵尾 em，en，ep，et 比在复元音 ei，eu 较开，前者近乎第三标准元音（“反 з”音标），后者近乎第二标准元音，但是都向半中间一点。韵母 ie 不跟 e 独立，是跟它自由掉换的，但是稍为有一点以声母部位为条件，就是颚音声母后读 ie 的多，在其他声母后读 e 的多。至于附声韵母

iem,ien,iep,iet 只见于王君读音。这里的字在李君全用 em,en,ep,et。

又如《汉语方音字汇》温州:元音 a 在单韵母中和在韵尾 -u 前为 ʌ,在韵尾 -i 和 -ŋ 前偏高,近于 ɐ。元音 ɛ 偏高。元音 o 在声母 p、k 组后偏高为 ʊ。元音 i、u、y 偏高,u 除在韵母 uɔ 中以外,一般都唇齿化。各元音唇形接近自然,开唇元音不很展,圆唇元音不很圆。韵头(介音)i、u、y 一般发音短促,带辅音性;但在韵母 iɛ、uɔ、yɔ 中较长,为元音性。元音性介音 i、u 在部分 iɛ 韵母字(梗摄二等)和 uɔ 韵母字(t、ts 组声母)中部位不稳定,常偏低为 e、o。介音 y 在 yɔ 韵母中实际上分裂为 iu。

这些详细具体的音色描写一方面将发音特征细化,反映了方言中音类的实际读音,也可以为其后来可能发生的变化提供了线索。

当然,以往我们很难做到对语音声学特征的准确描写,也受到物质条件(如录音质量、语音分析仪器)的限制。老一辈语言学家的音值描写也还只是对客观语音事实的具体描写,这样的描写其实是带有较大主观性的,即便调查人有很强的听音辨音能力,也还是会有很强的个体差异。准确的声学特征的描写有赖于客观的声学实验。

3.2 忽视音值的重要性,对语音的某些变化就不容易解释清楚。比如汉语方言中高元音是否有摩擦、摩擦的强弱在音系中也许并没有音位价值,但却可能引发不同的变化。不同方言的"送气"有强弱的区别,虽然没有音位价值,但也同样可能引发不同的变化,粤语溪母字、赣语透定母字今读擦音的现象,应该就跟早期的强送气特征有关。比如同样是送气的 ph,汉语普通话和印地语的 VOT 就有很大的差别。(Chao et al., 2006; Ladefoged, 1975)不少汉语方言有 i > ʅ,y > ʮ,u > v 的变化(有的还会引起声母的变化,比如随着 i > ʅ,tɕi > tsʅ 等),不少方言有 tʂu > pfu 的变化,但是同样也有更多的方言并不发生这样的变化。为什么相同的语音条件会发生不同的变化?一方面固然跟语音演变规律具有时间性、地域性、条件性有关,但另一方面也很可能跟不同方言中 i y u tʂu 具有不同的发音特征有关。比如发生 i > ʅ,y > ʮ,u > v 音变的方言,可能在起变时的 i y u 的音值就有不同于其他方言的特点,比如可能略有摩擦,这种"与生俱来"的摩擦特征(最初可能并不明显)可能会逐渐积累逐渐强化。而其他方言的 i u y 也许就是典型的元音,不带摩擦。tʂu > pfu 的变化,也应该跟早期 tʂu 的发音特征(比如声母的实际发音部位、u 的唇化特征等)有密切关系。音位上具有同一性,但音值上的细微差异不断积累强化,最终使得具有不同发音特征的同一音位走上不同的演变道路。

3.3 音值或发音特征的描写包括诸多方面，比如部位：辅音的具体阻塞部位、元音的具体舌位和唇形、主要部位之外其他部位的位置及协同情况，随着技术手段的提升，对发音部位变化的测量逐渐得到重视，比如早期的 X 光、超声波成像，近年来的 EPG、MRI 等。

发音方法：送气度、浊度、强度（音强）、长度（音长）、音高、圆唇度、腭化度、元音摩擦度、元音鼻化度、鼻尾/塞尾的显著度、动程的有无、动程的大小、韵尾的圆唇度/展唇度、韵头的圆唇度/展唇度、韵头的摩擦度、声韵结合的和谐度、声韵调结合的和谐度、零声母前摩擦的有无或强弱，等等。

携带多种语音属性的单个音素进入音节、语流之后，不同的音素之间还有一个互谐的问题。同一个音素在跟不同音素组合时，在语音属性上会发生不同的变化，或者说，某个/些属性会得到突显，其他特征有可能被屏蔽，这也是音值或发音特征描写不可缺少的部分。比如声母发音部位的变化往往跟介音、主元音有关，反之亦然，声母的发音特征也会影响到介音和主元音，发音方法的变化往往跟韵尾、声调有关；韵母中鼻韵尾的弱化甚至脱落跟主元音的舌位、是否享有鼻化特征有关，也部分地跟声母有关，塞尾的弱化或脱落往往跟声调有关；声调的变化往往跟声母的发音方法、韵母（包括韵尾、主元音、韵母的单复等）有关。

当然，要对上述所说的诸多特征进行详细准确的描写，对调查人的听音辨音能力有很高的要求，在这方面，实验语音学可以给我们提供很多实际的帮助。

四 语音的生理/心理属性与“音变”

语音的生理属性指语音是由人的发音器官发出来的，人类的发音器官能够发出的音从理论上来说是无限的，但母语中能够用到的音却是很有限的，成年人因为长期说母语的缘故，发音器官已经习惯于在某些部位用某些方法来发音，而在其他部位、或在同一部位用其他方法发音则受到了某种程度的抑制。操不同母语的人，其发音器官习惯于在某些部位用某些方法来发音，而对同一部位用不同方法发音、或同一方法在不同部位发音会产生一定的抑制作用。

所有的音段都是发音器官作为一个整体协同作用发出来的，归纳一个音段区别于其他音段的本质特征，主要考虑的是主要的发音部位和发音方法，而对次要部位或协同部位往往不予考虑，但引发语音变化的并不都是主要部位，次要部位或协同部位有时也会起到非常重要的作用。其实，即便同一方言的同一音位，即使语音声学特征完全一样，也可能有不同的发音生理机制，比如同样是北京话的擦音和塞擦音，不同的说话人发同样的擦音和塞擦音的时候，会有显著的个体差异(Ladefoged & Wu. 1984)。

人们对语音的感知并不都使用单一声学特征，不同的人对同一个音段的感知可能不同，同一个人感知到的音与发出来的音也可能不存在同一性。语音生理属性和心理属性的这些特点在语言接触、语言习得过程中有重要的制约作用，语音偏误的产生很多就是因为这些特点的作用，这也是音变“听者启动/学习者启动”说的重要根源。

4.1 不同母语者发音器官的构造虽然大致相同，但各自母语中所具有的音素并不完全相同，这样一来，操不同母语的人在某些发音部位、发音方法上就形成各自的发音习惯，发音器官只在几个常见的部位活动，这种发音习惯在一定程度上会抑制其他发音部位或发音方法。其他语言或方言中如果有母语中没有的发音部位或发音方法，一般就不容易发出来，或者需要经过学习或习得才能准确地发音。比如对汉语多数地区的人来说，在唇齿部位发塞擦音、齿间发塞擦音擦音、舌面塞音等就比较困难；对没有浊声母的方言母语者来说，发浊声母也不容易；对某些母语中不存在的发音组合，习得往往也有很大的难度。方言中不分平翘舌、不分前后鼻音的人在学习普通话的卷舌声母、前后鼻音韵尾时，在学习的初级阶段很可能将其对应于母语中的平舌音声母或其中某一个鼻音韵尾。中国人学外语比如说英语时，对于英语中有而母语中没有的音素，在学习的初级阶段就很可能拿母语中具有的相近的音去对应，比如将 English 最后的音发成[ʂ]或[ɕ]，将英语的 three 中的[θ]发成[s]。

音变受到发音生理的制约，这本来就是不言而喻的事实。近三十年来，美国语言学家 John Ohala 等人提倡用实验方法来研究音系学，这是一种以语音为基础的音变研究。在解释音变的机制方面，Ohala 等人认为，音变的激发除语音学本体以外没有其他任何特定目标，所以更多地是从语音的发音、声学、感知的本体考虑和解释音变的原因。一个音段各个部分的相互制约关系并不是发音人刻意为之的，而是以发音生理条件为基础的自然协调的结果(Ohala1989，陈忠敏 2008)。

4.2 语音感知是语言认知的一部分，是一个动态的、复杂的信息加工过程：耳朵听到各个音段的物理特征，通过一系列生理物理的处理过程变成可懂的音位；听音人根据自身熟知的母语音系，或通过学习，将所听到的语音进行归纳、对比，从而辨别出不同的特征或音位；对语音感知的正确程度取决于听话人的母语习惯，听话人常常因为自身母语音系与所听音系的不同，造成感知上的"偏误"。

不同母语者应该有不同的语音感知。比如母语方言中如果不能区分 n－和 l－、－n 和－ŋ，ts－和 tʂ－，在感知普通话中这些有对立的音位时就可能出现相混的现象；对一个有鼻尾韵的方言母语者来说，ã 和 an 可能并没有多少差别，对一个没有浊音声母的方言母语者而言，p－和 b－、t－和d－、k－和 g－的区别也没有多少实质性的意义。习得共同语或其他方言时，因母语习惯而造成的感知上的偏差自然就会带来发音上的偏误。"语音变异是复杂的，声波从说者传到听者经过外界杂音'过滤'等因素的掺杂，听者的感知校正不见得每次都会起作用，所以只有当感知校正失效，听者把［su］当作了［ʃu］，这才是音变的起端，换句话说，音变的激发是由于听者的感知校正失效。"（陈忠敏 2008）

汉语方言的语音感知研究目前还很少见，这是今后的一个重要研究方向。

应该指出的是，语音的物理属性和生理属性有时候是交织在一起的，共同体现为发音的声学特征，本文将它们分开只是为叙述的方便。

音类重要，但音值也并不是无足轻重的，正如钱曾怡（2007）所说："语音研究时刻都离不开音类和音值问题。音值决定音类的划分，可是相同的音值在不同的方言里未必属于相同的音类。在汉语发展中，声母和韵母的音值两相牵引或排斥，又互为条件。声韵调的音类划分有各自不同的特点。搞清音类和音值问题，对初学者至关重要。"本文只是就语音属性与音变的关系作了一些粗浅的思考，希望借此引起学界特别是汉语方言学界对音值或具体发音特征的重视。

参考文献

北京大学中文系语言学教研室 2003《汉语方音字汇》（第二版重排本），语文出版社。

陈忠敏 2008 音变研究的回顾和前瞻,《民族语文》第 1 期。
钱曾怡 2007 谈谈音类和音值问题,《语言教学与研究》第 1 期。
索绪尔 1980《普通语言学教程》,高名凯译,商务印书馆。
王福堂 2005《汉语方言语音的演变和层次》(修订本),语文出版社。
王洪君 2008《汉语非线性音系学》(增订版),北京大学出版社。
赵元任 1951《台山语料》,史语所集刊 23 本(上)。
朱曼殊 1990《心理语言学》,华东师范大学出版社。
Chao, K. -Y., Khattab, G. and Chen, L. -M. 2006. Comparison of VOT Patterns in Mandarin Chinese and in English, in *Proceedings of the 4th Annual Hawaii International Conference on Arts and Humanities*, 840-859.
Ladefoged, P. 1975. *A course in phonetics*. Orlando: Harcourt Brace. 2nd ed 1982, 3rd ed. 1993, 4th ed. 2001, 5th ed. Boston: Thomson/Wadsworth 2006.
Ladefoged, P. & Wu, Z. 1984 Places of articulation: an investigation of Pekingese fricatives and affricates. *Journal of Phonetics*, 12: 267-278.
Ohala, J. J. 1989. Sound change is drawn from a pool of synchronic variation. L. E. Breivik & E. H. Jahr (eds.), *Language Change: Contributions to the study of its causes*. [Series: Trends in Linguistics, Studies and Monographs No. 43]. Berlin: Mouton de Gruyter. 173-198.
Pierrehumbert, J. 1990. Phonological and Phonetic Representation, *Journal of Phonetics*, 18: 375-394.

(赵日新　清华大学中文系;吴迪　美国伊利诺伊大学厄巴纳-香槟分校语言学系)

平话的问题与认识

李连进

一 平话形成的历史

广西南北平话人大多都说其祖先来自山东省，如，南宁市城郊亭子乡白沙村李姓的立于清代乾隆年间的先祖墓碑刻字曰："公讳如楷，字宪章，姓李氏，籍山东，先世徙居宣邑（今广西邕宁县）之平南乡"。再如，广西横县雷氏大宗祠有清光绪三十四年勒刻的"鼎建雷氏本枝始祖祠碑记"，该碑记曰："我始祖大据公来自山东青州府益都县野鸭屯白马堰"。又如，《（广西）临桂县保宁乡祥田于氏宗谱》载曰："始祖应园公，配郑氏，原山东省青州府益都县大巷村人，官任广西省桂林府，以后迁居义宁县白龙村（今属广西临桂县五通镇）"。有些则说得更具体，认为其来自山东，是随狄青南征来的。广西南北平话人或说其先祖来自山东省登州府、莱州府。还有南宁市城郊的平话人多说其先祖来自"山东白马"，"白马"可能是狄青军队或某支平话人移民的出发前集结地的地名。另有少部分平话人说其先祖来自江西、福建、湖南、江苏等地。

据史籍所载，北宋皇祐五年（1053 年）狄青平定广南西路蛮首侬智高后，这支军队的一部分就留驻于当地。明嘉靖《南宁府志 · 卷一》："南宁府士厚民纯……人品同青、兖。"《永乐大典 · 卷 8507 · 南宁府 · 建武志》："军额……澄海三十一指挥，额管五百人，营在东朝天门内。澄海三十二指挥，额管五百人，营在州东白塔城望京门内。澄海三十四指挥，额管五百人，营在子城之东。……十一指挥，额管五千一百人。"《宋史 · 兵志》："庆历中，招收广南巡海水军忠敢、澄海"，"自侬智高之乱，戍兵踰二万四千"，"仍置走马承受二员，季入奏事。益募澄海忠敢雄略等军，以四千人屯邕州，二千人屯宜州，千人屯宾州，五百人屯贵州（今广西贵县）”。《苏东坡奏议集·十四·卷二·登州召还议水军状》记载：“庆历二年（登州）知州郭志高为诸处差来兵马，头项不一，军政不肃，擘画奏乞创置澄海水军弩手两指挥。”另有，除了桂南平话人有其先祖随狄青南征的谱载及口传外，在桂北平话人中也有传讲狄青南征之事。如，《临桂县地名志》（临桂县地名委员会编，内部资料，1986年十月印）载曰：“传说宋代的狄青南征农智高时，在两江城（今广西临桂县两江镇政府隔江相对约200米处）建立营盘，为抗敌要城，故得名两江城（此古城基本面貌仍在）。”再看，今南宁市、桂林市这些古重镇的城区周围都有集中成片居住且均自称其所操母语方言为“平话”的平话人，可说明他们的先祖有来自当时的屯守兵士。还有，从方言的渊源看，南北平话区的居民大多以山东青州、莱州、登州等地为祖籍，今胶东文登、荣城等地方言白读字尚有一批中古全浊塞音、塞擦音声母字念不送气清音（见钱曾怡《文登、荣城方言中古全浊平声字的读音》，《中国语文》1981年第4期），表明其早期情况很可能与平话相同。

由此看来，平话人尤其桂南平话人的先祖中有一部分来自宋代山东青州一带的南征留戍广西州府治地的军人，他们带来的方言对平话的形成有着重要的影响作用。但是从整个平话的形成历史看，上述时间、空间、人员来源虽然是平话形成的重要因素，却不是唯一的因素。尽管平话的形成与南宁、桂林先后成为唐、宋时广西的首邑重镇有着重要的关系，但事实上，平话应是以汉、唐以来从中原地区及湖、湘等地进入广西一带的移民、军人等社会集团集体所说的汉语为主体并同时处于与周边的少数民族语言以及后来的其他汉语方言的相互接触、影响环境中并经过长期发展而形成的一种汉语方言。即它作为两广方言中历史最为悠久的本土方言的形成并非是一次性地形成于一个特定的时期，而是自身演变、接触演变皆有的一种多层次的汉语方言。早在汉、唐之间近千年里中原政权就于两广设立行政区划，实行连续的统治，自然就有大量汉人进入，并产生了如上述性质的一种早期汉语方言。我们可以根据至迟在清代就已存在的广西以至湘南当地百姓的最为统一的语言自称而称其为“古平话”（张均如1982），而它的继承者即应是今广西境内诸种汉语方言中历史最为悠久的平话。

在唐代之前，此古平话的中心区应是位处两广水路交通扼守要道（水路交通是我国古代行政设置的重要条件）即三江（西江、贺江、桂江）交汇处的古苍梧郡广信县一带（今广西梧州市及原广东省封川县辖地），此处当时为岭南重镇即交阯刺史部治所及当时的岭南政治、经济、文化中心，人口最为密集。至唐、宋时，随着行政区划的调整和统治的深入，岭南西道治所移至南宁，广南西路治所移至桂林，古平话的中心区先后西移和北移，从而使古平话进一步向广西的南部、北部发展，至宋时，基本形成了与宋代广西州、府行政区划较为一致的平话及其次方言分布的格局。

二 “平话”名称的由来

平话作为广西境内历史最为悠久的汉语方言，曾享有权威地位，后其权威地位约于元代后被官话（在桂南约于民国中期后被广府片粤语）所取代的汉语方言，其别称众多，如“蔗园话、横塘话、宾阳话、客话、廉州话、海獭话、新立话、地话、百姓话、土拐话、伢话、六甲话、地佬话、麻佬话、山佬话、山话、八都话、九都话、封川话、开建话、连山话、土白话、红瑶平话、平声”等，其中称说范围较广的依次有“平话、蔗园话、客话、百姓话、土拐话（含贬义，“拐”是“小青蛙”义，“土拐话”意为像青蛙叫声，难听懂的乡下土话）、地佬话、本地话、土白话”等，这些名称中作为自称的有“平话、客话、百姓话、本地话、土白话”。而“平话”这一方言名称通行最广且多不为广西平话各方言点群众所排斥，这里可能是有两个主要原因：1. 南宁市、桂林市这两个先后为广西省会的城区及其周边县的汉族人均自称其所操语言为平话，是其“祖宗讲的话”。2. 较早的民国时期的《广西民政视察报告汇编 · 言语种类及区域》（1932 年）、《广西年鉴 · 民族语言》（1935 年）也均将这一汉语方言称为“平话”。

“平话”的意思是什么呢？1960 年刻印，由广西师范学院（今广西师范大学）中文系主编的《广西汉语方言概要（稿）》（它是第一部系统论述广西汉语方言的学术著作，是在 1956—1959 年间全国大规模方言普查背景下经广西语言学者努力工作而获得的富有多学科价值的重要成果。）论述到：“‘平话’这个名称是从历史上沿用下来的。平话的平是指什么而言，为什么这么叫，我们现在还考察不出来，据说这种话的人谈：‘我们的话说得平一些，这大概是叫平话的原因。’所谓‘平’是指声调曲折少呢还是指其他，他们也说不出来。所以，关于平话名称的来源和意义只有暂时存疑。”近些年来，有些学者对“平话”的意思做了解释。如，有人认为是宋时狄青军队平南军所操的话之意（《广西通志 · 汉语方言志》，广西地方志编纂委员会编，广西人民出版社,1998 年 12 月第 1 版,第 255 页,下文简称为《方言志》)。又有人认为“平话”与“白话”义同,是“平白如话”,“贴近生活的日常口语”之意(见广西大学科学技术研究重点项目《广西平话地位问题研究·结题报告》第 381 页,项目编号 2004ZD05)。

我们认为,“平话”的最初本义是“我们自己的话”,其中的“平”是“我们自己”,即说话者对己方的集体总称之义。其主要理由是:在今广西南宁市周围以至左、右江、玉林、钦州、合浦、广东吴川(宋代前属广西管辖)一带的平话人大多把“我们自己”称为“伝”或“伝队”“文队”。如下表:

方言点	我们自己	方言点	我们自己
南宁老口村	伝队 uɐn˨˩ tɔi˧	百色那毕乡	伝队 ven˧ tɔi˧
南宁心墟村	伝队 van˨˩ tɔi˧	玉林水鸣镇	伝 van˨˦
崇左濑湍镇	伝队 vɐn˧ tɔi˧	钦州长滩镇	伝队 vɐn˨˩ tʰui˨˩
龙州上龙乡	文队 mɐn˨˩ tɔi˧	北海廉州镇	伝 vɐn˥
宁明海渊镇	文队 mɐn˨˩ tɔi˧	云南剥隘镇	伝队 vən˧ tɔi˧
百色田州镇	文队 mɐn˨˩ tɔi˧	广东吴阳镇	伝 vɐŋ˧

在左、右江及南宁市城区周边的武鸣县、马山县一带的平话人则自称他们是“伝人”,他们所讲的话叫“伝话”。在百色市右江区那毕乡平话人中有此民谣:“伝人搞讲村,搞得头都□[ŋɔŋ˥]发昏义。村人搞讲伝,搞得头都□[ɬən˨˩]发昏义”。[日]松本光太郎著,龚永辉、[日]多田诚治译的《汉族平话(蔗园)人考》(见《广西民族学院学报(哲社版),1997 年第 1 期》)也有如此论述广西田东县平马镇四平村的平话人:“四平村的‘蔗园人’自称‘伝人’(‘伝’字可能是壮族等用的土俗字)或‘文人’(有文化,有文字的人);相反,他们叫壮族为‘村人’或‘土人’”。

此外,在边远的邻近广西的湖南省通道侗族自治县菁芜洲镇今有一个约万余人的语言社团,他们的语音特点(如,全浊音今读不送气清音),基本特征词(如“回家、橱房”),与今广西平话一致,与其周边侗语相异,他们也将“我们自己”称为“伝[vən˩]”(见杨锡先生著《湖南通道侗族诗歌中的汉语平话借词》,《民族语文》,1993 年第 6 期)并且曾在上世纪五十年代进行民族成分识别时上书中央民委申请将其作为一个族称为“伝”的独立民族(见杨锡先生编著的油印本《本地人风俗调查·来往通讯》)。

我们由此认为,“平话”中的“平”与“伝话”中的“伝”实际上同是“我们自己”的意思，其中的“平”[pɐn]的读音只是后来作为书面语转用时与“伝”[vɐn]的相同发音部位的自然音转（如大乘佛教中观学派的创始人 deva 在汉译时写并读为“提婆”）。

据此可以推知：1. 约在中唐至宋的数百年间，为防御当时南诏、交趾等对岭南西部的侵扰及便于统治，中原政权先后将岭南西道治、广南西路治设于南宁和桂林。在此期间，人数众多且自称为“伝”（或“文”）的言语集体成为了当时广西权威方言——平话的主要使用者，这个言语集体中有屯戍的汉族兵士、商人、城郭居民，也有已实现了语言换用或操民汉多语，被一定程度上汉化了的壮侗苗瑶诸少数民族等先民们。2. 自从“伝”产生了其书面转读的形式“平”从而“伝话”这一方言自称有了其另一个同义名称“平话”后，在官方文献及一部分平话人（主要是桂北平话人及今桂南平话人中的部分中、青年人）的口语里，也将其所操方言称为了“平话”。3. 今时一些学者则可能不知“平话”中的“平”只是一个借音字，于是，就据今汉字“平”的字义做出了上述的“平话”是“狄青军队平南军的话”或浅显通俗、“平白如话”等意思的推断。4.“平话”或“伝话”这一方言名称的取名理据与客家话自称为“佴我话”的取名理据相同。

三　广西粤语与平话的实际分布

对于广西粤语（广西当地群众称其为“白话”）的分布，《方言志》称：“白话在广西主要分布于桂东、桂东南、桂南地区。……白话几乎覆盖了广西三分之一的地域，……广西的白话主要是明清之际大批广东人入桂经商、从政逐渐形成的。……一般把广西白话分为 4 片：广府片，包括梧州市、苍梧和贺县县城及其附近，平南的丹竹、大安 2 镇。邕浔片，包括南宁、柳州等市，邕宁、崇左、宁明、横县、桂平、平南等县县城及其附近。龙州、百色、田东等地的粤语，也可划归此片。勾漏片，包括玉林、梧州 2 地区 13 个市县。钦廉片，包括钦州、合浦、浦北、防城等市县及北海市。”

经过我们的调查，事实上应是：

第一，主要是自明末清初，尤其是自上世纪抗战期间由大批广东珠江三角洲一带难民和商人将粤语带入广西。这种粤语以广州市城区粤语为标准音（因广州是当时广东以至整个华南地区最大的商埠和文化中心），它的系属即今天学术界所称的粤语区广府片（见《新华方言词典·附录·2008 版中国语言地图集·汉语方言分区分片一览表》,商务印书馆,2011 年 7 月第 1 版)。这种广府片粤语的分布并不是《方言志》上述所称,而实际上是它主要于民国时期以其作为商贸优势语言的地位,"蛙跳式"即非连片地主要分布于桂东南、桂南的沿西江和沿海岸的城市市区,逐渐成为了这些城区即广西梧州市城区、苍梧县城区、藤县城区、平南县城区、桂平市城区、贵港市城区、横县城区、南宁市城区、百色市城区、北海市城区、钦州市城区的权威方言。这些城区周围的广大汉族农村乡镇的方言则是为当地群众所称的土白话、平话、廉州话等方言,当地群众从不称这些方言为白话。民国十四年(1925 年)3 月 8 日的北京大学歌谣研究会出版的《歌谣》周刊第 81 号刊有刘策奇先生著的文章《广西语言概论》,这是我们所见资料中最早论述广西语言的论文。我们节选其中的三小段:

> 广西语言虽极复杂,然大别之,可分为六大类;就是:官话,白话(广州语),百姓话,麻介话,壮话,瑶话等。
>
> 百姓话,则凡河下船家均用之。但在官话区域之船家,除日常用其百姓话外,兼说官话;在陆地上用百姓话的,只有融县一县。
>
> 百姓话与白话略同,大概有十分之七的白话成分在内;未听惯之人乍听之,多误认它为白话。

从上述刘策奇先生的论述中,我们可知:1. 刘文所用的广西汉语方言的分类称法:官话、白话、百姓话、麻介话(即客家方言的他称,"麻介"是取其音,其义为"什么")应是采自当时当地群众的说法,因为中央研究院历史语言研究所关于汉语方言的分类和名称 1934 年才见于《申报》地图的《语言区域图》:华北官话、华南官话、吴方言、闽方言、客家方言、粤方言、海南方言等 7 区。"平话"作为官方的说法首见于 1932 年的《广西民政视察报告汇编·言语种类及区域》。2. 刘文中提到的"百姓话"即今分布于广西融江、龙江流域的宜山、柳城、融水、融安(融水县、融安县是建国后从民国时期的融县分出)、三江侗族自治县的平话(宜山、柳城、融水、融安当地群众称之为"百姓话"或"土拐话",三江县当地群众称之为"六甲话",今柳城、融水、融安的船民虽多已上岸居住及已不做船运工作,但仍相互间说百姓话)。3. 刘文认为百姓话(即平话)虽与白话(广府片粤语)有相同之处,但它们并不是同一种汉语方言。

第二,《方言志》所称的钦廉片粤语是指分布于广西钦州市、北海市、防城港市一带(这一带在宋代前属广西,明代后属广东,1951 年划拨广西,1955

年拨回广东,1965 年后重新划拨广西)的一种汉语方言,当地多俗称其为“廉州话”(廉州即今广西北海市合浦县治廉州镇,为古代合浦郡郡治所在),另有“新立话(以当地地名称之)、山佬话、麻佬话”等异称,但是,当地群众从不将之称为“白话(广府片粤语)”。它的古全浊塞音、塞擦音声母今多读为送气清塞音、塞擦音。这一重要语音特点与平话一般存在的古全浊塞音、塞擦音今读不送气清塞音、塞擦音相反,但仍应属于平话而不属于《方言志》所称的粤语。这是因为 1. 它与平话一样在宋代之前都存在于广西的行政区划内,都是广西宋代之前就已存在的本土汉语方言。2. 它既然属于广西古老的本土方言,就不可能属于明清之时才进入广西的官话、粤语、客家方言、湘语或闽语,而只应属于在宋代之前存在于广西及其周边的权威方言—古平话,与今平话同为一种方言。否则,只能以在宋代之前广西境内还同时存在另一种权威方言来解释,但至今为止,这样的解释找不到它的社会、历史或语言等方面的根据。3. 从区域语音特征看,它与毗邻的勾漏片方言(勾漏片方言应属于平话,李小凡 2011,2012;李连进 2005,2007)更相近,如,广西浦北县安石镇“麻佬话”有与勾漏片方言相同的古帮、端母读内爆音[ɓ ɗ]的现象。从一些基本特征词看,它具有与平话各方言点的具内部一致性、对外排他性的共同说法,如,“去归(回家)”“灶门 / 火炉(厨房)”“铛(炒菜锅)”“索(绳子)”等。4. 它的古全浊音今读为送气清音是因受到周边的具有这一普遍语音特点的客家方言影响而所致(据袁家骅先生等著,文字改革出版社 1989 年 6 月第 2 版的《汉语方言概要》所载,客家先民于乾嘉以后的第五次较大迁徙的近者主要是到了广西的钦、廉及粤西的高、雷诸州)。这一种因方言间接触而引发的音变不应影响它属平话的性质。5. 从它毗邻的广西玉林市博白县的“地佬话”(属勾漏片方言)看,地佬话也因受周边强势客家方言影响而出现了大部分古全浊音字今仍读为不送气清音,少部分已读送气清音或两读皆可的现象。这可作为钦廉片方言古全浊音原来应为不送气的旁证。汉时属合浦郡,宋时属广南西路化州,今属广东省湛江市的县级市吴川市,其今城区所在地梅菉镇通行广府片粤语,其古县治吴阳镇通行“吴阳话”。此吴阳话乃本地最古老的汉语方言,它的古精母、清母字今读[t t^h];古帮母、端母字分别读内爆音[ɓ]、[ɗ];古全浊塞音、塞擦音声母多读为送气清音;基本特征词有“去归[hui˧ kuɐi˥](回家)、火炉[fo˧˩ lou˧](厨房)、铛[ts^haŋ˥](炒菜锅)”;它与广西合浦县廉州话可基本相通;它处于勾漏片与钦廉片之间的过渡地带而更接近于钦廉片方言。吴阳话作为一种平话方言,正可说明钦廉片方言原应与勾漏片方言一样,古全浊塞音、塞擦音读作不送气清音,后来在周边客家话接触影响下变为了送气清音。

第三,《方言志》既然指出:“广西的白话主要是明清之际大批广东人入桂经商、从政逐渐形成的”,而勾漏片、钦廉片这两片方言早于明清前就已在广西存在。这样,从时间上或逻辑上,《方言志》都不应该将它们归入粤语。

综上所述,我们应将形成时段相同(主要在民国时期),语音、词汇、语法等特点高度一致,均非连片地沿江或沿海分布于广西东南部城市市区,却被《方言志》分作“广府片粤语”“邕浔片粤语”及北海市市区、钦州市市区粤语等方言合并为“白话”(均属粤语广府片),其下按地域分出“沿江白话”和“沿海白话”。同时将今均主要分布于广西及其周边广大农村地区(绝大多数为汉族地区),其次方言片均多与宋时广西境内州、府区划一致;均为当地本土方言,均受周边少数民族语言或官、湘、粤、客诸汉语方言影响而有不同的语言区域特征(李连进 2009),但更具有一致性和系统对应性却被《方言志》分为“勾漏片粤语”“钦廉片粤语”“桂南平话”“桂北平话”的诸方言合并为“平话”,其下依地域和不同的语言区域特征首先分出“桂南区”和“桂北区”,再分出“桂南贺江片”“桂南邕江片”“桂南钦江南流江片”“桂北融江片”“桂北漓江片”“土话片”。即:

- 平话
  - 桂南区
    - 桂南贺江片
    - 桂南邕江片
    - 桂南钦江南流江片
  - 桂北区
    - 桂北融江片
    - 桂北漓江片
    - 土话片①

四　平话的人口

在刘策奇先生《广西语言概论》里,没有提及他所分类的广西各个方言的人口,更当然地未提及平话的人口。

首次提到平话人口的也是《广西汉语方言概要(稿)》,这部著作的“第五章·平话”论述到:“说平话的人估计有一百万人左右。”以后依时间早晚提到平话人口的论著及论述有:

① 这里的“土话片”是专指“湘南土话”和“粤北土话”这两小片汉语方言。

1. 杨焕典、梁振仕、李谱英、刘村汉（1985）："平话是广西汉语第四大方言，……使用人口二百多万。"

2. 张均如（1987）："广西平话大体上可以分为桂南平话和桂北平话，使用人口至少有二百多万。其中桂南平话人口超过半数。"

3. 中国社会科学院、澳大利亚人文科学院合编，1987 年版《中国语言地图集·汉语方言分区分片一览表》（香港朗文出版（远东）有限公司出版）："平话是广西汉语第四大方言，……平话人口二百多万，桂南片人口超过半数。"

4. 张均如、梁敏（1996）："操平话的人口没有单独的统计数字，据较保守的估计，在广西说平话的不下三四百万人。"

5. 刘村汉（2005）："大致说来，桂林地区的平话属于桂北平话，其他属于桂南平话。……两种平话的总人口 390 多万。"

6. 李连进（2007）："从历史和现实看，平话是广西较早的方言，也是目前广西最大的方言，今天它在广西的使用人口至少达 700 万以上。"

7. 中国社会科学院、澳大利亚人文科学院合编，2008 年新版《中国语言地图集·汉语方言分区分片一览表》（香港朗文出版（远东）有限公司出版）："平话和土话，分布于湖南、广西、广东三个省区，总人口 778 万，共 60 个县市。分为四片。"

《广西汉语方言概要（稿）》认为平话"估计有一百万人左右"。其主要原因可能是当时的调查者"广西师范学院工作组"等由于广西方言的普查点多、时间紧，对平话只做了桂南平话南宁亭子圩和桂北平话灵川三街两个代表点的调查，所以此著作做出平话人口数量如此低的认为是可以理解的。

在《广西汉语方言概要（稿）》这部著作编成 25 年后的 1985 年，随着对平话的进一步了解，原本就是《广西汉语方言概要（稿）》主要作者的杨焕典等（1985）刊登于《方言》的论文对平话人口的数量做了这样修改："平话是广西汉语第四大方言，使用人口二百多万。"并提到"来自古全浊音的塞音和塞擦音，桂南平话同勾漏粤语不论平仄，都读不送气清音"，存在着如何划分它们的困难。

紧接着，张均如（1987）认为，（广西平话）"使用人口至少有二百多万"。而当年出版的《中国语言地图集》也说到"平话人口二百多万，桂南片人口超过半数"，这一说法可能是参照了杨焕典等先生《广西的汉语方言（稿）》及张均如先生等的意见而得出（对此，可见《广西的汉语方言（稿）》中的“《方言》编辑部按”）。

事实上，即使按照广西存在平话的所在县县志的记载，仅桂南平话人口就不止二百万。如民国二十六年（1937 年）《邕宁县志・言语》：“兹就当地日常交际而定为固有知音者则有四，所谓官平土白是也。……然总以平话为流通。则平话实为我县言语之代表。”1995 年 12 月版《邕宁县志》（广西邕宁县志编纂委员会编，中国城市出版社出版）：“外迁定居于左右江一带，讲邕宁平话，种甘蔗，被当地人称为‘蔗园人’，其后裔数以 10 万计。”（1990 年邕宁县总人口为 835 794 人）1987 年版《宾阳县志》：“客话，又称本地话，对外称宾阳话。……讲客话的散居全县各地，占全县总人口的 70% 左右。”（1985 年宾阳县总人口为 775 493 人）1989 年版《横县县志》：“汉语有客话、新民话、普通话、白话。……壮汉民族交往多是讲客话，白话和壮话次之。”（1985 年横县总人口为 899 133 人）。2004 年版《南宁市郊区志》（南宁市郊区地方志编纂委员会编，方志出版社出版）：“郊区的语言主要有平话和壮话两种。……据 2000 年统计……郊区使用平话的人约 24.30 万人，占郊区人口的 49.16%。”据此仅将邕宁县、宾阳县、横县三县的总人口 2 510 420 人的百分之 70% 加上南宁市郊区的 24.30 万就已达到了 2 000 294 人。这个数目还未加上当时已为公认的左右江及桂北平话片的平话人口，如 1996 版《临桂县志》（临桂县志编纂委员会编，方志出版社出版）：“汉语有官话、平话和客家话 3 种方言。平话使用人口最多，约 37 万人，占总人口的 90% 以上，分布范围遍及全县 14 个乡镇。”1997 年版《灵川县志》（灵川县地方志编纂委员会编，广西人民出版社出版）：“县境汉语方言有官话（西南官话）和平话二种；少数民族语言有壮话、瑶话二种。前两种全县通行。”（1990 年灵川县总人口为 329 406 人）1998 年版《融水苗族自治县志》（融水苗族自治县地方志编纂委员会编，生活、读者、新知三联书店出版）：“融水汉族方言主要有 4 种：土拐话、客家话、桂柳 1、六甲话。土拐话主要分布于境内的融水镇、融水乡、和睦镇、永乐乡；……六甲话分布在大浪乡一带；……本节主要介绍土拐话，即平话。”（1982 年融水苗族自治县总人口为 380 979 人）由此可见，在上述 1987 年前的方言论著中，平话人口的数量是被大大低估了。

在 1987 年版《中国语言地图集》出版的近十年后，经过对平话的进一步调查及研究，梁敏、张均如两位先生在《广西民族研究》上连续三期登载的论文《广西平话》进一步提出了“在广西说平话的不下三四百万人”的新看法。而刘村汉先生(2005)更具体地认为:“(桂南、桂北)两种平话的总人口390多万。”

综上所述,随着对平话的更全面、深入地调查与研究,平话人口的数量逐步得到了较大幅度的增加和更新。

现在,经过十余年的更多的调查后,我们可以认为,在王福堂先生指出“广西平话、湘南土话和粤北土话是同一种方言”(2008年新版《中国语言地图集》也将“平话、土话”独立为一个大区,并称其“总人口778万”)的基础上,再加上我们这些年来先后对勾漏片、钦廉片方言的专门调查,支持这两片方言应从粤语中划出而归入平话,那么,平话的人口应达1000万以上。平话应是广西及其周边地区汉语的第一大方言。

五　结语

因为广东、广西古为百越之地,“越”通“粤”,在建国前,两广也分别有“粤东”“粤西”(建国后,被转作“广东省西部”义)之称,从这一地理意义上,作为主要分布于广西的平话当然也可称为“粤语”。但是,在方言学意义上,平话与粤语则是进入岭南有先后,形成时间有早晚的两种独立的姐妹汉语方言,它们并无共同发展、创新的时期。尽管近代强势的粤语覆盖了平话的部分地区,但平话仍在其广大汉族农村和一些县城城区(如宾阳县、临桂县、灵川县、融水县)有着强大的生命力,它与粤语之间存在的仍只是互为影响的关系。

参考文献

侯兴泉 2010《勾漏片粤语与平话语音比较研究》,北京大学博士论文。

李　荣 1989 汉语方言的分区,《方言》第4期:241－259。

李小凡 2005 汉语方言分区方法再认识,《方言》第3期:356－363。

李小凡 2011 两广毗连地区汉语方言的归属,《语文研究》第1期:51－55。

李小凡 2012 平话的归属和汉语方言分类,《语言科学》第5期:509－517。

李连进 2005 勾漏片的方言归属,《民族语文》第1期:34－41。

李连进 2007 平话的分布、内部分区及系属问题,《方言》第1期:71－78。

李连进 2009 东南方言的三种演变模型:裂变、触变与同变,《南方语言学》第1辑:52－57,广州:暨南大学出版社。
李海珍 2012《广西犀牛脚海獭话比较研究》,广西大学硕士论文。
梁金荣 1997《桂北平话语音研究》,暨南大学博士论文。
刘村汉 2005 丰富多彩的语言宝藏,《广西语言文字使用问题调查与研究》:3－8,南宁:广西教育出版社。
麦　耘 2011 粤方言的音韵特征,《方言》第4期:289－301。
覃远雄 2007 平话和土话,《方言》第2期:177－189。
王　力 1948/1991 汉越语研究,载《王力文集》第十八卷:460－587,济南:山东教育出版社。
王福堂 1999《汉语方言语音的的演变和层次》,北京:语文出版社。
王福堂 2001 平话、湘南土话和粤北土话的归属,《方言》第2期:107－118。
王洪君 2008《汉语非线性音系学》(增订本),北京:北京大学出版社。
伍　巍 2001 论桂南平话的粤语归属,《方言》第2期:133－141。
项梦冰 2005《汉语方言地理学》,北京:中国文史出版社。
谢建猷 2001《广西平话研究》,中国社会科学院博士论文。
杨焕典 梁振仕 李谱英 刘村汉 1985 广西的汉语方言(稿),《方言》第3期:181－190。
詹伯慧 崔淑慧 刘新中 杨蔚 2003 关于广西"平话"的归属问题,《语文研究》第3期:47－52。
张均如 1982 广西中南部地区壮语中的老借词源于汉语古"平话"考,《语言研究》第1期:197－219。
张均如 梁敏 1996 广西平话,《广西民族研究》第2期96－101页,第3期:117－122,第4期:111－120。
张振兴 1997 重读《中国语言地图集》,《方言》第4期:241－248。
广西地方志编纂委员会 1998《广西通志·汉语方言志》,南宁:广西人民出版社。
钦州市地方志编纂委员会 2000《钦州市志》,南宁:广西人民出版社。

附记

黄伯荣先生曾于1987年10月28日给当时正在北京大学中文系旁听研究生课程的我写来一封信,信中说道:"连进同学:10月25日来信收到,知道你参加在京学术活动并能使我也知道,非常高兴,福堂同志是个踏实的方言学家,平易近人,有搞方言兴趣的兰大研究生可以一同去请教。"(当年兰大语言专业的硕士研究生通过第一学年英语等课程考试后便可去北京大学旁听一年或半年的语言专业研究生课程。我们住在离北大不远的兰州大学驻京办事处。我聆听了徐通锵、叶蜚声、陆俭明,蒋绍愚、石安石、唐作藩、郭锡良等先生的相关课程,使我这个仍为懵懂无知的大龄学生对语言学的知识及理论有了进一步的认识。)黄先生信中给我提出了利用在北大学习的机会向王福堂先生请教,今后也能从事方言研究的希望。可惜的是,尽管我之前已在兰大聆听过刘伶先生的汉语方言调查课,但尚无方言调查的实践,因而没有勇气去找王先生请教。然而,今后求取王先生的指导则已是我深藏于心里的愿望。

2000年6月,我在越南从事对外汉语教学归国后,鼓起勇气给王先生写信表达了想去北大做访问学者的心愿(我的勇气来自:1993年参加了复旦大学首届现代汉语骨干教师班,聆听了游汝杰先生的方言学课以及他对平话方言的介绍及已在我从小生长的南宁市的郊区做了一些与游先生主持的一个课题有关的平话的调查;1995—1998年攻读了复旦大学博士学位,王先生是我博士论文《平话音韵研究》的评审人)。王先生很快地给我复了信(我保留着王先生的九封复信,每次都是很快地回复),信中他说道:"你现在准备从事的研究项目'平话和平话人',我觉得很有意义。这不但是语言领域的研究,而且联系到社会和历史。加之能和你博士期间学习和工作后关心的问题联系,成功的可能性也较大。"王先生的来信给了我很大的鼓励,坚定了我要努力坚持广西平话及相关语(方)言研究的信心与决心。2001年9月至2002年7月我再次来到北大,在王先生的指导下较系统地着重学习了汉语方言调查、汉语方言学、历史语言学等课程。在北大访学结束后,我回到广西,王先生继续以复信或电话等方式给予我指导和鼓励,使我最终留在广西工作。2008年6月间,他还和王洪君先生不远千里来到广西大学讲学。

回想起王先生在这十五年来的谆谆教诲,我为自己于很多方面仍然达不到他的期望而惭愧。我在平话研究上得到许多先生,尤其是平话及粤语研究方面的先生们的帮助与指正,使我反思自己在研究上的肤浅和错误。王先生曾对我说过,作为一名汉语方言工作者不仅要认真扎实地做好对方言事实的调查,还要在做好调查的基础上注意对方言事实的理论解释。然而,这些年来,我只做了一点调查,理论水平却一直很低。

王先生对汉语方言学事业始终淡泊坚守,对后学的教导犹如润物细无声的春雨,为人为学是那样的儒雅方正。他是我今生有幸遇到并终生心怀敬意的老师。

(李连进　广西大学文学院)

论《交泰韵》的音系性质及南北官话语音的区别标志

张卫东

对《交泰韵》已有的研究,不是很多。关于《交泰韵》的音系性质,却有几种说法。李新魁(1983:289－290)认为是“一个共同语的正音(雅音)系统”。耿振生(1992:185－186)归为“近古河南方言”。麦耘、朱晓农(2012:351－352)更指为“我们河南话”。张伟娥(2003)不同意“河南方音”说,认为“是以中原官话为基础、以表现当时官话共同语语音为主流、但又杂有方音的一个复合音系。”《四库全书总目·交泰韵一卷提要》谓“其分部纯用河南土音”。金钟赞、叶宝奎(2003)不同意这种观点,亦不同意“河南方言”说,认为“记录的是明代后期的官话音”,跟《洪武正韵》的差别“主要体现为语音的历时变化”。我们基本同意金、叶的看法,但必须指出,明代后期尚未形成全国统一的官话音、统一的通语,宋元以降,官话分南北二系,各有其标准音,我们称之为“准通语”,南方系“准通语”以南京为代表,北方系“准通语”以北京为代表;《交泰韵》所反映的,是明末南方系官话准通语音系。

一　关于“in/iŋ、ən/əŋ、n/l 相混”

麦耘、朱晓农称:in/iŋ、ən/əŋ、n/l 相混,是“江淮方言的两个语音特点”,也是南京话的“两个语音特点”。由此推断,以南京为代表点的“南方官话”亦必然具备这“两个语音特点”。而“中原雅音”in/iŋ、ən/əŋ、n/l 不相混,《交泰韵》亦不相混。因此,《交泰韵》反映的不是“南方官话”。[①] 这是将“南方官话”等同于“江淮方言”。

---

① 麦耘、朱晓农:《南京方言不是明代官话的基础》,《语言科学》2012 年第 4 期 337－358 页。

"江淮方言"和"南方官话"之间怎能画等号？首先，"南方官话"比"江淮方言"区域大多了。我们曾说过，可以在北京以南北纬 38 度划一条"语言 38 线"，其北为"北方官话"，其南即"南方官话"，中原官话、胶辽官话等都在"南方官话"区内。"南方官话"的大部分区域，在这"两个关键"（in/iŋ、ən/əŋ、n/l 相混）上都不相混。其次，"江淮方言"亦并非全区相混。见《鲍明炜语言学文集》第 34 页图 8（深臻两摄和通〈唇音〉曾梗三摄今开口、齐齿两呼字韵尾分合）。"南京方音"即南京城里的话虽有此"相混"，却并不妨碍它成为南方官话的代表点。丹麦学者奥托·叶斯柏森（Otto Jespersen，1860—1943）（2010：18）早就说过的：

> 标准语是使用该种语言的人，使别人无法从他的口音判断出他是什么地方的人。这样我们就看到了语言上的悖论：雅典的普通话不是纯正的雅典城邦的阿提卡语，哥本哈根的普通话不是纯正的哥本哈根话，伦敦的普通话不是纯正的伦敦话，在巴黎演进和产生的法语并不是严格意义上的巴黎话。

在中国，这样的"悖论"同样存在：今天的普通话并不是纯粹的北京话，却以北京为代表；历史上"南方官话"的标准音也不是纯粹的"南京方音"，却以南京为代表。南京方言、江淮方言的这"两个语音特点"受"南方官话"标准音所排斥，正如普通话排斥北京话里那些"土音"一样。

南北官话之区分，是有语音标志的，但不是麦、朱所谓的"两个语音特点""两个关键"（in/iŋ、ən/əŋ、n/l 相混）。下面很快就会谈到。

二 《交泰韵》与《洪武正韵》比较

2.1 金钟赞、叶宝魁（2003：93）说："将《交泰韵》音系与《洪武正韵》比较，我们发现二者的差别主要体现为语音的历时变化。"这一论断，完全正确。

2.2 《洪武正韵》（以下简称《正韵》）阳声 10 韵（举平以赅上去），入声 10 韵，阳声入声一一相配；阴声 12 韵（举平以赅上去）。《交泰韵》也是阳声入声一一相配，只是比《正韵》各少 1 韵，且入声各韵不独立而附于阳声各韵去声之下：阳声 9 韵（平分阴阳，举平以赅上去入）；阴声 12 韵（平分阴阳，举平以赅上去）。二者比较，最值得注意的，是阳声韵和入声韵的分合及其反映的历史音变。

2.2.1 《正韵》阳声 10 韵：

(1)中古深、臻、通 3 摄保持独立，咸摄分为覃、盐 2 韵；

(2)曾梗、宕江分别合并为庚、阳 2 韵；

(3)山摄分化为寒、删、先 3 韵。

以上表明中古阳声韵尾 m、n、ŋ 三分格局到《正韵》未变。《交泰韵》阳声韵却格局大变：

(1)中古深、臻合一而依等呼分为真、文 2 韵；

(2)咸、山合一而依等呼分为寒、删、先 3 韵；

(3)《正韵》之庚韵，《交泰韵》依等呼分为庚、青 2 韵。

可知《交泰韵》m 尾已合于 n，表明中古阳声韵尾由 m、n、ŋ 三分简化为 n、ŋ 二分：

《正韵》	《交泰韵》
一东(屋)	一东(笃)
八真(质)	二真(质)三文(勿)
九寒(曷)	四寒(曷)
十删(辖)	五删(煞)
十一先(屑)	六先(屑)
十七阳(藥)	七阳(藥)
十八庚(陌)	八庚(格)九青(戚)
二十侵(缉)	
二十一覃(合)	
二十二盐(葉)	

2.2.2 《正韵》和《交泰韵》阳声第一韵都是“东”，然此“东”非彼“东”。《正韵》的“一东”完全是中古通摄字，《交泰韵》“一东”则有来自“庚青”的字，其两条“外附”云：

①“扃倾兄”3 韵，“自庚来”，其入声“狊阒殈”“查与赓韵吉讫不同母，而与东韵匊同母，今改附于东韵之后”；

②“琼荣”2 韵，“亦自庚青来”。这表明，梗合三四牙喉音(不论舒入)，《交泰韵》皆已并入“一东”，且八庚、九青与一东在《交泰韵》组合成 eng、ing、ung、iung 四呼相承的韵部。

这表明《交泰韵》的“一东”跟《正韵》的格局已有质的不同了。《交泰韵》反映的是中古曾梗通三摄在近代南方官话里开始重新组合。

2.2.3　入声,《正韵》10 韵,《交泰韵》9 韵,表面看差不多,实际上变化比阳声韵更大。首先是《正韵》入声韵尾 p、t、k 既齐全又未相混,而《交泰韵》入声韵尾则已简化为 1 种,是喉音还是零形式有待确定,但肯定是同一了。入声韵尾的简化与同一,为入声韵的重新组合扫除了障碍。于是,到《交泰韵》,入声韵就完全按照其韵母元音分合了:

一东下注云:"狊阒殈""与东韵匊同母";二真下注云:"质与戚同";三文下注云:"勿与屋通"。以上表明,《交泰韵》二真之入声韵,集合了中古深臻二摄缉、质、迄各韵和曾梗二摄德、职、陌、麦、昔、锡等开口类诸韵;三文之入声韵,则集合了臻合三和曾梗合二三四牙喉音及通摄入声合口类诸韵。

四寒下注云:"曷与藥通",表明中古山开一寒韵牙喉音、山合一桓韵全部和咸开一覃谈二韵的入声跟宕江二摄的入声韵相通合一了。

六先下注云:"屑与格通",表明咸山二摄开口二等牙喉音、山摄开合口三四等诸韵、咸摄开口三四等诸韵与曾梗摄部分入声韵已然合并。

这种重新组合,具体地反映了明初到明末南方官话的变化。七阳下注云:"原独韵,今因之。藥与曷通。"中古宕江二摄早在《正韵》已合并为阳韵,入声并为藥韵。《交泰韵》"藥与曷通""曷与藥通",表明宕江与山开一入声相通合并。而在北方官话,宕江二摄入声到近代则先变同"萧豪"(《蒙古字韵》列"萧豪"韵平上去之后)、再变萧豪歌戈两韵并收(《中原音韵》,以下简称《中原》)。《交泰韵》之"藥与曷通",表明走向"歌戈",且不受北方"萧豪"影响,故而不像《中原》有萧豪歌戈两韵并收。[①]《交泰韵》之通摄入声物匊与臻摄勿及梗摄狊阒殈相通,未曾出现《中原》所见的鱼模尤侯两韵并收。这两点(两个"两韵并收"),可以看作近代南北官话的区别性标志。

2.2.4　《交泰韵凡例》后的附录《平入相近》意在提醒人们注意平入相近而不相同,作诗填词时别乱了平仄。吕氏于支、齐、鱼、模、歌、麻、遮等 7 个韵目下各列平入音近字若干比对组。这种比对,清晰显示其入声字走的是单元音化之路,跟《西儒耳目资》相同,跟《中原》的复元音化类型不同。

---

① 张卫东(2010)《论〈中原音韵〉的萧豪歌戈"两韵并收"》,《语言学论丛》第 41 辑;张卫东(2012):《论〈中原音韵〉的鱼模尤侯"两韵并收"》,早稻田大学《开篇》第 31 卷;张卫东(2013):《论〈中原音韵〉的东锺庚青"两韵并收"》,《语言学论丛》第 48 辑。

2.3 《正韵》《交泰韵》阴声韵，同为 12 个（举平以赅上去）：

《正韵》	《交泰韵》
二支	十支
三齐	十一齐
四鱼	十二鱼
五模	十三模
六皆	十四皆
七灰	十五灰
十二萧	十六萧
十三爻	十七豪
十四歌	十八歌
十五麻	十九麻
十六遮	二十遮
十九尤	二十尤

2.3.1 《交泰韵》与《正韵》的阴声韵，不仅数相同且目亦几乎相同，只是《正韵》“十三爻”、《交泰韵》换为“豪”以与“十六萧”构成明确的洪细对立。

2.3.2 《交泰韵》与《正韵》阴声 12 韵的排列顺序亦完全相同。

2.3.3 然而，吕坤并非照抄《正韵》。各韵所领字，除了“鱼、模、歌、麻、遮、尤”之外，其余各韵多少都有调整。调整最多的数“支、齐”二韵，表明舌尖前音［ɿ］从［i］分化出来了。《交泰韵》齐韵的“衣希知奇痴非批夷驰皮微肥”等字，以及皆韵的“筛”、灰韵的“维”，《正韵》都在支韵。另外，《正韵》列十三爻的“敲”字（洪音），《交泰韵》改属萧韵（细音）。

2.4 《交泰韵》声母的变化也很大，这里只说个大体，最明显的是：

（一）全浊声母清化，平声变同部位送气音。吕氏所谓“直贞切称，非也”，就是因为“浊音清化”，“直”与“称”声母不同了。

（二）牙喉音（见组）和舌齿音（精、知、庄、章各组）之细音，与相应声母组别的洪音明确分列，且其切语上字不可混用。吕氏所谓“歌，居何切”宜改“格阿切”等，正是反映的这类差别。

（三）跟今零声母相关的影喻二母，《蒙古字韵》《正韵》尚分，到吕坤时已经相混为一，“隐印”与“引胤”何分？吕曰：“余不能辨”，故于《交泰韵》不分。

2.5　声调方面,《交泰韵》有三点:(1)中古平声依声母清浊分为阴平、阳平;(2)浊上归去,时音已经完成,只是吕坤未敢如实全数反映,还保留一些浊上字在上声位置上,如"朕善沆杏荠"等;(3)保留入声。入声是否分阴阳,当另行讨论。

三　《交泰韵》与《西儒耳目资》比较

3.1《交泰韵》与反映明末南方官话的《西儒耳目资》(以下简称《耳目资》),具有很强的一致性。①

3.2 先看阳声韵。《交泰韵》阳声 9 韵。《耳目资》虽多至 22 韵,可是若按两书各韵领字排列,就会发现,实际上,两书阳声分韵完全相同。《耳目资》其实也是阳声 9 韵,其等呼不同的韵母因音素标音而分立 22 韵而已:

《交泰韵》	《耳目资》
一东(笃)	㉖翁 um　㊱用 ium
二真(质)	⑫恩 en　⑱音 in
三文(匆)	㉗un　㊷oen　㊽温 uen②　㊲云 iun
四寒(曷)	⑨安 an　㊶oan　㊾碗 uon
五删(煞)	㊻弯 uan　㊽温 uen②
六先(屑)	㉞烟 ien　㊽温 uen②　㊿远 iuen
七阳(药)	⑧盎 am　㉙eam　㉜阳 iam　㊵oam　㊺王 uam
八庚(格)	⑪硬 em　㊼uem
九青(戚)	⑰应 im

《耳目资》分韵,重实际音值,有时看似近乎严式标音。例如,相当于《交泰韵》的七阳,《耳目资》依等呼分 5 韵,其 am、iam、uam 三韵相当于《交泰韵》阳的开齐合三呼,其 eam 韵只出现在来母之后,oam 母只出现在宕合一之晓匣二母之后,而宕江二摄庄初崇生字 oam、uam 两韵并出,从音位上来说,eam(良)与 iam(娘)、oam(庄窗双荒)与 uam(庄窗双筐)本是可以归

① 麦耘、朱晓农(2012:353)断言《交泰韵》"所展现的音系与《耳目资》接近而有异",然并无自主研究支持,所援引的几位学者,经查,皆无二音系的比较研究,亦无此类断语。参见张卫东《论与南京话、明代官话相关的几个历史问题》,《中国语言学》第 7 辑,北京大学出版社,2013。

② 《耳目资》㊽温 uen 所领字,大部分为臻合一、合三的(温昆坤奔喷分,盆氛门,稳衮阃本粉,醖棍困坌粪闷),少部分是山合二、合三知照系字(专穿,船輭,转舛阮,馔钏)。这是比较特殊的。《交泰韵》"三文"韵只收臻摄合口字。

并的。

3.3　从韵类重新组合来看，中古曾梗通三摄字，在《耳目资》分属 5 摄，即：em、im、uem（庚），um、ium（东）。对应条例大体是：

（1）曾梗开口一二等唇音、通摄三等敷母“捧”和明母“夢懜”等字，既见于 em 韵，又见于 um 韵，两韵并收；

（2）少数开三四等曾梗摄唇音字（掤帲甹）归 em 韵、而牙音字（敻瞋口）归 ium 韵；

（3）通合一重唇音（蓬蒙）、通合三轻唇音（風豐馮封峯逢）等仍是合口 um 韵；

（4）曾梗合口一二等牙喉音变为 um 韵（通摄），只有牙音“肱広鞃觥”等 8 字两韵并收（uem 和 um）。

《交泰韵》跟《耳目资》在上述 4 点上是“平行”的。例如：《交泰韵》“一东”的两条“外附”，显示中古梗合三、四牙喉音并入一东。《耳目资》㊱“用 ium”的格雍切“扃”、克雍切“倾”、黑雍切“兄”、克融切“琼”、衣洪切“荣”等，一个不少。这表明，中古曾梗与通摄之重组，《正韵》尚无动静，到明代后期南方系官话才开始，《交泰韵》跟《耳目资》所反映的重组情况，比《中原》晚了 300 年。

3.4　与阳声韵相应的，是入声韵。这是近代语音史考察中最需注意的。入声变化，《交泰韵》跟《耳目资》也是“平行”对应的。下表例字只列两书互见的（“（）”内例字为平上去非入声字）。《耳目资》第一摄丫土音 a，相应于《交泰韵》麻韵，其同摄入声 ǎ 领字相应于《交泰韵》五删之入声字。《耳目资》的标音，可以作为《交泰韵》实际读音的参考：

	《耳目资》	《交泰韵》	共同例字
①	a	麻	（楂差沙茶爬杷麻那把打马诈霸大）
			哈煞察铡萨怛擦挞八發市霎踙插剳答榻法
	ǎ	删入	拶辣捺
			帓伐拔杂沓拉纳乏
②	ia	麻	（鸦嘉虾牙贾亚嫁下）
	iǎ	删入	戛楬轧瞎夹恰鸭呷辖洽
③	oa	麻	（花华耍化）

	oă	删入	刷滑
④	ua	麻	（娃瓦挝瓜寡卦夸胯跨）
	uă	删入	韄刮刖
⑤	e	遮	（遮车奢蛇者撦惹捨） 责则贼册测格客䘖伯拍德忒额勒陌塞色
	ĕ 甚	庚入	赫核 浙詟辄徹热舌设摄
		真入	客额瑟涩
	ĕ 次	青入	隻直尺释石
		真入	质执叱勅蛰日入实失十湿
⑥	ie	遮	（爹些耶邪茄也姐且写夜借藉谢）
	iĕ 甚	先入	曳谒节截捷接切妾结絜颊挈箧怯鳖别撇跌 跕铁帖列劣獵灭涅苶讘屑燮协歙脅
	iĕ 次	青入	益绎积戚戟壁僻的狄剔力觅匿锡席隙檄 一揖疾即集戢七吉革及急臭乞泣必弼匹疋
		真入	栗立密 逆悉息肸吸
⑦	oe	（平上去无）	——
	oĕ	庚入	擭获
		文入	勿佛
⑧	ue	（平上去无）	——
	uĕ	先入	拙歠国郭虢说刷
⑨	iue（上去无）	遮	（靴茄瘸）
	iuĕ	先入	刖曰蕝厥阙雪血穴
		文入	屈律

⑩	o	歌	（阿我饿歌哿箇可贺戈果过科颗课和火货左坐挫莎锁多朵剁他妥波跛播颇破何讹罗驼那懦婆磨）
	ŏ 甚	寒入	遏姶繨撮葛閤合渴榼钵钹泼夺掇脱捋末诺喝欱
		阳入	恶作错捉绰娖各恪薄朴若缚愕削洛莫诺索朔铄杓灼鹤霍
	ŏ 次	东入	族蹙足蔟竹烛縠酷仆樸卜笃独秃肉復伏禄戮木屻肭速续孰叔斛
		文入	卒猝骨窟不孛突物勿硉窣啐没率忽鹘
⑪	io	（平上去无）	——
	iŏ 甚	阳入	蘗爵鹊觉卻恪略愕削学谑
	iŏ 次	东入	欲麴畜旭
⑫	uo	歌	（窝歌戈过科和火货）
	uŏ 甚	庚入	擭获
		寒入	刖
		阳入	郭阔廓
	uŏ 次	寒入	掊括阔活豁
		先入	国虢
		东入	屋斛熇
		文入	忽鹘
⑬	u 甚	模	（乌租初孤枯铺都苏呼吾徒无误故库布暮路怒务）
	u 中	鱼	（诸书除如主处汝暑箸孺恕）
	ŭ 甚	文入	卒焌
	ŭ 中	真入	诎出入恤術

⑭	iu 中	鱼	(迂趋居区须虚鱼徐渠语取举吕女许御聚据去虑)
	iŭ 中	文入	聿焌橘狊阒诎律恤殈
		青入	役域

3.5《交泰韵》跟《耳目资》的入声字音的共同点是单元音化(以《耳目资》标音显示):

ă、iă、oă、uă

ĕ 甚、ĕ 次、iĕ 甚、iĕ 次、oĕ、uĕ、iuĕ

ŏ 甚、ŏ 次、iŏ 甚、iŏ 次、uŏ 甚、uŏ 次

ŭ 甚、ŭ 中、iŭ 中

我们(张卫东 2010:81)曾说:《蒙韵》和《耳目资》皆"保留入声","然而具体分韵,则诸多不同,宕江入声字的归部不同即其一。这种分歧,并非主观人为,而是官话实际语音的反映,只是一个反映北音,一个反映南音。"从3.4 可以看到,《交泰韵》的入声,不论其归部、领字还是实际读音,跟《耳目资》几乎完全一致。《交泰韵》作于 1603 年,吕坤死后 8 年问世。《耳目资》1626 年刊行。金尼阁是个诚实虚心的学者,作《耳目资》的过程中,参考了许多字书、韵书,若是参考了吕坤的《交泰韵》,他一定会说明。可以肯定,《交泰韵》跟《耳目资》,是各自独立完成的。确认这一点非常重要。因为由此可以推断:

一、两书的一致,既非互抄,亦非偶合,而是同一时音之如实反映;

二、《交泰韵》跟《耳目资》反映的同是明末南方官话之准通语;

三、它们,即明末南方官话之准通语,是 in ~ iŋ、ən ~ əŋ、n/l 不相混的。

四 《交泰韵》与《中原音韵》比较

4.1《中原音韵》反映的是元末北方官话,跟《交泰韵》和《耳目资》是很不相同的两个语音系统。时有古今,地有南北,不能混为一谈。《交泰韵》比《中原》晚将近 300 年,语音存在明显差异,但这主要不是历史音变造成的,而是南北官话音系类属之不同。

4.2《中原》的三组"两韵并收",对现代汉语普通话韵母系统影响极大,然而,第一、第二组即歌戈萧豪两韵并收、鱼模尤侯两韵并收,《交泰韵》没

有；第三组庚青东锺两韵并收，反映中古曾梗通三摄进入近代汉语阶段的重新组合，《中原》已经走了相当一段路程，而《交泰韵》只是刚刚起步（《正韵》曾梗合为庚，与一东即通摄无涉）。

4.3 《中原》的"平分阴阳""浊上归去"，表明平、上二声调和浊音清化的演变俱已完成，且很彻底。南方官话只完成了"平分阴阳"。至于"浊上归去"，吕坤和金尼阁都说过"古音为上，今读为去。音韵之书从古，愚亦不敢从今"之类的话，《交泰韵》书面上仍大量列于上声位置。这表明南方系官话在这一点上或是新近完成，甚或尚在演变中，人们尚缺乏确认的信心。

4.4 《中原》之后，从朝鲜汉语教材谚解《老朴》《伍伦全备》《华音启蒙》和威妥玛《语言自迩集》等可以看到，北方系官话原来三组"两韵并收"继续向前发展，新的"两韵并收"和"两声并收"，亦陆续出现。[①] 而南方的《正韵》《交泰韵》和《耳目资》（参见2.2.2、3.3）仅在曾梗通三摄重新组合上开始有相应变化与反映，正如上文所说："这表明，中古曾梗与通摄之重组，《正韵》尚无动静，到明代后期南方系官话才开始，《交泰韵》跟《耳目资》所反映的重组情况，比《中原》晚了300年。"北方系官话其他演变，《交泰韵》跟《耳目资》皆无——这正是南北二系官话区别特征所在。

五　明代官话南北系的区分标志

近代汉语官话，到了元末，南、北、西三系三足鼎立的格局已经确定。

元明时代，全国官话有没有统一的通语？像今天这样的有严格定义和普及程度的普通话，肯定没有。然而，像《正韵》和"中原雅音"所代表的"正音"，有极高威望，覆盖全国，有人将它视为"统一通语"，未尝不可。近年我们倾向于没有"统一通语"而有南、北、西三系官话，有三个"准通语"，分别以南京、北京、武汉为代表。虽然常比之"三足鼎立"，却并非平起平坐、一成不变的关系。在整个历史过程中，既有强势、弱势之分，又有由弱转强、由强转弱的动态变化。说到南、北二系时，吕叔湘先生曾这样说："现代的官话区方言，大体可以分成北方（黄河流域及东北）和南方（长江流域及西南）两系。我们或许可以假定在宋、元时代这两系已经有相当分别"，"北宋的时候，中原的方言还是属于南方系；现在的北方系官话的前身只是燕京一带的一个

① 参见张卫东《论曾梗二摄洪音入声字的"两韵并收"——基于〈老朴〉等标音文献的考察》（世界汉语教育史研究学会第四届年会论文，2012年8月，首尔）。

小区域的方言。”

此话有些人从来没听进去，把南方系官话跟江淮官话划了等号，把本属南方系官话的冀鲁豫的官话方言，包括中原官话、胶辽官话，都当作北方系官话，不顾常识地提出把 in/iŋ、ən/əŋ、n/l 是不是相混作为区分南北官话的标志；又有一些人不假思索地予以刊发转载。殊不知，in/iŋ、ən/əŋ、n/l 是不是相混，充其量只能将一部分诸如西南官话和部分江淮官话及以武汉话为代表的西部官话从一般官话中区分出来而已。在区分南北官话上，这两条根本无效，因为，大部分南方系官话跟北方系官话一样，在这两条上是一致的。这两条，也更谈不上什么近代官话研究的“两个关键”。

近代南北系官话语音上的差别，主要体现在从《中原》开始的声韵的演变及其两韵并收上，尤其是跟入声韵演变相关的两韵并收上。有则北，无则南。

《中原》有三套“两韵并收”。这是汉语史由中古到近代转型期北方准通语特有的一种语音现象。中古音系自宋末发生了一系列变化，而在东南西北各地方言，这些变化或不同步，或不同向，从而形成了相互影响、吸纳、叠加的历史条件。以《中原》为代表的北方准通语表现了最大的包容性。这种包容性体现在《中原》及其之后的一系列两韵并收上。

《中原》第一套两韵并收，是宕江摄入声字的萧豪歌戈两韵并收。中古宕江二摄入声字是 o、io 韵还是 ao、iao 韵，可以作为区分南北系官话的第一“测试棒”。元大都时代的北京，《蒙古字韵》代表“北方系官话的前身”之方言，此类字全变 ao、iao 韵；《中原》代表“北方系官话的前身”之通语，其部分宕江二摄入声字吸收、叠加了南方通语 o、io 韵读法，形成 o、io 和 ao、iao 的两韵并收；萧豪为正音，歌戈为俗音，直到 19 世纪 80 年代，正俗易位。代表明初、明末南方准通语的《正韵》和《交泰韵》《耳目资》，此类字始终是 o、io 韵。直到今天，“语言 38 线”以南的官话一般仍是 o、io 韵。

中古通摄入声字，南北二系皆变同鱼模韵，不论同步与否，总之演变方向相同，相互促进。而以武汉为代表的西部系走了另一条路，变同尤侯韵，跟南北二系唱了对台戏。南方系不予理睬，而北方系则接纳尤侯韵“入京”，在《中原》里体现为通摄部分入声字鱼模尤侯两韵并收：正音鱼模，俗音尤侯。虽然有的字（“六肉粥轴”等）如今只剩尤侯韵一读，但整体上，从来都是鱼模为正、尤侯为俗，如今日“熟”字之文白异读。①

《中原》东锺庚青两韵并收，反映中古曾梗通三摄元代后期在北方系已经开始重新组合。南系明初尚无动静。到了明末，《耳目资》和《交泰韵》不约而同地反映这种重新组合在南方系亦已开始。此时，南北二系可以说是共同推进这种重新组合，终于在 1850 年前后大体完成了曾梗通三摄的演变：əŋ、iŋ、uŋ、yŋ，一组韵母，四呼相承。② 这种两韵并收之非同步运动，亦可作为南北二系区分的参考系数之一。

《中原》之后，北方官话又出现了一些新的两韵并收现象，例如曾梗二摄洪音入声字的两韵并收。这类字，《中原》全归皆来而《蒙韵》全归六佳，南方《正韵》则不论洪细全在入声陌韵：南方单元音（陌，格，ĕ 入声甚、ĕ 入声次），北方复元音（佳，皆来，ai）。到明中叶，从《翻译老朴》（1506—1517 年）可以看到，德陌麦三韵字都有正（皆来）俗（歌戈）二音。从随后的标音文献可以清楚地看到，该类两韵并收如何由起先的止音皆来韵、俗音歌戈韵，逐渐地正俗易位、文白颠倒，变成今天的样子（色：sè shǎi）。

以上几组两韵并收的历史演变，表现为南北西三系之互动，既令其各系语音面貌发生变化，又使三系关系不断调整，从而推动了全国统一通语的逐渐成长。亦因此，与这几组两韵并收相关的历史音韵表现，可以成为区分南北二系官话的语音标志。

在这种变动中，北方系准通语表现了最大的包容性。应了老话儿“有容乃大”，它因善包容而逐渐壮大，终于在 19 世纪中后期“大”到成为“公认的‘帝国官话’”。再过半个多世纪，获得民国官方法律确认；又过约半个世纪，经共和国努力，在全国获得普及。

参考文献

李新魁 1983《汉语等韵学》，中华书局。

吕叔湘 1985《近代汉语指代词》，吕叔湘著，江蓝生补，学林出版社。

耿振生 1992《明清等韵学通论》，语文出版社。

张伟娥 2003 论《交泰韵》的语音性质，《青岛大学师范学院学报》第 2 期。

---

① 参见张卫东《论曾梗二摄洪音入声字的“两韵并收”——基于〈老朴〉等标音文献的考察》（世界汉语教育史研究学会第四届年会论文，2012 年 8 月，首尔）。

② 张卫东（2013）《论〈中原音韵〉的东锺庚青“两韵并收”》，《语言学论丛》第 48 辑。

金钟赞 叶宝魁 2003 吕坤《交泰韵》音系研究，韩国中语中文学会《中语中文学》33辑。

附 记

我1970春毕业留校，被安排教哲学兼做学生工作。“四人帮”粉碎不久，学校通知留校“工作人员”确定专业方向，我毫不犹豫地选择了汉语方言学，从1977年尾开始跟袁家骅王福堂二位先生修业。我1964年入学，不到两年就“文革”了，方言学及其一些先行课都还没上呢，是王福堂老师从零开始手把手地教，1978年9月带我到福建做了近半年的闽方言调查，福州、厦门、建瓯三个点，一字一音一丝不苟地听、记与商讨、整理，给予我的是最严格的专业精神熏陶、最精准的专业技能训练，我相信，我的师弟师妹中再没有第二人能有此待遇。1979年袁家骅王福堂二位先生联合招收“文革”后第一届汉语方言学研究生，我毫不犹豫地报考了。我跟王先生的师生之缘，就这样正式开始了；我的专业方向，也就这样确定了——有个小插曲，矢志可鉴：1978年夏校领导要我出席1979年的一个会议，我不肯去。北大党委副书记马石江同志找我谈话，看我油盐不进，一再强调刚确定专业方向，不想改变，他就问：什么方向？我答：方言学，汉语方言学。他一听，好像很感动，十分诚恳地说：你学方言，我支持你。现在年轻人肯学方言的真不多，很难得。你要是学文学，我就劝你放弃了。我会为你说话。但也希望你体谅组织的难处。你去开会，回来继续专攻方言学，如何？这样谈妥，我才放心地跟王先生上路去做闽方言调查。1982年研究生毕业，我已经协助王先生完成了本科生的三届方言课教学、两届方言调查实习，且已经为1983年夏的湖南方言调查实习打了前站，筹划妥当。一切都是那么顺畅。谁也没想到，1983年7月我却突然拿着筹建中的深圳大学的商调函到系里递交了请调报告。经过两个半月的奔走，终于9月23日到了深圳，赶上了27日深圳大学建校典礼。决意离开北大，基于多种因素。事先我没跟任何人透露，尤其王老师，我不能说，也说不出口。所以，心中最感愧对的，就是恩师王先生。到了广东，我做的第一件事，就是到梅县做了一个月客家方言调查，确认了一个教训：我这个北方人做不了华南方言，必须调整方向。做了十多年客家研究之后，再转向汉语史、主要是近代汉语语音史。在这两个方向上，常常感受到，早年的汉语方言学专业训练最为给力，如虎添翼一般。每当有此感慨时,心中总是深切感谢恩师王先生。值此恩师八十华诞,衷心祝福恩师健康长寿,继续指引、推动我们进步;衷心希望我的师弟师妹们,都能遇上王福堂先生一样的导师;衷心希望主攻汉语史、论的师弟师妹们,最好都能辅修汉语方言学,也感觉一下"如虎添翼"。

(张卫东　深圳大学文学院)

清涧话古浊声母今送气字例

刘勋宁

中古全浊声母在今北方方言里清化。除了变擦音声母不论送气与否之外，变塞音塞擦音声母，以北京话为代表的现代标准语，古平声送气、古仄声不送气。王福堂先生著有《古全浊声母清化后塞音塞擦音送气不送气的问题》一文（原载《语言学论丛》第 36 辑，商务印书馆 2008；又见王先生论文集《汉语方言论集》，商务印书馆 2010）。关于古仄声字变送气，文中举有清涧话的例子。依王先生举例，清涧话共有 144 字，在全文举例的方言中是最多的一种（文中关于这一地区的举例是：闻喜 129 字，离石 32 字，清涧 144 字，绥德 20 字）。因为具有典型性，本文把这些字的清涧话用例列举在下面，以飨读者，也为今后的语言调查提供一份参考资料。王先生已在文末"语料来源"中注明："刘勋宁：《清涧方言调查字表》，1980。（未刊）"。这是我为写作硕士论文赴清涧调查的材料。限于调查当时的认识水平，有一些判断上的失误，也有一些似乎是手误。此外，经过时间的推移，又获得了一些新的白读。所以一并写成此文，向王先生和读者请益。

凡例：标明词性的字或词，意思是依句法可自由使用，冒号后面是用例。无词性标注，只出现在例词中的字不能自由使用。标明"书面语"的字是发音人提供的，没有口语根据。有序号的字是王先生原文字列的顺序，这次新增加的字另排的序号放在括弧里。标音用宽式音标。用例中的"了也"都读合音[iɛ 轻声]。"儿"尾都跟前字合音。

古並母：

［古浊上］

1 罢 pha 去声：状态词：吃罢了也、走罢多时了也。

5 陛 phɿ 上声：书面语：陛下。

6 婢 phɿ 阳平：书面语：婢女。口语有四字格“逃奴作婢”，“婢”念 pai 阴平，究竟是四字格的特殊音变，还是另有来源，不清楚。“逃”的意义也不明确。

8 部 phʊ 去声：部队。量词：一部。

9 簿 phʊ 去声：账簿、家簿（家谱）。

15 倍 phai 去声：量词：两倍。

16 被 phɿ 去声：被子、被面儿、被坷洞儿（被窝）。

18 抱 phʊ 去声：动词：抱起。

19 鲍 phɔ 去声：鲍家沟（地名）。

24 鳔 phiɔ 去声：鳔胶。

26 拌 phu 去声：拌疙瘩（疙瘩汤）。分音词：不搅，动词。

27 伴 phu 去声：作伴儿。

29 辨 phi 去声：动词：这的个理也辨不开。

30 辫 phi 去声：辫子。动词：辫辫子。

36 笨 phəŋ 去声：形容词。

41 棒 phɔ̃去声：棒棒儿。分音词：扑棚，名词。

42 并 phiəŋ 去声：动词：并排儿。

［古浊去］

52 避 phɿ 上声：动词：避开。复音动词：避躲。

53 篦 phɿ 阳平：篦梳子。

从以上“陛、婢、避、篦”四字的声调来看，清涧话里似乎存在回避“屁（送气去声）”的潜规则。

57 步 phʊ 去声：步走、步行。量词：一步。

59 败 phai 去声：状态词：败了也、打败了也。

64 焙 phai 阳平：书面语：焙干。

65 背 phai 去声：动词：背过我（背着我）。动词：背书。

68 暴 phɔ 去声：书面语：暴雨。

69 菢 phʊ 去声：动词：菢鸡儿子（孵小鸡）。谚语：鸡菢鸭子枉操心。

77 办 phɛ 去声：灵前办事（丧事傧相）。得办（来得及）、不得办（来不及）。

78 瓣 phɛ 去声：书面语：花瓣。

93 病 phi 去声：名词：有了病了也、瞧病去也。

(1)坌 phəŋ 去声:名词,粉尘。眼里打里个坌(眼睛里进去一个什么东西)。

[古浊入]

97 拔 pha 阳平:动词:拔萝卜、拔兵。

103 勃 phɤ阳平:书面语。

104 钹 phɤ上声:乐器名。

105 薄 phɤ阳平:形容词。

106 雹 phɔ 去声:书面语:冰雹。口语说"冷子"。

115 白 phie 阳平:形容词。

119 别 phie 阳平:动词:别得身上。

132 鼻 phiʔ 阳入:鼻子、鼻梁。

133 弼 phiʔ 阳入:书面语:弼马温。

(2)饽 phɤ阳平:面饽(饽面)

(3)脖 phɤ阳平:脖颈、脖子。

(4)諆 phɤ阳平:动词:勘验踪迹。(参见李运富《楚简"諆"字及相关诸字考辨》,可从网上下载)

古定母

[古浊上]

2 舵 thɯ 声调不安定:书面语:舵手。"舵"当地叫"老棹"。

3 垛 thu 去声:动词:垛起来。垛子。

7 弟 tshɿ 去声:兄弟(弟弟)。

10 杜 thʋ 去声:杜梨树。

11 肚 thʋ 去声:肚子。跑肚(拉稀)。

20 道 thɔ 去声:一道大路。

21 稻 thɔ 去声:稻黍(高粱)。

28 淡 thɛ 去声:淡话(无意义的话,废话)。谚语:亲人说苦话、闲人接淡话。淡话佬(爱说废话,爱给小孩子讲故事的人)。

33 断 thu 去声:状态词:断了也。

40 囤 thuəŋ 去声:囤子,装粮食的器具,用席编成或者纸裱褙成。

43 动 thuəŋ 去声:动词:动给下,不得动。

(5)锭 thir 去声:锭儿,纺线车上装线的器具。

［古浊去］

45 大 thɯ 去声：形容词。清涧话的反义词是“猴”。复音名词：大小（尺寸）。

54 第 tshɿ 去声：序数词头：第一、第三。

55 递 tshɿ 去声：递话的（传言者，翻译）。

56 地 tshɿ 去声：名词：地下。复音名词：地土（土地）。

60 代 thai 去声：年代儿、年代儿长了也。

61 袋 thai 去声：布袋。

70 盗 thɔ 去声：旧书面语。

72 掉 thiɔ 去声：掉转。

73 调 thiɔ 去声：动词：两个人调给下。复音动词：调查。

79 但 thɛ 去声：副词：但能、但微。

80 蛋 thɛ 去声：鸡蛋。

81 弹 thɛ 去声：弹弹儿

84 垫 thi 去声：底里垫上个什麻（什么）。

92 邓 thəŋ 去声：邓家埝（地名）。

95 洞 thuəŋ 去声：串洞、坷洞。

（6）驮 thɯ 去声：驮子。此字古平去两读，清涧话中都保存，平声动词，去声名词。

［古浊入］

98 踏 tha 阳平：动词：一脚踏起、踏烂了也。

99 沓 tha 上声：量词：一沓。

107 夺 tuɤ阳平：动词。

108 铎 tuɤ阳平：书面语：吴运铎（人名）。

120 叠 thie 阳平：动词：叠被子。

121 蝶 thie 阳平：书面语：蝴蝶。口语叫“蝉儿”。

122 碟 thie 阳平：碟子、碟儿。

123 谍 thie 阳平：书面语：间谍。

124 牒 thie 阳平：书面语。

134 笛 thiəʔ 阳入：笛儿。

138 独 thuəʔ 阳入：四字格：独霸为王。

139 犊 thuəʔ 阳入：书面语。口语叫“牛不老儿”。

141 毒 thuəʔ 阳入：名词（怨恨）：心里有毒哩。毒出不去。

古从母

［古浊上］

4 坐 tshu 去声：动词：坐下、坐上、坐起。

14 在 tshai 去声：动词：在家、在不在？

22 皂 tshɔ 去声：皂角。

31 践 tɕhi 去声：书面语：实践。

32 件 tɕhi 去声：量词：一件儿。

38 尽 tɕhiəŋ 去声：状态词：心尽了也、好尽了也（好到头了）。

（7）造 tshɔ 去声：造什麻哩？（制造什么呢？）造怪哩（不安生）。

［古浊去］

46 座 tshu 去声：名词：座位儿，座座儿。

47 褯 tɕhia 去声：褯子。

48 字 tshɿ 去声：名词。

49 自 tshɿ 去声：自家（自己）。

74 瞧 tɕhiɔ 去声：倒瞧。

75 就 tɕhiəu 去声：副词：就吃、就说、就是。

82 錾 tshɛ 去声：錾花。银匠錾花。

85 贱 tɕhi 去声：形容词：贱了也。

90 匠 tɕhiɒ̃ 去声：通名：木匠、石匠、铁匠。

94 净 tɕhi 去声：形容词：净了也。

［古浊入］

100 杂 tsha 阳平：杂面（豆面）。

110 凿 tshɤ 阳平：凿子。

111 昨 tshɯ 去声：书面语。口语说“夜来”。

114 嚼 tɕhie 阳平：动词：口里嚼过来嚼过去。

118 贼 tshəʔ 阳入：谚语：贼走了关门哩。

125 截 tɕhie 阳平：量词：一坷截儿。

137 集 tɕhiəʔ 阳入：名词：跟集。遇集者哩。

142 族 tshuəʔ 阳入：书面语：民族。

古澄母

［古浊上］

13 柱 tʂhʮ 去声：石柱子。

23 赵 tʂhɔ 去声：姓。赵家崖（地名）。

44 重 tʂhuəŋ 去声：形容词：重得恶哩！复音名词：轻重（重量）。

（8）纣 tʂhəu 去声：纣棍儿。

（9）杖 tʂhɯ 高升变调：擀杖（擀面杖）。

［古浊去］

50 稚 tshɿ 去声：形容词：麦稚了也。稙儿稚女。注意：声母仿佛从从母来。

66 坠 tʂhuei 去声：动词：绳绳儿坠上（用绳子吊上）。坠下去（吊下去）。

71 棹 tshɔ 去声：老棹（舵）。腰棹（桨）。

83 绽 tshɛ 去声：动词：绽开、绽脱了也。

88 阵 tʂhəŋ 去声：这一阵儿、那一阵儿、一阵儿。

91 状 tʂhuɒ̃去声：旧书面语：状子。

96 仲 tʂhuəŋ 去声：复音名词：当中。这个词是非常稳定的读音，也是日常用词。可是因为在复音词里，我们不知道会不会是偶然变送气。《广韵·宋韵》直众切："中也"。

（10）撞 tʂhuɒ̃去声：动词：撞上、撞着。

［古浊入］

113 着 tʂhɤ阳平：动词：着火、着了急了也。

116 择 tshɛ 阳平：动词：择日子，择下日子了也。

117 宅 tshɤ阳平：书面语：住宅。

128 侄 tʂhəʔ 阳入：侄儿、侄女、侄孙子。

129 直 tʂhəʔ 阳入：形容词。

130 值 tʂhəʔ 阳入：动词：值钱、不值钱、值几个钱。

131 掷 tʂhəʔ 阳入：动词：掷黄土哩。复音动词：忽掷。

143 轴 tʂhuəʔ 阳入：书面语。

（11）碡 tʂhuəʔ 阳入：碌碡。

古群母

［古浊上］

17 跪 khuei 去声：动词：跪下。

25 舅 tɕhiəu 去声："舅舅"不送气。送气音只出现在"姑舅"一词中。
32 件 tɕhi 去声：量词：一件儿。
35 圈 tɕhyi 去声：名词：猪圈、羊圈。动词：圈羊。
37 妗 tɕhiəŋ 去声：妗子。
39 近 tɕhiəŋ 去声：形容词：近屈子（近视眼）。
（12）犟 tɕhiɯ 去声：形容词：犟得恶哩、犟板颈（脾气犟）。
［古浊去］
67 柜 khuei 去声：柜子。
76 旧 tɕhiəu 去声：形容词：旧了也。
86 健 tɕhi 去声：复音形容词：康健。
［古浊入］
126 掘 tɕhyəʔ 阴入：书面语。同"屈"字音。
127 倔 tɕhyəʔ 阴入：书面语。同"屈"字音。
144 局 tɕhyəʔ 阳入：旧书面语。现在一般念不送气。

古崇母
［古浊去］
62 寨 tshai 去声：寨山（地名，县城所依傍）、寨沟（地名，在黄河边）。
（13）乍 tsha 去声：谚语：穷汉乍富，坷直腆肚；富汉乍穷，低头弯腰。
（14）栈 tshɛ 去声：栈羊。在自家院中饲养，不放到野外去。
［古浊入］
101 煠 tsha 阳平：动词：煠芽子（水烫豆芽），煠油糕（油炸糕）。
102 铡 tsha 阳平：铡刀。动词：铡草。
112 镯 tʂhuɤr 轻声：手镯儿

本文删去 10 字：12 苎，当再考证。34 篆，当再考证。51 豉，类似的东西口语叫"豆生"。52 箸，当再考证。63 拽，语义不密合。87 赚，手误。89 仅，或为"尽"字之混，当再考证。109 踱，受字表前字"铎"之音累及。112 镯，当再考证。135 籴，当是"粜"字之误。136 疾，语义不密合。增加 15 字：坌、饽、脖、謀、锭、驮、造、纣、杖、撞、碡、辙、犟、乍、栈。

附　记

王福堂先生是我的硕士导师。我的硕士学位论文是《清涧方言》。作为王先生的首届研究生(1979~1982),王先生倾尽全部心力。至今还记得,初上研究生的时候,每天中午去王先生宿舍问问题,后来由隔壁的老师告诉我,王先生身体不好,中午要午休,你要把时间缩短一些。入学第二年开始整理方言资料和论文写作,王先生一遍又一遍地批改。三十年过去,我还保存着带有王先生批改和评语的最后一稿。

今年欣逢王先生八秩寿庆,重温当年的学习过程,令人感慨和感激。本文所谈是王先生能关心的问题之一。祝他健康长寿、学术之树常青!

(刘勋宁　日本明海大学外国语学部)

晋语“哥”的读音

沈　明

晋语指“山西及其毗连地区有入声的方言”（李荣1985）。分布于山西$_{南部除外}$、内蒙古$_{中西部}$、陕西$_{北部黄河沿岸}$、河北$_{西部}$及河南$_{北部沿大行山麓一带}$，共191个市县旗。山西南部的28个市县属于中原官话汾河片。（《中国语言地图集（第二版）》，2012）该片方言的白读层与晋中和晋西一带的晋语有不少相同之处，放在一起讨论。

“哥”，果摄开口一等见母平声，同一音韵地位的还有“歌”。北方方言大多“哥=歌”，但在晋语里，有些方言“哥≠歌”。就声调来看，或同上声，或同阳平（升调），或同去声（降调）。就韵母来看，或同假摄 [*a]，或同效摄 [*au]（哥=高），或同宕江 [*aŋ]（哥=钢/港）（音标右上角加*表示代表音）。请看表1（“并|吕|上|大”表示并州片、吕梁片、上党片和大包片）。

表1

<table>
<tr><td colspan="3">变调</td><td colspan="3">变韵</td><td colspan="2">变韵+变调</td></tr>
<tr><td>上声</td><td>阳平</td><td>去声</td><td>=效$_{哥糕}$ ꜀kau</td><td>=宕江$_{哥钢}$ ꜀kaŋ</td><td>=假$_{哥}$ ka</td><td>=假$_{哥}$ ꜂ka</td><td>=宕江$_{哥港}$ ꜂kaŋ</td></tr>
<tr><td>并|吕|上|大</td><td>吕梁</td><td>并州</td><td>并州|五台</td><td colspan="4">吕梁片|五台片|大包片|张呼片</td></tr>
</table>

下面分别讨论晋语“哥”的特殊读音。

一　晋语“哥”的声调

1.1　“哥”读上声。散见于晋语各片，晋东南上党片比较集中。请看表2。

表2

	并州片		吕梁片		大包	上党片				
	介休	榆社	榆林	横山	和顺	武乡	屯留	襄垣	长子	陵川
哥	ᶜkə˦˥	ᶜkɤ˨˩˧	ᶜkuə˨˩˧	ᶜkuo˨˩˧	ᶜkɤ˦˥	ᶜkɤ˨˩˧	ᶜkɤ˥˧	ᶜkə˨˩˧	ᶜkə˧˨	ᶜkɤ˨˩˧
歌	꜀kə˩˧	꜀kɤ˧	꜀kuə˧	꜀kuo˦	꜀kɤ˧˩	꜀kɤ˩˧	꜀kɤ˨˩˧	꜀kə˧	꜀kə˨˩˧	꜀kɤ˧

这一类还包括沁县、代县、忻州、定襄等方言。这几个点“哥”单念阴平上，比如沁县[ᶜkɤ˨˩˧]、代县 [ᶜkɤ˨˩˧]、忻州 [ᶜkɛ˨˩˧] 和定襄 [ᶜkɔ˨˩˧]，但在连调里“哥”同上声，不同阴平。

1.2 “哥”读阳平（升调）。多见于晋南中原官话及相连的晋语吕梁片。请看表3。

表3

	晋语吕梁片			中原官话汾河片						
	隰县	蒲县	吉县	临汾	运城	万荣	永济	临猗	河津	洪洞
哥	꜁kɤ˩˧	꜁kuo˩˧	꜁kɤ˩˧	꜁kɔ˩˧	꜁kuo˩˧	꜁kɤ˨˦	꜁kuo˨˦	꜁kɤ˩˧	꜁kɤ˧˨	꜁ko˨˦
歌	꜀kɤ˥˧	꜀kuo˥˧	꜀kɤ˦˨	꜀kɔ˨˩	꜀kuo˧˩	꜀kɤ˧	꜀kuo˧˩	꜀kɤ˧˩	꜀kɤ˧˩	꜀ko˨

调型多为升调 13˩˧ 或 24˨˦（河津除外）。[*o]（包括 [ɤ uo ɔ]）韵读阳平的只有“哥”一个字。

1.3 “哥”读去声（降调）。多见于晋中、吕梁交界地带的晋语。例如：石楼[kəˀ˥˧]、中阳 [kəˀ˥˧] 和介休 [kəˀ˦˥]。（笔者按：《中阳方言志》读去声，2012 年 1 月白静茹的调查读阳平）除介休外，都是高降调53˥˧。

1.4 “哥”不读阴平的原因，大体上可以分成两种：

（一）“哥”读上声是由“姐”的声调类推而来的。“哥”“姐”语义对应，“姐”读上声，“哥”也跟着读上声。这种情形不仅见于晋语。据同事刘祥柏告知，他的母语六安话里，“哥”也读上声。这么看，“姐”声调的影响力比“哥”大。

还有一个相反的例子。永济“哥”“姐”都读阳平 24˨˦。周围的方言里，“哥”读阳平，“姐”读上声。永济话“哥”、“姐”同调也可以看作是类推的结果。不过是倒过来了，“姐”跟着“哥”走，看来是晚近的变化。

（二）“哥”读同阳平（升调）或去声（降调），属于语义变调。表示尊敬、喜爱义。

①“哥”读阳平，多为升调。比如隰县、万荣、永济、洪洞都是 24˨˦，蒲县、吉县、临汾、临猗都是 13˩˧（详见1.2）。据同事谢留文告知，客家话的“哥”也有读升调的。而升调有表示亲密、喜爱的意思，晋南这几个方言的“哥”就采用了这种方式。

②“哥”读去声，多是高降调。比如中阳、石楼都是 53˥˧（详见1.3）。我们观察到，周围方言里，词根不是去声的，儿化后有的读降调（同去声调）。而同样的词根，石楼、岚县读降调但不儿化。对比如下：

临县	天窗儿tsʰuər˦˥˧	树叶儿iər˦˥˧	值钱儿tɕʰiər˧˥˧	奶牙儿nɑir˧˥˧	裙儿tɕʰyər˧˥˧
神木	孩伢儿 niʌɯ˧˥˧	桃儿 tʰʌɯ˧˥˧	先前儿 tɕʰiʌɯ˧˥˧	麦鱼儿 yʌɯ˧˥˧	牌儿 pʰʌɯ˧˥˧
汾阳	孩儿 xər˨˥˧	桃儿 tʰuər˨˥˧			盘儿 pʰur˨˥˧
方山	孩儿xər˩˧˥˧	桃儿tʰor˩˧˥˧	钱儿tɕʰiər˩˧˥˧	猫儿mar˩˧˥˧	盘儿pʰər˩˧˥˧
石楼		桃 tʰau˧˥˧	钱 tɕʰiaŋ˧˥˧	猫 mau˧˥˧	盘 pʰaŋ˧˥˧
岚县	孩 xie˧˥˧		钱 tɕʰiẽ˧˥˧	猫 mau˧˥˧	

笔者（2003）把这种降调称作小称调，也表示尊敬、喜爱义。

石楼指称长辈或比自己年长的平辈，读降调（同去声调）。比如，石楼“妈mã˩˧˥˧、婆 pʰuə˧˥˧、姨 i˧˥˧、伯 piɛ˦˥˧、叔 ʂu˦˥˧、姐 tsɛi˨˩˥˧”。

归纳起来，“哥”读上声是由“姐”的声调类推而来的。读升调（同阳平）和降调（同去声）和调型有关，都表示尊敬、亲密和喜爱义，属于语义变调。同阳平调或去声调只是偶合。介休这类词也读同去声，调型却是个高升调 35˧˥，倒像是根据调类类推而来的。

二　晋语“哥”的韵母

晋语“哥”的韵母，或同假摄 [*a]，或同效摄 [*au]（哥=高），或同宕江 [*aŋ]（哥=钢/港）。

2.1　“哥”同假摄 [*˛ka]”。多见于晋中并州片和晋西、陕北吕梁片。有些方言的“哥”不止一个读音：一个同假摄，一个同果摄（哥=歌）。举例用斜线/隔开。请看表4（并州片平声只有一个，举例标作阳平。全文同）。

表4

	并州片		上党片	吕梁片			
	灵石	孝义	高平	吴堡岔上、宋家川	清涧宽洲、石盘	延川冯家坪	佳县兴隆寺
哥	꜁ka	꜁ka	ᶜkɑ	꜀kɑ	꜀kɑ/꜀kɯ	꜀ka/꜀kɤ	꜀kɑ
歌	꜁kɤ	꜁kɤ	꜀kɤ	꜀kəu	꜀kɯ	꜀kɤ	꜀kuo

“哥”读 [*a] 和“大、他、哪那”的韵母一样，是“歌麻同韵”的残存，属于较早的读音形式。

2.2 “哥”同效摄。即“哥=高 [*꜀kau]”，多见于并州片、吕梁片及五台片。请看表5。

表5

<table>
<tr><td></td><td colspan="3">并州片</td><td>吕梁片</td><td colspan="2">五台片</td></tr>
<tr><td></td><td>孝义</td><td>文水</td><td>平遥</td><td>汾阳</td><td>山阴</td><td>朔州</td></tr>
<tr><td>哥高</td><td>哥 ꜁kɤ</td><td>哥称父 ꜁kəɪ</td><td>哥 ꜁kɔ</td><td rowspan="2">哥 ꜀kɯ</td><td>꜀kɔu</td><td rowspan="2">꜀kɔo</td></tr>
<tr><td>歌</td><td>꜁kᴇ</td><td>꜁kəɪ</td><td>꜁kɤ</td><td>꜀kuə</td></tr>
</table>

“哥=高[*꜀kau]”看起来像是“歌豪同韵”的残存。还有一些例子如：

孝义	ᶜ哥=꜀高糕 kɤ		课=靠kʰɤᵓ	讹=熬꜁ŋɤ		
文水	哥称父=高羔 ꜁kəɪ	个=告kəɪᵓ	可=靠kʰəɪᵓ	蛾=熬꜁ŋəɪ		河=毫꜁xəɪ
平遥	哥歌=高糕 ꜁kɔ	个=告kɔᵓ	可=烤ᶜkʰɔ	蛾=熬꜁ŋɔ	我=袄ᶜŋɔ	河=毫꜁xɔ
平鲁	歌哥=高糕 ꜀kɔ	个=告kɔᵓ				
朔州	哥歌=高糕 ꜀kɔo	个=告kɔoᵓ				

就文白读来看，孝义、文水“哥”的文读和“高糕”的白读同音。也就是说，这两个点是效摄丢失韵尾 [-u] 后自成韵类，等果摄文读进来之后，与果摄同音的。平遥、平鲁像是效摄丢失韵尾 [*-u] 后合流到果摄。可见，这里的“哥=高”和宋代典籍里说的“歌豪同韵”不是一码子事。朔州的情形尚待进一步研究。

2.3 “哥”同宕江。即“哥=钢 [*꜀kaŋ]/港 [*ᶜkaŋ]”，见于吕梁片、五台片和张呼片。根据韵类分合关系，再分成两类：①哥=钢=歌 [*꜀kaŋ]；②哥=钢 [*꜀kaŋ]≠歌 [*꜀kɤ]。请看表6。

表6

		①哥=钢=歌[*꜀kaŋ]			②哥=钢[*꜀kaŋ]≠歌[*꜀kɤ]
吕梁	佳县$_{佳芦}$	꜀kɒ̃	张呼	鄂尔多斯	꜀kɔ̃ ≠꜀kɤ
	佳县$_{乌镇}$	꜀kɑ̃		乌兰察布	꜀kɒ̃ ≠꜀kɤ
	佳县$_{坑镇}$	꜀kã		丰镇	꜀kɒ̃≠꜀kɤ
五台	神木$_{万镇}$	꜀kɒ̃		凉城	哥港ᶜkɔ̃≠歌꜀kɤ
并州	交城	꜀kɤŋ			

大体上看，①属于字音音类的演变，和果摄字今读鼻音韵有关；②属于词音的变化，可能是“哥儿[*꜀ka+n]”的合音。

（一）“哥=钢=歌[*꜀kaŋ]”属于字音音类的演变。我们知道，晋西、陕北黄河沿岸的一些晋语里，果摄字（今开口呼）今读鼻音韵[*꜀kaŋ]，同宕江。例如（声调不同的用：隔开）：

	佳县$_{佳芦}$	佳县$_{坑镇}$	神木$_{万镇}$	府谷	临县
拖=汤	꜀tʰɒ̃	꜀tʰã	꜀tʰɒ̃	꜀tʰɒ̃	꜀tʰɔ̃
左：脏	tsɒ̃	tsã	tsɒ̃	tsɒ̃	tsɔ̃
哥歌：钢港	꜀kɒ̃	꜀kã	꜀kɒ̃	哥港ᶜkɔ̃：歌钢꜀kɔ̃	哥港ᶜkɔ̃：歌钢꜀kɔ̃

笔者（2011）以为，果摄字今读鼻音韵经历了两个变化过程：先是宕江丢失鼻韵尾 [-ŋ]合流到果摄 [*o]，之后受官话方言宕江读鼻音韵的影响，宕江果作为一类一起加上鼻音成分变成了 [*aŋ]。这两个过程在周围的晋语里以文白读形式保存着，而在这些方言里则只有一种形式 [*aŋ]，相当于分文白读方言的文读。

临县和府谷“哥=港 [*ᶜkaŋ]”在韵类演变方式上属于此类，声调读上声属于1.1。

（二）“哥=钢 [*꜀kaŋ]≠歌 [*꜀kɤ]”属于词音变化。“哥=钢 [*꜀kaŋ]”可能是“哥 [*꜀ka]+儿[*n]”合音之后的进一步的变化。

①假设晋语的“儿”曾经读过自成音节的 [n̩]。

“儿”止摄开口三等日母平声，同一音韵地位的上声字有个“尔”，用作第二人称代词。晋语有些方言的“尔”至今还在用，读自成音节的[ᶜn̩]。下面的例子摘自李荣（1997）（笔者注：离石现称吕梁）：

文水	你姓甚$_{\text{什么}}$? ——我姓王ᶜṇ˧˩˧ ɕiəŋ˦˨˧ səŋ˦ —— ŋəɪ˧˩˧ səŋ˦ ʊ˧。
祁县	你姓甚嘞? ——我姓王ᶜṇ˧˩˨˧ ɕiə̃˦ sə̃˦ lə˨˩˧?——ŋɯ˧˩˨˧ ɕiə̃˦ o˧。
平遥	你老好哇? ᶜṇ˥˧ lɔ˥˧˦˧ xɔ˥˧ uɑ˧˦˨˧?|麻烦你了mɑ˧˦˨˧ xuɑŋ˧˦˨˧ ᶜṇ˥˧ liɑ˥˧。
沁县	“沁县方言中还有一个自成音节的 [ṇ], 它只在记录口语中的“你”和表示应答的语气时使用, 本书没有收入。” P38你$_{\text{文}}$[ᶜnɿ˧˩˧]、你白[ᶜṇ˧˩˧]。
襄垣	自成音节的[ṇ]只有一个字: “你[ᶜṇ˧˩˧]”; P 15 “你$_{\text{文}}$[ᶜȵi˧˩˧]”。
长治	你去哪儿? ——我进城ᶜṇ˥˧ tɕʰy˥ nɑr˥˧?——uə˥˧ tɕin˥ tsʰəŋ˦。
离石	《山西方言调查研究报告》P 454 “你[ᶜnzɿ˧˩˧; ᶜṇ˧˩˧]”。
汾阳	《山西方言调查研究报告》P 268 “□[ᶜṇ˧˩˧]; 你[ᶜȵi˧˩˧]”。

由此假定, 晋语的“儿”和“尔”一样, 也曾读过自成音节的 [ṇ]。和南方方言一样。

② 晋语里指称长辈或比自己年长的平辈, 有时候会带“儿”。例如:

外公	孝义: 讲⁼儿ᶜtɕiar	临县: 假⁼儿$_{\text{背称}}$ᶜtɕiɑr	
母亲	文水: 娘儿$_{\text{指称别人的母亲}}$ ᶜȵiar ꜁e	晋城: 娘儿$_{\text{背称}}$꜁niə̃r	离石: 妈儿$_{\text{背称}}$꜁mər
叔父	孝义: 老儿ᶜlaɔr		
妻	晋城: 屋儿uə̃r꜆		
兄长	文水: 哥儿$_{\text{泛称诸兄中行长者}}$ ꜁kʊ ꜁e	清涧: 哥儿$_{\text{背称, 泛指年长者}}$꜀kɯr	榆林: 哥儿堂兄꜀kuər

这里的“儿”或自成音节或儿化, 都是北方方言式的, 很好辩认。用“儿尾”或“儿化”表亲密、喜爱义也是北方方言式的。

③ 这一带晋语里, 指称长辈的称谓有些也读鼻音韵。例如 (斜体表示不读鼻音韵。汉字右上角加=表示同音字):

	母亲	外祖父	外祖母	伯母
孝义	妈$_{\text{背称}}$꜁maŋ˩ 妈$_{\text{面称}}$maŋ꜆˥˧	讲⁼爷ᶜtɕiaŋ˧˩˨˧ ꜁iᴇ˩˨˦ *讲⁼儿ᶜtɕiar˧˩˧*	讲⁼婆ᶜtɕiaŋ˧˩˨˧ pᴇ˩˨˦	大妈tᴇ꜆˥˧ ꜀maŋ˩
平遥	妈$_{\text{呼唤}}$꜁mɑŋ˩˦	讲⁼爷ᶜtɕiɑŋ ꜁iᴇ˩˦	*摆⁼摆⁼ᶜpæ˥˧ ꜁pæ˩˦*	
介休	妈mæ̃꜆˦	简⁼爷ᶜtɕiɛ̃˧˩˦˨꜁iᴇ˧˩˦	板⁼板⁼ᶜpæ̃˧˩˦ ᶜpæ̃˧˩˨˧	
汾阳	蛮⁼꜁mᴀ̃˥	简⁼爷ᶜtɕiᴀ̃˧˩˧ ꜁iᴇ˥	*婆婆꜁pu˥꜁pu˥*	

续表

	母亲	外祖父	外祖母	伯母
石楼	妈mã˨˩˦			
岚县		简⁼爷ᶜtɕiÃ˨˩ ꜀iᴇ˧	简⁼婆ᶜtɕiÃ˨˩ ꜀pʰᴇ˧	
临县		*假⁼儿*背称ᶜtɕiɑr˨˩	减⁼婆背称ᶜtɕiᴇ˨˩˦ ꜀pʰu˧	大大背称tɔ̃˦ tɔ̃˦˨˦

汾阳“妈=蛮 [꜀man]”；介休、石楼“妈=慢 [*manᵓ]”孝义、平遥“妈=蛮=忙 [*꜀maŋ]、简=讲 [*ᶜtɕiaŋ]”。可见，本字读同山（咸）二等。孝义、平遥山（咸）收 [-ŋ] 尾是从 [-n] 尾进一步变来的。而读 [-n] 尾的时候正好和自成音节的“儿 [n̩]”同音。

再做一处对比。外祖母平遥叫“摆=摆= [ᶜpæ˦ ꜀pæ˨˦]”，介休叫“板=板= [ᶜpæ̃˦˩˦ ᶜpæ̃˦˨˦]”，区别在于介休多了鼻音成分。平遥的“摆=摆= [ᶜpæ˦ ꜀pæ˨˦]”是“婆婆[꜀pæ˨˦ ꜀pæ˨˦]”的变读（侯精一1989），那么介休的“板=板= [ᶜpæ̃˦˩˦ ᶜpæ̃˦˨˦]”就应当是“婆儿 [ᶜpæ+n] 婆儿 [ᶜpæ+n]”合音之后的变读。

④ 这一带及陕北黄河沿岸的晋语管外祖父叫“简=爷”、管外祖母叫“简=婆”。例如：

	平遥	介休	汾阳	孝义	离石
简⁼爷	ᶜtɕiɑŋ ꜀ie	ᶜtɕiɛ̃ ꜀iᴇ	ᶜtɕiÃ ꜀i	ᶜtɕiaŋ ꜀iᴇ	ᶜtɕiɛ ꜀iᴇ
简⁼婆				ᶜtɕiaŋ pᴇᵓ	ᶜtɕiɛ ꜀pʰɤ
	娄烦*	岚县	中阳	临县*	神木南乡*
简⁼爷	ᶜtɕiɛ ꜀iei	ᶜtɕiaŋ꜀iᴇ	ᶜtɕiɛ ꜀ia	假⁼儿ᶜtɕiɑr	ᶜtɕiɛ ꜀pʰuo
简⁼婆	ᶜtɕiɛ ꜀pʰəɯ	ᶜtɕiÃ ꜀pʰᴇ	ᶜtɕiɛ ꜀pʰe	ᶜtɕiᴇ ꜀pʰu	ᶜtɕiɛ ꜀iɛ

空白处表示这几个方言管外婆叫“婆婆”。方言点右上角加*表示字形不同，具体情况是：

娄烦*	临县*	神木南乡*
团爷、团婆（郭、张2005）	假⁼儿、减⁼婆（李小平1990）	姐爷、姐婆（邢向东2002）
	简儿、简婆（侯、温1993）	

娄烦（郭校珍、张宪平2005）“团=简（减）”；临县“假⁼儿=简儿（减儿）[ᶜtçiɑr]”；神木南乡（邢向东2002）“姐=简（减）[ᶜtçiɛ]”。也就是说，不管字形是什么，其来源应当同山（咸）开口二等见母的“简（减）”（或者是开口三等精母的“剪”）。

“简⁼爷、简⁼婆”里的“简⁼”本字究竟是什么？张振兴、张惠英两位先生（2003）认为是“姐儿 [ᶜtçia+n]”的合音，“简⁼爷”就是“姐儿爷”，“简⁼婆”就是“姐儿婆”。

称母为“姐”，晋语还在用。比如：平遥 [ᶜtçiɑ]、文水 [ᶜtçia]、汾西 [ᶜtçia]、洪洞 [ᶜtçia] 和临汾[ᶜtçia]。平遥、文水的“姐”用在“后姐继母”里；平遥、介休的“姐”用在骂人话 “透他姐肏他妈”里。既然称母为“姐”，那么称母之父叫“姐儿爷”、称母之母叫“姐儿婆”也不无道理，辈份儿对，意思也相合。

再回过头来看孝义“讲⁼儿”和临县“假⁼儿”。都和“简⁼儿”同音，应当是“姐儿 [ᶜtçian]+儿[-r]”的合音。在原来的“儿 [n]”上又加了“儿 [–r]”，显然对“儿”读 [n] 已经意识不到了。

“姐儿”合音成“简⁼ [*ᶜtçian]”，得具备3个条件：

第一，精见（细音前）合流；假摄二等和三等韵母相同。即“姐=假 [*ᶜtçia]”。

需要说明的是，临县“姐 [ᶜtsiᴀ]≠假 [ᶜtçiᴀ]、姐 [ᶜtsiᴇ]≠简减 [ᶜtçiᴇ]”。也就是说，“姐儿 [*ᶜtsian] 合音有可能不同于“减简 [ᶜtçian]”，所以李小平（1991）写作“假⁼儿”，认为“假⁼儿”是“舅爷儿 [tçiəɯᵓ ꜀iᴀr]”的合音，“减⁼婆”是“舅爷 [tçiəɯᵓ ꜀iᴀ] 婆”的合音。不过这里面有两个问题，一是“舅爷”合音后的韵母，两处还不一样：一处合音成“假 [iᴀ]”，另一处合音成“减 [iᴇ]”。二是声调，“假、减”都是上声；“舅 [tçiəɯᵓ]”今读去声，“舅爷”的合音应当也是去声，除非能证明此处的“舅”仍然保留上声而没有随其他全浊上声字一起归去声。要是能证明临县“姐 [ᶜtsia]”的声母儿化后能变成 [tç]，解释起来就容易得多了。

第二，见系开口二等声母腭化之后；咸山合流。即“简⁼减 [*ᶜtçian]”、“姐儿⁼简（减）[*ᶜtçian]”。

第三，咸山二等保留鼻音韵，而且三四等不同于二等。即“简（减）[*ᶜtçian]≠俭茧剪[*ᶜtçie]”。为便于说明，举例加了宕江。例如（文白并举时白读音下加单横线__，文读音下加双横线__）：

	岚县	平遥	孝义	介休	汾阳
简　减	iaŋ	iɑŋ	iaŋ	iɛ̃	iÃ
俭茧剪	iẽ	iᴇ	iᴇ	iɛ̃	iÃ
浆讲豇	yə	yə/iɑŋ	iᴇ/iaŋ	yə/iɛ̃	iɔ/iÃ

平遥和孝义咸山二等保留了鼻韵尾 [-ŋ]，而三四等和宕江白读都丢失了鼻韵尾。由此假设，“姐儿 [*^{c}tɕia+n]” 合音同山（咸）开口二等 “简（减）”。由于山(咸)的鼻尾变成了 [-ŋ]，“姐儿=简（减）[*^{c}tɕiaŋ]”。等宕江文读进来之后，就成了 “姐儿=简(减)=讲 [*^{c}tɕiaŋ]”。

⑤ “姐儿” 合音同 “简（减）[^{c}tɕian]”，“哥儿” 如果合音就可能同 “干（甘）[*$_{c}$kan]”。

晋语 “哥 [*$_{c}$ka]” 同假摄（参看2.1），如果此时 “哥” 与 “儿 [n̩]” 合音就成了 [*$_{c}$kan]，同 “干（甘）”。由此想到了《阿干歌》和甘肃阿干镇。

参照平遥、孝义的 “姐儿=简减=讲 [*^{c}tɕiaŋ]”，如果 “哥儿” 合音也有同样的过程，那么 “哥儿=干甘=钢 [*$_{c}$kaŋ]”。不过，目前有 “姐儿 [*^{c}tɕian→^{c}tɕiaŋ]” 的方言，尚未找到 “哥儿 [*$_{c}$kan→$_{c}$kaŋ]” 的例子。假设 “哥儿=钢 [*$_{c}$kaŋ←$_{c}$kan]” 合音的方言，也没有找到 “姐儿 [*^{c}tɕian→^{c}tɕiaŋ]” 例子，好像只能是单向似的。目前也只能是存此一说了。

再试着找找 “哥=钢 [*$_{c}$kaŋ]” 的原因。下面的方言 “哥=钢 [*$_{c}$kaŋ]”，看一看咸山、宕江的读音。以开口韵为例：

	干甘$_{一等}$闪扇$_{三等}$	闲咸$_{二等}$田甜$_{三四等}$	糠$_{一等}$张$_{一等}$	姜$_{一等}$豇$_{二等}$
A 大同	æ	iɛ	ɒ	iɒ
天镇	æ	iæ	ɑ	iɑ
B 鄂尔多斯	ɛ	ie	ɔ̃	iɔ̃
C 呼和浩特	æ̃	ie	ɑ̃	iɑ̃
乌兰察布	æ̃	ie	ɑ̃	iɑ̃
丰镇	æ̃	ie	ɑ̃	iɑ̃
商都	æ̃	ie	ɑ̃	iɑ̃

A咸山、宕江都读元音韵；B咸山元音韵，宕江鼻化韵；C咸山（细音除外）、宕江都读鼻化韵。周围一大片方言里，咸山读元音韵的多，宕江读鼻音韵的多。由此假设，“哥儿 [꜀ka+n]”合音是在咸山丢失鼻音成分之后才完成的，而“哥儿”要保留鼻音成分就只能同宕江。

大同、天镇的“哥＝港 [*꜂kɑ]”（同宕江），孙小花（2006）另有解释：“ɑ类读音才是《切韵》古音的残存，这些字后来与麻韵的 a 合流。这一点与山西方言其他各点的情况类似。“哥”读 kɑ，只是因为声母 k 的原因使其元音保持舌位偏后，后来混入失去鼻尾的宕摄。”这里面有两个问题无法解释：一，如果是声母 k 使元音 a 偏后变成 ɑ，应该不限于这一个字。同部位的声母 k k^h ŋ x 与果摄相拼，比如“个、可、饿、河”都可能变成这个偏后的 ɑ，但实际上这几个字都读ə。二，“哥”保留着 *ɑ，一直要等到宕江丢失鼻韵尾 [-ŋ] 后合流。果摄字里面，“哥”既不像“大、他、哪”保留 *a，也不跟着其他字变成 *o，恐怕还需要更多的证据。

还有一个可能性无法排除，那就是亲属称谓具有家族沿续性。也就是说，亲属称谓也许只是发音人家庭内部传承下来的。比如笔者母亲是太原人，父亲是宁波人。称母系亲戚时跟着母亲家族传下来的叫法，称父系亲戚则跟着父亲家族传下来的叫法。叫法不同，语音也往往与演变规律不相符合。某些方言如果果摄只有“哥”一个字读同效摄“高糕”（如代县）或宕江“钢”，似应考虑这种可能性。

三　三个相关问题

晋语有些方言的“哥”，读音不止一个，意义也不止一个。

3.1晋语“哥”的读音，称兄的和称父的不同；称兄里面，称亲哥的和称妻哥、夫哥之类的也不同。大体上看，称亲哥的读音特殊，称其他的则符合语音演变规律。请看表7。

表7

	亲哥	妻哥	其他
①忻州	哥꜂kɛ ꜂kɛ	大兄哥꜀kɛ	哥~~啊，十来岁以下弟妹称呼哥哥 ꜀kɛ ꜀kɛ □ɑ
定襄	哥他~꜂kɔ ꜂kɔ/哥面称꜀ka	大兄哥꜀kɔ	
天镇	哥꜂kɑ □kɑ	大兄哥꜀kɑ	

	亲哥	妻哥	其他
应县	哥kaʔ꜆ kaʔ꜆	大兄哥꜀kɤ	哥꜂kaŋ对年龄比自己稍小一点的同辈人的自称
榆社	哥꜂kɤ □kɤ	大兄哥꜀kɤ	
②洪洞	哥꜁ko	室哥꜀ko	
河津	哥꜀kɤ		
吉县	哥꜁kə	室哥꜀kə	
③介休	哥kə꜄	大哥꜀kiᴇ	
④孝义	哥~~，昵称꜀ka ꜀ka	妻哥kᴇ꜄	
晋城	哥꜂kᴀ		哥大~、二~꜂kʌ
⑤平遥	哥哥꜁kɔ kɔ	大哥꜁kɑ	哥外人间指称继父：兀块孩儿和后~不赖꜁kiᴇ
文水	哥儿泛称，又称长兄꜁kʊ꜁e	大兄哥꜀kəɪ	哥指称继父꜀kəɪ
汾阳	哥꜀kɔ/哥꜀kɯ	妻哥꜀kiɛ	
⑥娄烦	哥背称꜂kɑ̃	大兄哥꜀kə	
静乐	哥哥背称꜂kɑ̃ ꜂kɑ̃	大兄哥꜀kɤɯ	
大同	哥哥面称꜂kɒ ꜀kɒ	大兄哥꜂kɒ	
阳高	哥哥꜂kɒ ꜀kɒ	大兄哥꜂kɒ	

称亲哥的“哥”，①同上声（应县除外）；②升调（同阳平）；③降调（同去声）。④同假摄；⑤同效摄；⑥同宕江。这些读音要么用白读音（平遥除外），要么采用语义音变（包括变调和变韵），可见，多属于较早的读音形式。

3.2 称父为“哥”，见于晋中一带的晋语。如平遥（侯精一1983）：哥1外人间指称继父：兀块孩儿的后~不错꜀kiᴇ、文水（胡双宝1980）：哥指称继父꜀kəɪ。祁县也这么说（胡双宝2010）。

南方一些方言也有称父为“哥”的。例如：

<table>
<tr><th></th><th>横县县城</th><th>平乐张家</th><th>南宁沙井</th><th>福清</th><th>金华汤溪</th><th>海口</th></tr>
<tr><td>兄长</td><td>kɔ˥˧</td><td rowspan="2">kɔ˥˧</td><td rowspan="2">kɔ˥˧</td><td>阿哥a˧˨ ko˥˧</td><td rowspan="2">哥哥 kɑ˧ kɑ˧˦</td><td rowspan="2">阿兄a˧ hia˨˦</td></tr>
<tr><td>父亲</td><td>kɔ˥</td><td>a˥ ko˥˧</td></tr>
</table>

据同事覃远雄告知，广西称父为“哥”的方言很少，是自己主动降一辈儿

以示谦恭。金华（曹志耘1996）的“哥”有两个义项：①面称兄；②旧时为防止孩子夭折，有的人家让孩子称父亲为~~。海口（陈鸿迈1996）的“哥”也有两个义项：①面称年纪较大的哥哥；②年纪较轻的父亲。这么看来，南方这几个方言称父为“哥”，更多的属于语用层面。

晋语称父为“哥”，胡双宝（1980/2010）认为可能来源于古代鲜卑语。不过，从语义来看，平遥、文水一般指称继父，称生父不用“哥”。从语音上看，文水用的是文读音是后起的或外来的，说明其意义也有可能是后起的，或者是引申出来的。

3.3 “阿干”及相关问题。同事赵长才提供了以下资料：

阿柴虏吐谷浑，辽东鲜卑也。父弈洛韩，有二子，长曰吐谷浑，少曰若洛廆。若洛廆别为慕容氏。浑庶长，廆正嫡。父在时，分七百户与浑。浑与廆二部俱牧马，马斗相伤，廆怒，遣信谓浑曰：“先公处分，与兄异部，牧马何不相远，而致斗争相伤？”浑曰：“马是畜生，食草饮水，春气发动，所以致斗。斗在于马，而怒及人邪？乖别甚易，今当去汝万里。”于是拥马西行，日移一顿，顿八十里。经数顿，廆悔悟，深自咎责，遣旧父老及长史乙那楼追浑，令还。浑曰：“我乃祖以来，树德辽右，又卜筮之言，先公有二子，福胙并流子孙。我是卑庶，理无并大，今以马致别，殆天所启。诸君试拥马令东，马若还东，我当相随去。”楼喜拜曰：“处可寒。”虏言“处可寒”，宋言尔官家也。即使所从二千骑共遮马令回，不盈三百步，欻然悲鸣突走，声若颓山。如是者十余辈，一向一远。楼力屈，又跪曰：“可寒，此非复人事。”浑谓其部落曰：“我兄弟子孙，并应昌盛，廆当传子及曾孙玄孙，其间可百余年，我乃玄孙间始当显耳。”于是遂西附阴山。遭晋乱，遂得上陇。后廆追思浑，作《阿干之歌》。鲜卑呼兄为“阿干”。廆子孙窃号，以此歌为辇后大曲。（宋书·列传第五十六·鲜卑吐谷浑）

若落廆追思吐谷浑，作《阿干歌》，徒河以兄为阿干也。子孙僭号，以此歌为辇后鼓吹大曲。（魏书·列传第八十九·吐谷浑）

阿干西，我心悲，阿干欲归马不归，为我谓马，何太苦我阿干为！阿干西，阿干身苦寒，辞我大棘住白兰，我见落日，不见阿干，嗟嗟人生能有几阿干？”（清乾隆陇上诗人吴镇根据有关史料和传闻补写的《阿干歌》歌词）

今甘肃省兰州市七里河区有个地名叫“阿干镇”。据考证，阿干镇魏晋以前叫白兰，自南北朝以后称阿干，宋时为阿干堡，金时为阿干县，从明清至今称阿干镇。赵长才认为：《阿干歌》的产生与历史上鲜卑族徙来有着密切的关系。慕容廆思念他的哥哥作了《阿干歌》，由于他作此歌时，他的哥哥正住在白兰，随着《阿干歌》西传，白兰就改为阿干。“阿干”这个属于鲜卑的词作为地名一直沿用到今天。

陈宗振（2001）认为：“阿干 agān”是鲜卑语，“阿哥”当是“阿干”之转。也就是说，汉语里的“哥”是从古鲜卑语来的。相关讨论还见于方壮猷（1930）和赵文工（1998）。陈（2001）还列举了阿尔泰诸语言的例子，请看表8。

表8

哈萨克语	维吾尔语	蒙古语	满语	锡伯语
agha兄，叔父|age父	ɑkɑ兄，叔	ɑkɑ兄	age皇子、老兄|agu 老兄、先生|ahuun兄、叔父	age兄

张振兴、张惠英（2003）则认为：“除了满文ahuun和“阿兄”音近外，其他的读法都和汉语的“哥”音对应，而且用法、所指都相近。所以我们怀疑，不是“哥”借自鲜卑语，而是阿尔泰诸语系的 age、aka，和汉语同源，或者如“弥、姐、大、老”等，都借自汉语。“阿干”的“干”是“哥儿”的合音，犹如山西话“简”是“姐儿”的合音。”汉语“哥”的来源，笔者更倾向于两位张先生的意见。

材料来源

①引用材料。

A.温端政主编1982–1995　《山西方言志丛书》之23种：平遥（侯精一 1982）、晋城（沈慧云 1983）、洪洞（乔全生 1984）、祁县（杨述祖，王艾录 1984）、寿阳（赵秉璇 1984）、万荣（吴建生 1984）；忻州（温端政 1986）、大同（马文忠，梁述中 1986）、孝义（郭建荣 1989）、临汾（潘家懿 1986）、文水（修订本）（胡双宝 1988）；吉县（蔡权 1990）、汾西（乔全生 1990）、沁县（张振铎 1990）、山阴（杨增武 1990）、永济（吴建生，李改样 1990）、天镇（谢自立 1990）、武乡（史素芬，李奇 1990）、介休（张益梅 1991）、临县（李小平 1991）、朔县（江荫禔 1991）、定襄（陈茂山 1995）、蒲县（蔡权 1994）。

B.邢向东1998　《呼和浩特话音档》，(上海)上海教育出版社。

C.邢向东2002　《神木方言研究》，(北京)中华书局。

D.乔全生主编2002—2007 《山西方言重点研究丛书》之8种：平鲁（杨增武 2002）、代县（崔淑慧 2005）、静乐（李建校 2005）、娄烦（郭校珍 2005）、高平（白静茹等 2005）、山阴（杨增武 2007）、榆社（李建校等 2007）、应县（蒋文华 2007）。

E.博士论文两篇：《陕北晋语语音研究》（李建校2006，北京语言大学博士学位论文）、《内蒙古晋语语音研究》（张志敏2007，中国社会科学院研究生院博士学位论文）。

F.李荣主编1993-1998 《现代汉语方言大词典》之两种：金华（曹志耘1996）、海口（陈鸿迈1996）。

②调查材料。白静茹调查（2012年1月）中阳（宁乡镇），发音人许茜，1993年出生，女性，在读大学生。

参考文献

陈宗振 2001 试释李唐皇室以"哥"称父的原因及"哥""姐"等词与阿尔泰诸语言的关系，《语言研究》第2期。

方壮猷 1930 鲜卑语言考·"释阿干"，《燕京学报》第8期。

侯精一 温端政 1993《山西方言调查研究报告》，太原：山西高校联合出版社。

侯精一 1999 晋语的变读别义，载《现代晋语的研究》，北京：商务印书馆。

胡双宝 1980 说"哥"，《语言学论丛》第6辑，北京：商务印书馆。

胡双宝 2010《说"哥"》补说，《语文研究》第4期。

李 荣 1988 官话方言的分区，《方言》第1期。

李 荣 1997 汉语方言里当"你"讲的"尔"，《方言》第3期。

沈 明 2003 山西方言的小称，《方言》第4期。

沈 明 2010 晋语果摄字今读鼻音韵的成因，《方言》第4期。

孙小花 2006 山西方言果摄字读音历史层次之推测，《语文研究》第2期。

张振兴 张惠英 2003 从山西话的称谓词看古代文明，《语文研究》第2期。

赵文工 1998 "哥哥"一词来源初探，《内蒙古大学学报》第1期。

中国社会科学院语言研究所、中国社会科学院民族学和人类学研究所、香港城市大学语言资讯科学研究中心 2013《中国语言地图集（第二版）》，商务印书馆。

附　记

上硕士那三年，总听钱曾怡师说起王老师，称赞他的人品和学问，不由得心生敬意。终于在1989年7月，见到了传说中的王老师。

当时是在湖南大庸开全国汉语方言学会年会，会后游张家界。这一程我记住了三件事：第一件是猜哪位是王老师。那时候我刚回山西工作，一路上与省社科院的吴建生同行。我们俩都没见过王老师，在长沙开往大庸的火车上，听到人称王老师、年龄在五十多岁又戴着眼镜的男老师就定睛看，但不敢主动答话。后来看到那位“王老师”要送两盒烟给列车员，希望能给我这样的年轻人找个卧铺，建生与我相视一笑，悄悄说这肯定不是王老师。确实不是。第二件是游金鞭溪和黄龙洞。我们俩跟着王老师，边走边聊，不多久就聊到了私人话题，顿时就觉得亲近和温暖。第三件是第一次见到了小王老师（王洪君）的照片。从此记住了那双大辫子、一脸甜笑和灵动的眼，也记住了王老师看照片时那温柔的眼神和语气。

后来到北京念书和工作，想说话了就打电话，想去家里了打个电话就去了，也不管什么时不时、节不节的。在电话里我们经常抢着说话，到家里倒是我和小王老师的话多。王老师总是静静地听着，很专注，然后再说他的想法，话也不多，总在点儿上，不知不觉中就天色已晚，直到非走不可的时候再一起把我送上公交车。再看家里，没有一样多余的摆设，水泥地板锃亮，旧式书架上新新旧旧的书刊摆放得整整齐齐（不算小王老师的书房哦），只有音响讲究，听古典音乐有现场演奏的效果。气氛随意、生动，如沐春风，正像钱老师说的“在王老师家做客很舒服。”慢慢地，我对古典音乐的兴趣越来越大，也懂得了生活是可以这样简单而有情致的。后来和刘祥柏的爱人小于聊起来，她也说见过王老师，才知道这样的生活方式真是挺好的。

不止一次听人说过“怕”王老师，因为他的严格和严肃。反正我是从来没怕过，一直都是敬而近之。二十多年来，记不得去了王老师家多少次，只记得两位王老师去过我家一次，正是在我生病期间最无助的时候。他们的关切让我觉得温暖而有力量，他们和钱老师以及所里的几位老师一起成了我的精神家园。在我心里，他们就和我的家人一样，“从来不需要想起，永远也不会忘记”。

许多年来，他的完美主义、他的纯粹与温厚所生发出的君子气象，更是平添了一种诗意，愈发地让人敬重。衷心祝愿王老师健康长寿！

（沈明　中国社会科学院语言研究所）

长治方言老中青三代人的语音差异

——长治方言语音向普通话靠拢趋势的考察

史素芬　刘　芳

一　引　言

长治市位于山西省东南部,现辖1市2区10县,古称上党、潞州、潞安府,其方言属于晋方言上党片。侯精一(1985)的《长治方言志》对长治方言的语音、词汇和语法进行了深入细致的描写分析,之后的《现代晋语的研究》等著作中,也专章对长治方言语音系统进行了详细的论述,这些文献资料是人们研究长治方言的重要参考。时隔20多年,随着市场经济的发展和普通话的深入推广,长治方言也在逐步发生着变化。本文从历时的角度,在侯先生研究的基础上,通过大量的田野调查,着重从声韵调三方面对长治方言老中青三代人的语音差异进行系统考察,分析其发展演变的原因,并预测其发展趋势。老派指60岁以上的人群,中派指40—60岁左右的人群,新派指18—40岁左右的人群。发音合作人情况如下:

老派:宋石青,75岁,男,本科,大学退休教师。

　　　李月英,70岁,女,高中,大专院校退休教职工。

中派:马秀萍,52岁,女, 初中,工人。

新派:杨文婕,20岁,女,大专,学生。

　　　刘　芳,29岁,女,博士,学生。

二　老中青三代人的语音差异

下文以长治老派音系为参照,在此基础上进行老中青三代人的语音比较分析。

2.1 老派音系

2.1.1 声母

长治方言有19个声母,列举如下:

p 布伴边被	pʻ怕皮盘朋	m 门墨木泥	f 飞福冯凡	
t 帝多夺道	tʻ太铁统塔	n 脑难暖嫩		l 蓝雷路拉
ts 祖皱走追	tsʻ采昌翅曹		s 思水师傻	
tɕ 叫举精挤	tɕʻ去抢齐清	ȵ 女年你宁	ɕ 笑戏虚心	
k 瓜共贵古	kʻ看考开葵		x 河黑化孩	
ø 人安闰晚				

说明:[tɕ tɕʻ ɕ]的发音部位比北京话偏后。

2.1.2 韵母

长治方言有37个韵母,列举如下:

ɿ 支紫世迟	i 祭被题衣	u 部某鼠抱	y 句女雨如
a 爬骂打巴	ia 假牙架霞	ua 瓜花抓瓦	
ə 歌可河鹅	iᴇ 邪姐夜爷	uə 多科课和	yᴇ 瘸靴哕
o 波婆磨破			
æ 台耐才灾		uæ 拐外坏帅	
ɔ 刀保少剖	iɔ 交小桥条		
ei 非杯美废		uei 卫归亏嘴	
əu 头走宙欧	iəu 救刘求肉		
ɑŋ 党昌干安	iɑŋ 项央闲盐	uɑŋ 庄光穿酸	yɑŋ 权选远卷
əŋ 等城坑喷	iŋ 精幸琴金	uŋ 轰中准顿	yŋ 穷勇军闰
aʔ 法特辣八	iaʔ 瞎叶甲鸭	uaʔ 刷滑刮袜	yaʔ 爵嚼
əʔ 革磕不各	iəʔ 列业积节	uəʔ 骨活获脱	yəʔ 月菊雪橘
ər 二儿耳而			

说明:[iŋ uŋ yŋ]拼零声母时,主要元音与鼻音韵尾之间有明显的过渡音[ə]。

2.1.3 单字调

长治方言有6个单字调,列举如下:

阴平：213　　高猪粗昏央开抽初飞三
阳平：24　　陈才人麻云穷寒娘鹅文
上声：535　　古纸口女有楚好老展走
阳去：53　　淡运帽右大抱社共阵岸
阴去：44　　破到菜放案盖抗醉对怕
入声：<u>54</u>　　瞎热黑桌月席鼻碟白俗

2.2 声韵调差异的比较分析

老中青三代人的语音差异，反映了长治方言几十年的消长变化，呈现出以下特点：

2.2.1 声母差异

长治方言老中青三代人的声母差异主要体现在古知庄章组字和古日母字的读音上，具体分析如下：

（1）古知庄章组声母的读音

王利（2008：20）指出长治方言的古知庄章组属于合一型，即音类上合为一类，音值上都读为[ts]组。我们调查的老中青三代人的读音与王文基本一致。细微差别在于有些新派说一些方言口语中不常说的字时，受普通话的影响，读为舌尖后音[tʂ]，如：岔耻苎，这类字很少。

（2）古日母字的读音

古日母字长治老派话一般读为零声母，开口读 i，合口读 y。遇蟹止摄个别合口字和曾摄个别开口字读舌尖中音[l]，如：乳扔芮蕊。中派话零声母、[z]、[ʐ]混读，读[l]的字与老派一致。新派话多数与普通话读音一致，主要读[ʐ]声母，个别与老派话一致，零声母和[ʐ]声母混读。如表 1 所示。

表 1　老中青三代古日母字读音

例字	人	日	热	任	肉	闰
音韵地位	臻开三 平真日	臻开三 入质日	山开三 入薛日	深开三 平侵日	通开三入 屋日	臻合三 去稕日
老派	$iŋ^{24}$	i^{53}	$iəʔ^{\underline{54}}$	$iŋ^{24}$	$iəu^{53}$	$yŋ^{53}$

续表

例字	人	日	热	任	肉	闰
中派	iŋ^{24}	i^{53}	iəʔ$\underline{54}$	iŋ^{24}	iəu^{53}	yŋ^{53}
	zəŋ^{24}	zɿ^{53}	zəʔ$\underline{54}$	zəŋ^{24}	zəu^{53}	zuŋ^{53}
	ʐəŋ^{24}	ʐʅ^{53}	ʐəʔ$\underline{54}$	ʐəŋ^{24}	ʐəu^{53}	ʐuŋ^{53}
新派	iŋ^{24}/ʐən^{24}	ʐʅ^{53}	iəʔ$\underline{54}$/ʐə^{53}	ʐən^{24}	iəu^{53}/ʐəu^{53}	ʐun^{53}

2.2.2 韵母差异

韵母差异体现在古遇摄合口三等庄组字与知章组字、古蟹止摄合口泥组字、古咸山摄与宕江摄、深臻摄与曾梗通摄和入声韵上。

(1)古遇摄合口三等庄组字与知章组字

长治方言老派话古遇摄合口三等庄组字与知章组字韵母读音不同。古遇摄合口三等庄组字韵母长治方言今读[uə],知章组字韵母今读[u]。中派话与老派话基本一致。新派话与普通话基本相同,都读[u],个别庄组字[uə][u]混读。如表2所示。

表2　老中青三代遇摄合口三等庄组字与知章组字韵母读音

例字	阻	初	数	住	书	树
音韵地位	遇合三 上语庄	遇合三 平鱼初	遇合三 上遇生	遇合三 去遇澄	遇合三 平鱼书	遇合三 去遇禅
老派	tsuə^{535}	ts‘uə^{213}	suə^{535}	tsu^{53}	su^{213}	su^{53}
中派	tsuə^{535}	ts‘uə^{213}	suə^{535}	tsu^{53}	su^{213}	su^{53}
新派	tsu^{535}	ts‘uə^{213}/ ts‘u^{213}	suə^{535}/su^{535}	tʂu^{53}	ʂu^{213}	ʂu^{53}

(2)蟹止摄合口泥组字

长治方言老派话古蟹止摄合口泥组字今都读合口呼,保留[u]介音。中派话合口呼与开口呼混读,新派话与普通话基本一致,都读开口呼。如表3所示。

表 3　老中青三代蟹止摄合口泥组字读音

例字	雷	内	累	垒	类	泪
音韵地位	蟹合一 平灰来	蟹合一 去对泥	蟹合一 去对来	止合三 上旨来	止合三 去至来	止合三 去至来
老派	luei^{24}	nuei^{53}	luei^{53}	luei^{535}	luei^{53}	luei^{53}
中派	luei^{24}/lei^{24}	nuei^{53}/nei^{53}	luei^{53}/lei^{53}	luei^{535}/lei^{535}	luei^{53}/lei^{53}	luei^{53}/lei^{53}
新派	lei^{24}	nei^{53}	lei^{53}	lei^{535}	lei^{53}	lei^{53}

(3)咸山摄与宕江摄、深臻摄与曾梗通摄韵母读音

长治方言老派话古咸山摄与宕江摄、深臻摄与曾梗通摄合流，收[ŋ]尾。中派话与老派话基本一致。新派话与普通话基本一致，咸山摄、深臻摄收[n]尾，宕江摄与曾梗通摄收[ŋ]尾。如表 4、表 5 所示。

表 4　咸山摄与宕江摄韵母读音

例字	三	桑	显	享	穿	窗
音韵地位	咸开一 平谈心	宕开一 平唐心	山开四 上铣晓	宕开三 上养晓	山合三 平仙昌	江开二 平江初
老派	sɑŋ^{213}	sɑŋ^{213}	ɕiɑŋ^{535}	ɕiɑŋ^{535}	tsʻuɑŋ^{213}	tsʻuɑŋ^{213}
中派	sɑŋ^{213}	sɑŋ^{213}	ɕiɑŋ^{535}	ɕiɑŋ^{535}	tsʻuɑŋ^{213}	tsʻuɑŋ^{213}
新派	san^{213}	sɑŋ^{213}	ɕian^{535}	ɕiɑŋ^{535}	tʂuan^{213}	tʂuɑŋ^{213}

表 5　深臻摄与曾梗通摄韵母读音

例字	针	蒸	亲	庆	捆	恐
音韵地位	深开三 平侵章	曾开三 平蒸章	臻开三 去震清	梗开三 去映溪	臻合三 上混溪	通合三 上肿溪
老派	tsəŋ^{213}	tsəŋ^{213}	tɕʻiŋ^{44}	tɕʻiŋ^{44}	kʻuŋ^{535}	kʻuŋ^{535}
中派	tsəŋ^{213}	tsəŋ^{213}	tɕʻiŋ^{53}	tɕʻiŋ^{53}	kʻuŋ^{535}	kʻuŋ^{535}
新派	tʂən^{213}	tʂəŋ^{213}	tɕʻin^{53}	tɕʻiŋ^{53}	kʻuən^{535}	kʻuŋ^{535}

(4)入声韵

长治方言的入声韵收喉塞韵尾[ʔ]，这点老中青三代基本一致。不同的是入声韵的类型及数量。老派的入声韵分 2 类共 8 个，即[aʔ iaʔ uaʔ yaʔ]

[əʔ iəʔ uəʔ yəʔ]；中派的入声韵只有 1 类共 4 个，即[əʔ iəʔ uəʔ yəʔ]。新派有很多入声字已舒化，没有舒化的入声韵归类与中派一致。如表 6 所示。

表 6　老中青三代入声韵读音

例字	八	不	掐	切	刮	骨	爵	菊
音韵地位	山开二入黠帮	臻合一入没帮	咸开二入洽溪	山开四入屑清	山合二入辖见	臻合一入没见	宕开三入药精	通合三入屋见
老派	paʔ$^{\underline{54}}$	pəʔ$^{\underline{54}}$	tɕʻiaʔ$^{\underline{54}}$	tɕʻiəʔ$^{\underline{54}}$	kuaʔ$^{\underline{54}}$	kuəʔ$^{\underline{54}}$	tɕyaʔ$^{\underline{54}}$	tɕyəʔ$^{\underline{54}}$
中派	pəʔ$^{\underline{54}}$	pəʔ$^{\underline{54}}$	tɕʻiəʔ$^{\underline{54}}$	tɕʻiəʔ$^{\underline{54}}$	kuəʔ$^{\underline{54}}$	kuəʔ$^{\underline{54}}$	tɕyəʔ$^{\underline{54}}$	tɕyəʔ$^{\underline{54}}$
新派	pəʔ$^{\underline{54}}$	pəʔ$^{\underline{54}}$	tɕʻiəʔ$^{\underline{54}}$	tɕʻiəʔ$^{\underline{54}}$	kuəʔ$^{\underline{54}}$	ku^{535}	tɕyᴇ^{24}	tɕy^{24}

2.2.3 声调差异

长治方言有 6 个单字调，入声不分阴阳（变调时分阴阳），这点老中青三代基本一致，体现了晋方言上党片少数方言的特点。① 老中青三代的声调差异主要体现在去声的分合和入声舒化上。

(1)去声的分合

长治方言老派话去声分阴阳，中派和新派去声不分阴阳。具体差异如表 7 所示。

表 7　去声的分合

派别	例字	
老派	置[tsɿ^{44}]$_{\text{阴去}}$ ≠ 痔[tsɿ^{53}]$_{\text{阳去}}$ = 治[tsɿ^{53}]$_{\text{阳去}}$	试[sɿ^{44}]$_{\text{阴去}}$ ≠ 是[sɿ^{53}]$_{\text{阳去}}$ = 视[sɿ^{53}]$_{\text{阳去}}$
中派	置[tsɿ^{53}]$_{\text{阴去}}$ = 痔[tsɿ^{53}]$_{\text{阳去}}$ = 治[tsɿ^{53}]$_{\text{阳去}}$	试[sɿ^{53}]$_{\text{阴去}}$ = 是[sɿ^{53}]$_{\text{阳去}}$ = 视[sɿ^{53}]$_{\text{阳去}}$
新派	置[tsɿ^{53}]$_{\text{阴去}}$ = 痔[tsɿ^{53}]$_{\text{阳去}}$ = 治[tsɿ^{53}]$_{\text{阳去}}$	试[sɿ^{53}]$_{\text{阴去}}$ = 是[sɿ^{53}]$_{\text{阳去}}$ = 视[sɿ^{53}]$_{\text{阳去}}$

---

① 王利（2008：161）指出晋东南晋语少数方言入声只有一类，分布在长治、荫城$_{\text{长治县}}$、高平、河西$_{\text{高平}}$、古寨$_{\text{高平}}$、巴公$_{\text{泽州}}$、晋城、北留$_{\text{阳城}}$、阳城、町店$_{\text{阳城}}$。

(2)入声舒化

王利(2008:62－64)分别从古声母的清浊、古韵摄和入声舒化后调类归属的角度对晋东南晋语的完全舒化字进行考察,得出的结论是:晋东南晋语次浊入和清入较全浊入占优势;曾梗通摄＞宕江摄或咸山摄＞深臻摄;入声舒化后不论声母清浊,多归入去声或阴去和阳去。我们调查时也选取了518个古入声字,老中派情况与王文的基本一致,个别字有些出入。新派口中的入声字舒化的速度较老中派要快。具体情况见表8。

表8　老中青三代入声舒化表

派别 舒化条件	老派	中派	新派
古声母清浊	清(19)次浊(19)全浊(10)	清(19)次浊(19)全浊(10)	清声母(105)次浊声母(69)全浊(50)
古韵摄	咸(6)山(4)深(1)臻(4)宕(5)江(2)曾(6)梗(11)通(9)	咸(6)山(4)深(1)臻(4)宕(5)江(2)曾(6)梗(11)通(9)	咸(15)深(5)山(27)臻(19)宕(30)江(9)曾(18)梗(47)通(54)
舒化后调类归属	阴平(5)阳平(7) 上声(2)阴去(17)阳去(17)	阴平(5)阳平(7) 上声(2)去声(34)	阴平(21)阳平(46)上声(18)去声(139)

如上表所述,无论老中青哪个派别,清入和次浊入舒化速度比全浊入快;入声舒化后老派归入阴去和阳去,中派和新派归入去声;老派和中派入声消失的速度依次为:曾梗通摄＞咸宕摄或山臻摄＞深江摄,新派为:梗通摄＞宕山摄、臻曾摄或咸摄＞深江摄。以上特点很大程度上反映了晋东南晋语的特点,只是入声消失的韵摄归属稍有差异。

三　老中青三代人语音变化成因及发展趋势

3.1 变化成因

长治方言老中青三代人的语音变化既有方言自身演变的内部因素,也有人口流动、受教育程度、广播电视网络和语言政策等外部因素。下面详细分析。

3.1.1 内部因素

任何语言都要受到自身语言系统的制约，方言语音也是如此。如前所述，长治方言内部各个派别声韵调系统的变化呈现出阶段性和不均衡性。

（1）阶段性

由上文的语音差异看出，声韵调系统的变化不是一蹴而就的，而是循序渐进，稳中求变的，阶段性特征明显。如古日母字的演变，各派演变序列为：Ø $_{老派}$→ Ø z ʐ $_{中派}$→Ø ʐ$_{新派}$，老派到中派的主要变化是产生了 Ø z ʐ 声母并存的局面，开口呼仍读 i，合口呼产生了由 y 到 u 的变化，这是音系内部调整的结果。[①] 总体来看，零声母的消失呈循序递减的趋势，读 ʐ 声母成为未来发展趋势，从零声母到 ʐ 声母的中间状态将在一段时间内长期存在，这种阶段性特点非常显著。

（2）不均衡性

老中青三代声韵调变化速度快慢不一，呈现出不均衡性。[②] 如古知庄章声母的读音，老中青三代都是合为一类，读［ts］组，尽管有个别读［tʂ］的，但总体不变；咸山摄与宕江摄、深臻摄与曾梗通摄老中派合为一类，读［ŋ］尾，新派［n］［ŋ］区分很清楚，完全改变；入声舒化的速度，新派比老中派速度快，数量多，部分改变。总之，新派语音演变速度比老中派要快，声韵调发展步调不均衡。

3.1.2 外部因素

就引起老中青三代人语音演变的社会因素看，特殊背景下的人口流动、受教育程度和广播电视网络、语言政策等方面起着至关重要的作用。

（1）特殊背景下的人口流动

主要包括外来人群、外出人群、外地人与本地人的交往等三方面，这三方面对中派话的形成起着至关重要的作用，中派话处在新老派的过渡阶段，其语言的变化成因对整个长治方言的发展变化起到承上启下的作用。

---

① 关于古日母字读零声母的原因，王利（2008：70）指出日母字读零声母，保留 i y 介音与古三等韵的特点相合，与中古知庄章组声母清擦音呈现清浊相配的格局。

② 王利（2008：65）指出，古入声正以次浊、清声母舒化占优势，舒化后调类大多归去声或阴去和阳去的方式，在晋东南晋语各方言中进行着不均衡的演变。

①外来人群

20 世纪 60 年代以前，长治市内外地人较少，说外地话的人自然不多。解放前遇灾荒年，常有河南、河北的移民来长治，但大多到地广人稀的屯留县西部定居，少数留下的，在市郊聚居（如林移村），这些都不可能对长治话产生什么影响。抗战胜利后，长治市（一度叫长治工矿区）即告解放，干部中外地人较多，但也主要来自邻近的武乡、黎城等县（八路军总部活动地）。和平建设时期，市内各单位常有河南林县（现林州市）的建筑副业队，长治人管他们叫“草灰”。年轻人有时爱学林县人说话，不过是开开玩笑，一般情况下，语言受被取笑对象的影响不大。所以大多数在校年轻人，在学校说长治话，不说长治话就要被叫做“草灰”。而如果说普通话，将会受到更厉害的嘲笑。这可能是特定历史环境造成的。50—60 年代，为了备战的需要，国家把一些国营大厂迁到长治地区，有些进了各县的大山里，有些则在长治市区内，如红旗粮机厂以北京人为主，山西省建筑分公司和太行锯条厂以天津人为主。“文革”前，这些大厂都是一个相对封闭的小社会，工人和家属们“顽固”地保留着北京、天津的生活习惯和语言，虽历三四代，仍然如此。厂内本地人是少数，他们的子女难免受到强势文化的影响，虽然怕被人指责，不敢说北京、天津话，但也渐渐“脱土”。另外市南郊有三大军工厂，外地人不及本地人多，所以以说长治话为主。南三厂的话也与市内及北郊、西郊不同。

②外出人群

真正引起长治话发生改变的是 60 年代中期“文化大革命”时期，“文革”中的大串联，全市的中学生差不多都到外地大城市串联了一番，年轻人总是容易进步的，齐声朗读毛主席语录时渐渐说起了不标准的普通话。这种话兼有普通话和长治话的成分，逐渐引起长治话内部的变化，呈现出循序渐进的态势。另外，外出经商者，人数太少。解放战争时期当了兵南下做干部的，回来的也很少，外出上大学的，人数也不多。所以，他们对长治话的影响不如串联的学生影响大。

③外地人与本地人的交往

“文革”中，市内单位与单位之间也有了较深的交往，尤其是 1967 年大规模“武斗”开始后，全市职工甚至农民分成了两大派，单位里也随之分成两派。两派由口头辩论、传单、大字报，发展到动枪动炮，各有各的据点。“战友”之间有本地人也有外地人（主要是天津人和北京人），他们之间的长期接触也是引起长治话变化的一个原因。1969 年，长治市 20 所小学全由厂矿接管，农村 90 所中小学下放到大队，北京知青首次来晋东南插队，他们与本地人的频繁接触，无疑对长治话的变化也产生了影响。

(2)受教育程度

老中青三代人受教育程度不等，语言变化程度也不均衡。老派方言保留得相当古老，受外界的影响较小。老派话在其他人群中也存在，城郊文化较低的年轻人也说。另外，西街是回民聚居地，回民年轻人中说老派话的也不少。中派人群多为中等文化，虽基本会说普通话，但一般不说。他们既能遵守传统道德，也能接受一些新观念，但对“年轻人”的语言风格不甚赞同。这些人群基本上已处于退休年龄，在和下一代交流时，往往会说一些普通话；平时的口语交际，以长治话为主，当然，在和陌生人交流时，说话对象、场合不同，也存在普通话和长治话灵活运用的情况。新派基本上都会说普通话，长治话反而说不好，这些人大部分都受过中专及以上教育，对外来事物接受较快，容易跟风。但他们又有自己的创新意识，虽说不好纯正的长治话，但他们有语感，会说一种“长普”（长治话、普通话接触产生的中介语），这也是时下长治年轻人口头最时髦的语言。

(3)广播电视网络的影响

对中派而言，收音机“有线广播”对他们语言的发展起着重要的作用。近年来，随着广播电视网络的发展，一些当下的流行语很容易进入新派的口语中，并逐渐流传开去。广播电视的官方语言是普通话，其影响力和权威性影响到社会的各个阶层。

(4)语言政策

近年来，随着“推普”工作的深入开展，在各类学校，要求教师用普通话授课，学生也基本都说普通话。笔者对周围不同年龄阶段学生的语言使用状况进行过考察①，认为大致可分为以下几个阶段：幼儿园阶段的孩子基本不会说长治话，只是父母说时会跟着模仿，他们的长治话处于模仿阶段；小学阶段，年级越高，孩子会说方言的越多，但是他们的长治话夹杂了普通话的成分，在学校里跟老师、同学用普通话交流，和家人还是会用一些长治话；初、高中阶段的学生，还是以普通话为主，但长治话说得非常流畅。另外，“推普”之风从开始的强制执行逐渐成为人们的一种自发行为，餐饮等服务行业自不必说，就连街头巷尾的闲谈，都能听到带有各种方音的普通话，人

① 主要是长治市区内中小学生。

们一改说普通话就被说成是“草灰”或者是“土鸡说洋话”的态度，普通话的流行成为一种自然而然的“潮流”。

3.2 发展趋势

方言是不断发展变化的。汪平(2003:35)指出按传统语言学理论，一种语言或方言的变化是逐渐发生的，除了一些特殊情况外，不会在有限的时期里消亡。从该观点看，长治话的未来还是比较乐观的，因为方言作为珍贵的文化遗产，是我们研究古代汉语的活化石，也是解开地域文化之谜的一把钥匙。但也存在一些担忧，主要表现在：长治话的使用人数在未来将逐渐减少，使用者平均年龄偏高，使用范围缩小(日常口语交际有时也用普通话)等。就长治方言现状而言，长治市区内广泛使用普通话将成为一种发展趋势。

三　结语

语音变化是内因和外因综合作用的结果。内因主要表现为语音系统的自我调整，外因则主要表现为语言接触和语言影响。从我们对长治方言老中青三代人的语音差异考察来看，语音的变化受语言系统外部因素的影响力比受系统内部的影响力更大，其中，普通话的影响是外部因素中的主流，这种影响随年龄的递减而增大。但由于方言本身具有较强的系统性，这种系统性使得长治话只是向普通话靠拢，长治方言要变得与普通话完全一致，还需要相当长的过程。

附录：入声舒化字调查表

(1)按古声母排列：

清：恰猎妾褶摄怯胁腌给揖萨葛渴薛泄哲撤浙撇屑挖唠匹质物乞忽猝戌恤率蟀述作错索雀鹊恶却朴饺确握则即鲫侧测色啬饰忆亿抑迫魄碧璧僻积迹尺释吓策册栅益壁劈绩戚锡析击激屋笃督酷沃幅蝠腹复覆肃竹筑畜缩祝粥熟曲蓄郁足促粟烛嘱触束(105)

次浊：粒列烈裂劣末悦阅袜月越曰粤密蜜栗律率逸莫膜幕寞诺落骆酪洛络乐$_{快\sim}$若弱虐疟跃岳乐$_{音\sim}$墨默肋勒力翼麦脉额觅逆溺历厉疫役鹿禄穆牧六陆肉育录辱褥玉狱欲浴(69)

全浊：闸狭峡洽匣协辑袭辖夺猾秩核铎踱凿昨嚼芍鹤雹浊学极帛辟籍藉夕宅剧屐嫡剔敌狄寂获划仆曝瀑族逐轴俗续赎蜀属（50）

（2）按古韵摄排列：

咸摄：闸恰猎妾褶摄怯胁腌页狭峡洽匣协（15）

深摄：粒辑袭给揖（5）

山摄：萨葛渴辖列烈裂薛泄哲撤浙撇末夺屑猾挖劣悦阅袜月越曰粤哕（27）

臻摄：匹密蜜栗律率秩质物逸乞忽核戌恤率蟀述猝（19）

宕摄：莫膜幕寞铎踱诺落骆酪洛络乐$_{快\sim}$作错凿昨索雀鹊恶嚼芍鹤若弱虐疟跃却（30）

江摄：朴确雹浊饺岳乐$_{音\sim}$学握（9）

曾摄：墨默肋勒则力即鲫侧测色啬饰忆亿抑极翼（18）

梗摄：迫魄帛碧璧僻积迹籍藉夕尺释吓麦脉宅策册栅益壁劈额觅逆溺历厉嫡剔敌狄寂绩戚锡析击激获划疫役剧屐（47）

通摄：仆曝瀑族逐轴俗续赎蜀属屋笃督酷沃幅蝠腹复覆肃竹筑畜缩祝粥熟曲蓄郁足促粟烛嘱触束鹿禄穆牧六陆肉育录辱褥玉狱欲浴（54）

（3）入声舒化后调类归属

阴平：腌揖薛挖忽戌积劈锡析击激屋督缩粥曲曰勒夕屐（21）

阳平：胁哲则即鲫幅蝠竹熟足烛额闸狭峡匣协辑袭辖夺猾核铎踱凿昨嚼芍雹浊学极帛籍藉宅嫡敌狄仆族逐轴俗赎（46）

上声：褶给葛渴撇哕匹乞索朴饺尺笃嘱辱褥蜀属（18）

去声：恰猎妾摄怯萨泄撤浙屑质物猝恤率蟀述作错雀鹊恶却确握侧测色啬饰忆亿抑迫魄碧璧僻迹释吓策册栅益壁绩戚酷沃腹复覆肃筑畜祝蓄郁促粟触束页粒列烈裂劣末悦阅袜月越粤密蜜栗律率逸莫膜幕寞诺落骆酪洛络乐$_{快\sim}$若弱虐疟跃岳乐$_{音\sim}$墨默肋力翼麦脉觅逆溺历厉疫役鹿禄穆牧六陆肉育录玉狱欲浴洽秩鹤辟剧剔寂获划续曝瀑（139）

参考文献

侯精一 1985《长治方言志》,北京:语文出版社。

苏晓青 刘磊 2002 徐州方言向普通话靠拢趋势的考察——新老派语音差异及变化特点分析,《徐州师范大学学报》第4期。

汪　平 2003 普通话和苏州话在苏州的消长研究,《语言教学与研究》第1期。

王　利 2008 晋东南晋语的入声舒化现象,《语文研究》第3期。

王　利 2008《晋东南晋语语音研究》,山东大学博士论文。

徐世璇 2003 论语言的接触性衰变——以毕苏语的跟踪调查分析为例,《语言科学》第5期。

余跃龙 乔全生 2009 文水方言声母百年来的演变,《语言研究》第4期。

张勤倩 王宇枫 2011 从两代人的语音差异看响水方言的语音变化,《文学界》第5期。

齐援朝 史素芬 新派长治话的成因与特点,未刊。

附　记

北京大学李小凡和项梦冰两位老师约我为这本论文集写点东西,我自感才疏学浅,写不成什么像样的文章,但王先生对我的关心和教诲,让我心存温暖和敬意,于是欣然提笔,算是给先生交一篇作业。

2000年9月,我到北京大学进行访学,师从著名语言学家王福堂教授,专攻汉语方言学。作为一个在当时还是地方性专科院校的老师来说,能有机会进入北京大学并在名师的门下学习汉语方言学,感到莫大的荣幸。这是我多年追求的梦想啊!初到北大,王老师平易近人、和蔼可亲的态度给我留下了深刻的印象。他详细地给我开列了阅读书目并在方法上给予指点。我十分珍惜这来之不易的求学机会,如饥似渴地吸吮着知识的甘露,在王老师的指导下,听课、学习、探索、写作,感到非常充实。一年间,我完成了两篇论文和一部书稿的撰写任务,还起草了《武乡方言研究》一书的初稿。其中,《山西武乡方言的虚词"的"》一文,作为访学学员的优秀论文被刊登在2001年出版的《北京大学学报》的专刊上;《简明汉语方言学教程》一书于次年由东方出版社出版。应该说,这些成果都凝结了王先生的心血。还记得王老师一字一句地为我推敲论文,一遍一遍地为我审阅书稿,并高屋建瓴地提出了许多中肯的修改意见，还在百忙中为我的书作序，令我十分感佩。

一年的访学生活很快就要结束了，离别之际，我恋恋不舍地和王老师合影留念，心中有一种说不出的感动。如今，十几年过去了，每每想起王老师，一种敬佩之情就油然而生。王老师的学识和人品以及严谨的治学态度，赢得了学界的广泛赞誉，我将会永远铭记先生的教诲，用出色的工作业绩来回报先生的厚爱！

史素芬

（史素芬　长治学院中文系；刘芳　山西大学语言科学研究所）

关于福州方言的音位化和表音法

——从陶燠民《闽音研究》说起

陈泽平

一

《闽音研究》(以下简称《闽音》)是用现代语言学方法描写福州方言语音的开山之作。于1930年发表在史语所集刊第一卷第四分册,作者陶燠民。《闽音》也是中国学者研究汉语方言的早期代表作之一,科学出版社在1956年重印发行了单行本。

《闽音》发表于1930年,完成的时间应该还要更早一些。当时国际音标和语音分析的理论刚刚引进国内不久,传统音韵学的研究借助语音学这个利器,新说迭出,重新焕发了青春。赵元任先生1927年发表了《高本汉的谐声说》①,随后转向方言调查,1928年发表《现代吴语的研究》②,1929年发表《南京音系》③。审音、辨音、用国际音标精细标音成为一时的学术热点。

赵先生在《南京音系》中说明自己的研究思路:“研究一处的方音有两种不同的工作。一种是语音学的研究(phonetics),是要把所研究的方言里的语音(包括声调)都调查分析出来,并且考定一个音在什么情况情形之下有些什么变化(换言之平常所谓叫“同一个音”其实是些什么音),例如同化作用、轻音的影响等等。第二种是音韵的研究(phonology),是要问这方言里头有些什么声母、韵母、声调,拼出来有些什么字音(例如 g、k、h 跟 i

---

① 《国语论丛》第1卷第2号,《赵元任语言学论文选》209-239。

② 《现代吴语的研究》,科学出版社,1956年影印版。

③ 《科学》第13卷第8期,《赵元任语言学论文选》273-297。

拼不拼）……”

赵先生的早期方言学著作中，国际音标是“纯拼音性的” phonetics 表达，旨趣在于语音学研究，音韵学（phonology）的表达另外设计罗马字符号。

《闽音》遵循的就是这个范式。作者用严式国际音标写出声母、韵母的音值，用五线谱法表示调值，细致归纳语流音变的规律，然后设计出一套“闽语罗马字”记录成篇语料。

由于该书同时使用国际音标和“闽语罗马字”来标音，二者的任务分配甚为明确：用国际音标做语音学研究，用“闽语罗马字”做音韵学的研究。所以使用国际音标的时候不怕使用生僻符号，不避“麻子符号”（附加符号），表现出“语音学研究”的兴趣浓厚。这是当时方言学研究的范式。罗常培先生在 1931 年发表的《厦门音系》，也有这样的特点。罗先生在 1956 年的《厦门音系》再版序言中反思道：在语音研究“太偏重细微音值的描写，而没有充分按照原则归纳音位……这是很不妥当的。”

二

以下针对《闽音》的标音法①做一些具体分析。

2.1 高元音

[i][u][y]三个高元音在福州音系中的分布是平衡对称的，《闽音》的合口呼介音用[-w-]，齐齿呼介音用[-ĭ-]，但撮口呼介音直接用[-y-]。《闽音》的宾、春二部在阳入调条件下出现低半度的变体[ɪ]和[ʊ]，但平行的银部仍用高元音[y]。

按：如果高元音作为介音或作为主要元音需要在符号上区分，[y]应当与[i][u]做平行的处理。现在的方言学论著通常将“介音发音轻短”作为无标记的音系规则，一般不在音标符号上再做处理，如《字汇》的标音。同样，如果认为在阳入短调的条件下高元音位置有所下降，[y]没有理由成为例外，也应当与[i][u]做平行的处理。陶氏对三个高元音的变体做了不平行的处理，可能是由于他还没有建立起自觉的音位系统性的观念，另外，早期使用的音标符号表还不完整也是一个显而易见的原因。例如，陶氏的[ɪ]和[ʊ]很可能是受到英语短元音标法的影响，英语中没有[y]的短元音形式。

---

① 《闽音》的标音法及其与《汉语方音字汇》标音法的对照参见附录。

以下的分析中我们还会看到这两方面原因的影响。

2.2 低元音

《闽音》标音用了[a][ɑ]两种低元音符号,但二者互补,[a]只出现在[i]之前,其余都用[ɑ]。

按:显然这只是由于陶氏观察到低元音在韵尾[-i]的拉动下部位自然前移,但这不是音位性的差异。我们还注意到,《闽音》的元音图中只有这两个低元音符号,没有央低元音的符号,所以很可能他标写的[a] [ɑ]也只是像今福州话一样围绕着央低元音[ʌ]前后略有差异,我们今天的标音往往从简合并为同一个符号。

2.3 入声韵

300 多年前的福州方言韵书《戚林八音》音系中有十二个阳声韵部,相配的入声韵收[-k]尾。另有九个阴声韵部,相配的入声韵收[-ʔ]尾。读[-ʔ]韵尾的入声韵包含的字数比较少。这一格局一直保持到 1870 年的《福州话拼音字典》平面。

《闽音》只有一套与阳声韵相配的[-k]尾韵。陶氏把[-k]尾写为上标,认为"轻微难辨,乃舌根抵颚而无破裂之用,或仅与颚半阻而已",且"连语每每脱落,尤以开合为甚"。仅有与阳声韵配不起来的"歌[ɔ]、西[ɛ]、初[œ]"三部的入声调仍然独立,但韵母的标音不加喉塞尾。

按:据此可知,上标[-k]的部位在舌根,未标出的入声韵尾是喉塞音,二者互补分布,不构成对立。如果陶氏的描写符合事实,这应该是两套入声韵尾合并为喉塞音的最后一个临界状态。尽管说,这样一个"轻微难辨"且"每每脱落"的韵尾辅音还能够确认"舌根抵颚"的部位令人生疑。从陶氏的标音方法来看,他显然不认为音节末了的喉塞音也算是一种辅音音位,分析为入声调的调位附带特征予以省略。

2.4 塞擦音

《戚林八音》有 15"字头",陶氏也列出了 15 个声母,与北京大学中文系《汉语方音字汇》的声母表对照如下:

《八音》边	波	蒙	低	他	日	柳	求	气	语	喜	曾	出	时	莺
《字汇》p	ph	m	t	th	n	l	k	kh	ŋ	x	ts	tsh	s	ø
《闽音》p	ph	m	t	th	n	l	k	kh	ŋ	x/ç	tç	tçh	s	

对于塞擦音声母，陶氏说明："惟舌面寂戚二母，国音为与硬腭阻碍之音，闽音则为与硬腭齿龈之间阻碍，且齐撮之则所用舌部稍后，而与国音之济齐相近，开阖之则所用之舌部稍前，而与国音之资呰类似矣。"陈泽平(1998)评论道："陶氏的标写与我们不同，区别不在于语言事实，而是选择使用音标符号的习惯不同，他选择了这两个塞擦音的颚化变体作为音位代表。后来的福州话研究论著标写单字音声母已经改用了舌尖前音符号[ts][tsh]"。尽管只是"曾、出"二母的代表性音位变体的选择问题，但从声母系统的系统性着眼，两个塞擦音声母选择用 tç tçh 来表示，与舌尖擦音 s 的部位不一致。

2.5　*零声母*

声母就是音节首辅音音位，零声母就是零形式的声母，《闽音》显然还没有达成这样的认识。陶氏认为《八音》的"莺"纽(零声母)"实乃深喉，非真为阻碍之纽"，予以取消，又将"喜"母拆分为二，与开合相拼的为[x]，与齐撮相拼的为[ç]。

按：《闽音》将"喜"母一分为二，而同一自然类的 k kh 与高元音拼合时显然也有部位偏前的不同变体，"曾、出"二母同样有拼洪细韵母的两套变体，却都没有同样剖析为两套声母，①可见过于精细的标音既不必要，也难以作为原则贯彻始终，难免会顾此失彼。

从上文的 5 点分析可以看到，《闽音》描写的语音事实与今福州话没有什么明显的差别，差异主要存在于标音法方面。《闽音》的作者对音位的系统性缺乏自觉的把握，使得音标符号过于琐碎、芜杂。其实繁琐的符号并没有增加多少语音特征的可靠信息，反而不利于对整个音系面貌的把握。我们想，这就是罗常培先生所说的"很不妥当"。

三

在 20 世纪初为方言音系设计罗马字拼音的做法跟当时的汉字拼音化思潮有渊源关系。实践证明，除了为北京音系制定的《汉语拼音方案》，其他方言并不需要这样的罗马字拼音。社会上没有这样的书写需求，作为学术研究的工具又有种种的不便。《南京音系》《闽音研究》等早期方言学论著中分

---

① 罗常培的《厦门音系》是同时期的作品，的确将厦门音的 ts tsh 与 tç tçh 分为两套，走得更远。

别用国际音标研究语音学、用罗马字拼音讨论音韵学的学术范式没有被延续下来。

在方言调查研究的实践中，学界逐渐认识到：精细审音、辨音是方音研究的一项基本功，但“听到什么记什么”的严式记音只能是研究者进行音位分析之前的工作草稿，其中既有珍贵的语音信息，也难免包含影响客观性的细节：发音人的个人语音特征，记音人对音标符号认知的经验偏差，以及具体记音过程中发音人和记音人双方情绪和注意力水平的自然波动等。这些都可以、而且必须通过对音位系统的分析加以过滤。

北京大学中文系的《汉语方言字汇（第二版重排本）》中对包括福州话在内的20种汉语方言代表音系的标音和描写，代表了新的标音法范式。

在新的方言标音范式中，国际音标既是语音描写的工具，也是音位标音的工具，二者结合起来。方言语音调查报告中的声母表、韵母表应该是经过分析而确定下来的音位系统，与每一个音标符号对应的是音位，至少原则上如此。用国际音标表示的声母、韵母系统提倡排列出能显示音位类聚关系的矩阵。这样，研究者在选择音标符号的时候既要照顾语音学上的适切性，也要兼顾系统的平衡对称，从而能在音系学的高度上把握各个音位本质性的语音特征，用恰当的音标符号予以表达。

对音位各主要变体的分布特点与音色特点的描写也是必要的，但应该移到系统表之外，作为对音位性符号的补充说明。在说明部分里，还可以做进一步的语音学讨论。甚至用比拟性、形容性的语言描述自己听到的声音印象也都有一定的参考价值。这样同样可以满足比较方言语音特征、“指出音变的苗头或残迹”的需要。随着学科的发展，“纯粹的语音学兴趣”现在已经交给更加专门的言语声学实验室。讨论问题要拿出科学取样的实验数据，而不仅仅依赖于耳听手写的田野调查记音。

四

《汉语方音字汇》为福州方言设计的标音方案兼顾语音描写和音位系统性，适用于一般性跨方言语音比较研究。离开跨方言语音比较的目的，例如仅是为福州方言的词汇、语句提供语音形式，这个标音方案还可以再进一步简化。以下介绍新编《福州方言大词典》的标音方案。

福州话的15个声母和7个声调已经无可再简，这里主要讨论韵母系统。

福州话的韵母系统有七个元音音位/a/、/e/、/ø/、/o/、/i/、/u/、/y /。

①低元音音位/a/出现在[a ia ua]以及相配的[aŋ iaŋ uaŋ]和[aʔ iaʔ uaʔ]等韵母中是个央低元音[ᴀ],舌位偏前一点儿或偏后一点儿因人而异。以这个变体为基准,其他变体的发音特征大致都可以根据韵母结构推知。在[ai uai]两个韵母中是舌位偏前的[a],而在以[－u]收尾的[au iau]两个韵母中舌位偏后偏高,且略带圆唇作用。在去声调和阴入调(变韵调),由于喉头下沉,上列韵母中的/a/ 的开口度可能略有加大,舌位也略向后移,但也还不是第五号标准元音。只出现在变韵调的[aiŋ aiʔ]除去韵尾部分,音色与[ai]没什么区别。变韵调的[auŋ auʔ]中的韵腹我们也分析为/a/音位的一个变体,这个变体严式记音可以记为偏高的[ɒ]或偏低的[ɔ],而且唇型不太圆。《词典》的/a/音位的各个变体一律标为[a]。

②/e/音位包括[e]、[ɛ]两个主要变体,在[ie ieŋ ieʔ] 三个韵母中大致是中元音,可能接近于第三号标准元音,在其他韵母中出现的变体都接近与二号标准元音。《词典》把/e/音位的各个变体都记为[e]。

③/ø/音位包括[œ]、[ø]两个主要变体,作为单韵母是半低元音[œ œʔ],在[øy øyŋ øyʔ]等韵母中作为韵腹是半高元音,《词典》把这两个主要变体都记为[ø]。

④/o/音位在[o uo yo]及其对应的阳声韵、入声韵中舌位比第七号标准元音要低一些,唇也不那么圆。[o oʔ]两个单韵母在变韵调的开口度明显加大,是比较标准的第六号标准元音。作为丙类韵母变韵形式的[oy oyŋ oyʔ]中的/o/ 舌位偏央而且略低。这个元音音位的各变体一律记为[o]。

⑤ [ui]韵母就其本韵的发音来看和普通话的“uei”差不多,前后的高元音之间有一个舌位略低的过渡音。这个过渡音在变韵形式中就强化为一个可分辨的央元音。[iu]韵母也有一个过渡音,在变韵调中这个过渡音强化为一个不圆唇的央元音,和普通话的“iou”韵母的韵腹略有不同。因为没有构成音位的对立,也可以将这个过渡音性质的央元音略去,使拼式简短一些。

⑥福州方言的入声韵只有一种喉塞音韵尾,入声韵只分布在两个入声调。两个入声调中只有入声韵。因而从音位学原理上说,入声韵的喉塞尾可以分析为入声调的附属调值特征,不作为独立的音位。《词典》将喉塞音与入声调的调号看作是一个整体,从而将韵母表中的 15 个入声韵删除。

《福州方言大词典》的标音系统如下:

声母表

p	ph	m	t	th	n	l	ts	tsh	s	k	kh	h	ŋ	0
比	皮	米	低	体	泥	黎	斋	妻	西	街	溪	喜	疑	姨
补	谱	姆	赌	土	奴	鲁	租	粗	酥	古	苦	府	五	乌
边	偏	棉	颠	天	年	连	尖	千	先	见	欠	险	研	烟

韵母表

a	ia	ua	e	ie	ø	o	uo	yo	i	ei	ai
巴	车	蛙	西	鸡	初	哥	窝	桥	依		该
罢	柴	化		寄		号	过			意	盖
白		活		热		乇	绝	弱	译	七	革
u	ou	au	y	øy	oy	iu	ui	iŋ	eiŋ	aiŋ	uŋ
乌		交	居	衰		由	威	英	莺		翁
	坞	校		锯	对	幼	位		应	限	
物	屋	刷	熟	菊	捽						
ouŋ	auŋ	yŋ	øyŋ	oyŋ	ieŋ	uoŋ	yoŋ	aŋ	iaŋ	uaŋ	ŋ
秧		芸	葱		演	王	羊	安	请	弯	伓
棍	抗		用	瓮	燕	怨	样	汗	线	换	

声调表

1	2	3	5	6	ʔ7	ʔ8
军	群	滚	贡	郡	谷	掘
鸡	移	椅	季	例	接	杰
优	油	舀	要	右		

入声调号写为“ʔ7、ʔ8”。这是为了与《字汇》等既有的福州话语音资料互相衔接而作出的妥协处理，实际上依附于“7、8”两个入声调号的喉塞音标记也是不必要的。

可以看出，这差不多已经是音位标音法的“最简方案”了，但它仍然是用国际音标、而不是“罗马字拼音”。

五

赵元任先生在《音位标音法的多能性》的开头说:“这篇文章的主要目的是要证明,把一种语言里的音化为音位系统,通常不止一种可能的办法,得出的不同的系统或答案不是简单的对错问题,而可以只看成适用于各种目的的好坏问题。”[①]赵先生说的既是音位化问题,也是设计标音方案的问题。

我们认为,方言词典的标音有三个目的:①辅助汉字,确定每个方言词语的形式,即所谓“知音定符”:使不同音的词语有不同的形式,同音词具有相同的形式;②在前者的基础上为读者提供每个词语的读音,即尽量做到让读者能够“见符得音”;③为词典提供一个实用的音序索引。

这个方案是全面的音位系统分析的结果,实现第一个目的自不待言。对于能说福州话的读者,第二个目的与第一个目的同时实现;对于其他读者,即使不看发音说明,直接按国际音标发音,某些韵母“虽不中亦不远”,都在可以接受的范围内。这是直接使用国际音标而不另创“罗马字拼音”的长处。关于第三个目的要多说几句。

一般的南方方言词典也都有音序索引,但都是按本方言的声韵调系统来排序的。通常是先分韵母,再分声母,再分声调。但每一个方言都有自己独特的声母、韵母系统。声母表、韵母表都是二维的表格,并没有一个线性的自然顺序,所以只能规定性地排出一个声母、韵母的顺序。对于偶尔需要使用方言词典的读者来说,这样的顺序很难记住。这是大多数方言词典被普通读者认为难以查找使用的主要原因。

《词典》的标音方案简化之后,只剩下赵元任先生所说的“常见音位”,绝大多数音标与拉丁字母同形,可以直接用拉丁字母表排序,解决方言词典难以按音序查找的问题。音标系统中只有“ø”“ŋ”两个字母需要处理。“ø”排在“e”之后,“ŋ”排在“g”的位置。“ʔ”是调类的描写性附加符号,不参加排序。

我们相信,这个方案是适用于《福州方言大词典》的最佳方案。效果如何,还有待于实践检验。

① 《赵元任语言学论文集》,商务印书馆,2002,第752页。

附　录

下面的韵母对照表《闽音》的音标符号照原文献抄录。作为对照的是《汉语方音字汇》的标音法。取《戚林八音》的 33 个韵部代表字为目，舒声韵与入声韵分栏匹配排列。福州话的韵母以声调为条件分为本韵和变韵两种音值，用斜线隔开。

八音	《闽音》		《字汇》	
	舒声韵	入声韵		
之	i/ei		i/ei	
孤	u/ou		u/ou	
须	y/øy		y/øy	
歌	ɔ/ɔ̱	ɔ/ɔ̱	ɔ	ɔʔ
西	ɛ/æ	ɛ/æ	ɛ	ɛʔ
初	œ/œ̱	œ/œ̱	œ	œʔ
沟	eu/ ɛu		ɛu	
郊	ɑu		au	
佳	ɑ		a	
奇	ǐɑ		ia	
花	wɑ		ua	
鸡	ǐe		ie	
过	wɔ. /wɔ		uɔ	
桥	yɔ. /yɔ		yɔ	
烧秋	ǐĕu		ieu	
开	ai		ai	
歪	wai		uai	
杯辉	wĕi		uei	
催	øy/əy		øy/ œy	
宾	iŋ/eiŋ	ɪ^{k}/ei^{k}	iŋ/eiŋ	iʔ/eiʔ

续表

八音	《闽音》		《字汇》	
	舒声韵	入声韵		
春	uŋ/ouŋ	ʊ^{k}/ou^{k}	uŋ/ouŋ	uʔ/ouʔ
银	yŋ/øyŋ	y^{k}/øy^{k}	yŋ/øyŋ	yʔ/øyʔ
灯	eiŋ/aiŋ	ei^{k}/ai^{k}	eiŋ/aiŋ	eiʔ/aiʔ
釭	ouŋ/ɑuŋ	ou^{k}/ɑu^{k}	ouŋ/auŋ	ouʔ/auʔ
东	øyŋ/əyŋ	øy^{k}/əy^{k}	øyŋ/ œyŋ	øyʔ/ œyʔ
山	ɑŋ	ɑ^{k}	aŋ	aʔ
声	ǐɑŋ	ǐɑ^{k}	iaŋ	iaʔ
欢	wɑŋ	wɑ^{k}	uaŋ	uaʔ
添	ǐeŋ	ǐe^{k}	ieŋ	ieʔ
光	wɔ. ŋ/wɔŋ	wɔ. ^{k}/wɔ^{k}	uɔŋ	uɔʔ
香	yɔ. ŋ/yɔŋ	yɔ. ^{k}/yɔ^{k}	yɔŋ	yɔʔ

参考文献

北京大学中文系语言学教研室 2008《汉语方音字汇》(第二版重排本),北京:语文出版社。

北京大学中文系语言学教研室 1993《汉语方言词汇》(第二版),北京:语文出版社。

陈泽平 1998《福州方言研究》,福州:福建人民出版社。

陈泽平 2002 十九世纪的福州方言音系,《中国语文》第 5 期。

陈泽平 林勤 2013《福州方言大词典》,福州:福建人民出版社。

罗常培 1956《厦门音系》,北京:科学出版社。

陶燠民 1930/1956《闽音研究》,北京:科学出版社。

袁家骅等 2001《汉语方言概要》(第二版),北京:语文出版社。

赵元任 2002《赵元任语言学论文集》,北京:商务印书馆。

附　记

我是第一个由王福堂老师独立指导的研究生。

1980年初，我在福州师专毕业，留校当现代汉语的助教，同年报考北京大学中文系的研究生。招生信息上写的是袁家骅先生和王福堂老师联合招生。我稀里糊涂地报了、考了，居然撞大运考上了。6月份去北大五院复试的时候，有幸见过袁先生一面；但9月初开学到了学校，第一件事就是参加袁先生的追悼会。我跟在刘勋宁学长的身后瞻仰袁先生的遗容，恭恭敬敬地鞠躬，心里感慨万千。

第一次拜见王老师的地点是在他的宿舍里。王老师跟我说："你的运气不好，没有机会跟着袁先生学习。袁先生不在了，但他的书还在，这本《汉语方言概要》就是袁先生的课程，你要加倍努力学习。这本书要逐章写出详细的读书报告。"此后我大概每隔一周向王老师交一次读书报告，然后他就花一两个小时跟我讨论上一次的读书报告的内容。那一年整个中文系就只招我这一个研究生，这就是王老师给我上指导课的方式。

那时王老师正在做《汉语方言概要》和《汉语方音字汇》的修订工作。我知道他很忙，每次按约定的时间去见王老师时，如果还不到点，我就在楼下等一会儿，准点上楼敲门，而他总是已经在等候了。房间里唯一的桌子上收拾得干干净净，只摆着我上一次呈交的读书报告，上面有许多王老师加上的铅笔批注和记号。王老师总是先给我沏上一杯酽酽的绿茶，寒暄几句，然后就进入正题。读书报告谈论完，如果时间还早，有时我们还会闲聊一会儿。这时王老师或许会从抽屉里拿出水果糖，请我吃一颗，他自己也吃一颗。我至今不明白水果糖有什么好吃的，但王老师招待我的绿茶是真的好，茶水清澈，微苦回甘，叶片嫩绿肥厚。我总是悄悄地把啜入嘴里的茶叶嚼吃咽下了……一晃30多年过去了，光阴真如白驹过隙。掐指算来，当时王老师其实也还不过是40来岁的人。

写读书报告比较费力，要花很多时间；但我想，这就是做研究、写论文的最好训练方法。需要精读的经典著作不能浏览而过，要不断揣摩，直到读出心得来。零零星星的想法要组织起来，形成有条理的表述，才能让别人理解。为了证明自己的想法还有点儿道理，就要努力在书里书外收集支持材料。跟老师讨论之后，明白哪些想法有点儿意思，可以继续往下想；哪些想法已经有人做过证明，写了文章；还有哪些想法则是没有意义的，不要继续浪费时间。我现在也用类似的办法训练学生。

我的硕士论文以及毕业后发表的头两三篇论文都得到王老师的指导。具体的指导内容记不清了，有几条原则性的意见我至今遵循，觉得应该跟大家分享：

1. 研究有了心得再写文章。

2. 一篇文章集中讨论一个问题，跟论题关系不大的部分要舍得删去。

3. 有什么见解要明白地写出来，不要留给别人去猜。

（陈泽平　福建师范大学文学院）

漳平(溪南)方言数词结构的连读变调*

陈宝贤

漳平市位于福建省中南部,境内通行闽南方言,有菁城、永福、新桥、溪南、双洋五种口音。漳平方言有丰富的连读变调现象。闽南方言数词结构的连读变调,以往研究闽南方言连读变调的论著中只是简单提及,缺少专门性的深入研究,比如杨必胜、陈建民(1981)在讨论海丰方言语句中的连读变调问题时对"数词"的读法作了很简单的描写。不同闽南方言的现象也有差异,比如据杨必胜、陈建民(1981)的描写,海丰话"三万四千二百元"构成一个连调组,其中的数"三万四千二百"内部没有连调界,而在漳平溪南方言中是有连调界的。本文将描写讨论溪南方言数词结构的连读变调,重点在于连调组的划分,语料系笔者对自己母语溪南镇上坂村方言的调查所得,关于数词结构的语法分析主要参考朱德熙(1958、1982)。

一　关于连调规则和语料标注的说明

关于溪南方言的连读变调,目前的研究成果主要有陈宝贤(2003、2008a、2008b)及陈宝贤、李小凡(2008),主要是描写讨论连读变调规则(指连调组内部各字单字调与变调的对应规则)的。本文不是讨论连调规则的,但为了便于读者阅读,这里先简单介绍一下溪南方言的连调规则。据陈宝贤、李小凡(2008),闽南方言连调组由基字(J)及其前面的基前字(q)、后面

* 本文初稿曾在第12届闽方言国际学术研讨会(2011年11月,台北)上宣读,会上台湾著名学者洪惟仁先生告知,台湾闽南话数词结构的连调组划分与漳平(溪南)方言有类似之处,并将待出版的书稿《台湾话发音学入门》中关于台湾闽南话连读变调的部分拷贝给笔者。本文研究得到北京大学人文社会科学青年教师科研启动基金项目和北京高等学校青年英才计划项目(Beijing Higher Education Young Elite Teacher Project,项目编号:YETP0018)资助。谨此一并致谢。

的基后字(h)组成,每个连调组有且只有一个基字,基前字、基后字都可有可无。连调组可以用如下公式表示:

$(q_n\cdots\cdots q_2 q_1)J(h_1\cdots\cdots h_n)$ (n 为正整数,n≥1,括号表示其内音节可有可无)

一般情况下,基字读自身单字调,基前字、基后字分别读前变调和后变调。溪南方言连调组也可以用上述公式表示。据陈宝贤(2008b),溪南方言各单字调在连调组的不同位置上的一般连调规则如下表所示①:

表 1 溪南方言一般性连读变调

<table>
<tr><th>位置
单字调</th><th>q_n(n≥3)
变调</th><th colspan="2">q_2 变调</th><th colspan="2">q_1 变调</th><th>J 读
单字调</th><th>h_n(n≥1)
变调</th></tr>
<tr><td>阴平 33</td><td rowspan="2">33/33</td><td colspan="2">33</td><td>24
(中低调前)</td><td>33
(高调前)</td><td>33</td><td rowspan="2">33/33</td></tr>
<tr><td>阴去 21
阴入21</td><td>33/33(其他)</td><td>55/55(q_1 变调为 52/52 时)</td><td>55/55(非高平调前)</td><td>33/33(高平调前)</td><td>21/21</td></tr>
<tr><td rowspan="2">阳平 24
阳去 55
阳入55</td><td rowspan="3">21/21</td><td colspan="2" rowspan="3">21/21</td><td rowspan="2">52/52
(中低调前)</td><td rowspan="3">21/21
(高调前)</td><td>24</td><td rowspan="3">21/21</td></tr>
<tr><td>55/55</td></tr>
<tr><td>上声 52</td><td>24
(中低调前)</td><td>52</td></tr>
</table>

一个数可以用一个词表示,比如:一、十,称为数词;也可以用一个结构表示,朱德熙(1958)称为数词结构。溪南方言数词结构内部存在连读变调,例如(竖线表示连调界,下同):

(1)两$_{q1}$千$_J$ | 两$_{q1}$百$_J$ | 五$_{q3}$十$_{q2}$一$_{q1}$万$_J$[nŋ̍$^{\supseteq}{}^{55}_{52}$ ꜀tsʰan^{33} nŋ̍$^{\supseteq}{}^{55}_{52}$ pa$^{\supset 21}$ ɡu$^{\supseteq}{}^{55}_{21}$ tsaʔ$_{\supseteq}{}^{55}_{21}$ iɛʔ$_{\supset}{}^{21}_{55}$ ꜀ban^{33}]

数词结构内划分出的连调组,各字的变调都遵循一般性连调规则,如例 1 最后一个连调组,基字"万"不变调,基前字"五""十""一"读前变调,"一"遵循 q_1 为阴入时的变调规则,"十"遵循 q_2 为阳入时的变调规则,"五"遵循

① 此表是在陈宝贤 2008b 的表 2 中加入变调的条件、并删除最后一列"所有变调调值"后所得。表中舒声调变舒声调,促声调变促声调。中低调指 33、21/21,高调指 24、52、55/55。各调类变调调值一般不同于自身单字调,只有阴平有一个变调 33 是读同自身单字调的。

q_3 为阳去时的变调规则。

以上对溪南方言连调规则作了简单介绍。在讨论连调组划分前，我们还要对本文的语料标注作说明。用于研究连调组划分的语料，最完整的标注是标出连调界、连调组内部各字所处位置，如例 1。考虑到溪南方言连调规则的特点，我们下文的语料标注将略作变动。这里需要先说说溪南方言非基字标注时的一些两可情形。根据溪南方言一般性连调规则，基前字的变调有高调，也有中低调；基后字的变调都是中低调。而且，每个调类在基前字位置上的中低变调调值与它在基后字位置上的变调是一样的。也就是说，当某个字读中低变调时，它可能是基前字，也可能是基后字。例如：

（2）五$_{q1}$十$_{J}$［ɡu$^{\supseteq 55}_{21}$ tsaʔ$_{\supseteq}^{\underline{55}}$］

（3）是$_{q2}$四$_{q1}$百$_{J}$ 六$_{h1}$十$_{h2}$五$_{h3}$！$_{强烈强调“四百”}$［sɿ$^{\supseteq 55}_{21}$ sɿ$^{\supset 21}_{55}$ pa$^{\supset 21}$ laʔ$_{\supseteq}\frac{55}{\underline{21}}$ tsaʔ$_{\supseteq}\frac{55}{\underline{21}}$ ɡu$^{\supseteq 55}_{21}$］

这两例“五”都读变调 21，第一例中“五”为基前字，第二例中为基后字。这种判断实际上只根据变调调值是得不出来的，判断时是参照了前后的连调界的：第一例“五”前和第二例“五”后都是句法结构首末的默认连调界。但有时这种读中低变调的字前面或后面有基字，即有一个相连的连调组。这时候读中低变调的字常常是不能断定是基前字还是基后字的。如上面例 1 读变调 21 的“五”，前面有其他连调组，从变调看也可能是基后字。例 1 的“十”也是如此。因此从变调看可以有其他标注方式：

（4）两$_{q1}$千$_{J}$|两$_{q1}$百$_{J}$ 五$_{h1}$|十$_{q2}$一$_{q1}$万$_{J}$

（5）两$_{q1}$千$_{J}$|两$_{q1}$百$_{J}$ 五$_{h1}$十$_{h2}$|一$_{q1}$万$_{J}$

碰到这种标注两可的情况时，我们着眼于规律的一致性，或判定为基前字，或判定为基后字。这需要有可以明确标注的语料来作依据。如例 1 的标注可以参照这样的语料：

（6）七$_{q2}$十$_{q1}$七$_{J}$［tsʰiɛʔ$_{\supset}\frac{21}{\underline{55}}$ tsaʔ$_{\supseteq}\frac{55}{\underline{52}}$ tsʰiɛʔ$_{\supset}^{\underline{21}}$］

“七”“十”变调都是高调，毫无疑问是基前字，十位项“七十”与个位项“七”之间没有连调界，系数“七”与位数“十”之间也无连调界。而例 4 系数“五”和位数“十”之间有连调界，例 5 十位项“五十”与个位项“一”有连调界，显然都是不可取的标注方式。因此应该采用例 1 的标注方式。

总的来说，虽然非基字的标注有不少两可情形，但大都可以参照可明确标注的语料选定一种。下文的语料标注时，对这种无法凭自身变调判定是基前字还是基后字的非基字，将不标数字编号（即只标为 q 或 h）。如例 1 标注为：

(7)两$_{q1}$千$_J$|两$_{q1}$百$_J$|五$_q$ 十$_q$ 一$_{q1}$万$_J$

“五”“十”标为q,说明是无法凭本身变调判定的,是根据其他语料判定的。“一”标为q_1,说明可凭自身变调判定。

此外,那些变调同时合乎前后变调规则、但可以凭句法结构首末连调界判定为基前字或基后字的非基字,实际上也属于无法凭自身变调判定的,也不标数字编号。如例2、3标注为:

(8)五$_q$ 十$_J$

(9)是$_q$ 四$_{q1}$百$_J$ 六$_h$ 十$_h$ 五$_h$!

这样,语料中读中低变调的字都是q或h,只有读高变调的才标出数字编号。这种标注方式可以较为细致地显示出语料的情况,也要简洁些。

二　关于数词结构

数词结构主要由数词构成。溪南方言数词主要包括:

A. 系数词:一 二 三 四 五 六 七 八 九 几 蜀$_{一}$两

B. 位数词:十 百 千 万 亿

C. 其他:外$_{多,如:十～万}$、几啊$_{好几}$、半、廿$_{二十}$

“几啊”一般出现于位数前作系数。“外”与“几啊”都表示概数。“两”可以表示确数,也可以表示概数。“几”可以表示疑问①或概数。以上数词与普通话有别的都在右下角作了注释,下文举例时为使行文简洁,出现频率高的(如“蜀”)不再作注。

“一、二”在数词结构中出现的位置分别与“蜀、两”互补。“一、二”用作个位数及与“十”搭配的系数,例如:五十一、五十二、二十、五百一十六;“蜀、两”用作与“百、千、万、亿”搭配的系数,例如:蜀百、两千。

数词结构主要包括系位结构和系位结构组合②两种类型,这里先作介

---

① 溪南方言表示疑问的数词还有“偌侪$_{多少}$”,该词可以出现于量词前询问数的多少,如“着偌侪斤糖$_{要多少斤糖}$?”其更常见的用法是出现于名词前询问数量,功能相当于数量结构,如“着偌侪糖$_{要多少糖}$?”,这两种用法的“偌 侪”一般两字都读前变调。由于“偌侪”一般不与其他词构成数词结构,本文正文中不作讨论。

② “系位结构”和“系位结构组合”是朱德熙(1958)的说法,朱德熙(1982)分别改称为“系位构造”和“系位组合”。本文沿用朱(1958)的说法。采用这种说法,可以将与系位结构组合在连调组划分上有类似特点的由几个数量结构连用组成的结构(如“两斤八两”)也相应地称为“数量结构组合”。

绍，其他归不入这两种类型的结构在下文第三部分讨论连调组划分时再介绍。

由系数和位数两部分组成的数词结构称为系位结构，例如：三十。系数和位数之间是相乘的关系，系位结构是一种定中结构①。

几个系位结构按照位数由大至小（亿、万、千、百、十）的顺序排列组成的数词结构叫做系位结构组合，例如：三百六十。系位结构组合的末项可以是个位数，例如：三百六十五。“十一……十九”“十几”“十外$_{十多}$”也是系位结构组合，“十”是位数，系数是没有出现的“一”。这个“一”在前面有系位结构时要出现，例如要说“三百一十五”，不能说“三百十五”。系位结构组合的末项可以是概数“外”，例如：三百外$_{三百多}$。“外”有时刚好是个位项，例如：三百一十外$_{三百一十多}$。系位结构组合的各项之间是相加的关系，系位结构组合可视为并列结构，系位结构、个位数、“外”都是其中的并列项。

系位结构组合中的并列项，从万位项至个位项（包括位数为“万、千、百、十”的并列项及个位项），每两个相邻并列项的位数之间是十进位的关系，也就是说，位数是连续的。如果中间的并列项数目为零，一般用“空”表示，“空”对译为普通话“零”（下文举例时不再作注释）。例如：蜀万空两百（千位项为零）、蜀千空二十（百位项为零）、两百空五（十位项为零）。连着两个或两个以上并列项数目为零，只用一个“空”。例如：五万空七十八（千位项、百位项为零）、两千空八（百位项、十位项为零）、五万空八（千位项、百位项、十位项为零）。数值为零的并列项之间隔着数值不为零的并列项时，则各用一个“空”表示。例如：五万空五百空八。

万位项与亿位项之间，情况比较复杂。当万位项达到一千万时，由于十个千万等于一亿，因此万位项与亿位项之间是连续的；当万位项不到一千万时，万位项与亿位项是不连续的，此时二者中间要加“空”。例如：两亿空一百一十万、两亿空一十五万、两亿空五万。如果万位项后面有其他并列项且万位项数目为零，则万位项也用“空”表示，例如：两亿空八千（万位项为零）。万位项及后面相连的一个或几个并列项都为零时，只用一个“空”表示。例如：两亿空五百七十八（万位项、千位项为零）、两亿空七十八（万位项、千位项、百位项为零）、两亿空八（万位项、千位项、百位项、十位项为零）。万位项

① 这里参照了有的学者对普通话数词结构的分析，如郭锐（2002：33）把普通话“一百”视为定中结构。

为零，后面不相邻的并列项也为零时，则各用一个“空”表示。例如：两亿空八千空七十八、两亿空八千空八。万位项不为零但不到一千万、后面相邻的并列项为零时，则万位项中有“空”，后面的并列项也为“空”，例如：两亿空五万空两百。

以上介绍了“空”的出现情况。大体上，数词结构只要写成阿拉伯数字时中间出现“0”（末尾连续出现“0”的情况除外），就会出现“空”。如“蜀万空两百”为10200，“空”代替的是1和2之间的0。连续出现几个0，只用一个“空”，如“五万空七十八”为50078，“空”代替的是5和7之间的00。

此外，溪南方言一般用“廿一……廿九”“廿几”“廿外”表示“二十一……二十九”“二十几”“二十多”，可视为系位结构结合的简化形式。

三　溪南方言数词结构的连调组划分

数词结构中划分出来的连调组，通常都是以末字为基字的，连调组内部结构比较一致，如上文例1含三个连调组，基字“千、百、万”都是连调组的末字。连调组的划分则显得复杂得多。

3.1　系位结构的连调组划分

系位结构有简单的和复杂的两种。简单的系位结构，系数和位数各由一个数词充当，系数和位数之间没有连调界。例如：

（10）五$_{q}$ 十$_{J}$［ɡu⊃$^{55}_{21}$ tsaʔ$_{⊇}$$^{\underline{55}}$］

（11）几$_{q1}$ 百$_{J}$［⊂kui $^{52}_{24}$ pa⊃^{21}］

（12）六$_{q1}$ 万$_{J}$［laʔ$_{⊇}$$^{55}_{\underline{52}}$ $_{⊂}$ban^{33}］

（13）几$_{q}$ 啊$_{q1}$ 千$_{J好几千}$［⊂kui $^{52}_{21}$ a^{55} $_{⊂}$ts^{h}an^{33}］

由于充当系数和位数的词一般都是单音节词，只有充当系数的“几啊”是双音节词，因此，这类系位结构单说时一般是一个两音节连调组（如例10至12），系数为“几啊”时为三音节连调组（如例13）。

复杂的系位结构，系数部分比较复杂，但系数和位数之间也没有连调界。系数可以是系位结构（其中的系数可以是概数，如例16的“几啊”、例17的“四五”）：

（14）四$_{q2}$ 十$_{q1}$ 万$_{J}$［sɿ⊃$^{21}_{55}$ tsaʔ$_{⊇}$$^{55}_{\underline{52}}$ $_{⊂}$ban^{33}］

(15)蜀$_{q}$ 百$_{q}$ 亿$_{J}$[tsʅʔ$_{\supseteq}{}^{55}_{\underline{21}}$ pa$^{\supset}{}^{21}_{33}$ iɛʔ$_{\supseteq}{}^{\underline{55}}$]①

(16)几$_{q}$ 啊$_{q}$ 百$_{q1}$万$_{J好几百万}$[$^{\subset}$kui $^{52}_{21}$ a^{33} pa$^{\supset}{}^{21}_{55}$ $_{\subset}$ban^{33}]

(17)四$_{q}$ 五$_{q}$ 十$_{q1}$万$_{J}$[sʅ$^{\supset}{}^{21}_{33}$ gu$^{\supseteq}{}^{55}_{21}$ tsaʔ$_{\supseteq}{}^{55}_{\underline{52}}$ $_{\subset}$ban^{33}]

也可以是系位结构组合(可以是简式,如例22的“百五”):

(18)八$_{q1}$千$_{J}$|五$_{q1}$百$_{J}$|七$_{q}$ 十$_{q}$ 八$_{q1}$万$_{J}$[pi$^{\supset}{}^{21}_{55}$ $_{\subset}$ts^{h}an^{33} gu$^{\supseteq}{}^{55}_{52}$ pa$^{\supset 21}$ ts^{h}iɛʔ$_{\supset}{}^{21}_{\underline{33}}$ tsaʔ$_{\supseteq}{}^{55}_{\underline{21}}$ pi$^{\supset}{}^{21}_{55}$ $_{\subset}$ban^{33}]

(19)五$_{q1}$万$_{J}$|空$_{q2}$五$_{q1}$百$_{J}$|七$_{q}$ 十$_{q}$ 八$_{q1}$万$_{J}$[gu$^{\supseteq}{}^{55}_{52}$ $_{\subset}$ban^{33} k^{h}ɔŋ$^{\supset}{}^{21}_{55}$ gu$^{\supseteq}{}^{55}_{52}$ pa$^{\supset 21}$ ts^{h}iɛʔ$_{\supset}{}^{21}_{\underline{33}}$ tsaʔ$_{\supseteq}{}^{55}_{\underline{21}}$ pi$^{\supset}{}^{21}_{55}$ $_{\subset}$ban^{33}]

(20)a、四$_{q1}$百$_{J}$|六$_{q}$ 十$_{q1}$万$_{J}$[sʅ$^{\supset}{}^{21}_{55}$ pa$^{\supset 21}$ laʔ$_{\supseteq}{}^{55}_{\underline{21}}$ tsaʔ$_{\supseteq}{}^{55}_{\underline{52}}$ $_{\subset}$ban^{33}]

b、四$_{q}$ 百$_{q}$ 六$_{q}$ 十$_{q1}$万$_{J}$[sʅ$^{\supset}{}^{21}_{33}$ pa$^{\supset}{}^{21}_{33}$ laʔ$_{\supseteq}{}^{55}_{\underline{21}}$ tsaʔ$_{\supseteq}{}^{55}_{\underline{52}}$ $_{\subset}$ban^{33}]

(21)蜀$_{q}$ 百$_{q}$ 空$_{q}$ 二$_{q}$ 亿$_{J}$[tsʅʔ$_{\supseteq}{}^{55}_{\underline{21}}$ pa$^{\supset}{}^{21}_{33}$ k^{h}ɔŋ$^{\supset}{}^{21}_{33}$ $_{\subset}$li^{33} iɛʔ$_{\supseteq}{}^{\underline{55}}$]

(22)百$_{q2}$五$_{q1}$万$_{J一百五十万}$[pa$^{\supset}{}^{21}_{55}$ gu$^{\supseteq}{}^{55}_{52}$ $_{\subset}$ban^{33}]

综上所述,不论是简单的系位结构还是复杂的系位结构,系数和位数之间都无连调界。上面举的是单说的例子,充当系位结构组合的并列项的例子参见下文3.2。

3.2 系位结构组合的连调组划分

系位结构组合相邻的并列项之间有时有连调界,有时无连调界。

相邻并列项之间是否有连调界,与音节数有一定关系。下面列出一般情况下各种位数的并列项的音节数:

表2 系位结构组合各并列项的音节数

并列项	亿位项	万位项	千位项	百位项	十位项	个位项
音节数	≥2	≥2	2	2	2	1

位数为“十、百、千”时,系数只能是小于“十”的系数词,否则就要进位,比如一般不说“十百”,而要说“蜀千”。因此十位项、百位项、千位项一般为两音节②。位数为“万、亿”时,系数既可以是小于“十”的系数词,也可以是

① “蜀”[tsiɛʔ$_{\supseteq}$]在溪南方言中很少单说,在语流中常弱化为[tsʅʔ],为节省篇幅,本文标音只标其弱化形式。

② 溪南方言由“几啊”与位数构成的系位结构不能作系位结构组合的并列项,而除“几啊”之外的充当系数的词都是单音节,因此与位数加起来只有两音节。

大于“十”的数词结构，因为超过“十万”或“十亿”不进位，例如：二十万。因此万位项、亿位项可以是两音节，也可以超过两音节。个位项由系数词充当，一般为单音节。

3.2.1 完整式的连调组划分

系位结构组合末项可以是系位结构，也可以是个位数。末项为系位结构时，常要简化，例如“三百六十”常说成“三百六”。有些情况下不简化，如末项前面为“空”时不简化，否则就成了另一个数了，例如“蜀千空二十$_{1020}$”不能说成“蜀千空二”，后者是另一个数——1002。整个系位结构组合作系数，即其末项后还跟着位数时，作末项的系位结构大多也不能简化，如，“三百六十万”不能简化为“三百六万”；但首项系数为“蜀”时，首项若简化，末项也要跟着简化，例如“蜀百六十万”的简式为“百六万”。

系位结构组合首项系位结构为“蜀”时，常简化，“蜀”省略不说，同时后面的位数也省略。例如“蜀百六十”常说成“百六”。

简化对连调组划分的影响下文再谈，先看没有简化的系位结构组合，可称为“完整式”。

3.2.1.1 相邻并列项都不为“外”或“空”

先看相邻并列项没有一个为“外”或“空”的情况。相邻并列项若为十位项与个位项（非“外”），中间无连调界，即十位项后无连调界。例如：

(23) 十$_{q1}$七$_{J}$[tsaʔ$_{⊇}$$^{55}_{\underline{52}}$ tsʰiɛʔ$_{⊃}$$^{\underline{21}}$]

(24) 五$_{q}$ 十$_{q}$ 五$_{J}$[gu$^{⊇}$$^{55}_{21}$ tsaʔ$_{⊇}$$^{55}_{\underline{21}}$ gu$^{⊇55}$]

(25) 五$_{q}$ 十$_{q}$ 几$_{J}$[gu$^{⊇}$$^{55}_{21}$ tsaʔ$_{⊇}$$^{55}_{\underline{21}}$ $^{⊂}$kui^{52}]

相邻并列项若为百位项与十位项，百位项后可以无连调界，也可以有连调界。有连调界时，百位项相对而言略带强调意味。例如：

(26) a. 四$_{q}$ 百$_{q}$ 六$_{q}$ 十$_{q}$ 五$_{J}$[sɿ$^{⊃}$$^{21}_{33}$ pa$^{⊃}$$^{21}_{33}$ laʔ$_{⊇}$$^{55}_{\underline{21}}$ tsaʔ$_{⊇}$$^{55}_{\underline{21}}$ gu$^{⊇55}$]

b. 四$_{q1}$ 百$_{J}$ | 六$_{q}$ 十$_{q}$ 五$_{J}$[sɿ$^{⊃}$$^{21}_{55}$ pa$^{⊃21}$ laʔ$_{⊇}$$^{55}_{\underline{21}}$ tsaʔ$_{⊇}$$^{55}_{\underline{21}}$ gu$^{⊇55}$]

(27) a. 九$_{q}$ 百$_{q}$ 六$_{q}$ 十$_{q1}$ 工$_{J天}$[$^{⊂}$kɔ$^{52}_{21}$ pa$^{⊃}$$^{21}_{33}$ laʔ$_{⊇}$$^{55}_{\underline{21}}$ tsaʔ$_{⊇}$$^{55}_{\underline{52}}$ $_{⊂}$kaŋ^{33}]

b. 九$_{q1}$ 百$_{J}$ | 六$_{q}$ 十$_{q1}$ 工$_{J天}$[$^{⊂}$kɔ$^{52}_{24}$ pa$^{⊃21}$ laʔ$_{⊇}$$^{55}_{\underline{21}}$ tsaʔ$_{⊇}$$^{55}_{\underline{52}}$ $_{⊂}$kaŋ^{33}]

(28) a. 第$_{q}$ 三$_{q}$ 百$_{q}$ 六$_{q}$ 十$_{q1}$ 工$_{J天}$[ti$^{⊇}$$^{55}_{21}$ $_{⊂}$sã^{33} pa$^{⊃}$$^{21}_{33}$ laʔ$_{⊇}$$^{55}_{\underline{21}}$ tsaʔ$_{⊇}$$^{55}_{\underline{52}}$ $_{⊂}$kaŋ^{33}]

b. 第$_{q}$ 三$_{q1}$ 百$_{J}$ | 六$_{q}$ 十$_{q1}$ 工$_{J天}$[ti$^{⊇}$$^{55}_{21}$ $_{⊂}$sã$^{33}_{24}$ pa$^{⊃21}$ laʔ$_{⊇}$$^{55}_{\underline{21}}$ tsaʔ$_{⊇}$$^{55}_{\underline{52}}$ $_{⊂}$kaŋ^{33}]

(29) a. 五$_{q1}$ 万$_{J}$ | 八$_{q1}$ 千$_{J}$ | 五$_{q}$ 百$_{q}$ 七$_{q2}$ 十$_{q1}$ 八$_{J}$[gu$^{⊇}$$^{55}_{52}$ $_{⊂}$ban^{33} pi$^{⊃}$$^{21}_{55}$ $_{⊂}$tsʰan^{33} gu$^{⊇}$$^{55}_{21}$ pa$^{⊃}$$^{21}_{33}$ tsʰiɛʔ$_{⊃}$$^{21}_{\underline{55}}$ tsaʔ$_{⊇}$$^{55}_{\underline{52}}$ pi$^{⊃21}$]

b. 五$_{q1}$万$_{J}$ | 八$_{q1}$千$_{J}$ | 五$_{q1}$百$_{J}$ | 七$_{q2}$十$_{q1}$八$_{J}$[ɡu$^{\supset 55}_{52}$ $_{\subset}$ban^{33} pi$^{\supset 21}_{55}$ $_{\subset}$tsʰan^{33} ɡu$^{\supset 55}_{52}$ pa$^{\supset 21}$ tsʰiɛʔ$_{\supset}{}^{21}_{\underline{55}}$ tsaʔ$_{\supset}{}^{55}_{\underline{52}}$ pi$^{\supset 21}$]

这几组例子的系位结构组合，第一组例子中是单说形式，第二组例子中用于量词前，第三组例子前面有表示序数的“第”。第四组例子中，百位项前面有其他并列项。

百位项往前的并列项与后面相邻位数的并列项之间都有连调界，即亿、万、千位项后都有连调界。如上面例 29a 千位项后、万位项后都有连调界。又如：

(30) 两$_{q}$ 亿$_{J}$ | 两$_{q}$ 千$_{q1}$万$_{J}$[nŋ̍$^{\supset 55}_{21}$ iɛʔ$_{\supset}{}^{\underline{55}}$ nŋ̍$^{\supset 55}_{21}$ $_{\subset}$tsʰan$^{33}_{24}$ $_{\subset}$ban^{33}]

该例亿位项后有连调界。

3.2.1.2 相邻并列项有一个为“外”

再来看相邻并列项有一个为“外”的情况，即并列项后跟“外”时的情况，因为“外”只充当系位结构组合的末项。“外”的前项与“外”之间无连调界，即“外”的前项之后无连调界。“外”有时正好为个位项，有时则不是个位项。例如（例 31、32“外”是个位项，例 33 不是个位项）：

(31) 五$_{q}$ 十$_{q1}$外$_{J五十多}$[ɡu$^{\supset 55}_{21}$ tsaʔ$_{\supset}{}^{55}_{\underline{52}}$ $_{\subset}$ɡua^{33}]

(32) 四$_{q2}$ 十$_{q1}$外$_{J四十多}$[sɿ$^{\supset 21}_{55}$ tsaʔ$_{\supset}{}^{55}_{\underline{52}}$ $_{\subset}$ɡua^{33}]

(33) 三$_{q}$ 百$_{q1}$外$_{J三百多}$[$_{\subset}$sã^{33} pa$^{\supset 21}_{55}$ $_{\subset}$ɡua^{33}]

3.2.1.3 相邻并列项有一个为“空”

先看“空”与后面的并列项之间的情况，即“空”后是否有连调界。

“空”后面的并列项若为个位项，“空”与后项之间无连调界，即“空”后无连调界。例如：

(34) 五$_{q1}$万$_{J}$ | 八$_{q1}$ 千$_{J}$ | 五$_{q1}$ 百$_{J}$ | 空$_{q1}$ 八$_{J}$[ɡu$^{\supset 55}_{52}$ $_{\subset}$ban^{33} pi$^{\supset 21}_{55}$ $_{\subset}$tsʰan^{33} ɡu$^{\supset 55}_{52}$ pa$^{\supset 21}$ kʰɔŋ$^{\supset 21}_{55}$ pi$^{\supset 21}$]

(35) 蜀$_{q1}$ 千$_{J}$ | 空$_{q1}$ 八$_{J}$[tsɿʔ$_{\supset}{}^{55}_{\underline{52}}$ $_{\subset}$tsʰan^{33} kʰɔŋ$^{\supset 21}_{55}$ pi$^{\supset 21}$]

(36) 蜀$_{q1}$ 万$_{J}$ | 空$_{q1}$ 八$_{J}$[tsɿʔ$_{\supset}{}^{55}_{\underline{52}}$ $_{\subset}$ban^{33} kʰɔŋ$^{\supset 21}_{55}$ pi$^{\supset 21}$]

(37) 蜀$_{q}$ 亿$_{J}$ | 空$_{q1}$ 八[tsɿʔ$_{\supset}{}^{55}_{\underline{21}}$ iɛʔ$_{\supset}{}^{\underline{55}}$ kʰɔŋ$^{\supset 21}_{55}$ pi$^{\supset 21}$]

“空”后项为系位结构时，“空”与后项之间常无连调界，也可以有连调界。例如（例 41“空”后为复杂系位结构）：

(38) a. 蜀$_{q1}$ 万$_{J}$ | 空$_{q2}$ 两$_{q1}$ 百$_{J}$[tsɿʔ$_{\supset}{}^{55}_{\underline{52}}$ $_{\subset}$ban^{33} kʰɔŋ$^{\supset 21}_{55}$ nŋ̍$^{\supset 55}_{52}$ pa$^{\supset 21}$]

b. 蜀$_{q1}$ 万$_{J}$ | 空$_{J}$ | 两$_{q1}$ 百$_{J}$[tsɿʔ$_{\supset}{}^{55}_{\underline{52}}$ $_{\subset}$ban^{33} kʰɔŋ$^{\supset 21}$ nŋ̍$^{\supset 55}_{52}$ pa$^{\supset 21}$]

(39) a. 五$_{q1}$万$_{J}$|空$_{q2}$五$_{q1}$百$_{J}$|七$_{q2}$十$_{q1}$八$_{J}$[gu$^{\supset 55}_{52}$ $_{\subset}$ban^{33} kʰɔŋ$^{\supset 21}_{55}$ gu$^{\supset 55}_{52}$ pa$^{\supset 21}$ tsʰiɛʔ$_{\supset}$$^{21}_{\underline{55}}$ tsaʔ$_{\supset}$$^{55}_{\underline{52}}$ pi$^{\supset 21}$]

b. 五$_{q1}$万$_{J}$|空$_{J}$|五$_{q1}$百$_{J}$|七$_{q2}$十$_{q1}$八$_{J}$[gu$^{\supset 55}_{52}$ $_{\subset}$ban^{33} kʰɔŋ$^{\supset 21}$ gu$^{\supset 55}_{52}$ pa$^{\supset 21}$ tsʰiɛʔ$_{\supset}$$^{21}_{\underline{55}}$ tsaʔ$_{\supset}$$^{55}_{\underline{52}}$ pi$^{\supset 21}$]

(40) a. 五$_{q1}$万$_{J}$|八$_{q1}$千$_{J}$|空$_{q}$七$_{q2}$十$_{q1}$八$_{J}$[gu$^{\supset 55}_{52}$ $_{\subset}$ban^{33} pi$^{\supset 21}_{55}$ $_{\subset}$tsʰan^{33} kʰɔŋ$^{\supset 21}_{33}$ tsʰiɛʔ$_{\supset}$$^{21}_{\underline{55}}$ tsaʔ$_{\supset}$$^{55}_{\underline{52}}$ pi$^{\supset 21}$]

b. 五$_{q1}$万$_{J}$|八$_{q1}$千$_{J}$|空$_{J}$|七$_{q2}$十$_{q1}$八$_{J}$[gu$^{\supset 55}_{52}$ $_{\subset}$ban^{33} pi$^{\supset 21}_{55}$ $_{\subset}$tsʰan^{33}kʰɔŋ$^{\supset 21}$ tsʰiɛʔ$_{\subset}$$^{21}_{\underline{55}}$ tsaʔ$_{\supset}$$^{55}_{\underline{52}}$ pi$^{\supset 21}$]

(41) a. 两$_{q}$亿$_{J}$|空$_{q}$一$_{q}$十$_{q}$五$_{q1}$万$_{J}$[nŋ̍$^{\supset 55}_{21}$ iɛʔ$_{\supset}$^{55} kʰɔŋ$^{\supset 21}_{33}$ iɛʔ$_{\supset}$$^{21}_{\underline{33}}$ tsaʔ$_{\supset}$$^{55}_{\underline{21}}$ gu$^{\supset 55}_{52}$ $_{\subset}$ban^{33}]

b. 两$_{q}$亿$_{J}$|空$_{J}$|一$_{q}$十$_{q}$五$_{q1}$万$_{J}$[nŋ̍$^{\supset 55}_{21}$ iɛʔ$_{\supset}$^{55} kʰɔŋ$^{\supset 21}$ iɛʔ$_{\supset}$$^{21}_{\underline{33}}$ tsaʔ$_{\supset}$$^{55}_{\underline{21}}$ gu$^{\supset 55}_{52}$ $_{\subset}$ban^{33}]

要注意的是，“空”与后项之间有连调界时，与前项也有连调界。也就是说，此时“空”自成一个连调组，如上面几组例子中的 b 例。自成连调组的“空”一般带有强调意味。

再看“空”与前面的并列项之间的情况，即并列项后跟“空”时的情况。“空”与后项之间有连调界时，“空”与前项之间也有连调界，这前文已经说明。下面看“空”与后项之间无连调界时的情况。这种情况下，“空”与前项之间有时有连调界，有时无连调界，即“空”的前项后面有时有连调界，有时无连调界。

前项若为亿位项，前项后面有连调界。如前文例 37、41a。又如：

(42) 蜀$_{q}$亿$_{J}$|空$_{q2}$两$_{q1}$千$_{J}$[tsʅʔ$_{\supset}$$^{55}_{\underline{21}}$ iɛʔ$_{\supset}$^{55} kʰɔŋ$^{\supset 21}_{55}$ nŋ̍$^{\supset 55}_{52}$ $_{\subset}$tsʰan^{33}]

(43) 两$_{q}$亿$_{J}$|空$_{q}$七$_{q2}$十$_{q1}$八$_{J}$[nŋ̍$^{\supset 55}_{21}$ iɛʔ$_{\supset}$^{55} kʰɔŋ$^{\supset 21}_{33}$ tsʰiɛʔ$_{\supset}$$^{21}_{\underline{55}}$ tsaʔ$_{\supset}$$^{55}_{\underline{52}}$ pi$^{\supset 21}$]

(44) 两$_{q}$亿$_{J}$|空$_{q}$十$_{q}$五$_{q}$万$_{q1}$八$_{J}$[nŋ̍$^{\supset 55}_{21}$ iɛʔ$_{\supset}$^{55} kʰɔŋ$^{\supset 21}_{33}$ tsaʔ$_{\supset}$$^{55}_{\underline{21}}$ gu$^{\supset 55}_{21}$ $_{\subset}$ban$^{33}_{24}$ pi$^{\supset 21}$]

前项为千位项、万位项时，前项后面以有连调界为常见。例如：

(45) 蜀$_{q1}$千$_{J}$|空$_{q}$二$_{q}$十$_{J}$[tsʅʔ$_{\supset}$$^{55}_{\underline{52}}$ $_{\subset}$tsʰan^{33} kʰɔŋ$^{\supset 21}_{33}$ $_{\subset}$li^{33} tsaʔ$_{\supset}$^{55}]

(46) 蜀$_{q1}$千$_{J}$|空$_{q2}$廿$_{q1}$一$_{J一千零二十一}$[tsʅʔ$_{\supset}$$^{55}_{\underline{52}}$ $_{\subset}$tsʰan^{33} kʰɔŋ$^{\supset 21}_{55}$ li$^{\supset 55}_{52}$ iɛʔ$_{\supset}$^{21}]

(47) 蜀$_{q1}$万$_{J}$|空$_{q}$二$_{q}$十$_{J}$[tsʅʔ$_{\supset}$$^{55}_{\underline{52}}$ $_{\subset}$ban^{33} kʰɔŋ$^{\supset 21}_{33}$ $_{\subset}$li^{33} tsaʔ$_{\supset}$^{55}]

(48) 蜀$_{q1}$万$_{J}$|空$_{q2}$两$_{q1}$百$_{J}$[tsʅʔ$_{\supset}$$^{55}_{\underline{52}}$ $_{\subset}$ban^{33} kʰɔŋ$^{\supset 21}_{55}$ nŋ̍$^{\supset 55}_{52}$ pa$^{\supset 21}$]

(49) 五$_{q1}$万$_{J}$ | 空$_{q}$ 五$_{q}$ 百$_{q}$ 空$_{q1}$八$_{J}$ [gu $^{\supset 55}_{52}$ $_{\subset}$ban^{33} k^{h}ɔŋ$^{\supset 21}_{33}$ gu$^{\supset 55}_{21}$ pa$^{\supset 21}_{33}$ k^{h}ɔŋ$^{\supset 21}_{55}$ pi$^{\supset 21}$]

(50) 十$_{q}$ 五$_{q1}$万$_{J}$ | 空$_{q1}$八$_{J}$ [tsaʔ$_{\supset}\frac{55}{\underline{21}}$ gu$^{\supset 55}_{52}$ $_{\subset}$ban^{33} k^{h}ɔŋ$^{\supset 21}_{55}$ pi$^{\supset 21}$]

(51) 百$_{q}$ 一$_{q1}$万$_{J}$ | 空$_{q1}$八$_{J}$ [pa$^{\supset 21}_{33}$ iɛʔ$_{\supset}\frac{21}{\underline{55}}$ $_{\subset}$ban^{33} k^{h}ɔŋ$^{\supset 21}_{55}$ pi$^{\supset 21}$]

也可以无连调界，多出现于"空"后为个位项的数里。例如：

(52) 蜀$_{q}$ 千$_{q}$ 空$_{q1}$八$_{J}$ [tsʅʔ$_{\supset}\frac{55}{\underline{21}}$ $_{\subset}$ts^{h}an^{33} k^{h}ɔŋ$^{\supset 21}_{55}$ pi$^{\supset 21}$]

(53) 蜀$_{q}$ 千$_{q}$ 空$_{q2}$廿$_{q1}$一$_{J一千零二十一}$ [tsʅʔ$_{\supset}\frac{55}{\underline{21}}$ $_{\subset}$ts^{h}an^{33} k^{h}ɔŋ$^{\supset 21}_{55}$ li$^{\supset 55}_{52}$ iɛʔ$_{\supset}\underline{^{21}}$]

(54) 五$_{q}$ 万$_{q}$ 空$_{q}$ 六$_{J}$ [gu$^{\supset 55}_{21}$ $_{\subset}$ban^{33} k^{h}ɔŋ$^{\supset 21}_{33}$ laʔ$_{\supset}\underline{^{55}}$]

(55) 十$_{q}$ 五$_{q}$ 万$_{q}$ 空$_{q1}$八$_{J}$ [tsaʔ$_{\supset}\frac{55}{\underline{21}}$ gu$^{\supset 55}_{21}$ $_{\subset}$ban^{33} k^{h}ɔŋ$^{\supset 21}_{55}$ pi$^{\supset 21}$]

(56) 百$_{q}$ 一$_{q}$ 万$_{q}$ 空$_{q1}$八$_{J}$ [pa$^{\supset 21}_{33}$ iɛʔ$_{\supset}\frac{21}{\underline{33}}$ $_{\subset}$ban^{33} k^{h}ɔŋ$^{\supset 21}_{55}$ pi$^{\supset 21}$]

(57) 蜀$_{q}$ 百$_{q}$ 空$_{q}$ 一$_{q}$ 万$_{q}$ 空$_{q1}$八$_{J}$ [tsʅʔ$_{\supset}\frac{55}{\underline{21}}$ pa$^{\supset 21}_{33}$ k^{h}ɔŋ$^{\supset 21}_{33}$ iɛʔ$_{\supset}\frac{21}{\underline{33}}$ $_{\subset}$ban^{33} k^{h}ɔŋ$^{\supset 21}_{55}$ pi$^{\supset 21}$]

(58) 蜀$_{q}$ 百$_{q}$ 一$_{q}$ 十$_{q}$ 万$_{q}$ 空$_{q1}$八$_{J}$ [tsʅʔ$_{\supset}\frac{55}{\underline{21}}$ pa$^{\supset 21}_{33}$ iɛʔ$_{\supset}\frac{21}{\underline{33}}$ tsaʔ$_{\supset}\frac{55}{\underline{21}}$ $_{\subset}$ban^{33} k^{h}ɔŋ$^{\supset 21}_{55}$ pi$^{\supset 21}$]

(59) 蜀$_{q}$ 百$_{q}$ 一$_{q}$ 十$_{q}$ 五$_{q}$ 万$_{q}$ 空$_{q1}$ 八$_{J}$ [tsʅʔ$_{\supset}\frac{55}{\underline{21}}$ pa$^{\supset 21}_{33}$ iɛʔ$_{\supset}\frac{21}{\underline{33}}$ tsaʔ$_{\supset}\frac{55}{\underline{21}}$ gu$^{\supset 55}_{21}$ $_{\subset}$ban^{33} k^{h}ɔŋ$^{\supset 21}_{55}$ pi$^{\supset 21}$]

(60) 两$_{q1}$万$_{J}$ | 两$_{q}$ 千$_{q}$ 空$_{q1}$八$_{J}$ [nŋ̍$^{\supset 55}_{52}$ $_{\subset}$ban^{33} nŋ̍$^{\supset 55}_{21}$ $_{\subset}$ts^{h}an^{33} k^{h}ɔŋ$^{\supset 21}_{55}$ pi$^{\supset 21}$]

无连调界时，"空"前项常带有数目不大之意。这和数的出现环境有一定关系。例如：

(61) 蜀$_{q}$ 亿$_{J}$ | 空$_{J}$ | 蜀$_{q}$ 千$_{q}$ 空$_{q}$ 二$_{q}$ 十$_{J}$ [tsʅʔ$_{\supset}\frac{55}{\underline{21}}$ iɛʔ$_{\supset}\underline{^{55}}$ k^{h}ɔŋ$^{\supset 21}$ tsʅʔ$_{\supset}\frac{55}{\underline{21}}$ $_{\subset}$ts^{h}an^{33} k^{h}ɔŋ$^{\supset 21}_{33}$ $_{\subset}$li^{33} tsaʔ$_{\supset}\underline{^{55}}$]

该例"蜀千空二十"跟在一个更大的数"蜀亿"之后，相对显小，"蜀千"后面无连调界，发音人指出，如果前面没有别的数字，起头就是"蜀千"，则后面一定要有连调界，如上文例 45。

有时，带有数目不大之意的仅仅是复杂的前项末尾的数目，而整个前项所代表的数并无数目不大之意。例如：

(62) 蜀$_{q1}$千$_{J}$ | 蜀$_{q1}$百$_{J}$ | 一$_{q}$ 十$_{q}$ 五$_{q}$ 万$_{q}$ 空$_{q1}$ 八$_{J}$ [tsʅʔ$_{\supset}\frac{55}{\underline{52}}$ $_{\subset}$ts^{h}an^{33} tsʅʔ$_{\supset}\frac{55}{\underline{52}}$ pa$^{\supset 21}$ iɛʔ$_{\supset}\frac{21}{\underline{33}}$ tsaʔ$_{\supset}\frac{55}{\underline{21}}$ gu$^{\supset 55}_{21}$ $_{\subset}$ban^{33} k^{h}ɔŋ$^{\supset 21}_{55}$ pi$^{\supset 21}$]

此例"空"与前面复杂的万位项之间也无连调界，但万位项的系数"蜀千蜀百一十五"并无数目不大之意，只有靠后的"一十五"带有数目不大之意。

前项为百位项时，后面一般无连调界，也可以有连调界，此时一般带强调意味。例如：

(63) a. 蜀$_{q}$ 百$_{q}$ 空$_{q1}$ 八$_{J}$ [tsʅʔ$_{\supseteq}\frac{55}{\underline{21}}pa^{\supset}{}^{21}_{33}$ kʰɔŋ$^{\supset}{}^{21}_{55}$ pi$^{\supset 21}$]

b. 蜀$_{q1}$ 百$_{J}$ | 空$_{q1}$ 八$_{J}$ [tsʅʔ$_{\supseteq}\frac{55}{\underline{52}}pa^{\supset 21}$ kʰɔŋ$^{\supset}{}^{21}_{55}$ pi$^{\supset 21}$]

b 例带有强调“蜀百”的意味。

综上所述，系位结构组合内部相邻并列项之间的连调组划分情况如下表所示：

表 3　系位结构组合内部的连调组划分

相邻两项	前项后是否有连调界	例子
①十位项＋个位项	无界	五$_{q}$ 十$_{q}$ 五$_{J}$
②百位项＋十位项	a. 无界	四$_{q}$ 百$_{q}$ 六$_{q}$ 十$_{q}$ 五$_{J}$
	b. 有界，略强调百位项	四$_{q1}$ 百$_{J}$ | 六$_{q}$ 十$_{q}$ 五$_{J}$
③亿、万或千位项＋相邻位数的项	有界	五$_{q1}$ 万$_{J}$ | 八$_{q1}$ 千$_{J}$ | 五$_{q}$ 百$_{q}$ 七$_{q2}$ 十$_{q1}$ 八$_{J}$
④并列项＋“外”	无界	三$_{q}$ 百$_{q1}$ 外$_{J}$
⑤“空”＋个位项	无界	蜀$_{q1}$ 千$_{J}$ | 空$_{q1}$ 八$_{J}$
⑥“空”＋系位结构	a. 无界	五$_{q1}$ 万$_{J}$ | 八$_{q1}$ 千$_{J}$ | 空$_{q}$ 七$_{q2}$ 十$_{q1}$ 八$_{J}$
	b. 有界，此时“空”与前项间也有界，强调“空”	五$_{q1}$ 万$_{J}$ | 八$_{q1}$ 千$_{J}$ | 空$_{J}$ | 七$_{q2}$ 十$_{q1}$ 八$_{J}$
⑦亿位项＋“空”	有界	两$_{q}$ 亿$_{J}$ | 空$_{q}$ 七$_{q2}$ 十$_{q1}$ 八$_{J}$
⑧万或千位项＋“空”	a. 有界	蜀$_{q1}$ 千$_{J}$ | 空$_{q}$ 二$_{q}$ 十$_{J}$
	b. 无界，万、千位项或其末尾的数常有数目小之意	蜀$_{q}$ 亿$_{J}$ | 空$_{J}$ | 蜀$_{q}$ 千$_{q}$ 空$_{q}$ 二$_{q}$ 十$_{J}$ 蜀$_{q1}$ 千$_{J}$ | 蜀$_{q1}$ 百$_{J}$ | 一$_{q}$ 十$_{q}$ 五$_{q}$ 万$_{q}$ 空$_{q1}$ 八$_{J}$
⑨百位项＋“空”	a. 无界	蜀$_{q}$ 百$_{q}$ 空$_{q1}$ 八$_{J}$
	b. 有界，强调百位项	蜀$_{q1}$ 百$_{J}$ | 空$_{q1}$ 八$_{J}$

3.2.2 简式的连调组划分

系位结构组合的简式用得很普遍，简化的方式主要是两种。简式的连调组划分方式与完整式差别较大。

3.2.2.1 末项系位结构的简化

连续的系位结构组合，末项为系位结构时，单说时一般要用简式，常见的简化方式是将末项位数略去不说，只出现系数。末项的系数若为“蜀”“两”，位数省略后，要变成“一”“二”，如“三千蜀百”简化后为“三千一”。末项的系数若为“五”,若末项为百位项或比它位数更大的项,则简化后为“半”,不为“五”,如“两千五百”的简式为“两千半”;末项为十位项时,则简化后仍用“五”,不能用“半”,如“两百五十”的简式为“两百五”。可见,简化后的末项只剩系数词,或换成另一个数词。

简化后的末项一般都为单音节,与前项之间无连调界。例如(为方便比较,每个例子后面列出相应的完整式并标出连调界)

(64)五$_{q}$ 百$_{q1}$一$_{J}$[ɡu$^{\supseteq 55}_{21}$ pa$^{\supset 21}_{55}$ iɛʔ$_{\supset}$$^{\underline{21}}$](完整式:五$_{q1}$百$_{J}$|一$_{q}$ 十$_{J}$)

(65)五$_{q}$ 百$_{q1}$二$_{J}$[ɡu$^{\supseteq 55}_{21}$ pa$^{\supset 21}_{55}$ $_{\subset}$li^{33}](完整式:五$_{q1}$百$_{J}$|二$_{q}$ 十$_{J}$)

(66)三$_{q}$ 千$_{q1}$一$_{J}$[$_{\subset}$sã$^{33}_{\subset}$tsʰan$^{33}_{24}$ iɛʔ$_{\supset}$$^{\underline{21}}$](完整式:三$_{q1}$千$_{J}$|蜀$_{q1}$百$_{J}$)

(67)五$_{q}$ 万$_{q1}$二$_{J}$[ɡu$^{\supseteq 55}_{21}$ $_{\subset}$ban$^{33}_{24}$ $_{\subset}$li^{33}](完整式:五$_{q1}$万$_{J}$|两$_{q1}$千$_{J}$)

(68)两$_{q}$ 千$_{q1}$半$_{J}$[nŋ̍$^{\supseteq 55}_{21}$ $_{\subset}$tsʰan$^{33}_{24}$ puã$^{\supset 21}$](完整式:两$_{q1}$千$_{J}$|五$_{q1}$百$_{J}$)

(69)两$_{q}$ 百$_{q}$ 五$_{J}$[nŋ̍$^{\supseteq 55}_{21}$ pa$^{\supset 21}_{33}$ ɡu$^{\supseteq 55}$](完整式:两$_{q1}$百$_{J}$|五$_{q}$ 十$_{J}$)

(70)七$_{q}$ 十$_{q}$ 五$_{q}$ 万$_{q1}$三$_{J}$[tsʰiɛʔ$_{\supset}$$\frac{21}{\underline{33}}$tsaʔ$_{\supseteq}$$\frac{55}{\underline{21}}$ɡu$^{\supseteq 55}_{21}$ $_{\subset}$ban$^{33}_{24}$ $_{\subset}$sã^{33}](完整式:七$_{q}$十$_{q}$ 五$_{q1}$万$_{J}$|三$_{q1}$千$_{J}$)

可以看到,完整式末项的系位结构与前项之间的连调界在简式中都取消了。

3.2.2.2 首项系数为“蜀”时的简化

系位结构组合的连续并列项不超过三项时,首项系数若为“蜀”,一般要省略,同时后面并列项中的位数也都要省略,也就是说每项都要简化,如“蜀千八百”要简化为“千八”。后面位数省略的方式大体如前所述,但末项系数为“五”时的简化方式略有不同:位数为“百”或“百”以上的末项在前面只有一个并列项时,遵循上述规则简化为“半”,如“蜀千五百”的简式为“千半”,但在前面有两个并列项时,简化后为“五”,如“蜀万三千五百”的简式为“万三五”。末项如果是个位项,则保持不变,如“蜀百六十三”简式为“百六三”。多数系位结构组合的简式,一般需要时也可以读成完整式,但是,系位结构组合由“外”与前项构成时,前项系数若为“蜀”,只能省略,例如只能说“万外$_{一万多}$”,不说“蜀万外”。

首项简化后只剩位数词,为单音节,后面的并列项简化后也为单音节。相邻并列项之间都无连调界。也就是说,简化后,整个系位结构组合为两音节或三音节,内部无连调界,构成两三音节的连调组。例如:

(71)千$_{q1}$八$_{J}$[$_{\subset}$tsʰan$^{33}_{24}$ pi$^{\supset 21}$](完整式:蜀$_{q1}$千$_{J}$|八$_{q1}$百$_{J}$)

(72) 百$_{q1}$一$_J$[pa$^{\supset 21}_{55}$ iɛʔ$_{\supset}^{21}$]（完整式：蜀$_{q1}$百$_J$|一$_q$ 十$_J$）

(73) 万$_q$ 六$_J$[$_\subset$ban^{33} laʔ$_{\supset}^{\underline{55}}$]（完整式：蜀$_{q1}$万$_J$|六$_{q1}$千$_J$）

(74) 千$_{q1}$半$_J$[$_\subset$ts^{h}an$^{33}_{24}$ puã$^{\supset 21}$]（完整式：蜀$_{q1}$千$_J$|五$_{q1}$百$_J$）

(75) 万$_{q1}$半$_J$[$_\subset$ban$^{33}_{24}$ puã$^{\supset 21}$]（完整式：蜀$_{q1}$万$_J$|五$_{q1}$千$_J$）

(76) 万$_q$ 三$_q$ 五$_J$[$_\subset$ban$^{33}_{\subset}$sã^{33} gu$^{\supset 55}$]（完整式：蜀$_{q1}$万$_J$|三$_{q1}$千$_J$|五$_{q1}$百$_J$）

(77) 百$_{q2}$六$_{q1}$三$_J$[pa$^{\supset 21}_{55}$ laʔ$_{\supset}{}^{55}_{\underline{52}}$ $_\subset$sã^{33}]（完整式：蜀$_q$ 百$_q$ 六$_q$ 十$_{q1}$三$_J$）

(78) 万$_{q1}$外$_{J—万多}$[$_\subset$ban$^{33}_{24}$ gua^{33}]

可以看到，凡完整式的相邻系位结构之间有连调界的，在简式中都取消了。

用“空”连接的不连续的并列项，“空”的前一项为“蜀百”，后一项为个位数时，如果不强调前项，也可以省略“蜀”。简化后的前项与“空”之间无连调界。例如：

(79) 百$_q$ 空$_{q1}$二$_J$[pa$^{\supset 21}_{33}$ k^{h}ɔŋ$^{\supset 21}_{55}$ $_\subset$li^{33}]（完整式：蜀$_q$ 百$_q$ 空$_{q1}$二$_J$）

不过，这里连调组的划分上没有变化，因为完整式“空”与不受强调的前项之间本来就无连调界。

溪南方言“廿一……廿九”“廿几”“廿外”的“廿”（可视为“二十”的简化）与后面的个位数之间无连调界。例如：

(80) 廿$_{q1}$八$_J$[li$^{\supset 55}_{52}$ pi$^{\supset 21}$]

(81) 廿$_{q1}$外$_J$[li$^{\supset 55}_{52}$ $_\subset$gua^{33}]

不过，这和一般情况比也没有变化，因为个位项与其他前项之间也是无连调界的。

简化式与完整式相比，差别在于，完整式中并列项之间有连调界的，在简式中都变成无连调界了。

3.3 其他数词结构的连调组划分

数有基数和序数之别。基数表示数量多少，序数表示次序。溪南方言序数由助词“第”与数词或数词结构组成。例如：第一。序数中的“第”和其后的数词或数词结构之间无连调界。例如：

(82) 第$_{q1}$三$_J$[ti$^{\supset 55}_{52}$ $_\subset$sã^{33}]

(83) 第$_q$ 九$_{q1}$千$_J$|九$_{q1}$百$_J$|九$_q$ 十$_q$ 九$_J$[ti$^{\supset 55 \subset}_{21}$kɔ$^{52}_{24}$ $_\subset$ts^{h}an^{33} $^\subset$kɔ$^{52}_{24}$ pa$^{\supset 21 \subset}$kɔ$^{52}_{21}$ tsaʔ$_{\supset}{}^{55\subset}_{\underline{21}}$kɔ^{52}]

此外还要提到的是用并列的数词构成的概数。其中，并列的数词一般是连续的数。这种概数可以充当系数,例如:两三千;可以作个位项,例如:十五六;还可以是数词结构简式的末项,例如:千七八。笔者认为,数词结构以这种概数为构成成分时,可以视为由两个并列的数词结构简缩而来。如“两三千”是由“两千、三千”简缩而来。这种概数的并列数词之间(如“两三千”中的“两”与“三”之间)无连调界。例如(为方便比较,每个例子后面列出原式):

(84)两$_{q}$ 三$_{q1}$ 千$_{J}$[nŋ̍$^{⊇55}_{\ \ 21}$ ⊂sã$^{33}_{24}$ ⊂ts^{h}an^{33}](两$_{q1}$ 千$_{J}$、三$_{q1}$ 千$_{J}$)

(85)五$_{q}$ 六$_{q}$ 十$_{q1}$ 万$_{J}$[gu$^{⊇55}_{\ \ 21}$ laʔ$_{⊇}$$\frac{55}{\underline{21}}$ tsaʔ$_{⊇}$$\frac{55}{\underline{52}}$ ⊂ban^{33}](五$_{q}$ 十$_{q1}$ 万$_{J}$、六$_{q}$ 十$_{q1}$ 万$_{J}$)

(86)十$_{q}$ 五$_{q}$ 六$_{J}$[tsaʔ$_{⊇}$$\frac{55}{\underline{21}}$ gu$^{⊇55}_{\ \ 21}$ laʔ$_{⊇}$$^{\underline{55}}$](十$_{q}$ 五$_{J}$、十$_{q}$ 六$_{J}$)

(87)千$_{q}$ 七$_{q1}$ 八$_{J}$[⊂ts^{h}an^{33} ts^{h}iɛʔ$_{⊃}$$\frac{21}{\underline{55}}$ pi$^{⊃21}$](千$_{q1}$ 七$_{J}$、千$_{q1}$ 八$_{J}$)

另外,可以看到,概数作系数时,与位数之间无连调界,如第一例“两三”与“千”之间无界,第二例“五六十”与“万”之间无界;概数作个位项时,与前面十位项之间无连调界,如第三例“五六”与“十”之间无界;概数作简式的末项时,与简化的前项之间无连调界,如最后一例“七八”与“千”之间无界。这实际上都是和原式保持一致的结果,如“两三”与“千”之间无界与原式“两$_{q1}$ 千$_{J}$、三$_{q1}$ 千$_{J}$”中“两”与“千”无界、“三”与“千”无界保持一致。

3.4 对比焦点的影响

前面提到,数词结构中划分出来的连调组,通常都是以末字为基字的。但是,当数词结构内部某个成分为对比焦点时,可能会出现不以末字为基字的连调组。例如:

(88)是$_{q}$ 蜀$_{q1}$ 百$_{J}$ 空$_{h}$ 八$_{h}$![sɿ$^{⊇55}_{\ \ 21}$ tsɿʔ$_{⊇}$$\frac{55}{\underline{52}}$ pa$^{⊃21}$ k^{h}ɔŋ$^{⊃21}_{\ \ 33}$ pi$^{⊃21}_{\ \ 33}$]

这里,说话人强调“蜀百”而非其他数目。可以看到,“蜀百”含基字,而后面的“空八”都是基后字,由此形成不以末字为基字的连调组。

某个成分充当对比焦点也就是受强调,只是这种强调语气很强烈,具有对比性、排他性。上文也提到过强调,如上文表 3 的②b、⑥b、⑨b(用黑体标示)便是并列项受强调的读法,②b 和⑨b 都是百位项受强调,⑥b 是“空”受强调,但这几种读法的强调语气相对较弱,为一般性强调。一般性强调和对比性强调对连调组划分的影响有同有异。上文举了“蜀百空八”的一般读法(例 63a)及其中的“蜀百”受一般性强调的读法(例 63b),试与“蜀百”受对比性强调的读法(例 88)作比较。例 63a 中,“蜀百”不含基字,后面无连调界。例 63b 中，“蜀百”含基字，例 88“蜀百”也含基字，前者“蜀百”后为连调界，其后“空八”含基字，构成另一连调组；而后者“空八”都为基后字，依附于前面“蜀百”所在的连调组。从上面的对比可见，一般性强调和对比性强调对连调的影响，相同点在于，受强调的成分都含基字；不同点在于，受一般性强调的成分后面为连调界，其后成分仍然可以含基字，构成另外的连调组；受对比性强调的成分后面不再有其他连调组，其后成分会受影响而取消连调组，成为基后字，依附于前一连调组。

四　溪南方言数词结构连调组划分的制约因素

闽南方言连调组划分与句法、节律、语用等多层面的因素相关，不同层面有各自的连调组划分规则。这一点以往研究中已经注意到，但不同规则并存时如何协调，目前研究还比较缺乏。施其生（2011）在讨论汕头方言连读变调的动态进行时提到，“汕头方言的连读变调是在多个层面运行的”，“当各级语言单位进入句子时，不同层面的连调规律无可避免地要发生叠合”，但也提到对“各层的基本规则以及复杂而巧妙的叠合规律”“将另文描写”，并提到寻找规律的工作“颇为艰巨”，“笔者断断续续进行了二十多年，至今也不能说已经彻底弄清楚了”。

溪南方言系位结构内部的连调组划分比较简单，系数和位数之间总是无连调界，和一般定中结构（如“红$_{q1}$花$_{J}$[꜀aŋ $^{24}_{52}$ ꜀hua^{33}]”定语“红”和中心语“花”之间无连调界）表现一致，制约因素较单一。而系位结构组合内部的连调组划分则比较复杂，并列项之间不是一致地表现为有连调界或无连调界，这实际上是受多种因素制约的结果，即有多种连调组划分规则并存，下面尝试分析这些规则及其叠合关系。

4.1　语用层面与强调相关的连调组划分规则

上文 3.4 小节在描写对比焦点影响下的连调组划分时分析了语用层面上的强调对连调组划分的制约作用。关于强调对闽南方言连调组划分的影响，以往学者在描写闽南方言连调时也常提到，其中，也有学者在描写数的读法时提到，如杨必胜、陈建民（1981）提到，海丰话“百位数以上的数词有两种读法，一种连读；一种按位数分读。后者有强调各位数的意味”，并举例①：

---

① 原文用三角形和斜线标示基字和连调界，这里分别换成本文的 J 和竖线，下同。

(89) a. 一百二十$_{J}$(一般读法)

b. 一百$_{J}$ | 二十$_{J}$(强调读法)

例 89b“一百二十”在“一百”受强调时,要变成含基字的成分,后面出现连调界,这与溪南方言类似。看来,不同闽南方言中,某成分受强调时,相应的连调组划分是类似的,都是该成分含基字。海丰方言的上述读法是并列项受一般性强调的用例,“一百”后面有连调界,“一百”含基字。北京话等汉语方言常常用重音表示强调,而溪南、海丰等闽南方言不用重音而用连调组划分来表示①,并列项后有连调界也就是并列项含基字,语音上便凸显出来,因为基字是连调组的核心,多数情况下也是连调组里唯一不变调的音节,母语者能轻松识别。反之,并列项后无连调界即并列项不含基字时,语音上便不凸显,如海丰话例 89a“一百”不含基字,语音上不凸显。

并列项受一般性强调和对比性强调时,后面连调界的位置有所不同。受一般性强调时,并列项后面就是连调界,如海丰方言例 89b。受对比性强调时,后面如果原先有其他并列项,则后面先跟着基后字,连调界落于最后一个基后字后,如溪南方言“是$_{q}$ 蜀$_{ql}$ 百$_{J}$ 空$_{h}$ 八$_{h}$”(例 88),连调界不是在受强调的“蜀百”后,而是在最末一个基后字“八”之后。这是因为,受强调的成分后面的并列项基字被取消,即其后原有的连调界被取消,所有的字(如例 88 的“空八”)都成了基后字,从而使受强调的并列项的基字所统领的连调组的右界推移到了这些基后字后面。总起来说,语用层面存在这样的连调组划分规则:受强调的成分后面有连调界,只是,受对比性强调时,该连调界会因为其后连调组被取消而相应右移。

4.2 句法层面的连调组划分规则

生成音系学者对闽南方言连调组划分与句法的关系作了不少解释性研究,其中较早的论文是郑良伟(1968、1973)。他通过对台湾闽南话的研究提出,句子内部的连调界落在名词短语、动词短语、句子的状语及从句之后。②陈渊泉(1987)指出这个结论存在的问题,认为厦门话的连调组划分规则(文中称为 TG formation rule,简称 TGF)如下:连调界落于短语(XP)之后,除非

① 已有学者指出台湾闽南话基本无轻重对立,不用重音表示焦点,如李艳惠(2013)等。

② 见郑良伟(1968:29),原文为:Generally speaking if a boundary is placed at the end of any noun phrase, verb phrase, sentence adverb, and embedded sentence, a sentence will be changed into sequence of TG's. 文中的 TG 是 tone group(即本文的“连调组”)的简缩形式。

这个短语是个统制(c－command)其中心语的附加语。[①] 陈的TGF具有很强的解释力,洪惟仁《台湾话发音学入门》(第11.3小节)称之为"颠扑不破的'基本原则'"[②]。按陈的TGF,系位结构组合的并列项之间都应该有连调界。[③] 系位结构组合中,每个并列项与相邻并列项之间都是并列关系,按生成语法理论来分析,不是"附加语－中心语"的关系,即不属于陈渊泉的TGF中所说的"除非"之后的情况,因此,每个并列项之后应该都有连调界。实际情况如何呢?溪南方言系位结构组合确实存在并列项后有连调界的情况,不过只见于完整式,其中有些是因为受强调而有连调界(如表3中②b、⑥b、⑨b),排除这类情况,其他并列项后有连调界的情况应该是体现了句法上的要求的,主要是表3中的这几种:

③亿、万、千位项在相邻位数的并列项前

⑦亿位项在"空"前

⑧a.万、千位项在"空"前

4.3 节律上的连调组划分规则

按句法上的要求,系位结构组合的每个并列项后应该都有连调界,但实际情况却是,有不少情况下并列项后是没有连调界的。这是兼受其他因素制约的结果,首先是节奏等节律层面的因素。

节奏对闽南方言连调组划分的影响,前人已有一些研究,如陈渊泉(1980、2001)、萧宇超(1991)、洪惟仁《台湾话发音学入门》等。据前人研究,闽南方言连调组的划分受音步划分的影响,音步一般为两音节或三音节,由

① 见陈渊泉(1987:131),原文为:Mark the right edge of every XP with # except where XP is an adjunct c–commanding its head. 文中用#号标示连调界。据生成语法的短语结构理论即X阶标理论,XP是中心语X的最大投射,X可以是形容词、名词、动词、介词等等。文中的c–command即constituent command意思如下(见陈渊泉1987:131):A c–commands B if the first branching node dominating A also dominatinates B,这是一种"严式统制"(参见温宾利2002:113脚注)。Adjunct包括circumstantials、modifiers等(陈渊泉1987:117),可译为附加语,指的是定语、状语等不一定出现于句中的成分(参见温宾利2002:103)。

② 也有学者对对陈渊泉提出的TGF提出批评和修正,如林若望(1994),他认为XP后有连调界的条件是:XP不受词汇性中心语管辖(原文为"X^{max} not lexically governed")。陈渊泉(2001)对林的TGF给予了高度评价。就数词结构的连调界划分而言,林的TGF和陈的TGF解释力是差不多的,这里不再详细说明。

③ 陈渊泉(1987)在阐述TGF时没有举数词结构的例子,倒是在提到受节律因素影响的连调时提到数词结构并举了一个例子,但没有具体分析。

此而形成的连调组一般也为两音节或三音节，而不是单音节。例如台湾闽南话：

（90）八八|三八四①

受音步大小的限制，单音节连调组是受排斥的。

溪南方言系位结构组合的并列项后无连调界的情况，有不少是因为排斥单音节连调组而取消按句法规则本应有的连调界的，有的是因为其后并列项为单音节，有的自身就是单音节。表3中的以下情况都属于此类：

①十位项处于个位项前——个位项为单音节

④任何并列项处于“外”前——“外”是单音节

⑤“空”处于个位项前——“空”自身就是单音节，后面的个位项也是单音节

⑥a.“空”处于系位结构前——“空”自身为单音节

此外，系位结构组合的简式都属于此类，只简化末项系位结构而其前项不简化的，至少末项是单音节；首项为“蜀”时的简化式，则连着两三个并列项都简化为单音节。

上列情况下，相邻并列项至少有一项为单音节，如果中间有连调界，便会形成单音节连调组，这是不合节律要求的。例如，十位项后跟个位项时，如果十位项后有连调界则会使个位项构成单音节连调组，如例24如果读成“五$_q$ 十$_J$|五$_J$”，则个位项“五”自成连调组。又如，并列项“空”如果后面有连调界则会使“空”单独构成一个连调组。按节律要求，上面举到的相邻并列项有一个为单音节的情况，并列项后不能有连调界，以避免单音节连调组的形成。也就是说，叠合着的连调组划分规则此时出现了冲突，按句法层面的规则，并列项后应该有连调界；但按节律上排斥单音节连调组的规则，并列项后不能有连调界。可以看到，最终节律上的规则优先得到实现，并列项后最终都无连调界。可以说，这里节律上的规则力量大于句法层面的规则。这两种连调组划分规则的叠合关系可表示如下：

节律上排斥单音节连调组的规则 > 句法层面的连调组划分规则（如陈渊泉的TGF）

虽然按节律上的规则不允许有连调界，但当并列项受强调时，有时也可

① 引自洪惟仁《台湾话发音学入门》，原文用#号表示连调界，这里改用本文所用的竖线。原文未标示基字。

以有连调界，如表3的⑥b，受强调的并列项“空”后有连调界，“空”构成单音节连调组。这说明，语用层面“受强调的成分后面有连调界”的规则力量大于节律上排斥单音节连调组的规则。表3⑥b的连调组划分规则的叠合关系可表示如下：

语用层面受强调的成分后面有连调界的规则 > 节律上排斥单音节连调组的规则 > 句法层面的连调组划分规则（如陈渊泉的TGF）

不过，语用层面受强调的成分后面有连调界的规则并不总是大于节律上排斥单音节连调组的规则，例如，十位项即使受强调，与个位项之间也不能有连调界，如例24没有“五$_{q}$ 十$_{J}$|五$_{J}$”这样的读法。[①]

4.4 语用层面上与信息量大小相关的连调组划分规则

节律上排斥单音节连调组的规则可以解释并列项后无连调界的多数情况，但还有几种情况未得到解释：

②a：百位项处于十位项前

⑧b：万、千位项处于“空”前，万、千位项本身或其末尾数目小

⑨a：百位项处于“空”前

其中，②a、⑨a是百位项后无连调界，⑧b则是万、千位项无连调界，后者并不是很自由，只有在并列项本身或其末尾数目显得小时才无连调界。这提示我们，并列项后无连调界与并列项数目小有关，百位项也许是因为位数小，数目显得小，本身就具备数目小的条件，因此不需要额外的条件限制。发音人的语感也支持上述推测。溪南方言亿位项后面一定有连调界，如上文例37“蜀$_{q}$ 亿$_{J}$|空$_{ql}$ 八”，“蜀亿”后一定有连调界。而把这里的“蜀亿”换成“蜀百”，就无连调界了，如上文例63 a“蜀$_{q}$ 百$_{q}$ 空$_{ql}$ 八$_{J}$”。笔者问为什么“蜀亿”后不能有连调界时，发音人解释说，上亿的数太大了，所以不能跟后面连起来读。为什么并列项数目的大小会影响连调组划分呢？深入分析，这是因为，数目大的一般是说话者想让听者注意的对象，信息量大，要求语音上明确，数目小的则相对不要求听者那么注意，信息量小，语音上可以模糊些，因此，本质上是语用层面的因素——信息量的大小影响了连调。上述三种并列项后无连调界的读法，并列项信息量小，要求后面无连调界，因此取消了按句法上的规则应有的连调界。不同连调组划分规则的叠合关系可以表

① 这时，强调会用连调组划分之外的手段来实现，比如语速放慢等。

示如下：

语用层面信息量小则后面无连调界的规则 > 句法层面的连调组划分规则（如陈渊泉的 TGF）

虽然按语用层面的规则，信息量小的并列项后面应该无连调界，但如果说话者有意强调，则后面有连调界。如百位项后一般无连调界，但受强调时有连调界，如表 3②b、⑨b。这是语用层面“受强调的成分后面有连调界”的规则力量大于“信息量小时后面无连调界”的规则的结果。不同连调组划分规则的叠合关系可以表示如下：

语用层面受强调的成分后面有连调界的规则 > 语用层面信息量小时后面无连调界的规则 > 句法层面的连调组划分规则（如陈渊泉的 TGF）

4.5 其他制约因素

从上面的讨论可见，语用层面上除了强调对连调组划分起制约作用外，信息量大小对连调组划分也起制约作用。溪南方言中，哪些并列项信息量小，主要受并列项自身特点限制，通常限于数目显得小的并列项。不过，哪些数目算是小数目，不同闽南方言似乎不太一样。溪南方言中，千、万位项虽然比亿位项位数小，但在发音人看来并不是典型的小数目，因此虽然在“空”之前可以不凸显语音，但在相邻位数的并列项之前通常不允许不凸显，后面一般有连调界。如例 29a，“五万”和“八千”后面都有连调界。但据杨必胜、陈建民（1981：147），海丰方言中不仅百位项后可以没有连调界，千位、万位项后也可以没有连调界，有连调界时反而有受强调之意。例如：

（91）a. 三万四千二百元$_J$

b. 三万$_J$|四千$_J$|二百元$_J$

例 91a“三万”“四千”后面都没有连调界，例 91b 有连调界，但有强调之意。

而厦门话、台湾闽南话倒是与溪南方言相似，如陈渊泉（1987：141）提到，厦门话千位项及千位以上的项后面都有连调界，而百位项、十位项后没有连调界，文中举了一个例子：

（92）四万|五千|九百二十二[1]

① 原文例子注音而不注汉字，这里转写为汉字。原文用#号标示连调界，这里改为本文所用的竖线。原文未标示基字，这里也不标。下文引自该文的例子同此。

又如，洪惟仁《台湾话发音学入门》（第11.6.1小节）提到，台湾闽南话“百以下的数字不断音，百以上的数字：兆、亿、万、千好比是量词（分类词、单位词）都必须断音。”文中也举了一个例子说明：

（93）一兆 | 三千 | 五百五十四亿 | 四千 | 九百万 | 五千 | 三百三十三①

陈渊泉（1987）是在谈音节数、节奏对厦门话连调组划分的影响时提到上述厦门话数的读法的。他指出，厦门话的日常口语的连调组划分一般不受音节数、节奏等因素制约，但有少量例外，上述厦门话数的读法便是他文中举到的例外。不过，这些例外具体受何种规则制约，他没有说明，只提到例外的原因“可能在于某种尚未完全弄明白的习惯”②。洪惟仁书中倒是从音节数上去解释，他认为，台湾闽南话“百以下的数字如‘五百五十四’不超过五字，所以不能插入断音点”。

闽南方言连调组划分确实有受音节总数限制的情况，不过情况有所不同，是因为音节数太多而要求在连调上断开，不是因为音节数不够多而要求中间不能有连调界。杨必胜、陈建民（1981：140）指出，海丰方言“五音节以下的‘名＋名’一般连读，音节再多的一般分读”，如例94有五个音节，中间无连调界，例95为七个音节，中间有一处连调界。

（94）春季展览会$_J$

（95）春季$_J$ | 服装展览会$_J$③

厦门方言、台湾闽南话以及溪南方言中百位及以下的项后面可以无连调界，而千位及以上的项却不能没有连调界，与连调组音节数不能太多可能也有关系。笔者在调查时发现，溪南方言中像“五$_{q1}$万$_J$ | 八$_q$ 千$_q$ 五$_q$ 百$_q$ 七$_{q2}$ 十$_{q1}$八$_J$”的念法是发音人坚决否认的念法，虽然千位项在“空”之前可以无连调界（如表3⑧b），但这里的“八千”后面却不能没有连调界。为什么“八千”后一定不能有连调界，而“五百”后可以没有？一方面，如前所述，这是因为千位项比百位项数目大，信息量也大；另一方面，这可能也与音节数有关：千位项至个位项（“八千五百七十八”）音节数达到七字，太多，要求在连调上断开；百位项至个位项（“五百七十八”）音节数为五字，不算多，连调上

---

① 原文用#号标示连调界，这里改为本文所用的竖线。原文未标示基字。

② 原文为：There are a few minor departures due perhaps to conventions that are not yet fully understood.

③ 原文例子误把标示基字的符号标于“春”上而非“季”上，这里据文中实际标音改标在“季”上。原文例子漏标连调界，这里补出。

可以不断开。

厦门方言、台湾闽南话以及溪南方言中千位及千位项以上的并列项后面不能没有连调界、百位以下则有连调界的现象，虽然不可否认可能与连调组音节数上的限制相关，但音节数上的限制只能用于解释千位以上的并列项为什么要与后面相邻位数的并列项断开。而百位项后没有连调界，只用音节数是无法解释的，并不是因为百位项至个位项不超过五字而必须连成一个连调组。溪南方言相邻并列项连在一起不超过五音节有的是必须断开的，如上文例30“两$_{q}$ 亿$_{J}$ | 两$_{q}$ 千$_{q1}$ 万$_{J}$”。台湾闽南话例93中的“四千 | 九百万”的“四千九百”也没有因为不超过五音节而无连调界。很明显，并列项后有没有连调界还是与并列项的位数相关的，这两例的位数都比百位大，数目也显得大，因而信息量大，要求后面有连调界。百位项位数小，因而信息量小，语音不要求凸显，这应该才是百位项后无连调界的真正原因，而百位至个位项音节数不超过五字顶多只是允许百位项后无连调界。

如果闽南方言的连调组在音节数上有不能超过五音节的限制，那么这条规则是一条很弱的连调组划分规则。闽南方言句中连调组超过五音节的很多，如陈渊泉（1987：113）举到的厦门话的例子：

（96）伊强强叫我加看半点钟久册①

例96有12个音节，却只构成一个连调组。这是其他规则超越了音节数的规则优先得到体现的结果。音节数的限制在系位结构组合中之所以能够在实际读法中体现出来，是因为其他连调组划分规则对连调组划分的要求与之相同。千位及千位以上的项在相邻位数的并列项前时，首先按句法上的要求后面应该有连调界；其次，语用上因为显得数目大、信息量大，也不允许后面没有连调界。这种情况下，音节总数太多而要求断开时，自然容易得到实现。

综上所述，溪南方言数词结构的连调组划分受不同层面的多种规则制约，主要有：

1. 句法层面的连调组划分规则，如陈渊泉的TGF：连调界落于短语（XP）之后，除非这个短语是个统制（c－command）其中心语的附加语。

2. 节律上的连调组划分规则，主要是排斥单音节连调组的规则，此外还可能有连调组音节数不能超过五音节的规则。

---

① 这个例子中间没有连调界，连调界在首末，原文用#号标出来，这里略去不标。

3. 语用层面的连调组划分规则:(1)信息量小则后面无连调界;(2)受强调的成分后面有连调界,若受对比性强调,则其后连调组被取消,而受强调成分后面的连调界也相应右移。

不同规则并存叠合时,如果对连调组划分的要求有冲突,则力量大的规则优先得到实现。从数词结构的连调组划分看,句法层面的规则既可以受阻于节律上排斥单音节连调组的规则,也可以受阻于语用层面"信息量小则后面无连调界"的规则;而这两条规则又都可以受阻于语用层面"受强调的成分后面有连调界"的规则。看来,句法层面的规则虽然是基本的规则,但力量较弱,而语用层面上与强调相关的规则力量较强。

参考文献

陈宝贤 2003 闽南漳平方言的"仔"化变调,《语言学论丛》第 28 辑,北京:商务印书馆。

陈宝贤 李小凡 2008 闽南方言连读变调新探,《语文研究》第 2 期。

陈宝贤 2008a 闽南漳平(溪南)方言"仔"[a]的连调,《北京大学学报》博士后专刊。

陈宝贤 2008b 闽南漳平(溪南)方言的连读变调,《语言学论丛》第 37 辑,北京:商务印书馆。

郭锐 2002《现代汉语词类研究》,北京:商务印书馆。

洪惟仁(待刊)《台湾话发音学入门》。

施其生 2011 汕头方言连读变调的动态进行,《中国语文》第 4 期。

温宾利 2002《当代句法学导论》,北京:外语教学与研究出版社。

杨必胜 陈建民 1981 海丰话语句中的声调问题,《语言学论丛》第 7 辑,北京:商务印书馆。

朱德熙 1958 数词结构,《中国语文》第 4 期。

朱德熙 1982《语法讲义》,北京:商务印书馆。

Chen, Matthew Y. (陈渊泉) 1980. The primacy of rhythm in verse: a linguistic perspective. Journal of Chinese Linguistics 8: 15 - 41.

——1987. The syntax of Xiamen tone sandhi. Phonology Yearbook 4: 109 - 150.

——2001. Tone sandhi: patterns across Chinese dialects(《汉语方言的连读变调模式》),北京:外语教学与研究出版社

Hsiao, Yuchau(萧宇超) 1991. Syntax, rhythm and tone: a triangular relationship.

Ph. D. dissertation, University of California, San Diego.
Lin, Jowang(林若望)1994. Lexical government and tone group formation in Xiamen Chinese. Phonology 11:237 – 275.
R. L. Cheng(郑良伟)1968. Tone sandhi in Taiwanese. Linguistics 41:19 – 42.
R. L. Cheng(郑良伟)1973. Some notes on tone sandhi in Taiwanese. Linguistics 100:5 – 25.
Yen – hui Audrey Li(李艳惠)2013. P – insertion and ellipsis. Studies in Chinese Linguistics, Volume 34, Number 2:99 – 128.

附　记

王福堂老师是我的太老师。我读大四时，他还给我们汉语专业的同学上"方言专题"课，读硕士、博士期间所上的方言方向的专业必修课"方言研究"也是他讲授的。听王老师的课自然是受益匪浅，我至今还珍藏着当时上课的笔记，现在备课时也常常用得到。王老师参加了我的硕士、博士学位论文开题、答辩等各个环节，他的意见对我论文的写作起到关键的指导作用。能在学业上得到王老师的教导是十分幸运的事，但对我来说，更为幸运的是，我站上北大讲台给学生上方言课后还得到了王老师的教导。2006 年秋季，我开始给中文系本科生上"汉语方言学"课，这门课要讲的内容很多很杂，尤其是要教国际音标，不容易上。当时，系里方言方向的李小凡、项梦冰两位老师分别在澳门和新加坡讲学，我在备课中碰到的问题全都去找王老师。开学后我频频去王老师家当面请教，每次一去就至少两个小时，学到了很多知识，国际音标教学中碰到的各种问题也得到了解决，使汉语方言学这门主干基础课的教学质量得到了保证。王老师总是热情地接待我，总是十分耐心地解答我问的各种问题，让我十分感动。王老师钟爱他的方言学，他不仅是学识渊博的方言学家，更是一位关心、提携后进的长者。他教给我的不仅是他的学识，还有严谨的治学态度及诲人不倦的精神，让我一生受用无穷。

（陈宝贤　北京大学中文系）

江浙沪交界处方言送气分调及其相关问题*

陈忠敏

一　江浙沪交界处送气分调的范围和特点

中古四声发展到现代各方言，一般的规律是：按声母的清浊再分化为阴阳两大类，形成四声八调类的格局，以后再按四声八调类合并和演变。这是汉语各大方言声调分化的普遍模式。送气分调则不同，是一种声调特殊的分化模式，以声母辅音送气不送气分化声调。汉语方言里送气分调现象在吴、赣、湘方言较多，闽、粤方言及平话里个别点也有送气分调的报导（徐越2013），其他东南亚语言，比如属壮侗语中的侗语、苗瑶语中的某些苗语也有类似现象。本文分析吴方言里送气分调现象，并联系其他相关方言和语言讨论送气分调的原因及演变的途径。

吴语送气分调方言集中在江浙沪交界之地，属上海的青浦区（县）练塘地区七个乡镇；属江苏苏州地区的苏州近郊、苏州吴江区（县）、昆山市的周庄等地；属浙江嘉兴地区的嘉兴市、嘉善县、平湖县、海盐县等地。徐越（2013）对吴语送气分调地区的分布有较为详细的列举。表1.01列举吴江黎里、吴江盛泽、嘉兴、海盐、青浦练塘五地声调（吴江黎里、吴江盛泽的记录据钱乃荣1992《当代吴语的研究》，嘉兴、海盐、青浦练塘据笔者自己的调查）：

* 本研究获国家社科基金重大项目"汉语方言自然口语变异有声数据库建设"（批准号12&ZD177）和复旦大学"985工程"三期整体推进人文学科研究项目"吴闽语语音层次研究"（项目批准号2011RWXKZD027）资助。

表 1.01

	平声			上声			去声			入声			声调数
	全清	次清	浊	全清	次清	浊	全清	次清	浊	全清	次清	浊	
吴江黎里	44		24	51	334	32	413	324	213	5	34	23	11
吴江盛泽	44		24	51	334	223	413	313	212	5		2	10
嘉兴	53		31	44	324	213	35		13	5		23	9
海盐	53		31	423		213	35		213	5	35	23	9
青浦练塘	53		31	44	423	22	35		13	5		23	9

从表 1.01 来看,各地的送气分调大概有如下的一些特点,第一,送气分调只在上去入(仄声)中发生,不在平声中发生。其他方言,比如赣方言个别地点间或也有在平声里出现送气分调现象,但是一般的情形上去入三个声调里发生送气分调的多,在平声里发生的少。第二,有送气分调(次清)的方言,送气调的调值比对应的不送气调(全清)要低,尤其在调首这种情形最为明显。第三,有送气分调的方言送气调的调型跟对应的阳调(浊)接近,比如表 1.01 里嘉兴、吴江盛泽阴上送气调;吴江黎里、吴江盛泽阴去送气调调值和调型更接近于对应的阳调类,而跟对应的不送气调不同。海盐送气入声调的调型也是跟阳入调相似,跟对应的阴入不同。

二　送气调是否要分列

由于送气调跟对应的阳调类调值、调型接近,所以很多学者认为送气调应该跟对应的阳调类合并,而不应该分列。同一地点不同的调查者对送气调是否要分列也有不同的看法。如吴江黎里、吴江盛泽、海盐不同的调查者对送气分调的处理是不同的,见表 2.01(表内调查者"钱" = 钱乃荣 1991,"汪" = 汪平 2008,"石" = 石汝杰等 2006,"陈" = 陈忠敏 2010/2011,"胡" = 胡明扬 1992):

表 2.01

	平声			上声			去声			入声			调查者
	全清	次清	浊	全清	次清	浊	全清	次清	浊	全清	次清	浊	
吴江黎里	44		24	51	334	32	413	324	213	5	34	23	钱
	33		14	52	23		423	213		54	23	12	汪

续表

	平声			上声			去声			入声			调查者
	全清	次清	浊	全清	次清	浊	全清	次清	浊	全清	次清	浊	
吴江盛泽	44		24	51	334	223	413	313	212	5		2	钱
	44		24	52	334		424	213		$\underline{54}$		$\underline{23}$	汪
	55		24	52	33		423	213		$\underline{54}$		$\underline{23}$	石
海盐	53		31	423		213	35		213	5	$\underline{35}$	$\underline{23}$	陈
	51		31	343		232	35		213	5		2	胡

从表 2. 01 可以看出,钱乃荣 1991 和陈忠敏 2010 都是主张送气调独立于对应的全清调和全浊调;汪平 2008、石汝杰 2006 则主张送气调跟对应的阳调类合并,不必单列。石汝杰 2006 凡是送气调跟对应的全清调不同的,一律归为对应的阳调类;汪平 2008 在吴江黎里声调的处理上似乎不一致,上去调类里送气调归为对应的阳调类,但是黎里的送气阴入跟阳入分列,前者是 23 短调,后者则是 12 短调。他认为在黎里送气阴入跟阳入"之间高低的差别已达到了笔者也认为应该分立的程度。"(汪平 2008)。

我们觉得在北部吴语里如果有送气分调现象,应该把送气调单独分列比较好,送气调单列的理由有四:

第一,送气调跟对应的阴调类(全清声母)和阳调类(浊声母)的调值是有区别的。有的是调型拱度(tonal contour)不同;有的则是调值高低有别,一般来说送气调低于对应的阴调类,高于对应的阳调类。比如海盐话的全清阴入是急促高平短调$\underline{55}$,次清阴入是急促高升短调$\underline{35}$,次清阴入的调型虽然跟阳入相似,都是急促短升的调,但是还是有高低之别,次清阴入调值高于阳入。图 2. 01 是次清阴入字"塔"[$\mathrm{t^ha}$ʔ$^{\underline{35}}$](较高)、阳入字"达"[da ʔ$^{\underline{23}}$](较低)声调曲线抽样图(女声),前字"塔"的声调最低点在 258Hz 左

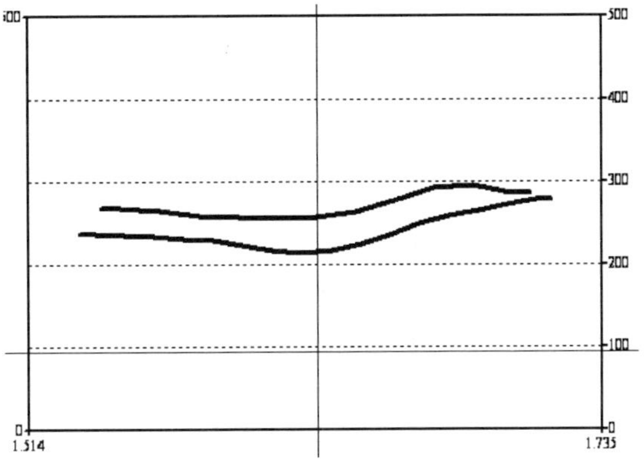

图 2. 01

右，后字“达”的最低点明显比较低，在 215Hz 左右，前字“塔”的结尾点近 300Hz，后字“达”的结尾点则在 278Hz 左右。

邻近方言有送气分调现象的，送气调的调值和调型也不见得跟对应的阴调类（全清调）、阳调类相同。表 1. 01 青浦练塘方言送气阴上调是 423，阳上调则是 22，一个是曲折调，一个是低平调，两者调形相差很大。表 1. 01 钱乃荣记录的吴江黎里送气阴上调是 334，阳上调则是 32 调，调形也相差很大。赣语南昌话也有送气分调现象，古去声按声母送气与否分化声调，送气去声调的调值为 213，既不跟对应的阳去调（调值为 11）一样，也不跟全清调（调值为 35）一致（熊正辉 1979）。所以在这些方言里送气调无法跟对应的全清阴调或阳调合并。

第二，送气调（次清调）的连读变调行为不同于对应的阴调类（全清调）和阳调类。表 2. 02 是海盐方言两字组连读变调规律表格。

表 2. 02

<table>
<tr><th></th><th>阴平</th><th>阳平</th><th>阴上</th><th>阴去</th><th>阳去</th><th>全阴入</th><th>次阴入</th><th>阳入</th></tr>
<tr><td>阴平（53）</td><td colspan="5">55 – 31</td><td colspan="3">55 – 31</td></tr>
<tr><td>阳平（31）</td><td colspan="5">24 – 52</td><td colspan="3">24 – 31</td></tr>
<tr><td>阴上（423）</td><td colspan="2">52 – 52</td><td colspan="3">A. 52 – 35，B. 52 – 213</td><td colspan="3">33 – 55</td></tr>
<tr><td>阴去（335）</td><td colspan="5">35 – 31</td><td colspan="3">35 – 31</td></tr>
<tr><td>阳去（213）</td><td colspan="5">24 – 31</td><td colspan="2">22 – 55</td><td>22 – 33</td></tr>
<tr><td>阴入 1（55）</td><td colspan="2">55 – 52</td><td colspan="3">55 – 33</td><td colspan="2">44 – 55</td><td></td></tr>
<tr><td>阴入 2（35）</td><td rowspan="2">22 – 52</td><td rowspan="2">22 – 31</td><td colspan="3" rowspan="2">22 – 35</td><td colspan="2" rowspan="2">23 – 55</td><td rowspan="2">23 – 33</td></tr>
<tr><td>阳入（23）</td></tr>
</table>

从表 2. 02 可以看出次清阴入在前字位置上的变调规律与阳入的相同，但是在后字位置上的变调规律则跟全清阴入相同，所以次清阴入调无法完全归入阳入或者全清阴入。其他有送气分调现象的方言里也有类似的情形（张拱贵、刘丹青 1983，徐越 2006），所以送气调不宜跟其他调类合并。

第三，送气调演变分化的方式也跟对应的全清阴调类、阳调类不同。在有送气分调的方言里，有的地点送气调往往有单独的演变方式。同为嘉兴地区的嘉善县，其方言也属送气分调型方言，其中古上声送气声母字声调（次清阴上）跟阴去合并，与全清阴上、浊上字声调不同（徐越 2006）。见表 2. 03：

表 2.03

阴调类					阳调类			
平	全清上	次清上	去	入	平	上	去	入
53	55	35		55	31	13		33

从表 2.03 可以看到,阴调类里次清阴上调脱离全清阴上调而与阴去调合并,同为 35 高升调,它也跟阳上调不同。所以嘉善话次清阴上调有独特的变化模式。上海青浦练塘地区的方言也有送气分调现象,排比练塘地区各方言点内部差异,可以看出声调演变的轨迹。见表 2.04:

表 2.04

	阴调类					阳调类			
	平	全清上	次清上	去	入	平	上	去	入
练塘	53	44	423	35	55	31	22	13	23
金泽	53	44	35		55	31	22	13	23

练塘方言是九个调,毗邻的金泽方言则是八个声调。两者的差别就在于金泽话送气阴上调与阴去调合并了,这种合并并不涉及对应的阳上调,阳上仍读 22 低平调。从练塘到金泽的变化说明送气阴上调有不同于全清阴上、浊上的演变方式。昆山周庄方言也有送气分调现象,送气分调发生在上去入三个调类里,其中送气阴上调和送气阴去调合并,它的调型和演变方式显然也是跟对应的阳上、阳去调不同(许宝华、游汝杰 1984)。见表 2.05:

表 2.05

阴调类							阳调类			
平	全清上	次清上	次清去	全清去	全清入	次清入	平	上	去	入
55	51	424		523	5	3	31	13		2

第四,在有送气分调的方言中,有些方言全清阴调、送气阴调以及对应的阳调调型平行,即全清阴调调值最高,送气阴调次之,阳调最低,或者送气阴调调值接近于相应的阳调。在这种情形下,按照单个方言音系的描写通则,是可以把送气阴调归为对应的阳调。但是如果考虑到其他方言送气分调有上述 1、2、3 等特点,就不应该将送气阴调归为对应的阳调类。因为送气阴调与对应的阳调合并不便于方言间的横向比较。

鉴于上述四方面的理由，我们认为方言中如有送气分调的，应该把送气调(次清声调)跟其他调分列处理。

三　送气调比全清调低的原因

从江浙沪交界处有送气分调的方言来看，送气调的调值总比对应的不送气(全清)声调的调值低，尤其在调头，比对应的不送气调低的特征十分突出。在其他汉语方言和周边的少数民族语言里，有送气分调的，也有一致的表现。即送气调比对应的不送气调低。表 3.01 是赣语、湘语及侗语两个点送气分调的表现(根据陈立中 2005 文调整)。

表 3.01

<table>
<tr><th></th><th></th><th>赣语南昌</th><th>湘语涟源蓝田</th><th>侗语章鲁</th><th>侗语高坝</th></tr>
<tr><td rowspan="2">阴平</td><td>不送气</td><td rowspan="2">4</td><td rowspan="2">44</td><td>55</td><td>45</td></tr>
<tr><td>送　气</td><td>35</td><td>11</td></tr>
<tr><td rowspan="2">阳平</td><td>不送气</td><td>35</td><td rowspan="2">13</td><td rowspan="2">22</td><td rowspan="2">22</td></tr>
<tr><td>送　气</td><td>24</td></tr>
<tr><td rowspan="2">阴上</td><td>不送气</td><td rowspan="2">213</td><td rowspan="2">31</td><td>33</td><td>33</td></tr>
<tr><td>送　气</td><td>13</td><td>13</td></tr>
<tr><td>阳上</td><td></td><td>11</td><td></td><td>31</td><td>31</td></tr>
<tr><td rowspan="2">阴去</td><td>不送气</td><td>35</td><td>45</td><td>53</td><td>55</td></tr>
<tr><td>送　气</td><td>213</td><td>24</td><td>343</td><td>24</td></tr>
<tr><td>阳去</td><td></td><td>11</td><td>22</td><td>33</td><td>44</td></tr>
<tr><td rowspan="2">阴入</td><td>不送气</td><td rowspan="2">5</td><td>—</td><td>55/323(长)</td><td>55/33</td></tr>
<tr><td>送　气</td><td>—</td><td>35/13</td><td>24/13</td></tr>
<tr><td>阳入</td><td></td><td>2</td><td>—</td><td>22/31</td><td>13/31</td></tr>
</table>

表 3.01 里有送气分调的方言里，送气调都比相应的不送气调低，而且送气调基本的调型是调头较低以后逐渐上升的低升调子。

送气调低于相对应的不送气调这一现象早有人注意，何大安认为这是喉头调节促使声带肌肉松弛从而降低基频(何大安 1989)：

当我们预备发声时，声门会关闭，喉头会提高，以使肺部预贮足够的空气和气压。如果要发的是送气音，由于在除阻之后大量的空气释出，肺压会降低，后面的元音就会不易顺畅。为了保持肺压，便需要缩小肺腔的空间，而缩小肺腔的方式之一便是降低喉头，就是使喉头恢复到接近呼吸时的位置。喉头采取呼吸位置，声带肌肉就会松弛，以致音高降低。

发送气音会使声门下压力下降，学界已有报导（Ohala 1978、1990，下详）。至于是否一定要降低喉头，放松声带肌，从而使基频降低还得有实验证明。

朱晓农、徐越2009年文通过测量吴江方言送气声母后元音的第一谐波能量与第二谐波能量差证明次清声母后的元音发声态是弛声态（slack voice）（朱晓农、徐越2009）：

> 次清原来和全清一样，是普通清声态，但在演化过程中产生了轻微气化的弛声态变体，从而与来自中古全浊类的弛声声母发声态相近或相同，结果大部分分离的次清调类并入了阳调类，个别分离的次清独立成调，也相当接近相应的阳调。

平山久雄也对吴语吴江方言送气调读低调做过解释，他认为吴江方言送气调音节有类似吴语清音浊流一样的效果，从而使声调降低（平山久雄2010）：

> 韵母与次清声母相接便受送气成分的同化作用（即受声门开大的影响）而带有浊气流味道，类似浊声母的情况，这种浊流成分（声带的较粗颤动）使调值变得低沉些，甚至低到接近阳调。

平山久雄的说法其实跟朱、徐的弛声态发声观有相同之处。吴语清音浊流声母所带的音节其韵母发声是气嗓音发声，也即朱、徐所讲的弛声态，这种发声态声带振动的频率相对于一般的常态发声（normal voice）为低，次清也是弛声发声，所以整个音节也就跟清音浊流声母那样配低调。

我们同意朱晓农、徐越和平山久雄的观点，尤其是朱晓农、徐越一文用第一谐波和第二谐波能量之别来证明送气声母后韵母元音有气嗓音发声（弛声态）是非常有力的。不过他们没有说明为什么气嗓音发声会产生低调。

弛声态（slack voice）可以认为是气嗓音发声态（breathy voice）的一种，曹剑芬和Maddieson曾将汉语吴方言的清音浊流后的韵母发声态归为气嗓音发声态（Cao and Maddieson 1992），后来Ladefoged和Maddieson又把此类发声态细分为气嗓音发声态下面的弛声态(slack voice)(Ladefoged & Maddieson 1996:63 -66)。弛声态可以认为是一种较弱的气嗓音发声态。发气嗓音时,靠近甲状软骨处的声带(声带的前部分,大概是声带全长的三分之二)振动,连接杓状软骨的声带(声带的后部分,大概是声带全长的三分之一),由于环杓后肌(posterior cricoarytenoid muscles)的收缩,两片杓状软骨向两侧分开从而使得这部分声带闭合不全,留有空洞。图 3.01 左边是通过 laryngoscopy 高速摄像机拍下的气嗓音的照片。声带在杓状软骨处有闭合不全空隙。发声时声带前部振动,声门下气流从声带后部空隙处逸出。右边是气嗓音声带后部闭合不全示意图。(取自 Stevens 2000:89)

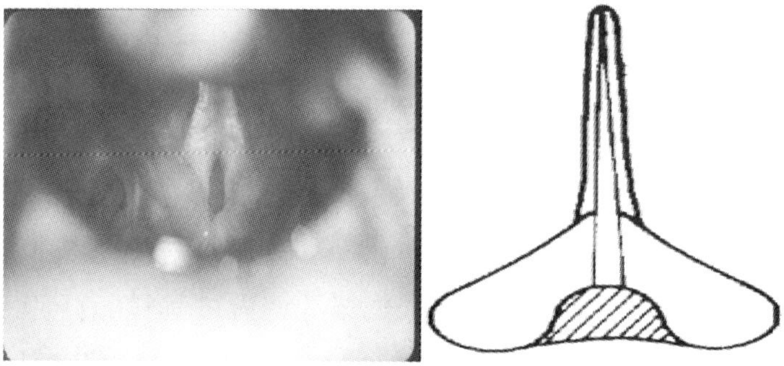

图 3.01

由于气嗓音发声声带有闭合不全的情况出现(主要出现在杓状软骨处),声带振动的同时有一部分气流从闭合不全处逸出,所以声门下压力相对而言会降低。Ohala 曾证明送气塞音(不管清浊)爆破后声门下气压(subglottal pressure 简称 Ps)会有急剧的下降过程,而不送气塞音(不管清浊)则没有(Ohala 1978)。图 3.02 是用针刺声门下气压的走向(Ps sampled directly via tracheal puncture)

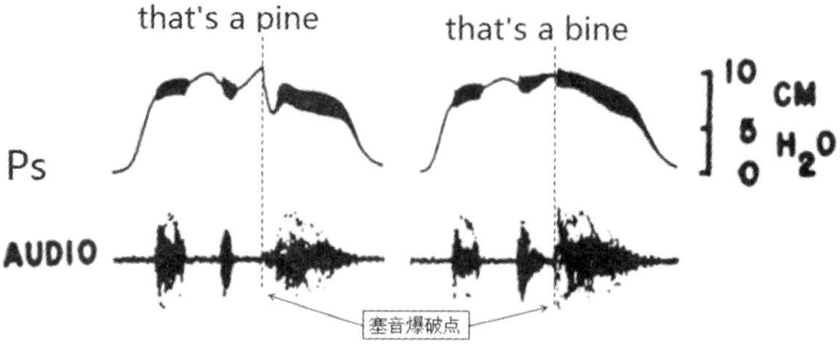

图 3.02

比较“pine”[p^hain]和“bine”[bain]起首辅音的声门下压力(Ps)可以看出,发送气音时爆破以后声门下压力有一个急剧下降的过程。其他语言也有一致的表现,即送气塞音爆破后声门下压力有一个急剧下降。图 3.03 是 Hindi 语清送气、浊送气以后送气气流(上线)和声门下气压(下线)的对比曲线图(Ohala 1990)。比较上下两条曲线可以看出无论是送气清塞音还是送气浊塞音它们爆破以后,尽管气流量急剧增大,但是声门下气压都是急剧下降的,气流量和声门下压力形成一个类似镜像的图。

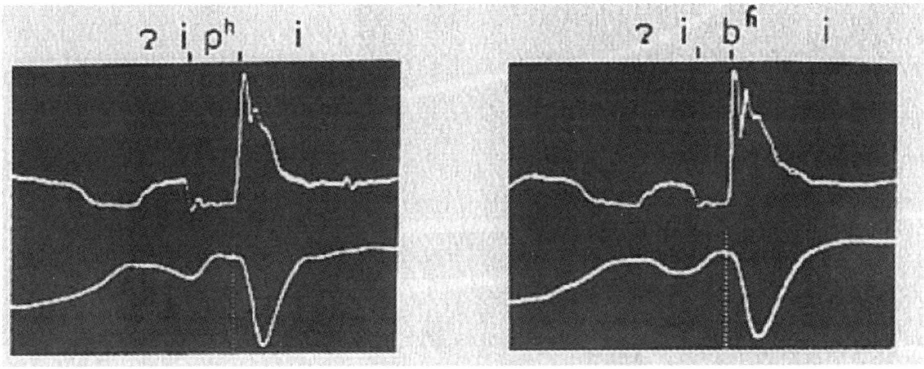

图 3.03

与不送气塞音相比,发送气音时,声门打开得稍大,截面积可达 0.3cm^2(Stevens 2000:422),从声门下逸出的气流量自然比不送气塞音的要多,这是造成声门下压力剧降的原因。由于协同发音和惯性作用,声门大开到声带合拢作振动的中间状态就是气嗓音发声态,即声带前部分振动,后部分仍打开,急促的气流从打开处逸出,同时声带前半部分作振动,这就是气嗓音发声态。所以送气塞音后的元音,特别是后接元音的前部,是气嗓音发声态。气嗓音发声态声门下压力仍是较低的。

Ladefoged (1963)、Öhman & Lindqvist (1966)、Lieberman (1969)、Hombert 等人(1979)都指出在其他情况相同下声门下压力和基频成正相关性,也即声门下压力大,基频也会高;声门下压力小,基频也相对降低。表 3.04 是声门下压力与基频的相关表(Ladefoged 1963)。

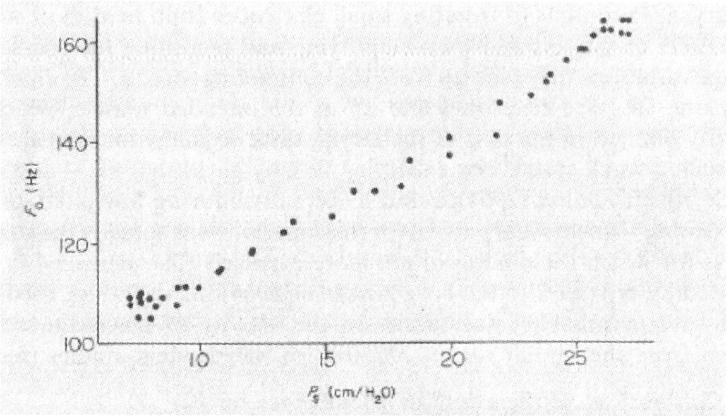

图 3.04

从图 3.04 可以看出,声门下压力(Ps)增加,声带振动的频率(F0)也随之升高,两者成正相关性。Öhman & Lindqvist(1966)也有相同的实验结果,用力突然挤压说话者的胸部,缩小肺容积,声门下压力上升,说话者声带振动的频率也会随之升高;恢复自然状态,声门下压力也下降复原,说话者声带振动频率则随之下降。说明基频的高低是随着声门下压力大小作正相关的变化。图 3.05 是根据 Öhman & Lindqvist(1966)一文的数据重新画表(取自 Ohala 1978 一文)。表中实线是基频(F0)的升降曲线,虚线则是声门下气压(Ps)的升降曲线。

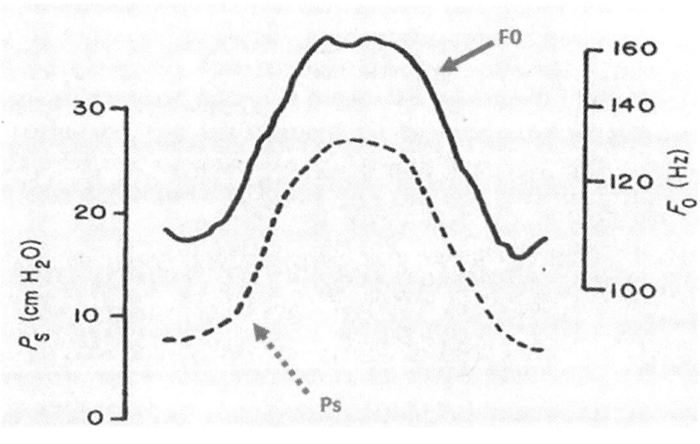

图 3.05

由于气嗓音发声态声带闭合不全，一部分气流从闭合不全处逸出，所以声门下压力就变小。声带振动要靠急促的气流穿过靠拢的两片声带，形成布努力效应（Bernoulli effect），引起声带振动。现在声门下压力小，撞击声带振动的力量弱，声带振动的频率也就相对不高，这是送气塞音音节有低调化趋势的内在的本能因素。

根据上述分析，送气塞音会引起较低的基频，这一内在的发音空气动力因素（the intrinsic aerodynamic property of an aspirated stop release），应该具有语言的普遍性。可能在有些声调语言（方言）这种细微的差异不被本地人感知，所以送气声母不分调。Xu & Xu 以普通话最小对立元[ta]和[t^ha]为实验对象，考察了送气塞音对后接元音声调的影响，也表明有类似的现象。图3.06是北京话四个声调里送气塞音与不送气塞音后的起始元音基频平均高度（Xu & Xu 2003）。

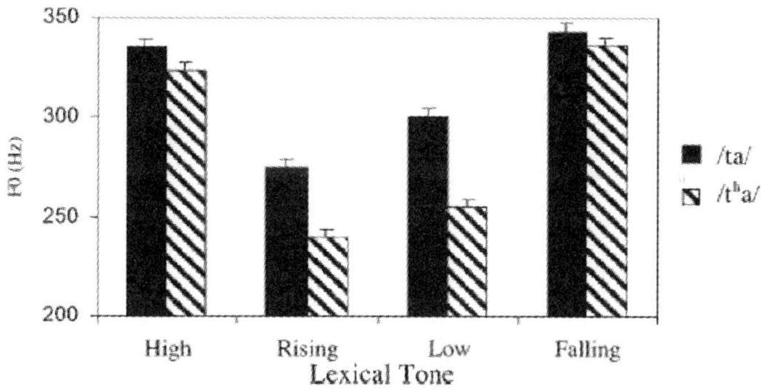

图 3.06

Xu & Xu 2003 文章告诉我们：1. 北京话里送气声母后接元音的起始基频明显低于不送气声母后接元音的起始基频，四个声调里都一致，毫无例外。2. 这种声母的送气与否对声调高低的作用只影响至声带振动40毫秒左右，40毫秒以后则无作用。3. 送气声母和不送气声母后接元音起始阶段的基频差异在升调（35和214）中比高调（55）和降调（51）中要明显得多。带有送气声母的[t^ha]在四个声调中起始基频值都比对应的带有不送气声母的[ta]低，只是在北京话里这种细微的基频不被人们感知为不同的声调，所以北京话里送气不分调。在其他非声调语言里具有送气清塞音和不送气清塞音对立的，送气塞音后的基频也是低于不送气塞音后的，比如 Hindi 语（kagaya and Hirose 1975）和韩语（Kagaya 1974）。

Xu & Xu 2003 一文还有一个重要的启示，也即送气声母对后接元音基频产生影响都是发生在起始部分，也即把后接元音的起始部分基频降低，这种声母的影响在声带振动 40 毫秒以后消失，所以在送气分调的语言里送气调一般以升调居多。

在某些语言或方言里，这种由发音生理及空气动力因素激发的送气声母读低调特征变为显赫，人们感知为不同的声调，那么在这些语言或方言里就具有送气分调现象。

四　送气调的发展途径

送气调从不送气调分化出来以后就会独自发展、独自演变。在吴语里，阴调类的调值普遍比对应的阳调类高，送气调从不送气的阴调类里分化出来，读低调，就有可能被感知甚至并入对应阳调类。不过从这一地区送气调的演变特点来看，送气调并不一定归入对应的阳调类，否则就不能解释为什么有的方言送气调与对应的阳调类不同，有自己独特的归并和演变途径。

送气分调是发生在阴阳调分化以后的第二次声调分化现象。理由有二：

第一，在有送气分调的语言或者方言里，比如吴语里，根据声母的清浊分化为阴阳两类声调是一致的普遍现象，而根据声母送气与否再分调的方言并不是一致的普遍的现象，即使在有送气分调的方言里也不是平上去入四类都有送气分调现象。一般只出现在上去入三声，有的只出现在上声，或者去声，或者入声一类里。

第二，在赣方言里，中古的全浊声母演变为送气清声母，声调则先演化为阴阳两个调，所以声调的阴阳两类分化是根据中古音的声母清浊为条件的，如果调类里再有送气分调，则完全看今音的条件，跟中古音无关。今音是送气的则有送气分调现象。图 4.01 是南昌话声调分化情况（熊正辉 1979）：

可以看出南昌话声调的第一次分化是根据中古声母的清浊为条件的，古清声母为 A、D 调，古浊声母（全浊、次浊）为 B、C 调；全浊声母清化变为对应的清送气声母，所以在古浊平声中，今送气声母与次浊声母产生了第二次分化，“盆抬裁棋狂河”等字今声母分别是［pʰ tʰ tsʰ tɕʰ kʰ h］，送气或喉擦音

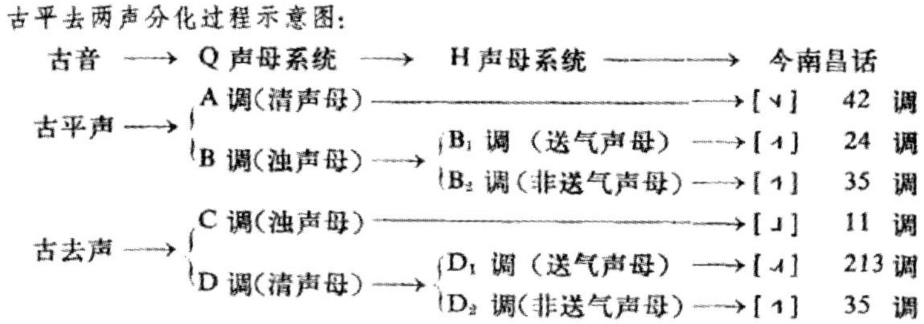

图 4.01

的声调的调值是 24;"埋年晏南如"等字今声母分别是边鼻音和零声母[m ȵ ŋ l Ø],其声调的调值是 35。在去声中,"怕跳菜"分别读[p^h t^h ts^h]送气声母,其调值为 213;"变剁做寄嫁"分别读[p t ts tɕ k]不送气清声母,其调值为 35。阴调类清声母再根据今声母的送气与否声调也发生第二次分化。

五　结语

汉语某些方言里送气分调是方言声调阴阳调类分化后的第二次分调现象,送气分调虽然发生在某些方言里,但是具有内在的发音空气动力因素,这种因素使送气声母后元音基频降低,如果这种现象凸现,人们就会感知不同的声调。送气分调以后送气调的演变和发展具有自己的特点,从语言或方言比较而言,送气调处理为独立的调类是比较合适的。

参考文献

陈立中 2005 汉语方言声调送气分化现象初探,《汉语学报》第 4 期:31 – 39。

陈忠敏 张梅静 2010 论海盐方言的声调 *Journal of Chinese Linguistics*. Monograph series No. 24:33 – 43。

陈忠敏 2011 论吴语海盐话古全浊上声字声母,《语言研究集刊》第 8 辑:148 – 175,上海:上海辞书出版社

何大安 1989 气流分调及相关问题,《历史语言研究所集刊》第 64 本 4 分:765 – 778。

胡明扬 1992《海盐方言志》,杭州:浙江人民出版社。

平山久雄 2010 次阴调形成的声学原因,《中国方言学报》第 2 期:17 – 24,北京:商务印书馆。

钱乃荣 1992《当代吴语的研究》，上海：上海教育出版社。
石汝杰等 2006 江苏吴江盛泽方言音系，日本《熊本学园大学文学言语学论集》第 13 卷第 2 号：31－53。
石汝杰 2007 北部吴语的送气分调现象，日本《中国语学》第 254 号：107－123。
汪　平 2008 吴江方言声调再讨论，《中国语文》第 5 期：554－660。
熊正辉 1979 南昌方言的声调及其演变，《方言》第 4 期：275－283。
徐　越 2006 嘉善方言的气流分调，《语言研究》第 3 期。
徐　越 2013 汉语方言中的气流分调现象，《中国语文》第 3 期：265－272。
许宝华 游汝杰 1984 苏南和上海吴语的内部差异，《方言》第 1 期：3－11。
张拱贵 刘丹青 1983 吴江方言声调初步调查，《南京师范学院学报》第 3 期：36－40。
朱晓农 徐越 2009 弛化：探索吴江次清分调的原因，《中国语文》第 4 期：324－332。
Cao, Jianfen and Ian Maddieson. 1992. An exploration of phonation types in Wu dialects of Chinese. *Journal of Phonetics* 20: 77－92.
Hombert, Jean－Marie, John J. Ohala & William G. Ewan 1979. Phonetic explanations for the development of tones. *Language* Vol. 55, No. 1: 37－58.
Kagaya, R., and Hirose, H. 1975. Fiberoptic electromoyographic and acoustic analyses of Hindi stop consonants. Annual Bulletin, Research Institute of Logopedics and Phoniatrics 9. 27－46.
Kagaya, R. 1974. A fiberoptic and acoustic study of the Korean stops, affricates and fricatives *J. of Phonetics* 2. 161－180.
Ladefoged, P. 1963. Some physiological parameters in speech. Language and Speech. 6. 109－119.
Ladefoged P. & Ian Maddieson. 1996. The sounds of the world's languages. Blackwell.
Lieberman, P. 1967. *Intonation, perception and language*. MIT press.
Ohala, J. J. 1978. Production of tone. *Tone: A linguistic survey*. V. A. Fromkin (ed.) New York: Academic Press. 5－39.

——. 1990. Respiratory activity in speech. In W. J. Hardcastle & A. Marchal (eds.), *Speech production and speech modelling*. Dordrecht: Kluwer. 23 – 53.

Öhman. S. & Lindqvist. J. 1966. Analysis – by – synthesis of prosodic pitch contours. Quarterly Progress and Status Reports, Speech Transmission Laboratory, Stockholm. 1 – 6.

Stevens, K. N. 2000. *Acoustic Phonetics*. The MIT Press.

Xu, C. X., and Xu, Y. 2003. Effects of consonant aspiration on Mandarin tones. J. Int. Phonetic Assoc. 33. 165 – 181.

附　记

今年是著名语言学家王福堂先生八十寿辰，作为晚辈撰此论文献给先生，为先生寿！

我跟先生见面是在1987年夏天。那年先生从北京转道上海赴浙江舟山开方言学年会，我奉许宝华老师之命在复旦做接待工作，去上海火车站（北站）迎接王先生。当时恰逢台风，先生和其他几位先生滞留上海多日，台风过后我们一行多人浩浩荡荡坐船赴舟山开会。先生谈吐和蔼谦逊，给我们晚辈以深刻的印象。以后我跟王先生在学术领域有很多的交集点，所以不时向王先生请教。第一，我们方言研究的主要领域是吴语，王先生有关吴语研究的文章我每篇都认真拜读，从中受益良多。王先生1959年的《绍兴话记音》（载《语言学论丛》第三辑，上海教育出版社）是集语音、词汇、句法描写为一体的单点方言研究，其中连读变调的描写和研究堪称经典，为我们以后从事吴语连读变调的描写和研究起了一个示范的作用。第二，我们都对"原始闽语"语音构拟感兴趣。我上世纪80年代末就对罗杰瑞原始闽语的构拟感到好奇，曾去闽西北调查过一些方言，以后曾联系吴语、赣语相关现象，撰写《论邵武方言入声化字的实质》（台湾《历史语言研究所集刊》卷63，第四本，1993）第一次提出闽西北邵武话入声化字的实质是一种残余小称形态标志，不应该据此来构拟原始闽语的一套弱化声母。文章发表后我曾寄给王先生请教，得到王先生的赞许。以后王先生的多篇文章讨论闽西北方言"弱化声母"，也从不同的角度说明所谓的原始闽语"弱化声母"是不能成立的。第三，近二三十年来我们都对汉语方言里的语音层次现象感兴趣，我时常将刚出炉的文章寄给王福堂、王洪君两位教授，请他们指教，两位王教授也时常赐我他们发表的新作，我从他们的著作中受到启发。我与两位王先生在语音层次研究方面许多观点十分接近，可谓心心相印，这也更加加深了我对王先生的亲近感。

王福堂先生八十高龄仍笔耕不辍，时有佳作发表。作为晚辈，祝愿他身体健康，学术生命常青！

（陈忠敏　复旦大学中文系）

上海话若干韵母的混读及其相关问题探讨 *

薛才德

本文所讨论的上海话是指上海市区话，即，改革开放前居住在上海市十个区范围内的上海人所说的上海话。

一

在当代五六十岁上海人说的上海市区方言中，韵母 yn 和 in、ioŋ 是混读的。yn 韵母缺乏独立性。所有读 - yn 韵母的字都有两读，除了 - yn 一读外，另一读大部分字为 - ioŋ，小部分字为 - in。此外，韵母 - ioŋ 和 - in 有部分字混读。这些混读字主要来自古精组和见系臻摄合口三等韵，有少量的来自见系梗摄合口三四等韵及曾摄开口三等韵。现将这三个韵母混读的字开列如下：

1 - yn 和 - ioŋ 的混读：群裙郡熏薰醺勋荀询驯均钧君军皲窘菌殉训徇匀云耘芸陨允韵运晕蕴醖熨（臻摄合口三等）孕（曾摄开口三等）

2 - yn 和 - in 的混读：竣俊骏浚峻迅循巡旬（臻摄合口三等）

3 - ioŋ 和 - in 的混读：莹茔营荧萤（梗摄合口三四等）

英国传教士艾约瑟《上海方言文法》记录的十九世纪的上海话，“群训云韵”读 - ɪyn，“讯循寻星性情”读 - ɪŋ，“营英经因隐”读 - ɪʌŋ，“穷浓荣永雄”读 - ɪoŋ，少数字有混读现象。如，“君” - ɪyn 和 - ɪʌn 两读，“兄凶用” - ɪoŋ 和 - ɪʌŋ 两读。高本汉《中国音韵学研究》记录的二十世纪初叶的上海话，“训云陨允群郡窘均钧匀君循巡殉军裙勋熏荤薰耘晕韵运雲殒”读 - yin，

* 本文得到国家社科项目基金（09BYY017）资助。

"寻俊旬巡询汛讯俊竣询笋迅旬"读 - iŋ,"营倾顷茔颖"读 - iəŋ,"兄永荣用浓熊胸穹凶雍拥壅镕庸容甬涌勇"读 - ioŋ。没有发现混读现象。瞿霭堂(2004)记录了20世纪30年代出生的上海人说的上海话,"勋群琼云运"读 - yəŋ,"胸穷雄用"读 - ioŋ,"经紧近心星隐" 读 - iŋ,没有发现混读现象。可见,当时上海话各音类界限分明,各有各的读音,窜类混读的字数量很少;当代五六十岁上海人说话混读的 yn 韵母早在19世纪就独立成为一个音类。

上海方言脱胎于松江方言,现将张源潜编著的《松江方言志》中相关音类的字开列如下:

松江方言含 ioŋ 韵母的字有"龚穹穷筇绒浓凶汹匈胸熊雄融容蓉冗庸用佣痈雍壅拥臃甬勇俑涌蛹(见系通摄合口三等)荣絅迥炯琼茕兄永泳咏营莹萤荥茔荧(见系梗摄合口三四等)菌裙窘熏薰獯醺勋训云芸匀筠耘纭运韵熨晕陨殒允蕴酝韫缊愠(见系臻摄合口三等)孕(晓影组曾摄开口三等)"。

松江方言含 yœ̃ 韵母的字有"均钧君军窘菌裙群郡(见组臻摄合口三等)"。

松江方言含 iɐŋ 韵母的字有"骏俊竣浚峻询荀迅循巡驯旬殉徇(精组臻摄合口三等)讯汛(精组臻摄开口三等)寻浔鲟(精组深摄开口三等)营茔倾顷(见系梗摄合口三等)"等等。

松江方言含有 ioŋ、yœ̃、iɐŋ 三个韵母的,除了"窘菌裙"和"营茔"有文白两读外,其他字都只有一读,没有混读现象。ioŋ、yœ̃、iɐŋ 三个韵母都含有臻摄合口三等字,读 ioŋ 韵母的,声母都是见系字;读 yœ̃ 韵母的,声母都是见组字;读 iɐŋ 韵母的,声母都是精组字,十分有规律。上海方言 - yn 和 - ioŋ 混读的臻摄合口三等字在松江方言中大部分读 - ioŋ。上海方言 - yn 和 - in 混读的臻摄合口三等字在松江方言中全部读 - iɐŋ。上海方言韵母 - ioŋ 和 - in 混读的"莹茔营荧萤"五个字,松江方言"莹荧萤"三个字读 - ioŋ ,"茔营"两个字有 - ioŋ 和 - iɐŋ 的文白异读。同上海方言 yn 韵母相当的松江方言 yœ̃ 韵母是一个独立的音类。如果以松江方言为源,上海方言为流来考察,那么,上海话的 yn 韵母原来应该是一个独立的音类, 上海方言 - yn 和 - ioŋ混读的臻摄合口三等字的大部分原来应该读 - ioŋ,上海方言 - yn 和 - in混读的臻摄合口三等字原来应该读 - in,上海方言 - ioŋ 和 - in 混读的梗摄合口三四等字原来应该读 - ioŋ。

二

上海是移民城市，20 世纪 50 年代前移民主要来自江苏吴语区和浙江吴语区[①]上海市区方言韵母 yn 和 in、ioŋ，以及 in 和 ioŋ 的混读，也许是来自不同方言区移民的方言接触造成的。很有必要考察一下这些方言区相关音类的分合状况。

表一

	穷胸兄	均军菌群薰训匀云允运	熨	孕	俊	巡	殉	顷
常州	ioŋ	yɲ，允又读 ioŋ	yɲ	yɲ	yɲ	yɲ	yɲ	iɲ
无锡	ioŋ	yɪn，菌又读 ioŋ	yɪn	yɪn	in/yɪn	in	yɪn	in/iən
苏州	ioŋ	yn	yn	yn	in	in	—	in
诸暨	ioŋ	ioŋ	ĩ	ioŋ	ĩ	ĩ	ĩ	ĩ
嵊县崇仁	iʊŋ	iʊŋ	—	iʊŋ	ɪŋ	ɪŋ	iʊŋ	ɪŋ
余姚	iʊŋ	iʊŋ	iɲ	iʊŋ	iʊŋ/iɲ	iɲ	iɲ	iɲ
宁波	yoŋ	yoŋ	ɪŋ	yoŋ	oŋ	oŋ	oŋ	ɪŋ

表一中 7 个方言点“穷胸兄”类字和“均军菌群薰训匀云允运”类字分合状况是：常州、无锡、苏州 3 个点从分，诸暨、嵊县崇仁、余姚、宁波 4 个点从合。“熨孕俊巡殉顷”类字，常州除“顷”外跟“均军菌群薰训匀云允运”类字合为一类；无锡、苏州部分跟“均军菌群薰训匀云允运”类字合为一类，部分独立成一类；诸暨、嵊县崇仁、余姚、宁波部分跟“穷胸兄均军菌群薰训匀云允运”类字合为一类，部分独立成类。显然，正是来自不同方言区移民所说方言音类分合的不同造成了上海话韵母 - yn 和 - in、- ioŋ 的混读。

20 世纪初，赵元任记录的《现代吴语的研究》可以看出一些端倪。

---

① 上海外来移民还有一部分是来自苏北江淮官话区的，江淮官话对上海话的影响微乎甚微，这里省略，暂且不表。

表二

	浦东	上海老	上海新	吴江黎里
兄	ioŋ	iʊŋ	iʊŋ	ioŋ
穷	ioŋ	iʊŋ	iʊŋ	ioŋ
绒	ioŋ	iʊŋ	iʊŋ	ioŋ
君	ʏø̃/ioŋ	iʊŋ	ʏŋ	yEŋ/ioŋ
允	ʏø̃/ioŋ	iʊŋ	ʏŋ	yEŋ/ioŋ
巡	iɪŋ	iŋ	iŋ	ɪŋ
倾	iəŋ	iəŋ	iəŋ	iəŋ
营	iəŋ	iəŋ	iəŋ	iəŋ

表二的“兄穷绒君允”五字，老派上海话只有 iʊŋ 一个韵母(也就是“穷胸兄”和“均军菌群薰训匀云允运”归一个音类)，南汇周浦话和吴江黎里话也是一个音类，不过，“君允”出现了又读音；新派上海话分成两个韵母，“兄穷绒”为一类，“君允”为一类。“巡”和“倾营”，各方言都独立成类。“兄穷绒君允”的归类，老派上海话同浙江吴语，新派上海话同江苏吴语，浦东话和吴江黎里话处于两者之间。新派上海话与老派上海话归类的不同，不可能是音系内部演变造成的，因为我们看不到造成这种演变的语音条件。我们更愿意相信这是江苏吴语对上海话影响的结果。浦东话和吴江黎里话“君允”的混读，可以有两种解释。一，这种混读是新派上海话曾经历过的，反映了从老派上海话发展到新派上海话一个中间阶段。二，这种混读是新派上海话进一步发展可能出现的状况，如同当代五六十岁上海人的混读。我们认为应该是前一种解释。上海城市移民的大量涌入，使上海话的发展演变速度大大超过周边的地区。

赵元任记录的上海话与艾约瑟、高本汉记录的上海话音类分合有所不同，很可能是各自选择的发音合作人的不同造成的。说明早在 20 世纪初，不同的上海人说的上海话本身就存在着差异，在江苏吴语和浙江吴语的夹击下，造成了上海话韵母 yn 和 in、ioŋ，以及 in 和 ioŋ 的混读。

上海话脱胎于松江话，松江话跟新派上海话ʏŋ 韵母相当的 yœ̃ 韵母是一个独立的音类，新派上海话ʏŋ 和 iʊŋ 两个韵母在老派上海话中原是 iʊŋ 一个韵母，老派上海话没有ʏŋ 韵母，那么，松江话的 yœ̃韵母是原来就有的，还是后起的呢？与此相关，江苏吴语和浙江吴语“穷胸兄”“均军菌群薰训匀云允运”和“熨孕俊巡殉顷”三类字的分合是不同的。这种不同是原生的,还是后起的呢?

三

江苏吴语和浙江吴语跟北方官话区一些方言相关音类分合情况的比较。

表三

	穷胸兄	均军群薰训匀云允运	熨	孕	俊	巡	旬	顷
北京	iuŋ	yn,允又读 uən	yn/y	yn	yn/uən	yn	yn	iŋ
济南	iuŋ	yẽ	yẽ/y	yẽ	yẽ	yẽ	yẽ	iŋ/iuŋ
合肥	iŋ	yn	yn/yəʔ	yn	yn	yn	yn	yn
扬州	ioŋ	yŋ	yŋ	yŋ	yŋ	yŋ	yŋ/uən	iŋ

表三中北京、济南、合肥和扬州四个方言点音类的分合相当一致,“穷胸兄”为一个音类,“均军群薰训匀云允运”和“熨孕俊巡旬”合为一个音类。只有“顷”的归类有些差异,北京和扬州为独立的一个音类,合肥归入“均军群薰训匀云允运熨孕俊巡旬”类,济南有两读,一读归“穷胸兄”类,一读自成一类。

将表一和表三作个比较,就会发现,江苏吴语跟北方官话的分合归类更接近。常州话除了“允”有又读 - ioŋ 外,跟北京话和扬州话的分类是一样的。无锡话“菌”有 - yɪn 和 - ioŋ 两读,“俊”有 - in 和 - yɪn 两读,“顷”有 - in和 - iən 两读,“巡”读 - in,独立成一类;其他跟北京等四个北方官话点的分类是一样的。苏州话“俊巡顷”读 - in,独立成一类,其他跟北京等四个北方官话点的分类也是一样的。浙江吴语跟北方官话的分类有很大的不同。“穷胸兄”和“均军菌群薰训匀云允运”合为一类(简称“穷均”类字,下同)。“熨孕俊巡殉顷”类字,诸暨话“孕”归“穷均”类字,其他字自成一类;嵊县崇仁话“孕殉”归“穷均”类字,其他字自成一类;余姚话“孕”归“穷均”类字,“熨巡殉顷”自成一类,“俊”两读,间于两类之间;宁波话“孕”归“穷均”类字,“熨顷”和“俊巡殉”各自成一类。可见,方言点越靠近北方官话区,音类的分合就越同北方官话接近。江苏吴语跟浙江吴语音类分合的不同,也是方言接触造成的。“穷胸兄”和“均军菌群薰训匀云允运”两类字,常州话、无锡话、苏州话从分是受了北方官话的影响，诸暨话、嵊县崇仁话、余姚话、宁波话从合是保存吴语原来的状态。

上文提到的松江方言 yœ̃ 韵母虽然是一个独立的音类，但辖字较少，总共只有 9 个字，其中有 3 个还是文读音。这里隐约透露出 yœ̃ 韵母可能是受文读音影响产生的。将"窘菌裙"的两读称为文白异读并不确切，这里的文读音其实是受方言接触影响北方官话入侵的异读音，yœ̃ 韵母是后起的。

四

江苏吴语普遍受到北方官话的很大影响。常州、无锡和苏州都是历史名城，又处在交通主干线——沪宁铁路的沿线，更容易受到北方官话的侵蚀和渗透。我们现在来考察偏离交通主干线，相对闭塞和小一些的地区江阴和常熟的方言情况。

表四

	穷胸兄	均军菌群薰训匀云允运	熨	孕	俊	巡	殉	顷
江阴	ioŋ	ioŋ	ioŋ	ioŋ	iɲ	iɲ	iɲ	iɲ
常熟	iʊŋ	iʊŋ	iʊŋ	ĩɲ	ĩɲ	ĩɲ	ĩɲ	ĩɲ

表四中江阴话和常熟话"穷胸兄""均军菌群薰训匀云允运"和"熨孕俊巡殉"三类字都分归两个音类。江阴话"穷胸兄均军菌群薰训匀云允运熨孕"为一类，"俊巡殉顷"为另一类。常熟话"穷胸兄均军菌群薰训匀云允运熨"为一类，"孕俊巡殉顷"为另一类。两者的不同仅仅是"孕"一个字归类的不同。它们音类的分合接近浙江吴语。

表四两个方言点材料取自钱乃荣的《当代吴语研究》，下面我们根据袁丹的《江苏常熟梅李方言同音字汇》，把相关音类的字开列如下：

常熟梅李方言含 ioŋ 韵母的字有"穷绒浓凶胸熊雄容蓉镕庸用雍拥甬勇涌（通摄合口三等）荣迥琼兄永泳咏营$_{营养}$荥$_{荥阳}$（梗摄合口三四等）菌裙窘熏薰勋训云匀运韵熨晕允均钧君军群（臻摄合口三等）孕（曾摄开口三等）"。

常熟梅李方言含 iŋ 韵母的字有"荀迅循巡旬殉（臻摄合口三等）讯（臻摄开口三等）寻（深摄开口三等）顷倾颖营$_{营长}$萤（梗摄合口三四等）"等等。

钱乃荣记录的常熟话"穷胸兄均军菌群薰训匀云允运熨"归 iʊŋ 韵母，"孕"归 ĩɲ 韵母，袁丹记录的常熟梅李话"孕"和"穷胸兄均军菌群薰训匀云允运熨”归一类。常熟梅李话是乡村话，钱乃荣记录的常熟话是城区话，因此两者归类有些小差别。

常熟梅李方言 ioŋ 韵母含梗摄合口三四等字的有“荣迥琼兄永泳咏营$_{\text{营养}}$荥$_{\text{荥阳}}$”等，iŋ 韵母含梗摄合口三四等字的有“顷倾颖营$_{\text{营长}}$萤”等，这两类字的分化看不出有什么语音条件。“营”两读，“营长”的“营”一读显然是后起的。联系松江方言来考察，松江 ioŋ 韵母含梗摄合口三四等字的有“荣絅迥炯琼茕兄永泳咏营莹萤荥茔荧”等，iɐŋ 韵母含梗摄合口三四等字的有“营茔倾顷”等，这两类字的分化也看不出有什么语音条件。“营茔”有文白异读，“营茔”的文读音其实是受方言接触影响北方官话入侵的异读音，肯定也是后起的。

综合分析上文，可以推论出不但上海话韵母 yn 和 ioŋ 原本在吴语中是合为一个音类的，-ioŋ 和 -in 的混读的“莹茔营荧萤”等字原本在吴语中也只有一读的，而且，所有梗摄合口三四等见系字原本在吴语中都是归属于一个 * ioŋ 韵母的。

五

我们再来考察一下处于浙江腹地天台和温州方言相关音类的分合状况。

表五

	穷胸兄均军菌群薰训匀云允运熨俊巡殉	顷	孕
天台	yoŋ	iŋ	
温州①	ioŋ		iaŋ

表五的天台话和温州话把三类字归并为两个音类，“穷胸兄均军菌群薰训匀云允运熨俊巡殉”为一个音类，天台话把“顷孕”为另一个音类，温州话把“孕”归为另一个音类。

现将戴昭铭《天台方言初探》同音字表中相关音类的字开列如下：

含 yoŋ 韵母的字有“穹穷戎狨绒茸浓邛凶汹匈胸熊雄融容蓉溶榕熔邕

---

① 为了方言之间比较的方便，将郑张尚芳《温州方言志》中的声母 j 改为介音 i，补出舌面前擦音和塞擦音后省略的介音 i。

冗庸墉用佣痈雍拥甬勇涌（通摄合口三等）荣扃迥炯琼兄永泳咏（梗摄合口三四等）菌裙窘熏薰勋训驯云匀耘运韵熨晕陨允均钧君军群郡俊竣浚皲询荀循巡旬殉（臻摄合口三等）”等。

含 iŋ 韵母的字有“迅（臻摄开口三等）讯（臻摄合口三等）寻（深摄开口三等）憬璟倾顷檾颖颍萦蓥营莹茔（梗摄合口三等）萤荥荧滢（梗摄合口四等）孕（曾摄开口三等）”等。

再将郑张尚芳《温州方言志》同音字表中相关音类的字开列如下：

含 ioŋ 韵母的字有“穹穷藭筇邛熊雄融容蓉溶熔邕庸慵墉镛鄘佣雍饔雝踊拥（见系通摄合口三等）荣嵘蝾琼茕焭兄永泳咏憬倾顷檾廎萦濙营莹茔（见系梗摄合口三等）扃迥炯垌炅泂颎萤荥滢（见系梗摄合口四等）菌裙窘群郡熏薰醺曛獯纁勋埙训驯云雲酝纭芸沄韫缊蕴愠匀耘运韵熨晕郓筠陨郧殒允狁均钧君麇军俊竣峻浚皲骏畯焌馂捃逡皴询荀循巡旬殉洵徇郇峋珣恂（精组和见系臻摄合口三等）”等。

含 aŋ 韵母的字有“讯汛（臻摄开口三等）寻浔鲟噚鄩（深摄开口三等）”等。

含 iaŋ 韵母的字只有“ 孕（曾摄开口三等）”一个。

温州话跟天台话最大的不同是，天台话梗摄合口三四等字“荣扃迥炯琼兄永泳咏”读 - yoŋ ，“憬璟倾顷檾颖颍萦蓥营莹茔萤荥荧滢”读 - iŋ，同一个梗摄合口三四等字却分成两个韵母。温州话梗摄合口三四等字同为一个 ioŋ 韵母。温州话和天台话没有像吴语的有些方言那样把“孕”归入 ioŋ 或 yoŋ 韵母，那些方言含有“孕”的 ioŋ 或 yoŋ 韵母，往往只有“孕”一个字来自曾摄开口三等韵，这是个例外，有可能是北方官话渗透到吴语中来的。我们认为温州话 ioŋ 韵母很可能保存着吴语历史较早一个阶段 * ioŋ 韵母的基本面貌。

闽北方言地理上靠近吴语，历史上跟吴语关系密切，有些学者甚至认为今天的闽北方言就是早期的吴语。我们可以通过考察闽北方言相关音类的分合状况来论证我们的推测。

表六

<table>
<tr><th></th><th>穷胸兄均军菌群薰训匀云允运熨俊巡</th><th>顷</th><th>熨</th><th>孕</th></tr>
<tr><td>建瓯</td><td>œyŋ</td><td>eiŋ</td><td>y</td><td>iɪŋ</td></tr>
<tr><td>建阳</td><td colspan="2">eiŋ</td><td>y</td><td>–</td></tr>
<tr><td>崇安</td><td colspan="2">əŋ</td><td>–</td><td>iŋ</td></tr>
</table>

表六中闽北方言相关音类的分合状况与天台吴语、温州吴语相似，说明“穷胸兄”“均军菌群薰训匀云允运”和“熨俊巡殉顷”合为一类是吴语较早时期存在过的语音现象。

再来具体考察一下李如龙记录的《建阳市方言志》同音字表相关音类的情况。建阳话含 eiŋ 韵母的字有“熊雄融容庸雍拥穷胸凶拱巩甬勇涌用壅戎绒茸（通摄合口三等）荣兄永泳咏倾顷营琼（梗摄合口三等）菌裙群熏训驯云雲匀运韵晕陨允均钧君军俊竣骏询荀循巡旬殉窘（臻摄合口三等）”等。含 ɔiŋ 韵母的字有“讯（臻摄开口三等）迅（臻摄合口三等）”等。建阳话 eiŋ 韵母涵盖的范围跟温州话 ioŋ 韵母基本相同。

六

当代五六十岁上海人说的上海话出现韵母 yn 和 in、ioŋ，以及 in 和 ioŋ 的混读现象，是方言接触造成的，十九世纪末到二十世纪初这些音类是不混的。上海方言、江苏吴语和浙江吴语对“穷胸兄”“均军菌群薰训匀云允运”和“熨孕俊巡殉顷”三类字音类分合的不同也是方言接触造成的。从这些方言相关音类分合的不同中，可以追溯到吴语较早的一个时期，这三类字除了“孕”外都合为一个 * ioŋ 韵母。这个 * ioŋ 韵母涵盖的范围包括通摄合口三等见系字、梗摄合口三四等见系字、臻摄合口三等精组和见系字。

在研究中，我们发现一个有趣的现象，山西方言跟吴语远隔千山万水，但同吴语一样，“穷胸兄”“均军菌群薰训匀云允运”和“熨孕俊巡殉”三类字，除了“顷孕”外，也归为一个音类（参看表七），这种现象值得我们去作进一步的研究。

表七

	穷胸兄均军菌群薰训匀云允运熨俊巡	顷	孕
长治	yŋ	iŋ	iŋ
平遥	yŋ	iŋ	iŋ
忻州	yəŋ	iəŋ	iəŋ

参考文献

北大中文系语言学教研室 1989《汉语方音字汇》(第二版),北京:语文出版社。

戴昭铭 2003《天台方言初探》,北京:中国社会科学出版社。

丁邦新 2003《一百年前的苏州话》,上海:上海教育出版社。

高本汉 1995《中国音韵学研究》,北京:商务印书馆。

侯精一 2008《现代晋语的研究》,北京:商务印书馆。

劲松 瞿霭堂 2004《语音学应用教程》(油印本)。

李 荣 1982《音韵存稿》,北京:商务印书馆。

李如龙 2001《福建县市方言志 12 种》,福州:福建教育出版社。

钱乃荣 1992《当代吴语的研究》,上海:上海教育出版社。

温端政 1985《忻州方言志》,北京:语文出版社。

许宝华 汤珍珠主编 1988《上海市区方言志》,上海:上海教育出版社。

徐通锵 1991《历史语言学》,北京:商务印书馆。

袁 丹 2010 江苏常熟梅李方言同音字汇,《方言》第 4 期。

张源潜 2003《松江方言志》,上海:上海辞书出版社。

赵元任 1928/1956《现代吴语的研究》,北京:科学出版社,1956 年影印本。

郑张尚芳 2008《温州方言志》,北京:中华书局。

Joseph Edkins, *A Grammar of Colloquial Chinese, as Exhibited in the Shanghai Dialect*, Shanghai: Presbyterian Mission Press, 1868。

附　记

王福堂老师是我十分崇敬的前辈学者。我在大学本科读到王老师早年写的《绍兴话记音》(《语言学论丛》第三辑,上海教育出版社,1959)一文,使我记住了王老师的大名,这也是我读到最早的汉语方言连读变调的文章。80 年代我到中国人民大学从谢自立老师攻读硕士学位,有了跟王老师直接接触聆听教诲的机会。当时王老师正在全力修订《汉语方音字汇》,为了搞清楚书中收入的二十个方言点的字音,他跟各地学者、发音合作人通信多达两千多封,倾注了大量的心血。我写毕业论文需要使用《汉语方音字汇》里面的方言材料,那时《汉语方音字汇(第二版)》还没有出版,王老师把他底本的复印件借给了我，并再三叮嘱，发现问题一定要马上告诉他，以便纠正。他用一人之力完成修订，却以集体之名出版，当今学界有几人能这样做！80年代末，王老师带领北大本科生赴绍兴作方言调查，我受邀参加，有幸在听音记音方面得到王老师的指导，受益终生。王老师博学谦逊、务实求真、淡泊名利的精神，为我们学生辈树立了光辉的榜样。

（薛才德　上海大学文学院）

南昌地名所反映的方言读音层次

谢留文

方言中的地名读音，世代口耳相传，往往反映方言语音早期的读音层次。本文以南昌地区若干地名为例，结合其他汉语方言，来论证南昌方言中一些地名读音所反映出来的不同的方言读音层次。下文提到的地名读音，都是笔者母语南昌县蒋巷镇叶楼村的读音。

一　长头堎

南昌市新建县城关长堎镇，当地一般称“长头堎”。过去这里是一片荆棘丛生的山丘荒野，有一条又长又显眼的山脊土丘，因而得名。堎读[lɛn꜅]，声调是阳去。意思是不高的土丘。“堎”字是一个当地俗字。

南昌县蒋巷镇叶楼村方言读[lɛn]音节的常用字很少，一般人也不知道该写什么字形，这里列举如下（例句音标后的数字 30 表示轻声）：

①□[꜀lɛn]睁大眼睛注视，瞪眼，表示不满意：拿眼睛～渠。

②□[lɛn꜅]①名词，冰：地上都起□[tɕi30]～地面上都有冰了。②动词，冻：灶屋下里个缸都～倒□[tɕi30]厨房里的水缸都冻了。

③□[lɛn꜅] 楼～：旧式民房紧贴阁楼底部楼板起支撑作用的四面有棱的粗长木头。

④堎[lɛn꜅]当地俗字，意思是不高的土丘。

从南昌县蒋巷镇叶楼村方言与中古音的对应规律来看，这几个字韵母只能来源于中古曾摄开口一等。不过从汉语方言的实际情况来看，有些中古曾摄开口三等的字今天有读如一等的读法。熊正辉（1982）讨论南昌方言里曾摄三等读如一等的字，列举了“凭甑鹰鲫凌澄”等 7 个字，这些字中古属于曾摄开口三等，但是在有些赣语、客家话、粤语中都读如曾摄开口一等。

顺着这个思路，我们假设上述4个字也可能是属于曾摄三等读如一等的字，那么①的本字应该是“睖”，集韵三等平声蒸韵闾承切“睖瞪直视”。三等读如一等。除了南昌县蒋巷镇方言外，陕西安康白河读[꜀lən]，扬州方言读[꜀lən]，都读如一等。②的本字是“凌”，这个字熊正辉(1982)已经讨论过，这里不赘述。③的本字是“棱”，集韵平声三等蒸韵闾承切“柧也”。也见于集韵平声一等登韵卢登切“说文柧也”。这个字韵书一等三等都收了。“柧”《广韵》平声古胡切“棱柧”，也是“棱”的意思。不过南昌县蒋巷镇叶楼村方言读如一等去声，不是平声。其他方言也有类似读法，例如《汉语方音字汇》(第二版重排本，2008 重印)记录合肥方言读[lən꜄]，武汉方言读[꜀nin]和[nən꜄]，都有一等去声的读法。曾摄开口一等还有一个“楞”字，《广韵》登韵鲁登切“四方木也”，意思上也讲得通。不过《广韵》中一等的“棱”字也有“楞”字的意义。所以本文仍以”棱”为本字。④是一个俗字“堎”，意思是不高的土丘，这个字可能是“陵”的一等的读法，“陵”《广韵》平声力膺切“大阜曰陵”。“阜”《广韵》房久切“陵阜，释名曰土山曰阜”。“陵”是大的土山的意思。其实土山无所谓大小，都可以称作“陵”的。不过目前“陵”读一等还缺乏方言的证据，姑且算是一种推测。“堎”字在地名中很常见，除了江西新建县的长堎镇，江西省南昌市湾里区招贤镇有堎上村，江西萍乡市新泉乡有堎下村，山西宝鸡市陇县有堎底下镇，山西省吕梁市兴县孟家坪乡有扒堎上村等等，这些地方“堎”字的读音和意义都值得调查。

曾摄平声来母蒸韵和登韵一三等两读的例子在韵书中很常见，以下举《集韵》的例子：

集韵三等平声蒸韵	集韵一等平声登韵
棱，集韵平声蒸韵闾承切“柧也”	棱，集韵平声登韵卢登切“说文柧也”
祾，集韵平声蒸韵闾承切“博雅祭也一曰福也”	祾，集韵平声蒸韵卢登切“博雅祭也”
崚，集韵平声蒸韵闾承切“崚嶒山貌”	崚，集韵平声邓韵卢登切“崚嶒山貌”
碐，集韵平声蒸韵闾承切“石貌”	碐，集韵平声登韵卢登切“石貌”
掕，集韵平声蒸韵闾承切“止马也”	掕，集韵平声登韵卢登切“博雅止也”

可见曾摄字尤其来母字，在韵书中一三等互见的例子很多，方言中的一些三等读如一等的字韵书可能失收。

二　孺子路

南昌市有一条街道叫孺子路，因纪念东汉高士、豫章南昌人徐稚（字孺子）而得名。“孺”读[ɵ꜅]，来源于遇摄日母合口三等。《广韵》去声遇韵而遇切“稚也”。《广韵》只有去声一读。《集韵》有平去两读。《集韵》平声虞韵汝朱切“幼弱也属也”，《集韵》去声遇韵儒遇切“说文乳子也”。

《方言调查字表》（1981 年新 1 版）没有收“孺”字，遇摄日母字只收有“如汝儒乳擩”5 个字，其中“汝擩”二字南昌县蒋巷镇叶楼村方言不说。下面列出“儒如乳孺”的读音，见表一。

表一　“儒如乳孺”的今读音

遇摄日母字	儒	如	乳	孺
文读	꜁lu	꜁lu	꜂lu	꜁lu
白读 1	꜁y 旧读书音	꜁y 旧读书音	꜂y 豆～：腐乳	꜁y 旧读书音
白读 2	꜁ɵ～生	꜁ɵ 不～似：不如；～来佛	꜂ɵ 豆～：腐乳	꜁ɵ ～子路；老～人

从上表看，遇摄日母字的读音有三个层次。白读 2 是本地最早的读音层次，白读 1 是本地早期读书音层次，文读音是最新的层次，是从普通话读音 ʐu→lu 折合过来的读音。

从整个江西方言的情况来看，遇摄日母字的读音也很一致，普遍存在这三个层次。《江西省方言志》（2005）字音对照中收有“如、儒”二字，其中“如”字南昌市区、临川、崇仁、乐安、南城、黎川、吉安、丰城、新干、宜春韵母都读[ɵ]，安义读[ə]，宜黄读[ɛ]，南丰读[o]，广昌读[ɤ]，这些都相当于白读 2 的层次，彭泽、铅山、永新、莲花、萍乡、上饶、婺源、浮梁读[y]，相当于白读 1 的层次，其他读[u]的属于文读。

刘纶鑫主编的《客赣方言比较研究》（1999）第六章“客赣方言词汇比较表”收有“豆腐乳”一词，其中湖口叫“豆腐饵[꜂ər]”、永修叫“豆饵[꜂lɛ]”、波阳叫“豆腐饵[꜂ər]子”、南昌县（塔城乡）叫“豆饵[꜂ɵ]”，“饵”字韵母都是白读 2 的层次，“饵”的本字应该是“乳”。

三　魏家，联圩，王家，氿口

3.1 南昌县蒋巷镇有一个村庄叫“魏家”，“魏”读[ȵi]。止摄合口三等字。在南昌县蒋巷镇叶楼村方言里，止摄合口三等与蟹摄合口三四等已经合流，只有个别字白读还保留了和蟹摄合口三四等字的区别，见表二。

表二　止摄合口三等与蟹摄合口三四等的今韵母读音

	非组	精组	章组	见组	晓组	影组
蟹合三四	i	y	y	ui	i	ui
止合三				魏 ui꜅ 文 ȵi꜅ 白		围 ꜁ui 文 ꜁y 白

止摄合口三等只有“魏、围”有文白异读，文读与蟹摄合口三四等合流，白读音韵母[y]是止摄合口三等固有的读音，也就是所谓的“支微入鱼”。这种现象见于全国南北的许多汉语方言。“魏”字的读音需要说明一下，“魏”字白读照理应该读[ȵy꜅]的，今天读[ȵi꜅]可能经历了 ȵy→ȵi 的变化。还有另外一种可能，据笔者的了解，“魏家”这一带的方言，语音系统里没有撮口呼韵母，都读成齐齿呼韵母。例如遇摄的“雨”读[꜀i]，蟹摄合口三等的“岁、税”读[ɕi꜄]，止摄合口三等的“水”读[꜂fi]，“醉”读[tɕi꜄]。所以“魏”字在“魏家”是读[ȵi꜅]的，不排除“魏”字的读音是从当地传播过来的。与南昌县相邻的安义县城关“魏”字也读[ȵi꜅]，其方言也无撮口呼韵母，与“魏家”一带方言类似。

3.2 南昌县蒋巷镇地处赣江下游，鄱阳湖之滨，河流湖泊众多，相应的修筑防水用的圩堤也非常之多。“联圩”就是一个与圩堤有关的地名，“圩”读[꜁y]。这个字《方言调查字表》没有收，不见于《广韵》《集韵》。从韵母读音来看，应该来源于止摄合口三等，是止摄合口三等本来的读音。《康熙字典》：“《字汇》云俱切，音于，岸也。……司马贞曰，窊也，江淮间水高于田，筑隄而扞水曰圩。”《字汇》说云俱切，音于，说明在明代时，止摄合口三等韵母就读同遇摄合口三等了。《字汇》作者梅膺祚是安徽宣城人。“圩”字作堤坝讲，在长江中下游很常见。安徽当涂（湖阳）吴语读[꜁y]，还保留与蟹摄合口三四等的区别，安徽铜陵吴语读[꜁ue]，安徽宣城（雁翅）吴语读[꜁uəi]，已经受江淮官话影响，与蟹摄合口三四等合流了。

3.3 南昌县蒋巷镇有一个村名叫“王家”，“王”读[꜁iɔŋ]，宕摄合口三等字。宕摄合口三等常用字在赣语读 i 介音韵母的字极少，除了地名中的“王”字，还有一个“旺”字，“旺”读[iɔŋ꜅]，在江西赣语中主要有以下几个意思：①火烧得很旺；②旺盛；③热闹、拥挤，人气旺；④生意兴隆。江西的星子、永修、修水、新建、安义、靖安、高安、奉新、都昌、吉安、南昌(城里)、南昌县(蒋巷)赣语“公鸡”都叫“[iɔŋ꜅]鸡”，“[iɔŋ꜅]”的本字就是“旺”。在客家话、吴语里，“旺”字也有带 i 介音的读法。例如梅县话白读为[iɔŋ꜄]，上海话韵母白读为[iã]。“王”字带 i 介音的读法还见于徽语，如江西婺源高砂乡读[꜁iɔ̃]。宕摄合口三等还有一个“籰”字，意思是一种绕纱、线的工具，现在很难见到，方言调查一般调查不出这个字的读音，江西余干赣语说“籰仂”，“籰”读[iok꜆]。宕摄合口三等带 i 介音，反映了宕摄合口三等读音的早期层次。谢留文(2006)对此问题有过讨论。

赣语带 i 介音的宕摄合口三等字“王、旺、籰”都是中古影组字，而在客家话里，中古非组今白读为[iɔŋ][iɔk]的字非常多，根据项梦冰(2003,2004)，“放、网、枋、肪、芒、辋、望、缚”等字在闽西、粤东客家话里白读都带 i 介音。江西赣南宁都客家话有一个俗语“过河拆枋”，意思是过河拆桥，“枋”读[꜀piɔŋ]，也属于此类。

3.4 南昌县原来有一个乡叫“尤口乡”，现更名为昌东镇。“尤口”原作“沋口”，晚清到民国时期是一个集市所在地。清同治《南昌府志》卷 6：沋口市，“距(南昌)城三十里”。“沋”读[꜁çiu]。中古流摄三等云母字。《广韵》羽求切“水名，在高密”。

南昌县蒋巷镇叶楼村方言，中古云母今读擦音声母的，除了“沋”外，还有“熊雄”二字，均读[꜁çiuŋ]，不过“雄”字口语里不说，“熊”作地名时读[꜁iuŋ]，二字声母读擦音是受普通话影响所致。中古云母字今读[x h ɦ]擦音的，闽语、吴语保留较多，一般认为反映了云母更早期的读音，也就是所谓的“喻三归匣”。赣语今一般都读零声母。不过“沋”作为地名用字，古老相传，可能与闽语、吴语读擦音性质相同。当云母从匣母分离出来读为零声母时，“沋”字作为地名，没有参与演变，仍读如匣母三等，声母按匣母三等演变而来。

参考文献

北京大学中文系语言学教研室 2008《汉语方音字汇》(第二版重排本)，北京：语文出版社。

陈昌仪主编 2005《江西省方言志》,北京:方志出版社。
柯西钢 2013《白河方言调查研究》,北京:中华书局。
李如龙 张双庆主编 1992《客赣方言调查报告》,厦门:厦门大学出版社
刘纶鑫主编 1999《客赣方言比较研究》,北京:中国社会科学出版社。
沈明 刘祥柏 陈丽 谢留文 2012《安徽吴语四种》(未刊稿)。
王世华 黄继林 1996《扬州方言词典》,南京:江苏教育出版社。
项梦冰 2004 连城客家话古宕摄合口三等非组字的今读,收录于项梦冰著《闽西方言调查研究》第 1 辑,(韩国)新星出版社。
项梦冰 2005《客话音韵论》,北京大学博士论文。
谢留文 2006 赣语“公鸡”的本字及其反映的读音层次,《语言科学》第 5 期。
熊 燕 2004《客赣方言语音系统的历史层次》,北京大学博士论文。
熊正辉 1982 南昌方言曾摄三等读如一等的字,《方言》第 3 期。
张林 谢留文 2010《安徽铜陵吴语记略》,北京:中国社会科学出版社。
朱建颂 1995《武汉方言词典》,南京:江苏教育出版社。

附　记

1985 年上大学的时候,根本就没想到以后会与汉语方言打交道。班上 9 个男生,没有人喜欢汉语专业。大四寒假前,记得有一天去王福堂先生家,王先生问我愿不愿意去社科院语言所方言室,当时正为工作发愁,想了想就答应了。大概是当时语言所方言室想要一个有南方方言背景的本科男生,请王先生推荐,其他南方的同学好像都不大愿意去。其实我当时心里也是很茫然的,不知道去了以后能干什么。我的同班同学陆步轩,著名的北大卖肉才子,有一次记者采访他,他说他自己也是很想做文字工作的,有的同学正巧家乡方言古音保留比较多才分进了研究所,指的大概就是我了。现在想起来,觉得自己很庆幸。

二年级的时候,王先生教我们方言基础课,四年级时,王先生、王洪君老师、李小凡老师又给我们开了方言专题研究,记忆中王先生好像嗓子一直就有点儿沙哑。二年级下学期,王先生带我们去山西吕梁地区方言调查实习,同去的还有 84 级汉语专业的同学。王洪君老师指导我们小组调查柳林县方言,同组的还有王海丹、张娟。我的表现实在不怎么好。多年以后,有一次和语言所的同事沈明、刘祥柏、陈丽一起去王先生家,聊起旧事,王洪君老师乐呵呵地说,

方言实习记音的时候，谢留文连字表都不带。我自己都记不得了，真是汗颜。

来语言所后，有一段时间我住在中国地质大学里面，离北大不远。记得是1991年的一天，晚饭后闲来无事，骑车就直奔王先生家。王先生一个人在家，我也不问王先生忙不忙，进门就聊上了。王先生一直就陪着我聊，都聊了些什么现在已记不真切了，只记得从王先生家出来时，已经是深夜一点多，一路上自己都觉得很是唐突。

刚上大学的时候就听说王先生是要求最严格的两位老师之一，另一位是裘锡圭先生。王先生的治学和学问，学界早有定评，毋庸我费言。生活中的王先生却是一个很随和的人，话语不多。这些年来，我和所里几位王先生的弟子学生和故交，有时相约去王先生家里，大家海阔天空，载笑载言，王先生一般都安静地听着，不时给我们续点儿茶水，递点儿水果或小点心，偶尔插几句话。倒是王洪君老师很会聊天儿，说到有趣的事儿时，大家都忍俊不禁，王洪君老师自己也乐得一派天然。

王先生性情恬淡，清静自守，是一个很纯粹的人。

谨以此小文敬祝先生八秩华诞。

（谢留文　中国社会科学院语言研究所）

客赣方言滋丝音的演变*

江敏华

一　前　言

汉语方言滋丝音（sibilants）所涉及的音类包括中古精、庄、知、章四系声母。滋丝音在客赣方言中有许多丰富的变化，其中有继承古音的，也有中古以后的变化。本文利用现有的客、赣方言语料①，全面探讨客赣方言滋丝音的演变。本文首先整理客、赣方言精、庄、知、章四系声母的分合，依音类分合与音值特点区分为宁化型方言、长汀型方言及抚州型方言三大类型，指出其类型演变过程及地理分布情形。其次针对客赣方言滋丝音的相关变化，包括知三、章读舌尖塞音，知三、章读舌根音，与送气音相关的 $t^h > h$，$ts^h > t^h$ 等变化，探讨其发生条件、演变过程及地理分布情形。

二　精庄知章的分合

2.1　宁化型、长汀型与抚州型

中古声母精、庄、知、章在客方言中主要分为两种类型。以闽西客语为例，两种类型可以下表一见梗概，前者我们称为宁化型，后者称为长汀型：

*　本文为国科会计划“客赣方言关系研究——音韵、词汇与语法比较研究”（NSC99 - 2410 - H - 001 - 093 - MY2）的研究成果之一，感谢国科会的经费资助。

①　本文尽可能穷尽式地收集各方言点语料，但所有曾考察过的方言点限于篇幅无法一一罗列。本文中曾出现的方言点语料来源请见参考文献。部分方言点亦参考各县县志，不再一一列出。

宁化型

	一等	二等	三(四)等
精	ts		ts
庄		ts	ts
知		ts	ts
章			ts

长汀型

	一等	二等	三(四)等
精	ts		ts
庄		ts	ts
知		ts	tʃ(tʂ)
章			tʃ(tʂ)

宁化型的特点是只有一套塞擦音,精庄知章声母合为一类,ts－在细音前或颚化为 tɕ－,但 ts－与 tɕ－并非对立的声母;长汀型则有两套塞擦音,精、庄与知系二等读为舌尖塞擦音,知系三等与章系字为舌尖后塞擦音 tʃ－或卷舌塞擦音 tʂ－。这两种类型可以涵盖目前所见的绝大多数客语,广东、闽西与赣南客家话都不外这两种类型。学者大多同意长汀型为存古,宁化型则是后来的演变。①

至于赣语,在精庄知章分合的情形上几乎与客家话完全相同,精庄知章若有分别必是"精、庄、知二:知三、章"的格局。所不同的是,客家话的舌尖后音或卷舌音(亦即知三与章组字),在许多赣语中都读成了舌尖塞音。由于此类知三、章组与端组字进一步混同,我们将此类型称为抚州型:

抚州型

	一等	二等	三(四)等
精	ts		ts
庄		ts	ts
知		ts	t
章			t

抚州型方言知章组读舌尖塞音的现象是长汀型的进一步演变,本文在 3.1 节有更详细的讨论。宁化型、长汀型与抚州型的分类是从音类分合的角

① 参袁家骅(1989)、罗美珍、邓晓华(1995)、谢留文(2003)与刘泽民(2005)等。

度所作的大方向的分类，有些学者进一步依据音值再区分出一些次类，参见谢留文(2003)、万波(2009)等。这些次分类大多是与三等韵母是否有 -i- 介音有关的变化，本文不再细说。广西蒙山西河及粤北连山小三江客家话精、庄、知二组读 t-/t^h-/θ-，知三、章组读 ts-/ts^h/s-，音值恰与抚州型相反，事实上，这也是长汀型的进一步演变，发生这种变化应与侗台语的接触有关(万波 2009:223)。

宁化型、长汀型、抚州型等三类型在客家话和赣语中的地理分布请分别参考图 1 与图 2。

图 1　精庄知章“宁化型”“长汀型”在客家话中的分布

图2 精庄知章"宁化型""长汀型""抚州型"在赣语中的分布

2.2 精庄同源与知二的演变

客赣方言精、庄、知、章声母不论分合类型如何、不论音值如何，有一个非常突出的特点便是精系字、庄系字与知系二等字的声母总是相同，知系三等字和章系字的读音也总是相同。这不禁让我们想探究，是什么原因造成客赣方言精、庄与知二的关系特别密切？它们在更早的阶段也都是有分别的吗？

先看精、庄在古音中的关系。中古精系字见于一、三、四等韵，庄系字见于二、三等韵，二者并没有如端、知系般呈现互补分布，然而就文献上所呈现的古音材料来说，精、庄系字在谐声中是分不开的，反切中许多"精照互用"的例子，也透露出精、庄系字在中古以前有更密切的关系。从另一个角度来看，庄系字在中古各韵摄的分配，有一个大体的倾向，凡在有二等韵的摄里（外转），庄系字都结集于二等韵而不见于三等韵，只有在没有二等韵的摄里（内转），才出现于三等韵；臻、栉两韵更是只有庄系字而独成二等韵，而和他们相配的三等韵真与质恰好都只缺庄系字，这正说明了所有的庄系字原来都属二等，臻、栉两韵独立成韵正是古语的遗迹。因此可以说，古代"精庄同源"，庄系字原来都是二等韵，和精系字的一、三、四等韵互补；其后庄系字在二等韵的条件下，声母与精系字分开，部分韵母则变入三等，形成精、庄系字在三等韵前以声母区别的现象。[①] 换句话说，所谓"精庄同源"，并非精系字和庄系字完全没有分别，而是它们原来的分别在韵母而不在声母；韵母的分别后来演变为声母的分别，即成精系与庄系两套不同的声母。

有了这层认识，再回头来看客、赣方言精、庄系字的表现，可以发现，客赣方言精、庄系字的区别永远表现在韵母上，绝没有表现在声母上的，且庄系字即使出现在三等韵中，也显示出二等韵的特色；这些正是反映中古以前"精庄同源"的现象。有些学者以精、庄系字的韵母有别来证明精、庄声母原来也有分别，这是忽略了庄系字的二等韵性质。客赣方言庄系字若曾变入三等韵再失去介音而与精系字合流，较难解释它如何与同属三等的章系字始终保持区别，以及它与其他庄章合流的方言何以有此重大的演变上的分歧。本文认为，庄系字韵母不应拿来和精系三等字相比，反而应和精系一等字相比。客、赣方言精、庄系字有一个现象值得特别注意，即三等庄系字总

---

① 有关庄系字原为二等字的论证及其后来演变，参董同龢《汉语音韵学》第十二章页 293 – 295。

是和同摄一等精系字同音：

表1　客、赣语三等庄系字读同同摄一等精系字

	宁化	东势	清流	南昌	修水	萍乡
秋(流精三)	ts^{h}iəɯ^{1}	ts^{h}iu^{1}	ts^{h}iɤ^{1}	tɕ^{h}iu^{1}	dʑ^{h}iu^{1}	ts^{h}iu^{1}
搜(流庄三)	səɯ^{1}	seu^{1}	sɤ^{1}	sɛu^{1}	sɛi^{1}	sœ^{1}
走(流精一)	tsəɯ^{3}	tseu^{3}	tsɤ^{3}	tsɛu^{3}	tsɛi^{3}	tsœ^{3}
将(宕精三)	tsiɔŋ^{1}	tsiɔŋ^{1}	tsiɔ̃^{1}	tɕsiɔŋ^{1}	(tɕiɔŋ^{1} 浆)	tsiɔ̃^{1}
庄(宕庄三)	tsɔŋ^{1}	tsɔŋ^{1}	tsɔ̃^{1}	tsɔŋ^{1}	tsɔŋ^{1}	tsɔ̃^{1}
仓(宕精一)	ts^{h}ɔŋ^{1}	tshɔŋ^{1}	ts^{h}ɔ̃^{1}	ts^{h}ɔŋ^{1}	dz^{h}ɔŋ^{1}	ts^{h}ɔ̃^{1}
徐(遇精三)	ts^{h}əɯ^{2}	ts^{h}i^{2}	ts^{h}y^{2}	tɕ^{h}y^{2}	dz^{h}i^{2}	si^{2}
梳(遇庄三)	ts^{h}iəu^{2}	sʅ^{1}/su^{1}	su^{1}	su^{1}	sʅ^{1}	su^{1}
粗(遇精一)	ts^{h}u^{1}	ts^{h}u^{1}	ts^{h}u^{1}	ts^{h}u^{1}	dz^{h}ʅ^{1}	ts^{h}u^{1}
息(曾精三)	siʔ^{6}	sit^{7}	si^{3}	ɕit^{7}	(ɕit^{7} 熄)	si^{1},sɛ^{1}
色(曾庄三)	sɤʔ^{6}	set^{7}	sɤ^{3}	sɛt^{7}	sɛʔ^{7}	sɛ^{1}
贼(曾精一)	ts^{h}ɤ^{5}	ts^{h}et^{8}	(sɤ^{3} 塞)	ts^{h}ɛt^{8}	dz^{h}ɛʔ^{8}	ts^{h}ɛ^{5}

声母上精、庄总是相同，而庄系字的韵母总是表现为洪音而不同于三等韵，尤其在流摄、遇摄与曾摄中，多数方言庄系字的韵母与三等韵的不同并不仅只是 -i- 介音的有无而已，主要元音也有较大的差异，但都一致地与精系一等字的韵母相同。这种现象便不能径以庄系字由于卷舌化而使介音消失来解释，事实上，这正表示客家话和赣语的庄系字维持着古代精庄同源的格局：庄系字始终保持为二等而没有变入三等韵，因此读为洪音①；其后在一、二等合流的潮流下，庄系字总是与同摄一等精系字同音。

再以只有三等韵的深摄侵韵字来看，侵韵字在多数客赣方言中读为 -im/p韵，唯独庄系字读为 -em/p 或其他 e 类元音，如“森、参、涩”等字。

① 客赣方言庄组字读为洪音的原因和许多汉语方言知三、章组不带 -i- 介音的原因不同，这便是客赣方言庄组字能与章组字始终保持分立，并且与其他庄章合流的方言演变分歧的原因。在庄章合流的方言中，其庄组字虽然也多不带 -i- 介音，但其原因和多数方言章组不带 -i- 介音的原因相同，也就是因声母发生卷舌化，而使 -i- 介音消失。

深摄没有一等韵，因此无从比较它与精系一等字读音是否相同，但将之与同样收 -m/p 尾的咸摄字作比较，可以发现深摄读 -em/p 韵的庄系字，与一、二等有别或覃谈有别的咸摄一等字读音相同。江敏华(2012)指出，客家话在一些口语中可能不知本字的词汇中，可以找到一个覃韵及谈韵见系字读 -em/p 的层次，与赣语覃谈有别的 -om/p 对应，可以视为客家话覃谈有别或一、二等有别的层次。其中属滋丝音(精系)的例字如各地客家话的"揝 tsem3"(盖章的动作或由上而下捶击小孩头部之体罚动作，感韵子感切)，龙川的"糂 sɛm3"(饭粒，感韵桑感切)，梅县、五华、龙川、宁都等地的"tsep7"(用五指取少量东西，或作量词，与赣语 -op 韵对应)①等。覃韵精系字与侵韵庄系字均来自上古侵部，前者为一等字，后者为二等字，二者的关系正相当于上述庄系字与同摄一等精系字的关系。客家话今读有一个层次读音相同，正反映早于《切韵》的音韵格局。

在《韵镜》等早期韵图上，凡是有二等韵的摄，庄系字总是排在韵图二等的位置，四等俱全的中古蟹、山、效、咸四摄便是如此。客、赣语中有不少方言仍然保存一、二等的分别；在这样的方言中，同摄的精系一等字和庄系字便不同音，这正可说明精系一等字和庄系字同音的现象是由于一、二等合流所造成的。咸摄字已如上述，山摄一、二等有别多只表现在见系字，以下举蟹、效两摄为例：

表2 蟹、效一、二等有别的精庄系字

	菜(蟹开一)	差(蟹开二)	草(效开一)	炒(效开二)
东势	ts^hoi^5	ts^hai^1	ts^ho^3	ts^hau^3
梅县	$ts^hɔi^5$	ts^hai^1	ts^hau^3	ts^hau^3
永定	ts^hoi^3	ts^hai^1	ts^hou^3	ts^hau^3

本文认为客赣方言精、庄系字的表现是早于中古的"精庄同源"现象，而这种精庄同源现象，就目前所知，总是伴随着知系二等字读同精庄系字声母。本文认为这便是庄系字留在二等韵所造成的后续效应。上古端、知不分，知系字原来是塞音，后来才在二、三等的条件下变为塞擦音。因此，在知

① 这个词许多方言调查报告直接写作"撮"字。如《黎川方言词典》认为来自《集韵》宗括切的"撮"，然韵尾收 -p 与反切不合。tsep7 或 tsop7 应为覃韵入声的来源。部分赣方言另有读为 tsot7 的"撮"字，才是来源于末韵宗括切的"撮"。

系字还未变为塞擦音时,滋丝音配二等韵的便只有庄系字,当知系字逐渐从塞音转变为塞擦音时,像客赣方言这种庄系字仍维持在二等韵的方言,知系二等字很自然易与之合流。反之,在庄系字大部分变入三等韵的方言(如官话)中,知二字声母便不与庄系字合流,而与同样由塞音演变而来的知系三等字发展出相同的声母。也就是说,本文认为知二与知三对立的方言,其分别应该在由塞音转变为塞擦音的过程中就产生了,否则若知二与知三都先由塞音变为相同部位的塞擦音,在只有三等介音为区别的情况下,要发展成知二与知三截然分立、并呈现大面积一致整齐的状态,恐怕是有困难的。此外,如果认为客赣方言早期精、庄曾经分立,知二、知三也曾经分立,再加上章系字也属滋丝音,那么客、赣方言的滋丝音系统将比精庄合一的上古音复杂,也比知二、知三属同一个声母的中古音复杂,这以由中古到现代语音系统倾向简化演变而言,几乎是不可能的,现代汉语方言也找不到类似的例子。

三　知三、章组的演变

3.1　知三、章读舌尖塞音

赣语中有不少方言的知、章系字读为舌尖塞音,亦即不送气的知、章两母读 /t/,送气的彻、澄、昌、船、禅等母则读 /t^{h}/,但擦音的书母仍读擦音,船、禅两母也有读擦音的,2.1 节称为"抚州型方言"。这个现象主要分布在江西中部以北的地区。具体的例子如:

表 3　知三、章读舌尖塞音例

	车	猪	知	吹	朝	周	针	称	尺
万载	t^{h}a^{1}	tu^{1}	tsʅ^{1}	t^{h}uĕi^{1}	teu^{1}	tsɪu^{1}	tsɪn^{1}	ts^{h}ɪn	t^{h}aʔ
奉新	t^{h}ɛ^{1}	tu^{1}	tø^{1}	tç^{h}i^{1}	tʌu^{1}	tu^{1}	təm^{1}	t^{h}ən^{1}	t^{h}aʔ
抚州	t^{h}a^{1}	te^{1}	ti^{1}	t^{h}ui^{1}	tau^{1}	tiu^{1}	tim^{1}	t^{h}in	t^{h}aʔ

事实上,这个现象早在罗常培(1940)研究临川方言时就已指出,其后又有多位学者讨论过;学者们或以为是上古音端知章不分的痕迹(罗常培 1940、余直夫 1975),或以为是后来的演变(Sagart 1993、大岛广美 1996),或以为是闽语的影响(何大安 1988:103)。由表 3 看来,各方言点的辖字范围

颇不一致，我们有必要先对知、章读塞音现象在各方言中的表现做一整体的观照，才能进一步讨论此现象究竟是存古或是创新。

首先必须注意到一个现象，就是知、章读塞音的方言和知、章读塞擦音的方言在精、庄、知、章声母的分合上，并没有太大的不同；也就是说，知、章读塞音的方言并没有改变客、赣语"精、庄、知二：知三、章"双向对立的格局，在知、章读塞音的方言中，除了少数精、庄、知、章皆读塞音的方言（如南丰、宜黄、广昌）①外，大多数的方言并不包括知系二等字，我们只需用"茶、桌"二字检验一遍即知，"茶"字送气，有些方言涉及 $ts^h > t^h$ 的音变，因此"桌"字更具有鉴别意义：

表4　知三、章读塞音不含知二字

	茶假二澄母	遮假三章母	桌江二知母	张宕三知母
抚州	ts^ha^2	ta^1	$tsoʔ^7$	$toŋ^1$
临川	ts^ha^2	ta^1	$tsoʔ^7$	$toŋ^1$
东乡	ts^ha^2	ta^1	tsoʔ	$tɔŋ^1$
南城	t^ha^2	ta^1	tsoʔ	$tɔŋ^1$
峡江	ts^ha^2	ta^1	tsok	$tɔŋ^1$
永丰	ts^ha^2	ta^1	tsoʔ /tsu^1	$tɔŋ^1$

由此可见，抚州型方言也是在"精、庄、知二：知三、章"对立的格局之下，读塞音的音类事实上只涉及长汀型方言中读为舌尖后或卷舌塞擦音的知三和章系塞擦音。因此，比较合理的解释便是：知章读塞音的现象是在客、赣语"端：精、庄、知$_{二}$：知$_{三}$章"的格局形成之后，才进一步由塞擦音演变而成塞音的。

前面提到，知、章读塞音在各方言中的辖字并不一致，不一致的主要原因事实上是各方言韵母的变化不同所致，其中知章组字是否保存三等介音 -i- 具有关键地位。那么，知章读塞音的现象若果真由知章读塞擦音的长汀型方言变化而来，介音 -i- 在其中又扮演什么样的角色呢？

在知三、章读为塞音的方言中，读塞音的辖字或有不同，但同一方言中，知三、章系声母读为塞音或塞擦音的分野，往往取决于韵母是否以舌尖元音 -ɿ 或前高元音 -i、-y、-ɪ 起首：

---

① 这样的方言或许和 $ts^h > t^h$ 音变有关，参4.2节。

表 5　客赣语知三、章读塞音与韵母的关系①

	修水	奉新冯川	贵溪	新余	万载	南城	抚州	武平
遮	ta^{1}	tɛ^{1}	ta^{1}	ta^{1A}	ta^{1}	ta^{1}	ta^{1}	tsa^{1}
猪	tu^{1}	tu^{1}	tu^{1}	tsɿ^{1A}	tu^{1}	tɕie^{1}	te^{1}	tu^{1}
制	—	tə^{5}	tø^{5}	ti^{2}	tsɿ^{2}	tɕi^{5}	ti^{5}	—
齿	t^{h}ɛ^{3} dzɿ^{3}	t^{h}ə^{3}	t^{h}ø^{3}	t^{h}i^{3}	ts^{h}ɿ^{3}	tɕ^{h}i^{3}	t^{h}i^{3}	tsɿ^{5}
吹	d^{h}u^{1}	tɕ^{h}i^{1}	k^{h}ui^{1}	t^{h}uêi^{1B}	t^{h}uěi^{1}	tɕ^{h}y^{1}	t^{h}ui^{1}	ts^{h}e^{1}
朝	tau^{1}	tʌu^{1}	tɑɔ^{1}	tɛu^{1A}	teu^{1}	tau^{1}	tau^{1}	tsɔ^{1}
周	tu^{1}	tu^{1}	tɕiu^{1}	tɪu^{1A}	tsɪu^{1}	tɕiu^{1}	tiu^{1}	tsɛ^{1}
折	tɛt^{7}	tɛt^{7}	tæʔ^{7}	tɛʔ^{7A}	təʔ^{7}	tɕieʔ^{7}	tet^{7}	tsaʔ^{7}
汁	tɤt^{7}	təp^{7}	tæʔ^{7}	təʔ^{7A}	tsɪuʔ^{7}	tɕiʔ^{7}	tip^{7}	tsɛʔ^{7}
展	tɛn^{3}	tɛn^{3}	tɛn^{3}	tɛn^{3}	ten^{3}	—	ten^{3}	tsɛŋ^{3}
川	—	t^{h}en^{1} t^{h}on^{1}	t^{h}ɛn^{1}	t^{h}uon^{1B}	(t^{h}en^{1} 穿)	t^{h}ɵn^{1}	t^{h}on^{1}	(tsɛŋ^{1} 专)
镇	tɤn^{5A}	tən^{5}	tɛn^{5}	tən^{3}	tsɪn^{6}	tɕin^{5}	tin^{5}	tsɛŋ^{3}
张	tɔŋ^{1}	tɔŋ^{1}	tan^{1}	tɔŋ^{1A}	tɔŋ^{1}	toŋ^{1}	toŋ^{1}	tsɔŋ^{1}
称	d^{h}ɤŋ^{5B}	t^{h}ən^{1}	t^{h}in^{5}	t^{h}ən^{1B}	ts^{h}ɪn^{2}	tɕ^{h}in^{5}	t^{h}in^{1}	ts^{h}ɛŋ^{5}
尺	d^{h}aʔ^{7}	t^{h}aʔ^{7}	t^{h}iʔ^{7}	t^{h}aʔ^{7B}	t^{h}aʔ^{7}	t^{h}aʔ^{7}	t^{h}aʔ^{7}	ts^{h}aʔ^{7}
虫	d^{h}ɤŋ^{2}	t^{h}oŋ^{2}	t^{h}uŋ^{2}	t^{h}uŋ^{2}	t^{h}uŋ^{2}	t^{h}uŋ^{2}	t^{h}uŋ^{2}	ts^{h}uŋ^{2}

上表中尽可能涵盖客、赣语知三、章读塞音的大部分类型，其中抚州的变化最为彻底，不论韵母是否为前高元音，一律变为舌尖塞音 t、t^{h}；贵溪也大抵如此，只有流摄的 -iu 韵前读 tɕ- 为例外，但这极可能是后起的文读音，因为贵溪南乡文坊、双圳、西窑等乡，知、章组字皆读 t、t^{h}，流摄三等也是如此，"周"读 tiu^{1}，"抽"读 t^{h}iu^{1}（《贵溪县志》），如此，则演变条件几与抚州一致；修水只有止摄三等文读韵母为 -ɿ 时读为塞擦音，可视为外来文读层的干扰。其他方言知三、章读塞音大致上为条件音变，奉新、南城逢前高元音 -i、-y 不变，万载逢舌尖元音 -ɿ 与前高元音 -ɪ 不变，新余则以舌尖元音 -ɿ 为条件。考虑到大部分方言中读塞音的知章系字都没有 -i 介音（顶多是以 -i 为主要元音），我们认为知三、章读塞音的演变过程是以精庄、知章有别的长汀型方言的舌尖后塞擦音或卷舌塞擦音为起点，部分（如南城）

① 表中单底线者为白读，双底线者为文读，本文以下皆同。

或全部失去 -i 介音，之后再有条件（如奉新等）或无条件（如抚州）的失去擦音成分而成为塞音：

ts -/tɕ - 宁化型方言

tʃi -（tʂi -）⟶tʃ -（tʂ -）长汀型方言

t -/ts -/tɕ - 抚州型方言①

知三、章系字读塞音的抚州型方言中，章组擦音（如书母及部分船、禅母）皆读为擦音 s - 或 ɕ -（ -i 元音前），与精庄组的擦音（如心、邪、崇、生等母）合流。因此，知三、章系由塞擦音变为塞音的过程，若和精、庄、知、章全部合流为一套塞擦音的宁化型方言合而并观，其演变的共同趋势都是舌尖后音（tʃ -，tʃ^h -，ʃ -）或卷舌音（tʂ-，tʂ^h -，ʂ-）声母的消失，所不同的只是塞擦音变化的方向：宁化型方言变为舌尖塞擦音（tʃ（tʂ）- > ts -），而抚州型方言则变为舌尖塞音（tʃ（tʂ）- > t -）。

至于变为舌尖塞音的究竟是舌尖后塞擦音或是卷舌塞擦音，我们暂且持保留的态度，认为二者皆有可能。不过，本文并没有采用部分学者以武宁、高安老屋周家或抚州的舌面音 tɕ - 为演变的起点，主要的理由是：这些知章组读 tɕ -、tɕ^h - 的方言绝大部分都与精庄组细音没有分别，ts -、ts^h - 与 tɕ -、tɕ^h - 也并不对立，属于精、庄、知、章全部合流的宁化型方言，tɕ -、tɕ^h - 的读音是与精庄系字合流并且颚化的结果，自然不是演变过程中比较早期的阶段。虽然我们也可以假设 tɕ -、tɕ^h - 先变为 t -、t^h - 之后，精系字才颚化；不过，既然目前并未发现知章组读 tɕ - 而精庄组不颚化（读为 ts(i) -）的方言，我们便不必假设知章组读塞音的抚州型方言曾经存在这样的一种类型。

表 5 中，武平属闽西客语，是唯一具有这个现象的核心区客家方言②，其辖字也最少，仅遇摄的 -u 元音之前变为舌尖塞音。不过，虽属闽西，武平塞擦音读为塞音的现象明显和闽语的"端知不分"现象不同而与赣语的"知三、章读塞音"相同：闽语读舌尖塞音的范围包括知二和知三，但不包括章系

① 以下以"抚州型方言"统括各种类型的知三、章组读塞音的方言。

② 位于赣北的奉新澡溪客家方言也有知三、章读塞音的现象，应是客方言岛受到邻近方言同化的结果。奉新西部的西塔、七里等地仍读 tʂ-，tʂ^h -，ʂ-（刘纶鑫 1999：82）。

字，武平则涵盖知三与章系字①，“猪除苎着”（知系）与“诸煮处”（章系）皆读为舌尖塞音。就地理位置上来说，武平位于知三、章读塞音现象的边缘地带，其“tʃ（tʂ）－，tʃʰ（tʂʰ）－＞t－，tʰ－”影响的韵摄范围最小倒也符合方言地理学“音变随传播范围逐渐减轻其冲击”（Bynon 1977：179）的经验假设。

台湾、广东、闽西的客家话“知”字多读［ti¹］，与其他止摄知章系字读音不同，但这应该和赣语知三、章读塞音的现象分别看待。由上文可知，知三、章读 t－，tʰ－是“tʃ（tʂ）－，tʃʰ（tʂʰ）－＞t－，tʰ－”音变有条件或无条件运作的结果；而在有条件运作的方言中，前高元音 －i 往往是影响变化与否的条件之一。因此，除抚州、临川等 －i 元音之前知章也变为塞音的方言外，许多抚州型方言“知”字反而读 ts－声母而不读 t－声母，如：

表 6　抚州型方言的“知”字读音

	宜黄	南城	泰和	永丰	万载
知	tɕi1	tɕi1	tsɿ1	tsɿ1	tsɿ1

即使是“知”字读 t－声母的抚州型方言，也是由于止摄三等并非 －i、－ɿ 等高元音，而在“tʃ（tʂ）－＞t－”的条件音变下，与其他止摄三等字一起变为 t－的：

表 7　抚州型方言“知”“纸”字读音

	修水	安义	贵溪	奉新	东乡	吉安	宜丰
知	tɛ¹	tɤ¹	tø¹	tə¹	tɛ¹	te¹	tœ¹
纸	tɛ³	tɤ³	tø³	tə³	tɛ³	te³	tœ³

台湾、广东、闽西客家话的情形与此大不相同。客家话“知”字读 t－声母是同韵摄中的个别现象，没有扩及所有同声韵地位（止摄三等开口知章组）的字。因此，知字读 t－是客家话少数“端知不分”的古音遗留。

南城不但知三、章系读 t－，tʰ，部分见系字也读舌尖塞音 t，tʰ，如：

表 8　南城见系字读 t－，tʰ－

	叫	桥	姜	强	弓	穷	脚	茄
南城	tau⁵	tʰau²	toŋ¹	tʰoŋ²	tuŋ¹	tʰuŋ²	toʔ⁷	tʰo²

① 武平仅遇摄的知章系字读舌尖塞音，余皆读舌尖塞擦音 ts－、tsʰ－，而遇摄没有知系二等字。

这是由于南城见系字颚化后部分与知章系的 $tʃ-$，$tʃ^h-$ 合流而不与精庄声母合流①所致，相应的擦音如晓母的“香、乡”等字读为 $soŋ^1$，与知、章系字如出一辙；南城见系字颚化为 $tʃ(tʂ)-$，$tʃ^h(tʂ^h)-$ 在先，“$tʃ(tʂ)-$，$tʃ^h(tʂ^h)->t-$，t^h-”在后，因此读舌尖塞音的字包括见系字。客赣方言因见系字颚化后与知章系合流，造成见系字读 $t-$、t^h- 的方言，除南城外，江西西部萍乡上栗镇话果山臻三摄的合口三四等见晓组字声母读［$t-t^h-s-$］（魏纲强 1990：6）为另一例。

值得注意的是，在“$tʃ(tʂ)-$，$tʃ^h(tʂ^h)->t-$，t^h-”与 4.1 节要谈到的“$t^h>h$”两规律皆运作的方言中，由知三、章系送气音变来的 t^h- 大部分并不进一步变为 $h-$，这个现象向来为学者主张知三、章读塞音并非上古孑遗的证据之一（Sagart 1993、大岛广美 1996、万波 2009），本文也认为这对大部分方言而言是十分有力的证据。不过，经过对已知方言材料地毯式的检查之后，却发现极少数的例外。如东乡县城、马墟，“车扯传穿着长丈昌厂唱尺成”等字皆读 $h-$ 声母，相应的知三、章系不送气音皆读 $t-$ 声母，“车扯”等字自是“$t^h>h$”的产物无疑。又如临川唱凯语音“下”“车”同音，“车扯昌菖唱倡绰川穿喘串”等相当于城关话上顿渡语音 t^h- 声母的字皆读舌根擦音 $h-$ 声母（《临川县志》）。当然，这样的现象虽无法有效证明知三、章读塞音并非上古音的遗留，却也不能因此说东乡、临川唱凯语音知三、章系读塞音便是保存上古音，顶多只能说在这两个方言中，“$t^h>h$”的规律晚于“$tʃ(tʂ)-$，$tʃ^h(tʂ^h)->t-$，t^h-”而已，方言演变速度不同所造成的效应由此可见一斑。

3.2 知三、章读舌根音

客赣方言的知三、章组字还有读为舌根音的，罗美珍、邓晓华（1995）称为“K 音变现象”。这个现象分布在客方言的连城城关、四堡、长汀官坊，赣语则分布在高安、乐平、永丰、醴陵、平江、吉水、弋阳、贵溪、萍乡老派西边、湖北通城等地，其条件则为合口：

① 赣语中这种颚化类型的方言还有江西余干、宜春、萍乡北路话，湖南耒阳、常宁（读为 $ȶ-$ 系），以及安徽岳西、宿松、潜山等地。

表 9　客赣方言知三、章组读舌根音

	猪	煮	吹	“嘴”①	转	春	出
连城城关	（tʃiɛ^{1}）	（tʃʰiɛ^{3}）	kʰui^{1}	kui^{5}	kue^{3}	kʰueŋ^{1}	（tʃʰəɯ^{6}）
连城四堡	ku^{1}	ku^{3}	kʰue^{1}	kue^{5}	kuæŋ^{3}	kʰuiŋ^{1}	kʰuiʔ^{7}
乐平	kʉ^{1}	kʉ^{3}	kʰʉ^{1}	—	kiɛn^{3}	kʰən^{1}	kʰəʔ^{7}
平江	kɥ^{1}	kɥ^{3}	gʰɥ^{1}	—	kɥɛn^{3}	gʰuɤn^{1}	gʰuɤt^{7}
高安	（tø^{1}）	kø^{3}	（tsʰø^{1}）	—	（ton^{3}）	（tsʰøn^{1}）	（tʰøl^{7}）
醴陵	ky^{1}	ky^{3}	kʰy^{1}	—	kyeŋ^{3}	kʰyəŋ^{1}	kʰy^{7}

知三、章读舌根音的现象常见于遇、止、山、臻四摄的合口韵，由今韵母的也形式也可看出其演变的条件应当就是具有合口性质的高元音，其规律可以写为：

$$\text{tʃ}(^{h}) -> \text{k}(^{h}) -/\_ \left(\begin{matrix}[+\text{high}]\\ [+\text{round}]\end{matrix}\right)$$

连城城关和乐平的现象必须稍加说明。连城城关的 -iɛ 韵并非鱼虞有别现象；连城没有 -u 韵母，其遇摄三等字读为 -iɛ，-yɛ 与 -uɛ，三韵母不对立，并与模韵字合流，因此这是鱼虞韵的 *-y 与模韵的 *-u 发生高元音裂化音变（vowel breaking）②后再依声母为条件重新分配所造成的③。总之，原来的合口圆唇元音既已发生变化，便失去规律运作的条件。乐平由知三、章变来的舌根音配开口韵母，则是规律运作后韵母又进一步发生变化的结果。

知三、章读舌根音是一个跨方言的现象，闽西龙岩地区不论隶属于闽语或客语都可能出现这个现象，赣语则西起湖南醴陵，东到弋阳都有分布（郑晓峰 2001）；各方言点字数多寡不一，除了由于韵母变化所导致的规律“增馈”（feeding）或“减馈”（counterfeeding）现象外，还由于不同语言层次所造成的系统的不一致。

---

① 这里的“嘴”指的是客家话“嘴巴”一词的词根，其本字并非“嘴”字。据谢留文（1988），客家话“嘴”字的来历应是中古蟹摄合口三等知母或章母字。赣语则多用止摄合口三等精母的“嘴”字，故音读从缺。

② 高元音裂化音变在吴语、赣语等方言的分布范围很广，请参陈忠敏（2003）。

③ 连城有 a→o，o→ɯ 的链动变化，高元音的裂化音变也可能是这个链动变化的一环。也就是说，由于元音一路高化，终使原来的高元音往前演变；或者是高元音发生变化，而牵引后元音高化与前低元音后化的拉力链（drag chain）变化。

四　与送气滋丝音相关的变化

江西中部的赣方言有两个常常被放在一起讨论的音变，即送气的舌尖塞音 t^{h}－失去其塞音成分而读成擦音 h－，以及送气的舌尖塞擦音 ts^{h}－失去其擦音成分而读成 t^{h}－；前者主要涉及《切韵》音系的透、定母，后者主要涉及《切韵》音系的清、从、初、崇以及彻$_{二}$、澄$_{二}$等声母。以下分两小节叙述，最后再一并讨论相关问题。

4.1　t^{h} >h

塞音变为擦音是极为常见的语音变化，变化的语音基础则是由阻塞程度较强的子音变为阻塞程度较弱的“软化”（lenition）或“弱化”（weakening）现象。在赣方言中，大部分方言 t^{h} >h 的变化主要发生在非高元音前，少数方言在高元音 －i、－u 之前也变为 h－：

表 10　t^{h} >h 音变与韵母的关系

	吉水	莲花	泰和	南城	南丰	黎川	宜黄
偷	hɛu^{1}	xœ^{1}	hiɤ^{1}	hieu^{1}	hiɛu^{1}	hɛu^{1}	hɛu^{1}
头	hɛu^{2}	xœ^{2}	hiɤ^{2}	hieu^{2}	hiɛu^{2}	hɛu^{2}	hɛu^{2}
道	hau^{6}	xao^{5}	t^{h}ɔ^{6}	hou^{6}	hou^{6}	hou^{6}	hɔu^{6}
摊	han^{1}	xã^{1}	hã^{1}	han^{1}	han^{1}	han^{1}	han^{1}
汤	hɔŋ^{1}	xɔ̃^{1}	hɔ̃^{1}	hoŋ^{1}	hɔŋ^{1}	hɔŋ^{1}	hɔŋ^{1}
堂	hɔŋ^{2}	xɔ̃^{2}	hɔ̃^{2}	hɔŋ^{2}	hɔŋ^{2}	hɔŋ^{2}	hɔŋ^{2}
天	t^{h}iɛn^{1}	t^{h}iẽ^{1}	hiẽ^{1}	t^{h}ian^{1}	hiɛn^{1}	hiɛn^{1}	ɕien^{1}
田	t^{h}iɛn^{2}	t^{h}iẽ^{2}	hiẽ^{2}	t^{h}ian^{2}	hiɛn^{3}	hiɛn^{2}	ɕien^{2}
弟	t^{h}i^{1}	t^{h}i^{5}	hi^{1}	t^{h}i^{6}	hi^{1}	hi^{1}	ɕi^{1}，ɕi^{6}
梯	t^{h}i^{1}	t^{h}i^{1}	hi^{1}	t^{h}i^{1}	hi^{1}	t^{h}i^{1}	—
肚	t^{h}u^{1}	xu^{4}	fu^{6}	fu^{1}	hu^{1}	hu^{1}	（fu^{3} 土）
兔	t^{h}u^{2}	xu^{5} t^{h}u^{5}	t^{h}u^{2}	t^{h}u^{5}	hu^{5}	hu^{5}	fu^{5}
动	t^{h}əŋ^{1}	xəŋ^{1}	hŋ^{6}	hŋ^{1} t^{h}uŋ^{6}	hŋ^{1} t^{h}uŋ^{6}	hŋ^{1} t^{h}uŋ^{6}	hŋ^{1} t^{h}uŋ^{1}

由上表可以观察到几个明显的现象：

(1)$t^h > h$ 在非高元音前变化最为彻底，不但在方言内部如此，就地理的涵盖面而言也是如此，上表中只有泰和的“道 $t^hɔ^6$”字例外，而此字似为文读音。

(2)$t^h > h$ 在高元音/介音 i 之前的变化也相当有规律，吉水、莲花一律不变，泰和、南丰、黎川和宜黄在 i 之前也变，宜黄的 h(i) - 更进一步颚化为 ç(i) - 。至于南城，它应和吉水、莲花同类型，“偷、头”读音中的 -i- 介音为后起①，造成表面的不一致。

(3)$t^h > h$ 在高元音 -u 之前的变化较不一致，有的方言 -u 韵母前 t^h -、h - 两声母皆备，如泰和和南城②，有的方言则同一字的读音有文白两读，读 h - 的为白读，读 t^h - 的为文读，如莲花。“动”字在许多方言都有文白异读，白读［hŋ］，文读［t^huŋ］，从文读音及同韵其他字的韵母来看，［ŋ̍］应该也是由［uŋ］变来的。因此，在这些方言中，-u 韵母前原来也发生过 $t^h - > h -$ 的音变，后来 hu 逐渐被 t^hu 的文读音所取代。

除去 -u 韵母前的文读层次外，大体说来，赣方言 $t^h > h$ 可分为两种类型，一为“非条件音变（unconditioned change）”，即音变发生在所有的元音/介音前，如泰和、南丰、黎川、宜黄、乐安、资溪、广昌等；一为以非（前）高元音/介音为条件的“条件音变（conditioned change）”，此类型的方言较多，大部分发生 $t^h > h$ 音变的方言皆属此类。其地理分布见图 3。

为什么 $t^h > h$ 会以非前高元音/介音［i］为条件？我们可以从发音的生理基础尝试提出一些解释。$t^h > h$ 就发音方式来说，固然是由塞音变为擦音的弱化现象，就发音的成阻部位而言，则是由前变后。而［i］为前高元音，由［t^hi］变［hi］固然减少了口腔中气流阻塞所花费的力气，但由［h］到［i］，发音器官的运动反而比［t^h］到［i］来得大。因此，［t^hi］>［hi］固然并非完全不可能，也必然不会是 $t^h > h$ 音变中最容易发生的环境，或是地理涵盖面最大的变化。

---

① 客赣方言流摄一等常有 -i 介音，尤以舌根音为然。流摄一等字的 -i- 介音经由方言内部规律顺序的排比，可知其为后起现象。

② 南城的［fu］也是从［hu］变来的。

图 3 $t^h > h$ 在赣语中的分布

4.2 $ts^h > t^h$

$ts^h > t^h$的音变是舌尖塞擦音失去擦音成分而读成同部位的塞音，这种音变似乎是一种“强化作用”（fortion）。除黎川和泰和外，主要发生在今洪音韵母中：

表 11 $ts^h > t^h$ 音变与韵母的关系

	奉新冯川	黎川	南丰	泰和	攸县
坐	t^ho^6	t^ho^1	t^ho^1	$t^hɤ^5$	t^ho^5
茶	t^ha^2	t^ha^2	t^ha^2	t^ha^2	t^ha^2
抢	$tɕ^hiɔŋ^3$	$t^hiɔŋ^3$	$tɕ^hiɔŋ^3$	$t^hiɔ̃^3$	$tɕ^hiaŋ^3$
粗	t^hu^1	t^hu^1	t^hu^1	t^hu^1	t^hu^1
齐	$tɕ^hi^2$	t^hi^2	$tɕ^hi^2$	t^hi^2	$tɕ^hi^2$
自	t^hu^6	$sɿ^6$	$ts^hə^6$	$ts^hɿ^5/sɿ^5$	$ts^hɿ^5$

各方言点一致的是 -a-，-o-，-u-元音之前 ts^h皆变为 t^h，而 -ɿ 韵母之前皆不变，黎川、泰和则在 -i 元音/介音之前也变。南丰的 -ə 相当于大部分方言的 -ɿ，泰和的 -ɤ 相当于大部分方言的 -o，分别可视为 -ɿ 和 -o 的变体。如此，则 $ts^h > t^h$音变的条件十分简单明瞭：

$ts^h > t^h$ / 除 -ɿ 元音外　　　黎川、泰和

$ts^h > t^h$ / 除 -i，-ɿ 外　　　奉新、南丰、攸县

在“$ts^h > t^h$”和“$t^h > h$”皆运作的方言中，由 ts^h -变来的 t^h -并不会进一步变为 h-，因此，清、从、初、崇等声母的字并不会和透、定两母相混。由此可知“$t^h > h$”的音变在逻辑上必然早于“$ts^h > t^h$”，并且也可以进一步认为“$ts^h > t^h$”音变的动机是为了填补“$t^h > h$”之后在洪音韵母前所留下来的 t^h空缺；也就是说，这是一种“h ← t^h ← ts^h”的拉力链变化（drag chain change）。就语音演变的一般情形而言，强化不如弱化常见，t^h弱化先行，ts^h随之补位，则“$ts^h > t^h$”的强化作用顺理成章，不因其少见而失其理据。

南丰、宜黄、乐安、临川县腾桥语音、龙溪语音精、庄系字洪音以及广昌的部分精、庄系字也读为舌尖塞音 t、t^h，如宜黄：

做 tɔ^5	灾 tai^1	栽 tai^1	爪 tau^3	早 tɔu^3	草 t^{h}ɔu^3	走 tɛu^3
愁 t^{h}ɛu^2	参 t^{h}am^1	惨 t^{h}am^3	站 tan^5	餐 t^{h}an^1	尊 tən^1	寸 t^{h}ən^5
争 taŋ^1	曾 təŋ^1	层 t^{h}əŋ^2	宗 tuŋ^1	聪 t^{h}uŋ^1	杂 t^{h}ap^2	擦 t^{h}at^7
撮 t^{h}ɔt^8	卒 tut^8	摘 taʔ^7	桌 tɔʔ^7	捉 tɔʔ^7	责 teʔ^7	

这样的方言，当然也必须视为是运作了“ts^h > t^h”的方言，并且，由于这些方言知三、章系字也都读为舌尖塞音，精系字读舌尖塞音很可能是基于系统平衡而产生的新的变化，亦即：

tʃ	>	t
tʃ^h	>	t^h
ts	>	?
ts^h	>	t^h

舌尖后（或卷舌）塞擦音变为舌尖塞音的变化送气与不送气音行动一致，连带使得舌尖塞音 ts－也具有和 ts^h－相同的变化方向①。变化完成之后，南丰、宜黄这样的方言舌尖塞擦音 ts－，ts^h－就只和舌尖元音 －ɿ 拼，使得声韵配合上送气声母与不送气声母的表现一致，音系空间（phonological space）也因而达到平衡。

4.3 几个相关音韵变化的发生年代与地理分布

t^h > h 和 ts^h > t^{h}常常放在一起讨论，主要是由于二者都牵涉到送气的舌尖塞音 /t^h/，前者使读［t^h］的音减少，后者则使之增加。事实上，赣语中牵涉到舌尖塞音的音变还有 3.1 节提到的“tʃ(^{h}) － > t(^{h}) －”以及“l－ > t－/ _ i－”，尤其前三者都与送气的舌尖塞音 /t^h/ 有关，地理上又有若干重叠之处，值得对各个音变的相对年代与地理分布作一整合性的探讨，借由历史语言学与方言地理学的交互运用，或许能够大致描绘出各个音变的动态过程。

从地理的观点来解释 t^h > h 与 ts^h > t^{h}的若干现象，Sagart（1993）已有初步的尝试，Sagart（2000）有更详细的探讨。这一节我们在此基础上加入了“tʃ(^{h}) － > t(^{h}) －”的音变一起讨论。“t^h > h”的地理分布见图 3，“ts^h > t^h”见图 4，“tʃ(^{h}) > t(^{h})”音变的地理分布见图 2，与宁化型、长汀型方言的分布放

① 这里并非意味着“tʃ(^{h}) > t(^{h})”的变化早于“ts^h > t^h”，反之，如果“ts^h > t^h”变化在先，而变化尚未完成时即发生了“tʃ(^{h}) > t(^{h})”的变化，也有可能引发精系字的变化。

在一起，三个音变的地理重叠示意图则见图5。

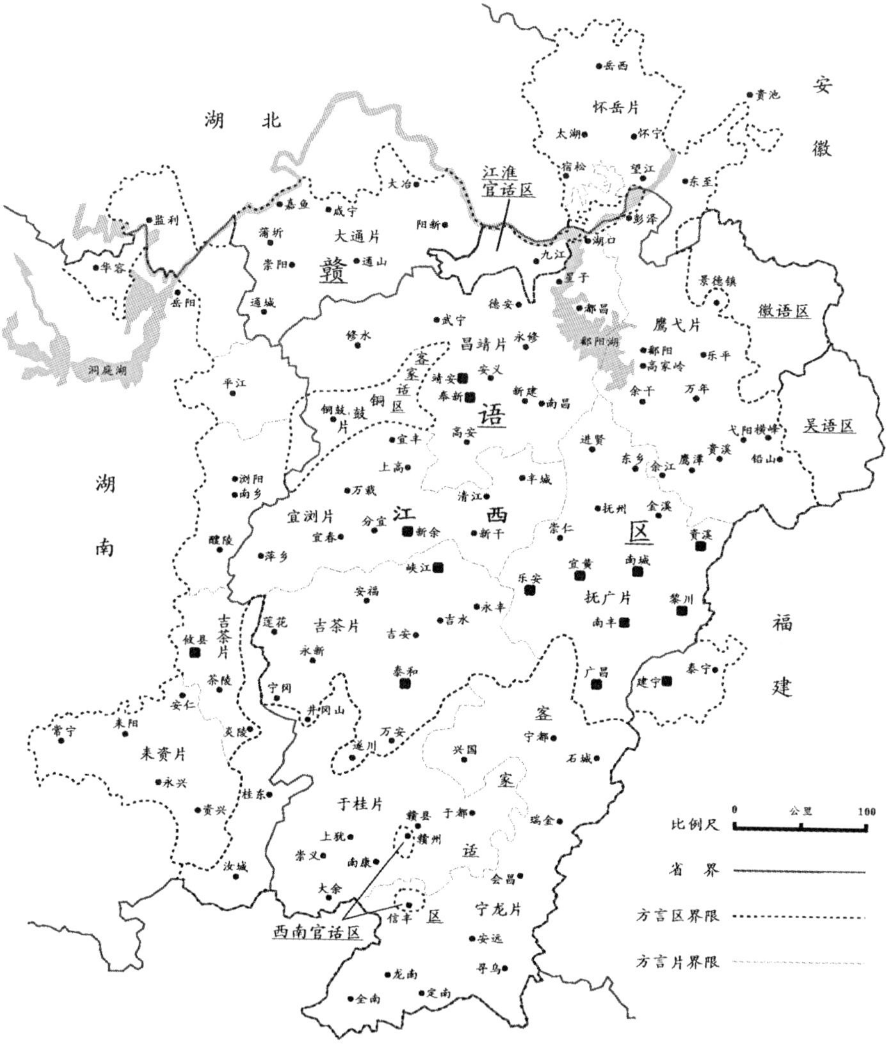

图4　$ts^h > t^h$ 在赣语中的分布

图5 $t^h > h$、$ts^h > t^h$与$tʃ(^h) > t(^h)$的地理重叠示意图

由这几张方言地图中可以看出，“tʃ(^{h}) - > t(^{h}) -”音变的地理涵盖面最大，几乎遍及整个江西中部，并向西延伸到湖南东部的赣语区，赣北的鄱阳湖附近虽不在其范围内，但其北界也远达接近鄱阳湖的永修。“t^{h} > h”的地理涵盖面略次于“tʃ(^{h}) - > t(^{h}) -”，除了西部呈现若干不连续的分布外，主要是其分布的北界向南退缩了许多，Sagart（1993：258）认为“t^{h} > h”同言线的北缘（le tracé nord de l'isoglosse）可以视为北部赣语和南部赣语的分界。“ts^{h} > t^{h}”的分布范围最小，也比较零散，除了抚河流域的抚广片有较为集中的分布外，其余都只零星分布。

“tʃ(^{h}) - > t(^{h}) -”的分布有个特色，由图5可以看出，这个变化的分布范围在北方有个缺口，几乎要把它的分布范围分成两半。在这个缺口上的南昌、丰城、清江、新干等县正好都是赣江沿岸的城市，这样的凹形分布应非偶然，可以用方言地理学中的“ABA分布”来解释；“ABA分布”假设：某一个地区原来都是词形“A”的地盘，后来内部产生了新的词形“B”（或者这个词是从毗邻地区传进来的），古词“A”由此隔开了。（岩田礼1995：207）我们认为，“tʃ(^{h}) - > t(^{h}) -”凹形分布上的缺口原来也是知章读为舌尖塞音的方言，只是后来被知章读为tʃ(^{h})或tʂ(^{h})的方言溯赣江而上，取代了原来的读音。河流流经之地，交通发达，语言易受影响，上述缺口中的清江古称“八省通衢”，南来北往，人口汇集，流动频繁（《清江县志》），知章读舌尖塞音的现象被其他形式取代是极为可能的①。

另一个值得注意的现象是这三个音变的地理重叠性。除黎川日峰（老派）、建宁外，发生“ts^{h} > t^{h}”音变的方言完全在“tʃ(^{h}) - > t(^{h}) -”音变的范围内；除奉新、攸县外，“ts^{h} > t^{h}”的音变也完全在“t^{h} > h”的范围之内；而“tʃ(^{h}) > t(^{h})”与“t^{h} > h”的范围则互有参差，但大体说来，“t^{h} > h”几乎完全在“tʃ(^{h}) > t(^{h})”的范围之内。地理重叠性既高，音变又多涉及相同的音类，显示彼此可能互有关联。这三个音变的音韵涵盖面前面几节已经讨论过，综合言之，“ts^{h} > t^{h}”与“tʃ(^{h}) > t(^{h})”所产生的送气舌尖塞音 t^{h} -大部分并不会再变为喉擦音h -，因此可以推论这两个音变晚于“t^{h} - > h -”。t^{h} - >

① 读者或许会怀疑，我们既然认为知章读舌尖塞音的方言是由知章读tʃ(^{h})或tʂ(^{h})的类型演变而来的，何以又主张知章读tʃ(^{h})或tʂ(^{h})的类型取代了知章读舌尖塞音的方言？事实上，类型的早晚和层次的早晚没有必然的关系。清江等方言绝对可能在早期发生了“tʃ(^{h}) - > t(^{h}) -”的音变，后来又由其他方言借入知章读tʃ(^{h})或tʂ(^{h})的读音。

h－之后，所产生的 t^h－的空缺由 ts^h－>t^h－来填补，前已提及这是一种连锁的拉力链的变化。奉新冯川与靖安比较特殊，这两处据现有比较完整的材料并没有发生 t^h－>h－的变化，只有在杨时逢（1971:412）靖安团康的语料中找到"吞"字读 fui^1，f－声母应当是由 h－变来的（t^h－>h－>f/_u－）。奉新、靖安位置偏北，恰好在 t^h>h 分布的北缘之外，或许这两处也曾发生 t^h>h 的变化，只是后来陆续被北方的 t^h－所取代。

至于 tʃ(ʰ)>t(ʰ)，虽然它也发生在 t^h>h 之后，同样具有填补空缺的效果，不过，由于它的地理范围远大于 t^h>h，并且变化的音类还包括不送气的塞擦音 tʃ，因此我们倾向于认为它发生的动机是舌尖后塞擦音或卷舌塞擦音的消失，纵有填补空缺的作用也是附带的。如果比较 tʃ(ʰ)>t(ʰ)和 ts^h>t^h 的关系，则前者的相对年代可能更晚于后者：上文提到，黎川日峰（老派）是唯一发生 ts^h>t^h 却不发生 tʃ(ʰ)>t(ʰ)音变的方言，其精庄知章不送气塞擦音全部合流为舌尖塞擦音 ts－，显示黎川应是精庄知章全部合流的宁化型方言，但是送气的塞擦音 ts^h－变为 t^h－时，只影响清、从、初、崇以及彻二、澄二等原读舌尖音的字，却不影响彻三、澄三、昌、船、禅等原读舌尖后或卷舌声母的字，如：

表 12　黎川 ts^h>t^h 不影响知三、章组字

	茶	车	窗	昌	拆	尺
黎川	t^ha^2	ts^ha^1	$t^hɔŋ^1$	$ts^hɔŋ^1$	$t^haʔ^7$	$ts^haʔ^7$

可见黎川日峰（老派）tʃ(ʰ)－>ts(ʰ)－的时间晚于 ts^h－>t^h－。当然方言的变化有迟有速，仅黎川一地的现象并不能推论所有的方言皆如此，东乡、临川唱凯语音等 tʃ(ʰ)－>t(ʰ)－的变化甚至早于 t^h－>h－就是一例。不过，如果 tʃ(ʰ)－>t(ʰ)－早于 ts^h－>t^h－，ts^h－>t^h－似乎就失去其填补 t^h－空缺的变化动机，二者的地理分布不应重叠，因此，在 ts^h－>t^h－且 tʃ(ʰ)－>ts(ʰ)－的方言中，认为前者早于后者应该是较为合理的。

像 t^h－>h－或 tʃ(ʰ)－>t(ʰ)－这种地理上连成一片的音变，应该不是同一时间一起发生的，而可能经过一段相当缓慢的规律推移过程。那么，音变最初发生的地点是哪里呢？方言地理学根据经验所获得的法则是音变可能随着传播的距离而逐渐减少它在音韵系统中的涵盖面（Bynon 1977），Sagart（1998）称为"范围递减原则（Decreasing Scope Principle）"。若如此，则 t^h－>h－音变在赣语抚广片如黎川、南丰、宜黄等地出现的语音环境最广，不论洪音、细音皆已变成 h－，似乎就是音变发生的起点。除了 $t^h->h-$本身的音韵系统涵盖面外，抚州这一带也正是 $ts^h->t^h-$音变最为集中的地区，拉力链的变化在这里表现得最为彻底，此外，舌尖塞擦音变为舌尖塞音的变化在宜黄、乐安等地甚且扩及不送气的精、庄系字（ts－＞t－，详4.2节），这些都说明这些音变在这个地区的发展历时深远。

"$tʃ(^h)->t(^h)-$"的音变似乎也在赣东的抚州、贵溪一带出现环境最广，不过，舌尖后音或卷舌音与 -i-介音的结合较不稳固，在汉语方言中往往有 -i-介音消失的倾向，与其说是 $tʃ(^h)>t(^h)$的音变以 -i-为变化的条件，不如说 -i-介音的消失与否决定了 $tʃ(^h)->t(^h)-$的变化结果；因此，$tʃ(^h)->t(^h)-$音变可能不适用于范围递减律。

至于这些音变的绝对年代是否可得而知？关于 $t^h>h$，我们有两条历史文献记载反映这样的语音变化，而二者的时代相隔数百年。首先是东汉末刘熙《释名》：

> 天，豫司兖冀以舌腹言之，天，显也，在上高显也。青徐以舌头言之，天，坦也，坦然高而远也。

其次是南丰县东坪张家《张氏族谱》中的一段话①：

> 张氏先祖张齐贤为北宋太宗时进士，真宗时为宰相，居洛阳。宋景定元年（1260年），后裔张文林避兵乱迁南丰，称贤栖，因谐音误为田溪，称田溪张家，简称张家。

《张氏族谱》中的记载无论时、地和语言现象都极为清楚：北宋年间的南丰，"贤、田"同音，因此原为"贤栖"的名号被误以为是"田溪"，显示透定母读 h－的现象当时已经存在——然而并非表示这个音变在北宋年间才"发生"。至于《释名》中所描述的语言现象，一则抽象，二则地域不若南丰明确，关于时代更可能有人质疑东汉时的记载应当用上古音来解释，如何能与现代方言相比拟。然而"天，显也"若用上古音解释颇费周折，不如南丰、黎川、宜黄、泰和等方言"天""显"二字完全同声韵之简单易解。因此，《经典释文》的这则记载，或许可以反映"上古汉语和中古汉语之间存在着比时代差别更大的区域差别"（桥本万太郎1985：20）的可能性。

---

① 此段文字转引自刘纶鑫（1999：5）。

五　结论

本文探讨客赣方言的滋丝音系统，包括中古精、庄、知、章四系声母系统。客赣方言精、庄、知、章声母除全部合流者外，最大的特色，便在于"精、庄、知二"与"知三、章"的对立泾渭分明，不论音值如何变化，绝少相混。本文进一步指出，客赣方言属于"精庄同源"的方言，庄组字与知三、章组字始终能保持不混，便在于庄组字具二等韵性质，未曾参与由二等韵变入三等韵、声母与精系字分化的过程。"精庄同源"是客赣方言最典型的共同存古，即使中古以后客赣方言因各种历史、地理及文化的因素，各自经历了许多音韵及语法的变化，精庄同源及"精、庄、知二"："知三、章"对立的音韵格局却未曾改变。

知三、章系字由塞擦音变为舌尖塞音或舌根塞音的现象，以及与送气滋丝音相关的变化，是观察语音演变条件的窗口。将几个音类接近且互有影响的音变规律放在一起观察，分析其地理分布，则可以对音变的相对年代及其动态过程有进一步的探讨。本文对此都有所尝试。

参考文献

大岛广美 1995 南丰音系，《中山大学学报》第 3 期：132－136。
大岛广美 1996 赣语知三、章组声母，《中国语学》第 243 期：163－170。
王弘治 2012 中古知系声母在汉语方言中演化的音系特征，《中国语言学集刊》6.1：121－138。
王箕裘 锺隆林 2008《耒阳方言研究》，成都：巴蜀书社。
付欣晴 2006《抚州方言研究》，北京：文化艺术出版社。
江敏华 1998《台中县东势镇客语音韵研究》，台湾大学中国文学研究所硕士论文。
江敏华 2012 客赣方言一、二等与一等重韵的分别，陈秀琪编《天何言哉》。
何大安 1988《规律与方向：变迁中的音韵结构》，台北：历史语言研究所。
余直夫 1975《奉新音系》，台北：艺文印书馆。
吴启主 1998《常宁方言研究》，长沙：湖南教育出版社。
李如龙 张双庆 1992《客赣方言调查报告》，厦门：厦门大学出版社。
孟庆惠 1997《安徽省志方言志》，北京：方志出版社。

岩田礼 1995 汉语方言“祖父”“外祖父”称谓的地理分布——方言地理学在历史语言学研究上的作用,《中国语文》第3期:203－210。
胡松柏等 2009《赣东北方言调查研究》,南昌:江西人民出版社。
袁家骅 1989《汉语方言概要》第二版,1961出版,北京:文字改革出版社。
高福生 1988 安义方言同音字汇,《方言》第2期:123－135。
陈忠敏 2003 吴语及邻近方言鱼韵的读音层次——兼论“金陵切韵”鱼韵的音值,《语言学论丛》第27辑:11－55,北京:商务印书馆。
陈昌仪 1991《赣方言概要》,南昌:江西教育出版社。
黄雪贞 1983 永定(下洋)方言词汇(一,二,三),《方言》第2期:148－160,第3期:220－240,第4期:297－304。
杨时逢 1971 江西方言声调的调类,《历史语言研究所集刊》第43期:403－432。
万波 2009《赣语声母的历史层次研究》,北京:商务印书馆。
董正谊 1990 湖南省攸县方言记略,《方言》第3期:169－179。
董同龢 1998《汉语音韵学》(第15版),台北:文史哲出版社。
刘纶鑫 1999《客赣方言比较研究》,北京:中国社会科学出版社。
刘纶鑫 2001《江西客家方言概况》,南昌:江西人民出版社。
刘泽民 2005《客赣方言历史层次研究》,兰州:甘肃民族出版社。
桥本万太郎 1985《语言地理类型学》,余志鸿译,北京:北京大学出版社。
谢留文 1998 客家方言“嘴”字的来历,《方言》第4期:265－266。
谢留文 2003《客家方言语音研究》,北京:中国社会科学出版社。
颜森 1981 高安(老屋周家)方言的语音系统,《方言》第2期:104－121。
颜森 1993《黎川方言研究》,北京:中国社会科学出版社。
魏纲强 1998《萍乡方言词典》,南京:江苏教育出版社。
罗美珍 林立芳 饶长溶主编 2004《客家话通用词典》,广州:中山大学出版社。
罗美珍 邓晓华 1995《客家方言》,福州:福建教育出版社。
罗常培 1940《临川音系》,长沙:商务印书馆。
Bynon, Theodora. 1977. *Historical Linguistics*. Cambridge; New York: Cambridge University Press.
Sagart, Laurent. 1990. Un dialecte du nord Jiangxi: Wuning. Cahiers de linguistique Asie Orientale 19.2:143－193.

Sagart, Laurent. 1993. *Les Dialectes Gan: Etudes sur la Phonologie et le Lexique d'un Groupe de Dialectes Chinois*. Paris: Languages Croisés.

Sagart, Laurent. 2000. Two Jiangxi sound change in spatial perspective: the case study of th - > h - and tsh - > th -. In Memory of Professor Li Fang - kuei: Essays of Linguistic Change and the Chinese Dialects ed. by Pang - Hsin Ting (丁邦新) Anne O. Yue (余霭芹), 243 - 259. Taipei: Academia Sinica.

（江敏华　台北市南港区研究院路二段128号语言学研究所）

粤北土话和湘南土话古浊声母上声的演变

牟廷烈

一 前 言

粤北土话(《中国语言地图集》称为“韶州土话”,现一般称为粤北土话)和湘南土话是分别分布在广东省北部和湖南省南部地区的一些归属未明的汉语方言。粤北土话和湘南土话在《中国语言地图集》中属于系属有待进一步调查研究的汉语方言。因此,关于土话的研究近年来引起了国内外学者越来越多的关注。这两地土话在地理分布上相连,语言上也有一些共同特点。但它们之间的关系及其归属至今还不是十分清楚。本文试图以粤北土话10个方言点和湘南土话7个方言点为例,重点讨论粤北土话和湘南土话古浊上字调类分化的模式及原因,并从中归纳粤北土话和湘南土话古浊上字的演变特征。

粤北土话主要分布在广东北部韶关市所管辖的韶关、南雄、乐昌、曲江、仁化、乳源、武江、北江、浈江和粤西北清远市所管辖的连州、连南等市县区。粤北土话区是一个多方言的地区,除了归属不明的土话外,还有客家话,粤语和西南官话等多种汉语方言混杂在一起。客家话是粤北地区使用人口最多,分布地域最广的方言。其次是粤语。据前人的研究,粤北土话大多与客家方言呈穿插交错状分布。西南官话主要分布在乐昌,连州两市的北部地区。说土话的居民一般还会说(或能听得懂)客家话或粤语或西南官话,形成对内说土话,对外说客家话或粤语或西南官话的双方言格局。

湘南土话主要分布在湖南省南部永州与郴州地区,包括冷水滩、东安、双牌、新田、宁远、道县、蓝山、江永、江华、资兴、永兴、桂东、嘉禾、桂阳、临武、宜章、汝城以及湘西南的信道等市县。这里也是双方言区(湘南土话分布的地区和西南官话湘南片共一个区域)。上述各市县的全部或部分汉族居民,本地人之间或家庭内部使用土话,对外交际使用西南官话。

粤北土话和湘南土话都处在几个方言区的交界处,相对周边方言来说又是弱势方言。一般情况下,土话区的居民对内(指村内和家中)才使用土话,对外则使用周边的强势方言。土话不免因此受到周边多种方言多方面的影响和渗透,表现在语言上的一个特点是层次复杂。这些外方言的影响和渗透甚至导致了某些土话特点的形成。古浊上字的演变也不例外。因此如果不能分清楚这些外来的层次,我们就不一定能够看到土话本身具有的特点。清理这些外方言影响引起的方言层次,并把它解释清楚,是我这一步工作的重要步骤。

二 粤北土话古浊声母上声的调类分化

汉语声调发展史上有一项十分重要的变化,这就是清浊分调。这指的是中古平上去入四声后来又根据声母的清浊,各自分化为阴阳两类,即由所谓四声演变为八调。从现代汉语各方言来看,最能充分体现这种演变的如吴语的温州话,闽语的潮州话和粤语的广州话。①现代温州话和潮州话都是八个声调,分别为阴平、阳平、阴上、阳上、阴去、阳去、阴入、阳入。广州话则在上面八个声调的基础上,阴入又因为元音的长短分化为上,下两个阴入,所以共有九个声调。②不过大多数方言在完成这种演变之后,声调系统又进行过重组,有些调类合并到其他调类,因此除粤语区方言外,大多数方言声调一般都不到八个。就各方言声调数目来说,北方官话区方言一般在五到七个之间。从声调类别来观察,最稳定的是平分阴阳,今天绝对多数方言的声调系统中,一般都有阴平、阳平两个声调,而最不稳定的是阳上调。汉语方言中凡是七个调类的方言所缺乏的常常就是阳上调。历史上北方话"浊上归去"就是明显的一例。在客赣方言里,"浊上归阴平"也是众所周知的。此外,在粤语的部分方言中还有"浊上归阴去"的现象。就土话方言内部各个方言点来说,浊上字的归调方式则更是纷繁歧异,值得我们去作一次仔细的归纳和解释。

粤北土话浊上字(包括全浊上和次浊上)调类的分化非常纷繁复杂。粤

① 张双庆,万波《赣语南城方言古全浊上声字今读的考察》,《中国语文》1996 年第 5 期:345。

② 北京大学中文系语言学教研室《汉语方音字汇》(第二版),文字改革出版社,1989:21,30,37。

北土话各地浊上字分派至现平声调，上声调和去声调。归属情况如下面例字所示。本文所选的粤北土话10个方言点平声都分阴阳调；犁市、桂头、附城土话上声分阴阳两调，其他土话上声都不分阴阳；去声在犁市、桂头、雄州、西河、附城和丰阳土话中分阴阳，在百顺，石塘，长来和皈塘土话中不分阴阳。

2.1 南雄雄州

2.1.1 全浊上声字

阴平：稚 鲍 厚 旱

阳平：舵 坐 肚$_{\text{腹～}}$柱 倚$_{\text{立}}$舅 咎 淡 断$_{\text{～绝}}$近 艇 重$_{\text{轻～}}$

上声：腐 蟹 巳$_{\text{辰～}}$抱 撼 皖 菌

阴去：社 序 叙 绪 巨 聚 罢 痔 造 浩 绍 舰 伴 拌 盾 上$_{\text{～山}}$

阳去：惰 祸 下$_{\text{底～}}$夏$_{\text{姓}}$厦 部 簿 杜 户 苎 拒 距 父 竖 待 怠 殆 在 亥 弟 倍 罪 汇 被 技 妓 似 祀 士 柿 跪 道 稻 皂 兆 赵 后 妇 负 阜 受 渐 俭 范 犯 限 辨 辩 践 善 件 键 辫 缓 撰 尽 肾 笨 混 愤 荡 象 像 橡 丈 仗 杖 蚌 项 杏 幸 静 靖 动 奉

2.1.2 次浊上声字

阴平：与 尾

阳平：马 雅 野 买 奶$_{\text{白}}$鲤 拟 咬 某 懒 软 两$_{\text{几～}}$养 痒 岭

上声：我 裸 也 瓦 努 鲁 虏 五 午 女 吕 旅 语 武 舞 侮 鹉 缕 乳 雨 宇 羽 乃 奶$_{\text{文}}$米 礼 每 尔 蚁 美 履 你 李 里 理 耳 已 以 累$_{\text{～积}}$伟 苇 脑 恼 老 卯 渺 秒 绕 了 亩 牡 母 拇 篓 搂 藕 偶 扭 纽 柳 有 友 揽 榄 览 敛 免 勉 娩 缅 碾 演 满 卵 晚 挽 远 敏 引 允 蟒 两$_{\text{～个}}$网 往 猛 领 永 懵 拢 勇 涌

阴去：扰 眼 暖 忍 壤 冷

阳去：码 愈 染 朗

2.2 南雄百顺

2.2.1 全浊上声字

阴平：坐 下 巨 拒 距 柱 被$_{\text{～子}}$倚$_{\text{立}}$技 妓 雉 抱 鲍 鳔 淡 旱 断$_{\text{～绝}}$近 上$_{\text{～山}}$重$_{\text{轻～}}$

阳平：舵 荠

上声：肚$_{\text{腹～}}$腐 蟹 陛 跪 咎 践 皖 撰 菌 强$_{\text{倔～,勉～}}$迥

去声:惰 祸 夏姓厦 部 簿 杜 户 序 叙 绪 苎 父 聚 竖 待 怠 殆 在 亥 罢
弟 倍 罪 汇 是 氏 似 祀 痔 士 柿 市 道 稻 皂 造 浩 兆 赵 绍 后 厚
妇 负 阜 受 舅 撼 渐 俭 范 犯 诞 限 辨 辩 善 件 键 辫 拌 伴 缓 尽
肾 笨 盾 混 愤 荡 象 像 橡 丈 仗 杖 蚌 项 杏 幸 静 靖 动 奉

2.2.2 次浊上声字

阴平:吕 买 靡 鲤 尾 咬 酉 懒 暖 软 悯 敏 两几~养 痒 冷 岭

阳平:努

上声:哪 我 裸 马 码 雅 惹 也 野 瓦 鲁 虏 五 午 女 旅 汝 语 与 武 舞 侮
鹉 缕 乳 雨 宇 羽 乃 奶 米 每 尔 蚁 美 履 李 里 理 耳 拟 已 以
累~积伟 苇 脑 恼 老 卯 渺 秒 扰 绕 了 某 亩 牡 母 拇 搂 藕 偶 扭
纽 柳 有 友 揽 榄 览 敛 眼 免 勉 娩 演 满 卵 晚 挽 远 忍 引 允 吻
蟒 朗 两~个仰 网 往 猛 皿 领 永 颖 懵 拢 勇 涌

去声:愈 蘖 莠 诱 染 缅 壤 攘 嚷

2.3 韶关西河

2.3.1 全浊上声字

阴平:鲍

上声:舵 肚腹~蟹 柿 很 杖

阴去:坐 距 柱 婢 跪 抱 厚 舅 淡 旱 上~山断~绝重轻~

阳去:惰 祸 下底~夏姓厦 部 杜 户 序 叙 绪 苎 腐 聚 待 倍 罪 汇 被~子
徛立技 妓 士 道 稻 赵 绍 后 妇 负 阜 俭 范 犯 限 辨 辩 善 件 键
辫 伴 尽 肾 近 笨 盾 混 象 像 橡 丈 项 杏 幸 静 靖 动

2.3.2 次浊上声字

上声:奶 蚁 已 以 尾 伟 渺 秒 扰 绕 柳 览 榄 演 挽 敏 允 吻 两几~网 永
拢 涌 勇

阴去:我 马 码 也 野 瓦 努 虏 五 午 女 语 武 舞 雨 宇 羽 买 米 礼 每 美
你 李 里 理 鲤 耳 老 咬 了 某 亩 母 拇 藕 有 染 眼 免 勉 缅 满 暖
软 远 忍 引 两~个壤 养 痒 往 猛 冷 领 岭

阳去:累~积牡 懒 朗

2.4 曲江犁市

2.4.1 全浊上声字

阴平:苎 柱 浩

阳平:舵

阴上:辅 雉 祀 阜 践 撰 囤 盾 强$_{勉\sim,倔\sim}$蚌 项

阳上:在$_{\sim哪个地方}$被$_{\sim子}$徛$_{立}$婢 抱 厚 舅 旱 上$_{\sim山}$断$_{\sim绝}$

阴去:祸 社 竖 似 倍 笨

阳去:惰 坐 下$_{底\sim}$夏$_{姓}$厦 部 簿 杜 户 序 巨 拒 距 父 釜 腐 聚 待 怠 殆 在 罢 陛 弟 罪 汇 技 妓 痔 士 柿 跪 道 稻 造 鲍 后 妇 负 受 撼 淡 渐 俭 范 犯 限 辨 辩 件 键 辫 缓 皖 尽 肾 近 混 愤 菌 荡 象 像 橡 丈 仗 杖 杏 幸 静 靖 动 奉 重$_{轻\sim}$

2.4.2　次浊上声字

阴平:鲁 旅 某 亩 往

阳平:绕 冉 舀 永 颖 懵

阴上:伟 渺 秒 了 览 揽 榄 染 裸 努 挽 悯 敏 引 允 网 扰 勇 涌

阳上:哪 我 马 码 惹 也 野 瓦 虏 五 午 女 吕 汝 语 与 缕 买 米 礼 每 儡 美 履 你 李 里 理 耳 已 以$_{\sim为}$脑 恼 老 咬 母 拇 藕 扭 纽 有 懒 眼 免 勉 娩 缅 演 满 暖 软 远 忍 两$_{几\sim,\sim个}$养 痒 冷 领 岭

阴去:以$_{可\sim}$柳 仰

阳去:武 舞 侮 鹉 蚁 牡 偶 友 诱 晚 吻 朗 猛

2.5　仁化石塘

2.5.1　全浊上声字

阴平:惰 祸 下$_{底\sim}$夏$_{姓}$厦 户 序 叙 腐 聚 待 亥 弟 倍 罪 汇 似 祀 痔 士 跪 抱 道 稻 造 浩 赵 兆 后 负 俭 范 犯 限 辨 辩 善 件 辫 尽 混 象 像 丈 仗 杖 项 幸 静 动 奉

阳平:舵 巨

上声:肚$_{腹\sim}$辅 蟹 强$_{倔\sim,勉\sim}$棒

去声:坐 部 杜 绪 苎 竖 被$_{\sim子}$技 柿 皂 绍 厚 妇 纣 臼 舅 淡 渐 旱 践 键 断$_{\sim绝}$缓 撰 肾 近 笨 盾 愤 荡 仗 上$_{\sim山}$重$_{轻\sim}$蚌 杏 并

2.5.2　次浊上声字

阳平:卵$_{\sim巢}$壤

上声:惹 努 舞 羽 奶 你 李 已 以 累$_{\sim积}$伟 某 篓 偶 纽 览 免 演 卵$_{另\sim}$晚 敏 引 允 蟒 两$_{几\sim}$仰 网 往 猛 永 颖 拢 勇

去声:我 马 野 瓦 五 女 吕 雨 买 米 耳 老 咬 秒 了 亩 牡 母 藕 有 诱 懒

眼 满 暖 远 忍 朗 两~个养 痒 冷 领 岭

2.6 乳源桂头

2.6.1 全浊上声字

阴平:祸

阴上:肚腹~蟹 绍 践 菌 强勉~,倔~蚌

阳上:坐 柱 被~子抱 造 厚 舅 淡 范 盾 旱 断~绝重轻~

阴去:妓 似 痔 浩 伴 笨 仗 并

阳去:惰 下底~夏姓厦 杜 户 序 叙 绪 巨 距 腐 聚 竖 待 亥 弟 罪 汇 技 祀 士 柿 跪 道 稻 赵 兆 后 妇 负 受 渐 俭 犯 限 辨 辩 件 善 键 缓 尽 肾 近 混 愤 荡 象 像 丈 杖 项 幸 静 动 奉

2.6.2 次浊上声字

阴平:卤

阳平:努

阴上:雨 羽 以 伟 秒 舀 了 偶 纽 览 染 演 敏 引 允 朗 两儿~网 往 永 颖 拢 勇

阳上:我 马 惹 野 瓦 鲁 五 女 武 舞 买 米 礼 美 你 李 里 理 耳 尾 脑 老 咬 某 亩 母 有 懒 眼 免 满 暖 软 晚 远 忍 蟒 养 痒 领 岭 两~个

阳去:累~积牡 诱 壤

2.7 乐昌长来

2.7.1 全浊上声字

阴平:妇~女

上声:肚腹~蟹 混

去声:坐 祸 下底~部 杜 户 序 巨 距 腐 聚 柱 竖 待 在 亥 弟 罪 汇 被~子是 技 痔 士 柿 市 跪 抱 道 稻 造 赵 绍 后 厚 妇 负 受 舅 淡 渐 范 犯 旱 限 辨 辩 善 件 辫 断 缓 尽 肾 近 笨 盾 愤 荡 象 像 丈 上~山重轻~强勉~蚌 棒 项 杏 幸 静 动 奉

2.7.2 次浊上声字

阳平:努 吕 旅 母

上声:雅 惹 鲁 卤 累积~伟 老~伯秒 舀 篓 偶 纽 诱 览 免 演 敏 忍 引 允 蟒 朗 两儿~仰 往 猛 永 拢 勇

去声:我 马 野~外瓦 五 女子~买 米 你 李 耳 尾 老~师咬 了 两~个亩 牡 藕

有 染 懒 眼 暖 软 壤 养 痒 冷 领 岭

2.8 乐昌皈塘

2.8.1 全浊上声字

阴平:妇~娘距 蟹 辫 菌细~

上声:坐 簿 肚腹~苎 柱 被~子跪 厚 舅 淡 断~绝近 菌蘑菇丈 上~山重轻~强勉~

去声:舵 祸 下底~部 杜 户 序 腐 竖 待 在 亥 弟 倍 罪 汇 技 似 痔 士 市 道 稻 皂 造 赵 后 妇~女负 渐 范 犯 旱 限 辨 辩 践 善 件 尽 肾 笨 盾 愤 荡 象 像 仗 杖 项 静 动 奉

2.8.2 次浊上声字

阴平:友

上声:我 马 雅 惹 野 瓦 努 鲁 卤 五 女 吕 旅 语 武 舞 雨 羽 买 米 礼 美 你 李 里 理 耳 已 以 累~积尾 伟 脑 恼 老 咬 秒 某 亩 牡 藕 偶 柳 有 览 染 懒 眼 免 演 满 暖 卵 软 远 敏 忍 引 允 蟒 朗 两几~,~个仰 养 痒 网 往 冷 领 岭 永 拢 勇

去声:壤

2.9 连州附城

2.9.1 全浊上声字

阴平:祸 竖 鲍 辫 混文

阳平:舵

阴上:跪 撼 践 愤

阳上:坐 簿 肚腹~苎 柱 被~子似 抱 厚 舅 淡 俭 旱 伴 近 菌 蚌 舅 上~山断~绝旱 像 重~要

阴去:倍 技 妓 浩 负 键 仗

阳去:惰 下底~夏姓厦 部 杜 户 序 绪 巨 拒 距 父 腐 聚 待 在 陛 弟 罪 汇 士 柿 道 稻 造 赵 兆 绍 后 妇 阜 受 范 犯 诞 限 辨 辩 善 件 尽 肾 笨 盾 混 象 橡 丈 项 杏 幸 静 动 奉

2.9.2 次浊上声字

阴平:侮

阳平:苇 绕围~莽

阴上:裸 瓦 伟 扭 纽 捻

阳上：我 马 码 惹 也 野 鲁 五 午 女 吕 旅 语 武 舞 乳 雨 羽 禹 买 米 礼 每 美 你 李 里 理 鲤 耳 尾 脑 恼 老 咬 秒 舀 了 某 亩 母 拇 搂 藕 偶 柳 有 友 染 懒 眼 免 勉 缅 演 满 暖 软 晚 挽 远 敏 悯 忍 引 允 两$_{几\sim,\sim个}$朗 养 痒 网 往 猛 冷 领 岭 永 懵 勇 涌

阴去：诱

阳去：努 与 缕 累$_{\sim积}$牡 览 揽 榄 壤

2.10 连州丰阳

2.10.1 全浊上声字

阴平：祸 竖辫

阳平：舵

上声：坐 社 簿 肚$_{腹\sim}$苎 柱 婢 跪 抱 后$_{晡日:后天}$舅 淡 旱 践 伴 缓 近 菌 丈 被$_{\sim子}$蚌 上$_{\sim山}$断$_{\sim绝}$重$_{轻\sim}$强$_{勉\sim}$

阴去：序 叙 绪 巨 拒 距 倍 似 痔 皂 浩 渐 键 盾 混 愤 仗 棒

阳去：惰 下$_{底\sim}$夏$_{姓}$厦 部 杜 户 腐 聚 待 亥 弟 罪 汇 是 氏 技 妓 祀 士 柿 道 稻 造 赵 兆 绍 厚 后 妇 负 受 俭 范 犯 诞 限 辨 辩 善 件 尽 肾 笨 荡 象 像 杖 项 杏 幸 静 动 奉

2.10.2 次浊上声字

阳平：尾 碾

上声：我 马 雅 惹 野 瓦 鲁 五 女 吕 旅 语 武 舞 雨 羽 买 奶 米 礼 尔 美 你 李 里 理 耳 已 以 累$_{\sim积}$尾 伟 脑 老 咬 秒 舀 了 某 亩 牡 母 藕 偶 纽 柳 有 友 览 染 懒 眼 免 演 满 卵 暖 软 晚 远 敏 引 忍 允 蟒 两$_{几\sim,\sim个}$仰 养 痒 网 往 猛 冷 领 岭 永 颖 拢 勇

阴去：努

阳去：诱 朗 壤

2.11 小结和讨论

粤北土话各地浊上字的归属情况可总结如下表。“ + ”表示有读为该调类的浊上字，未标示则表示没有读为该调类的浊上字。“ + ”右边的数字是读为该调类的浊上字字数。

粤北土话全浊上字的归属

	阴平	阳平	上声	阴上	阳上	去声	阴去	阳去
雄州	+(4)	+(12)	+(7)				+(16)	+(75)
百顺	+(20)	+(2)	+(12)			+(85)		
西河	+(1)		+(6)				+(13)	+(58)
犁市	+(3)	+(1)		+(11)	+(10)		+(6)	+(74)
桂头				+(7)	+(13)		+(8)	+(57)
石塘	+(51)	+(2)	+(5)			+(36)		
长来	+(1)		+(3)			+(73)		
皈塘	+(5)		+(17)			+(53)		
附城	+(5)	+(1)		+(4)	+(23)		+(7)	+(55)
丰阳	+(3)	+(1)	+(25)				+(18)	+(54)

粤北土话次浊上字的归属

	阴平	阳平	上声	阴上	阳上	去声	阴去	阳去
雄州	+(2)	+(15)	+(91)				+(6)	+(4)
百顺	+(17)	+(1)	+(101)			+(9)		
西河			+(24)				+(57)	+(4)
犁市	+(5)	+(6)		+(19)	+(60)		+(3)	+(13)
桂头	+(1)	+(1)		+(23)	+(42)			+(4)
石塘		+(2)	+(33)			+(34)		
长来		+(4)	+(29)			+(31)		
皈塘	+(1)		+(73)			+(1)		
附城	+(1)	+(3)		+(6)	+(80)		+(1)	+(9)
丰阳		+(2)	+(79)				+(1)	+(3)

上表中可以看出粤北土话古浊上字(包括全浊上和次浊上)归入阴平、阳平、上声(或阴上或阳上)、去声(或阴去或阳去)等各调都有。这可能是不同方言的多重影响造成的特点。但仍然存在主要的演变方向。粤北土话各地全浊上字归入阳去(或去声)的最多，其次是上声(或阳上)或阴去(如西河)或阴平(如石塘)。但西河次浊上字归入阴去的最多，归入上声的次之。下面将全浊上字和次浊上字合在一起分项叙述。

2.11.1 全浊上归去(或阳去),次浊上归清上

全浊上归去(或阳去),次浊上与清上合流是北方方言中普遍存在的特点,并且南方方言也在这点上多数是相同的。南方方言的这一特点应是历史上汉语的权威方言北方话不断影响渗透的结果。粤北土话浊上字的调类分化中也普遍存在这一层次的演变(这或是北方方言影响所致,或是客赣方言影响所致)。总的特点是全浊上的多数字归阳去(或去声),次浊上的少数字归阴上。如果上声不分阴阳,次浊上的多数字归上声(西河除外),这是因为阳上调不再独立而与阴上合流的缘故。粤北土话上声分阴阳的方言中次浊上字多读阳上调。

粤北土话声调系统中"全浊上归去,次浊上与清上合流"演变发生的时间可能较晚。因为这一层次的演变还没有完全覆盖粤北土话的浊上字。粤北的大多数土话中,全浊上字或多或少仍读上声或阳上,次浊上字在上声分阴阳的方言中仍多读阳上。而且犁市,桂斗,皈塘,附城和丰阳土话中读为上声或阳上的全浊上字和读为阳上的次浊上字多半是口语中较常用的字。因此可以说在粤北土话中"全浊上归去,次浊上与清上合流"的演变是晚近才受北方方言或客赣方言影响在部分浊上字中实现的特点。

并且在粤北土话中全浊上字和次浊上字总是倾向于同流演变的。除了上述全浊上字和次浊上字同归阳上或上声的特点外,粤北的各地土话中还存在次浊上归阳去或去声和全浊上归阴上的现象。大多是书面语用字。这可能是在粤北土话中"全浊上归去,次浊上与清上合流"的演变实现过程中,部分次浊上字随着全浊上字一起归阳去或去声,部分全浊上字随着次浊上字一起归阴上的结果。

2.11.2 浊上归阴去

浊上(包括全浊上和次浊上)归阴去的现象只能在去声分阴阳的方言中观察到。这一层次的演变在雄州,西河,犁市,桂头,附城和丰阳土话中都有一定的反映①。除西河外多半是口语不很常用的字。粤北土话中存在的这种浊上归阴去的现象或许是受粤语影响的结果。粤语浊上读阴去的方言

① 石塘土话虽去声不分阴阳,但古浊去字(包括全浊去和次浊去)大多归阴平,古清去字为去声,所以石塘土话中的浊上(包括全浊上和次浊上)归去实际上也是浊上归阴去(与清去合流)。石塘土话的这种情况跟有些客赣方言相似。都昌,波阳,崇仁,贵溪,铅山,余江(以上属赣方言),大余(属客家话)浊声母去声字归阴平,清声母去声字为去声。(《客赣方言比较研究》,1999:292-304)

有连县，连山，乐昌，英德，清远，从化，明城(詹伯慧 1990：15)。其中清远，从化，明城等近珠江三角洲的方言，其浊上读阴去是一系列的。下面是粤北白话中读阴去的浊上字①。

(1)清远

全浊上声字：

惰 杜 坐 柱 绪 解姓 蟹 倍 被 婢 徛立 技 妓 似 市 恃 鲍 鳔 厚 妇 舅 咎 旱 断~绝 撰 圈猪~ 盾 愤 强勉~,倔~ 棒 并 忿 重轻~

次浊上声字：

我 马 码 野 瓦 努 鲁 橹 虏 卤 五 伍 午 女 吕 旅 汝 语 与 缕 乳 雨 宇 禹 羽 乃 买 奶 米 礼 每 儡 靡 尔 美 履 你 李 里 理 耳 已 以 尾 伟 苇 脑 恼 卯 咬 藐 渺 秒 了 某 亩 牡 母 拇 搂 藕 偶 柳 有 友 诱 莠 览 揽 敛 冉 懒 眼 免 勉 娩 满 暖 软 晚 挽 悯 敏 允 吻 刎 莽 蟒 养 痒 网 往 猛 冷 皿 领 岭 永 拢 勇

(2)英德

全浊上声字：似 皂 咎 撼 范 窘 并

次浊上声字：拟 莠 览 揽

(3)连县

全浊上声字：杜 巨 距 弟 稚 浩 鳔 咎 渐 践 件 伴 拌 尽 仗 奉 并

次浊上声字：努 扰 绕 莠 诱 敛

(4)韶关

全浊上声字：陛 痔 臼 咎 撼 渐 辫 撰 窘

次浊上声字：莠 冉

(5)仁化

全浊上声字：怠 绪 陛 愤 忿

次浊上声字：乳

(6)乐昌

全浊上声字：杜 亥 骇 陛 稚 妇 负 阜 绍 臼 舅 咎 受 撼 渐 俭 键 辫 尽 肾 混 愤 忿 仗 杖 杏 汞 奉

次浊上声字：唯 诱 壤

① 詹伯慧、张日升《粤北十县市粤方言调查报告》字音对照表，1994：79－461，暨南大学出版社。

2.11.3　浊上归阴平

粤北土话中浊上归阴平的现象并不显著。本文所选的粤北土话10个方言点中除百顺和石塘外的其他土话多半只有极少数的浊上字读阴平。众所周知，浊上归阴平是客赣方言的重要音韵特征。只是读阴平的次浊上字客家方言相对于赣方言多一些，读阴平的全浊上字赣方言相对于客家方言多一些。粤北土话浊上归阴平的现象或许是受客赣方言影响的结果。百顺土话中读阴平的浊上字确实和客赣方言相似。但石塘土话中读阴平的全浊上字（石塘土话次浊上字据现有的材料没有读阴平的字）虽然较多，但与一般客赣方言中读阴平的全浊上字有较大的出入。

2.11.3.1　读阴平的全浊上字

梅县等客家话[①]：坐 簿 柱 徛$_{\text{立}}$在 弟 舅 被 淡 旱 辫 断$_{\text{~两脚}}$重 下 丈 动 近

南城（赣语）[②]：苧 簿 肚 徛$_{\text{立}}$弟 舐 辫 篁 棒 坐$_{\text{白}}$下$_{\text{白}}$社$_{\text{白}}$柱$_{\text{白}}$竖$_{\text{白}}$在$_{\text{白}}$被$_{\text{白}}$厚$_{\text{白}}$是$_{\text{白}}$淡$_{\text{白}}$伴$_{\text{白}}$拌$_{\text{白}}$断$_{\text{白}}$近$_{\text{白}}$丈$_{\text{白}}$上$_{\text{白}}$动$_{\text{白}}$重$_{\text{白}}$

百顺：坐 下 巨 拒 徛$_{\text{立}}$距 柱 被 技 妓 雉 抱 鲍 鳔 淡 旱 斷 近 上 重

石塘：惰 祸 下 夏$_{\text{姓}}$厦 户 序 叙 腐 聚 待 亥 弟 倍 罪 汇 似 祀 痔 士 跪 抱 道 稻 造 浩 赵 兆 后 负 俭 范 犯 限 辨 辩 件 善 辫 尽 混 象 像 丈 仗 杖 项 幸 静 动 奉

犁市：苧 柱 浩

梅县等客家话[③]：坐 簿 柱 徛$_{\text{立}}$在 弟 舅 被 淡 旱 辫 断$_{\text{~两脚}}$重 下 丈 动 近

南城（赣语）[④]：苎 簿 肚 徛$_{\text{立}}$弟 舐 辫 篁 棒 坐$_{\text{白}}$下$_{\text{白}}$社$_{\text{白}}$柱$_{\text{白}}$竖$_{\text{白}}$在$_{\text{白}}$被$_{\text{白}}$厚$_{\text{白}}$是$_{\text{白}}$淡$_{\text{白}}$伴$_{\text{白}}$拌$_{\text{白}}$断$_{\text{白}}$近$_{\text{白}}$丈$_{\text{白}}$上$_{\text{白}}$动$_{\text{白}}$重$_{\text{白}}$

百顺：坐 下 巨 拒 徛$_{\text{立}}$距 柱 被 技 妓 雉 抱 鲍 鳔 淡 旱 断 近 上 重

石塘：惰 祸 下 夏$_{\text{姓}}$厦 户 序 叙 腐 聚 待 亥 弟 倍 罪 汇 似 祀 痔 士 跪 抱 道 稻 造 浩 赵 兆 后 负 俭 范 犯 限 辨 辩 件 善 辫 尽 混 象 像 丈 仗 杖 项 幸 静 动 奉

---

① 黄雪贞《客家方言声调的特点》，《方言》1988 年第 4 期 241－246。

② 张双庆、万波《赣语南城方言古全浊上声字今读的考察》，《中国语文》1996 年第 5 期 345－354。

③ 黄雪贞《客家方言声调的特点》，《方言》1988 年第 4 期 241－246。

④ 张双庆、万波《赣语南城方言古全浊上声字今读的考察》，《中国语文》1996 年第 5 期 345－354。

犁市:苎 柱 浩

2.11.3.2　读阴平的次浊上字

梅县等客家话:马 野 也 每 美 尾 吕 鲤 礼 里 理 旅 鲁 卤 买 乃 卯 恼 咬 某　免 有 满 懒 暖 软 忍 冷 猛 领 岭 两$_{斤\sim}$往 养 痒 惹

南丰(赣语)[①]:野 尾 米 里 耳 理 鲤 李 女 蚁 买 老 咬 有 满 懒 暖 忍 冷 领 岭 两 眼 远 网 五 伍

百顺:吕 买 靡 鲤 尾 咬 酉 懒 暖 软 悯 敏 两$_{几\sim}$养 痒 冷 岭

犁市:鲁 旅 某 亩 往

2.11.4　浊上归阳平

浊上归阳平的现象主要出现在雄州。其实雄州话里今读阳平的字,除古浊平字外,不只限于浊上字。清平、清上、清去、浊去字中也有读阳平的字。如:虾、瓜、箍、呼、趋、筛、堤、魁、奎、滋、泡、簪、杉、看$_{\sim守}$、臻、窗、钉(以上清平),簸、傻、处、拄、髓、叟、灸、舔、掸、赏、埂(以上清上),荷$_{薄\sim}$、怕、裤、数、豹、票、跳、占、罐、逛、粽(以上清去),耙、署、薯$_{白\sim}$、喻、妹、寺、饲、伪、疗、候、售、恋、辆(以上浊去)等字都读为阳平调。此外,雄州话中还有非浊上浊去字读阳去,或非浊上清平字读阴平,或非浊上清去字读阴去等多种在调类分派上的例外情况。雄州话的这种情形是不能从一般的古今声调演变模式来解释的。对这一点,谢自立(2000)在《南雄雄州镇方言里的变音现象》[②]一文中指出:

根据我们的调查,雄州话里基本上没有连读变调,但却存在一些不由音的环境决定的变调,……雄州话里有一些字在进入语词以后,不受相邻字声调的影响,但原来的读调却会发生某种变异。比如,“车”是个阴平字,进入语词以后,在“单车,汽车,火车”里读 toan˥ tsʰa˥、tɕʰi˧ tsʰa˥、ho˦ tsʰa˥,也是阴平调,但是在“风车”里却读阳平调 fʌŋ˥ tsʰa˩,再比如,“下”古代就分读上声和去声,今单字雄州读阳去,在“下头,下半日”里读 ha˦ tei˩、ha˦ poan˧ n$_j$iʔ˥,是本调;但在“山下,楼下”里却变读阴去调 soan˥ ha˧、lai˩ ha˧;而在“下山、下田”里又变读阴平调 ha˥ soan˥、ha˥ tan˩了。甚至还有一些本来的舒声调字,在进入语词以后可能变读成入声调,而它们原来的舒声韵也随之促化了。如“门”是个阳平字,在“大门、宾阳门$_{当地城门名}$”里读 toai˦ muɯn˩、pin˥ iɔŋ˩

① 刘纶鑫主编《客赣方言比较研究》,1999:296－297,中国社会科学出版社。

② 《粤北土话及周边方言国际研讨会》论文,2002 年 11 月。

muɯn˩,也是阳平调,而在“后门、小东门$_{\text{当地城门名}}$”里却变读入声调 hei˧ muɯnʔ˧、sai˧ tʌŋ˥ muɯnʔ˧了。声调的这种变异跟连读变调不同,它们往往因词而异,找不到有规律的语音条件。类似的情况在一些粤方言如广州话里就存在,学者们一般都把它称为变音。我们就援引这个术语来讨论雄州话里的变音。雄州话里的普通变音虽然可以发生在任何一个调类里,但多数是在古清声母的平声字和浊声母的上声字里;从变读以后的调值来看,虽然也是哪一种都有,但阳平占了绝大多数。雄州话“车”“下”等字的声调变化,大概是不同层次表现为异读。

三 湘南土话古浊声母上声的调类分化

下面先分别介绍 7 个湘南土话浊上字的归属情况。

3.1 东安(花桥)

3.1.1 全浊上声字

阴平:辫$_{\text{白}}$

阳平:荠 囤 沌

上声:坐$_{\text{白}}$下$_{\text{底～}}$社$_{\text{白}}$簿 腐 柱$_{\text{白}}$竖$_{\text{白}}$在$_{\text{白}}$罢$_{\text{白}}$强$_{\text{勉～,倔～}}$被$_{\text{～子}}$徛$_{\text{立}}$柿 跪$_{\text{白}}$抱$_{\text{白}}$后$_{\text{白}}$蟹撼 淡$_{\text{白}}$簟$_{\text{白}}$件$_{\text{白}}$拌$_{\text{白}}$上$_{\text{白}}$断$_{\text{～黑:黄昏}}$缓 皖 撰 很 近$_{\text{白}}$菌$_{\text{白}}$丈$_{\text{白}}$蚌$_{\text{白}}$动$_{\text{白}}$重$_{\text{白}}$

阴去:汇 造 绍 鳔 咎 篆 笨 混 愤 忿 仗 幸

阳去:舵 惰 坐 祸 夏 厦 部 杜$_{\text{文}}$肚$_{\text{鸡～腑:鸡杂儿}}$户 序 叙 绪 苎 巨 拒 距 父 聚 柱$_{\text{文}}$竖$_{\text{文}}$待 怠 殆 在$_{\text{文}}$亥 骇 罢$_{\text{文}}$解$_{\text{姓}}$陛 弟 倍 罪 婢 是 氏 技 妓 似 祀 巳 痔 士 市 恃 跪$_{\text{文}}$抱$_{\text{文}}$道 稻 皂 浩 鲍 赵 兆 厚 后 妇 负 阜 纣 受 臼 舅 淡$_{\text{文}}$渐 俭 簟$_{\text{文}}$范 犯 旱 限 辨 辩 践 件$_{\text{文}}$键 辫$_{\text{文}}$伴 拌$_{\text{文}}$断$_{\text{文}}$尽 肾 近$_{\text{文}}$盾 菌$_{\text{文}}$荡 象 像 橡 丈$_{\text{文}}$杖 上$_{\text{文}}$棒 蚌$_{\text{文}}$项 杏 静 靖 锭 动$_{\text{文}}$奉 重$_{\text{轻～}}$

3.1.2 次浊上声字

阳平:蚁

上声:哪 裸 马 码 雅 惹 也 野 瓦 努 鲁 橹 五 午 女 旅 语 武 舞 侮 鹉 缕 雨 宇 禹 羽 乃 奶 米 每 美 儡 靡 而 你$_{\text{文}}$李 里 理 鲤 耳 拟 已 以 累$_{\text{～积}}$垒 尾 伟 苇 脑 恼 老 卯 藐 渺 秒 扰 绕 舀 了 某 亩 牡 母 拇 篓 搂 藕 偶 扭 纽 柳 有 友 酉 诱 揽 榄 览 敛 染 冉 俨 懒 眼 免 勉

碾辇演捻满暖卵软晚挽阮远悯敏抿引允吻莽蟒朗文
两~个,几~壤嚷攘仰养痒网往猛冷皿领岭永颖懵蠓拢陇
勇涌吕买

阴去:我单数愈礼你白缅朗白

3.2 宜章(赤石)

3.2.1 全浊上声字

阴平:厦社杜~仲拒距竖技妓柿皂浩绍妇负受范限善~于键伴
拌肾沌盾混愤忿荡象气~仗杖晃棒项杏幸静文奉

阳平:囤

上声:坐簿序绪苎柱在蟹弟老~被棉~徛立氏士跪抱后淡簟舰俭
断缓皖近菌丈上~山强勉~艇挺重轻~

去声:舵祸下底~部户父腐聚待在实~亥弟兄~倍罪汇婢是巳辰~痔
道稻造赵兆厚舅撼渐范犯辨辩践善件辫尽笨像橡
强倔~蚌静动

3.2.2 次浊上声字

阴平:缅~甸

阳平:蠓~虫

上声:哪我裸马码惹也野瓦名词努鲁虏五午女吕旅汝语武舞
侮鹉缕乳雨宇禹羽买奶米礼每美履李里理鲤耳已以
累~积垒尾伟苇脑恼老卯咬藐渺秒舀了某亩牡母拇篓
藕偶扭纽柳有友酉揽览榄敛染懒眼免勉碾演满暖卵
软晚挽远抿忍引吻蟒朗两~个,几~壤养痒网往猛冷皿领
岭永颖懵拢勇

去声:瓦动词蕊唯诱俨~然

3.3 临武

3.3.1 全浊上声字

阴平:婢辫

阳平:舵鳔

上声:垛坐下底~社簿杜肚腹~苎腐柱待在亥解弟罪被~子跪后
舅淡旱伴断~绝缓尽近笨菌丈杖上~山强勉~,倔~项重轻~

去声:惰祸夏姓厦部户绪巨拒距父聚竖罢倍汇技痔士柿市

恃道稻造兆绍厚妇负阜纣受咎渐俭簟范犯限辨辩践
善件键篆肾沌盾混愤忿荡象像橡仗杏幸静靖锭奉动

3.3.2 次浊上声字

阴平:我 也 你

上声:哪马码雅惹野瓦努鲁虏五午女吕旅语与武舞侮鹉缕
雨买米礼每美李里理鲤耳已以累~积垒尾伟苇脑恼老
卯咬渺秒扰绕了某亩牡母拇篓藕偶扭纽柳有酉诱莠
揽览染懒眼免勉娩碾演捻满暖软远悯敏忍引允莽蟒
朗两~个,几~养痒网猛冷领岭永懵蠓拢冗勇涌

去声:缅 颍 阮

3.4 江永

3.4.1 全浊上声字

阳平:骇 绍

阴上:缓 强勉~

阳上:舵坐祸社部簿杜肚腹~户序叙绪苎巨拒距父聚柱竖待
怠在亥罢弟倍罪被~子婢是氏徛立雉似祀巳辰~痔士跪抱
道稻皂造浩赵兆厚后妇负受舅淡簟犯旱限辨辩善件
辫伴拌断尽近盾混愤忿象像橡丈仗杖上~山强倔~棒蚌
项杏幸静靖动奉重轻~

阴去:腐 技 妓 柿 市 鳔 咎

阳去:惰 夏姓厦 汇 恃 渐 范 践 键 荡

3.4.2 次浊上声字

阳平:唯

阴上:雅瓦伟苇脑扰舀扭纽榄冉软挽阮吻朗两几~涌勇

阳上:我文马码惹也野努鲁橹虏五午女吕旅汝语与武舞侮
鹉雨宇禹羽乃买米礼每美而蚁履李里理鲤耳拟已以
尾恼老卯咬藐渺秒某亩牡母拇藕偶柳有友览懒眼免
勉娩演满暖卵晚远悯敏忍引允莽蟒仰养痒网往猛冷
皿领岭永

阳去:也 累~积染 愈 缅

3.5 道县

3.5.1 全浊上声字

阴上:腐 拌

阳上:舵 坐 祸 社 肚腹~ 苎 父 柱 竖 待 怠 在 倍 罪 被 是 跪 抱 道 后 受 舅 淡 辨 善 件 辫 伴 断 缓 近 菌 象 像 丈 杖 上~山 静 奉 重轻~

阴去:徛立 强勉~,倔~ 下底~ 夏姓 簟 犯

阳去:垛 妇 旱 辨又 践 断拦住

3.5.2 次浊上声字

阴平:靡 里

阳平:恼 咬 懒 眼 往 猛 涌

阴上:哪 脑 母 拇 藕 染 碾 演 软 两几~ 领量词 永

阳上:马 码 也 野 瓦 鲁 五 午 女 武 雨 买 奶 米 礼 而 李 理 鲤 耳 垒 尾 老 亩 篓 柳 有 友 捡 撵 满 暖 卵 远 抿 忍 引 莽 蟒 两~个 养 痒 网 领 岭

阴去:垒又

阳去:篓又

3.6 桂阳(敖泉)

3.6.1 全浊上声字

阴平:腐 蟹 妇又 辫

阳平:跪又

上声:坐 社 簿 苎 柱 在 被~絮 是 徛立 后 妇媳~ 舅 淡 件 伴 缓 肾 近 混 菌 丈 上~山 晃 蚌 挺 汞 重轻~

阴去:舵 部 杜 户 序 聚 竖 待 技 妓 痔 跪 皂 造 赵 妇又 范又 限 象 项 幸 动

阳去:祸 荠 柿 道 稻 造又 厚 犯 范 像

3.6.2 次浊上声字

阳平:哪 旅 懵

上声:我 马 码 惹 也 野 瓦 五 女 汝 语 武 舞 雨 羽 买 奶牛~ 米 礼 每 美 你 李 里 理 鲤 耳 已 以 尾 恼 脑 老 卯 咬 秒 绕 舀 了 亩 母 藕 扭 柳 有 友 揽 染 懒 眼 演 满 暖 卵 软 挽 远 忍 引 两~个 养 痒 网 猛 冷 领 岭 永 拢 涌

阴去:奶 碾 吻

阳去:朗

3.7 宁远

3.7.1 全浊上声字

阴平:腐又辫

上声:腐 厚又尽 仗又

阴去:舵 坐 下又部 簿 肚腹~户 拒 父 待 在 弟 倍 罪 被盖~是就~你徛立痔 跪 道 造 鳔 后 厚 妇 受 舅 淡 篁 犯 旱 限 善 伴 断 近 菌 象 像 橡 丈 仗 棒上~山幸 动 重轻~

阳去:下 夏 苎 是该~士 拌 像又

3.7.2 次浊上声字

阳平:扭 染又

上声:马又也 奶又以 垒 脑 母 篓 搂 懒 演 软 挽 忍 引 养 痒 领 颖 两几~

阴去:我 马 码 惹 野 瓦 五 午 女 与 武 舞 侮 雨 买 奶 米 礼 你 李 里 理 鲤 耳 恼 老 咬 秒 亩 牡 藕 柳 有 友 揽 眼 免 满 暖 卵 晚 远 抿 两~个网 往 冷 岭

阳去:哪 蚁 染

3.8 小结和讨论

湘南土话各地浊上字的归属情况如下简示。“+”表示有读为该调类的浊上字,未标示则表示没有读为该调类的浊上字。“+”右边的数字是读为该调类浊上字的字数。

湘南土话全浊上字的归属

	阴平	阳平	上声	阴上	阳上	去声	阴去	阳去
东安	+(1)	+(3)	+(34)				+(12)	+(102)
宜章	+(38)	+(1)	+(31)			+(44)		
临武	+(2)	+(2)	+(35)			+(65)		
江永		+(2)		+(2)	+(91)		+(7)	+(10)
道县				+(2)	+(40)		+(6)	+(6)
桂阳	+(4)	+(1)	+(27)				+(22)	+(10)
宁远	+(2)		+(4)				+(47)	+(7)

湘南土话次浊上字的归属

	阴平	阳平	上声	阴上	阳上	去声	阴去	阳去
东安	+(1)		+(131)				+(6)	
宜章	+(1)	+(1)	+(112)			+(5)		
临武	+(3)		+(103)			+(3)		
江永		+(1)		+(19)	+(91)			+(5)
道县	+(2)	+(7)		+(12)	+(45)		+(1)	+(1)
桂阳		+(3)	+(70)				+(3)	+(1)
宁远		+(2)	+(20)				+(48)	+(3)

湘南土话古浊上的演变和粤北土话有很多相同之处。在今上声分阴阳的方言里,如江永、道县,全浊上和次浊上大多读阳上。今上声不分阴阳的方言中桂阳全浊上和次浊上多读上声,而东安、宜章、临武全浊上多读阳去或去声,次浊上读上声,但全浊上的相当一部分字仍读上声。其中"坐、簿、柱、在、被～子、跪、后、淡、断、缓、近、菌、丈、上～山、强勉～、重轻～"等字东安、宜章、临武三个点都一致地读为上声。多半是口语较常用的字。读为去声或阳去的全浊上字多数是不常用或次常用的字。东安土话中"被、坐、柱、竖、跪、罢、在、蚌、淡、下、社、拌、簟、断、重轻～、近、动、菌、件、丈、上、抱、后"等全浊上字文读为阳去,白读为上声。

以上情况可以说明湘南土话的全浊上声应该读为上声或阳上,读为去声或阳去是后来受邻近方言的影响在部分浊上字中实现的特点。这样,湘南土话的古浊上字读阳上或上声的特点和粤北土话相同,并且这是土话在古今声调演变问题上比较保守的一面。

宁远土话古浊上的走向与上述情况有点不同。全浊上和次浊上的多数字读阴去,少数字读上声或阳去。"浊上归阴去"这一层次的演变其实在湘南土话去声分阴阳的其他方言中都有所反映,如,江永、道县、东安、桂阳土话都有一部分浊上字读阴去。如前所述,粤北土话中也存在这一层次的演变,尤其是韶关西河土话大多数的次浊上字和少数全浊上字都读阴去,其他去声分阴阳的粤北土话中都有一定数量的浊上字读阴去的表现。可见"浊上归阴去"是粤北和湘南两地土话中都较普遍存在的语音层次。

此外,湘南土话中还有浊上归阴平的现象,主要出现在宜章土话。宜章土话中的"浊上归阴平"不能看作是与客赣方言影响有关的现象,因为宜章土话中读阴平的浊上字多半是在一般客赣方言中不读阴平的,宜章土话部分浊上字归阴平的现象可能是受当地官话影响的结果，但并不是一般汉语方言中所见的方言间影响调类的归并，而是直接沿用当地官话中相应调类的调值的结果。下面是宜章土话和宜章官话的调类和调值。

宜章赤石　阴平 13　阳平 44　上声 53　去声 21　入声 33

宜章官话　阴平 33　阳平 21　上声 53　去声 13

宜章土话中读阴平的浊上字在官话中都读去声。土话的阴平调与官话的去声调调值正好相同。宜章土话中这种借用官话调值的现象其实很常见。沈若云（1999：48－49）《宜章土话研究》中指出："土话中声调变读的字完全沿用了官话中相应调类的调值，……这种声调变读的结果是部分阴平字与入声字重合，部分阳平字与去声字重合，部分去声字与阴平字重合，部分入声字又与阳平字重合，但我们不能因此而作调类的调整。也就是说不能把部分阴平字根据调值归入入声字，也不能把部分阳平字根据调值归入去声字等等。因为，第一，这种声调的变读不是类变，只是部分单字调的变化；第二，这些声调变读的词语在土生土生的老百姓口语中出现的频率并不高，只是出现在一定的层次和场合中，不能体现土话的基本因素。"

四　结　论

粤北土话和湘南土话古浊上声的调类分化比较复杂。内部分歧也很大。但可以看到如下几点粤北土话和湘南土话古浊上声的演变特征。

4.1　全浊上声读为上声或阳上，次浊上声在上声分阴阳的方言中读为阳上的特点应该是粤北土话和湘南土话固有的共同演变规律。

4.2　粤北土话和湘南土话各点全浊上字和次浊上字总是倾向于同流演变的，即全浊声母的声调大体上与次浊声母的声调一样。

4.3　在粤北土话和湘南土话中较普遍存在的"全浊上读为去声或阳去，次浊上与清上合流"演变是晚近才受北方方言或客赣方言影响在部分浊上字中实现的特点。

4.4　"浊上归阴去"也是粤北和湘南两地土话中都较普遍存在的一个语音层次。这一点与粤北的一些粤方言一样。

4.5　粤北土话中"浊上归阴平"的现象或许是与客赣方言影响有关，而湘南土话中的"浊上归阴平"可能是受当地官话影响的结果。但并不是一般汉语方言中所见的方言间影响调类的归并，而是直接借用当地官话中相应调类的调值的结果。

语料来源

(1) 本文作者调查的粤北土话5个方言点的字音材料(《方言调查字表》)：韶关市城区(西河)，南雄雄州，南雄百顺，连州附城，曲江犁市。
(2) 韶关大学庄初升先生给我提供的粤北土话3个方言点的字音材料：仁化石塘，连州丰阳，乳源桂斗。
(3) 2000年出版的张双庆主编《乐昌土话研究》(厦门大学出版社)，书中有乐昌长来，北乡，黄圃，三溪，皈塘5个点的字音，词汇和语法材料。本文利用了长来和皈塘两个点的材料。
(4) 李永明《临武方言：土话与官话的比较研究》，湖南人民出版社，1988：71－155。
(5) 黄雪贞《江永方言研究》，社会科学文献出版社，1993：41－61。
(6) 鲍厚星《东安土话研究》，湖南教育出版社，1998：48－79。
(7) 沈若云《宜章土话研究》，湖南教育出版社，1999：56－83。
(8) 张晓勤《宁远平话研究》，湖南教育出版社，1999：55－75。
(9) 周先义1994，湖南道县(小甲)土话同音字汇，《方言》第3期：201－207。
(10) 范峻军2000，湖南桂阳县敖泉土话同音字汇，《方言》第1期：80－88。

参考文献

北京大学中文系语言学教研室 1989《汉语方音字汇》(第二版)，北京：文字改革出版社。
黄雪贞 1986 西南官话的分区(稿)，《方言》第4期：262－272。
黄雪珍 1988 客家方言声调的特点，《方言》第4期：241－246。
黄雪珍 1989 客家方言声调的特点绪论，《方言》第2期：121－124。
李谱英 1997 广西境内客家方言在语音上的主要差别，《中国语言学报》第8期：186－193。
李　荣 1989 汉语方言的分区，《方言》第4期：241－259。
李如龙 张双庆 1992《客赣方言调查报告》，厦门：厦门大学出版社。
李永明 1999 湖南双方言区概况及声调，《双语双方言与现代中国》：174－182，北京：北京语言文化大学出版社。

林立芳 庄初升 2000 粤北地区汉语方言概况,《方言》第2期:126－137。
刘纶鑫 1999《客赣方言比较研究》:296－304,北京:中国社会科学出版社。
王本瑛 1997《湘南土话之比较研究》,台湾清华大学语言所博士论文。
王福堂 1997 杭州方言上声字中声母 v z 的音变,《汉语方言论集》:85－94,北京:北京语言文化大学出版社。
王福堂 1998 关于客家话和赣方言的分合问题,《方言》第1期:14－19。
王福堂 1999《汉语方言语音的演变和层次》,北京:语文出版社。
王福堂 2001 平话、湘南土话和粤北土话的归属,《方言》第2期:107－118。
王洪君 1992 文白异读与叠置式音变,《语言学论丛》第17辑,北京:商务印书馆。
谢自立 2000 南雄雄州镇方言里的变音现象,粤北土话与周边方言国际研讨会论文。
严修鸿 2000 连城方言古浊上字的调类分化,《第三届客家方言研讨会论文集》:39－51,《韶关大学学报》增刊。
詹伯慧 1997 珠江三角洲方音说略,《汉语方言论集》,北京:北京语言文化大学出版社。
詹伯慧 张日昇 1994《粤北十县市粤方言调查报告》:79－461,广州:暨南大学出版社。
张双庆 万波 1996 赣语南城方言古全浊上声字今读的考察,《中国语文》第5期。
庄初升 2000《粤北土话音韵研究》,暨南大学博士论文。

附　记

我1995年9月进北京大学中文系硕士班,专业是语言学理论。在学期间修过王洪君教授的语言学,王教授的细心指导使我知道了做学问的基本态度。尤其是硕士班时参加过3次方言调查实习,使我对生疏的汉语方言学产生了兴趣,决定了我的研究方向。因王教授的教导及训练,日后才能在王福堂教授座下研究汉语方言学。在德学兼备的王福堂教授的教诲下,使我常常感到才学不足而吃累,但想到不能因为我这无能的学生而使老师汗颜,因而竭尽所能地加倍努力,在2002年终于完成了博士学位,学成归国任教至今也有11年了。其间,我从未忘记两位老师的教导,之所以能在母校顺利地任教和做学问,也都归功于两位教授的细心教诲之恩。两位王教授无论人格、修养以及做学问的态度一直是我向往的目标和楷模,能在两位教授座下学习是我毕生的幸福和骄傲。

若论才学,我的论文实在是不敢刊载到这部论文集中的,但对王福堂教授的尊敬使我有了勇气,因此很惭愧地以此论文恭祝王福堂教授健康幸福!

(牟廷烈　韩国中央大学人文学院)

“甘藷”及其他*

项梦冰

一　引　言

《现代汉语词典》(第六版,商务印书馆 2012)“甘薯”“白薯”“红薯”“番薯”诸条的内容为:

【甘薯】gānshǔ 名 ①一年生或多年生草本植物,蔓细长,匍匐地面。块根皮色发红或发白,肉黄色或白色,除供食用外,还可以制淀粉、糖和酒精。②这种植物的块根。‖通称红薯或白薯,在不同地区有番薯、山药、芋头、山芋、地瓜、红苕(sháo)等名称。

【白薯】báishǔ 名 甘薯的通称。

【红薯】hóngshǔ 名 甘薯的通称。

【番薯】fānshǔ <方> 名 甘薯。

也就是说,“甘薯”“白薯”“红薯”“番薯”的意思相同,指的都是英语里的 sweet potato,其中“甘薯”是学名,“白薯”“红薯”是通称,而“番薯”则是方言词。《简明生物学词典》(冯德培等 1982)的处理有所不同,请看其“番薯”“甘薯”“甜薯”“薯蓣”条:

---

* 本文的方言语料出处:“薯”的单字音引自北京大学中文系语言学教研室 2005,涉及 11 个方言点:温州、梅县、广州、福州、苏州、长沙、双峰、北京、西安、武汉、扬州。有关薯蓣或番薯的词汇,长汀据曹培基 1997,海口据陈鸿迈 1996,长沙据鲍厚星等 1993,黎川据颜森 1995,建瓯据李如龙、潘渭水 1998,温州据游汝杰、杨乾明 1998,于都据谢留文 1998,信宜据罗康宁 1987,重庆、北京、郑州、承德据陈章太、李行健 1996。连城(城关及新泉)根据本文作者的调查。研究生倪志佳帮助查找部分资料,特致谢忱。

番薯（*Ipomoea batatas*） 亦称“甘薯”“山芋”“红薯”“红苕”“白薯”“地瓜”。旋花科。在热带为多年生草本。块根白色、红色或黄色。茎蔓生，茎节着土后易生不定根。叶心脏形至掌状深裂。在我国南方能开花结实。花红紫色或白色，成腋生聚伞花序，有时单生，总花梗长；花萼五深裂，裂片不等长；花冠漏斗形，顶端五裂片不开展；雄蕊五枚，不等长；柱头两裂。蒴果；种子四粒，卵圆形，无毛。喜温暖多光，耐旱、耐碱，不耐霜。原产于热带美洲。现广泛栽培于全世界热带和亚热带地区，我国南北各地都有栽培.适种于肥沃而排水良好的沙质壤土。常用块根和茎蔓繁殖。块根含大量淀粉，可作粮食或制酒精和淀粉等。蔓、叶可作饲料，也可药用，生津润燥，消痈解毒。

甘薯 番薯的别称。按甘薯一名最早见于晋嵇含《南方草木状》，当时美洲尚未发现，番薯亦未自原产地（热带美洲）传入我国。故古籍所载的甘薯，当非番薯而为另一种植物。经我国农学家丁颖等考订，应为薯蓣科的甜薯（*Dioscorea esculenta*）。参见“番薯”“甜薯”。

甜薯（*Dioscorea esculenta*） 亦称“甘薯”。薯蓣科。多年生缠绕草质藤本；地下有卵圆形块茎，每株 5～10 个或更多。叶互生，宽心形，叶柄基部有刺。初夏开花，花单性，穗状花序单生。蒴果三棱形；种子圆形，有翅。野生和栽培，分布于亚洲东南部。我国广东有栽培。块茎供食用。变种刺甜薯（var. spinosa），植株近地面的根部有多分枝的粗刺。我国海南岛有栽培。用途同原种。

薯蓣（*Dioscorea opposita*〔*D. batatas*〕） 亦称“山药”。薯蓣科。多年生缠绕藤本，地下具圆柱形肉质块茎。叶片形状多变化，通常三角状卵形或耳状三裂，叶腋间常生有珠芽（亦称“零余子”），可用以繁殖，亦可供食用。夏季开花，花单性，乳白色，花序穗状，雄花序下垂，雄花花被片六枚，卵形，雄蕊六枚，发育；雌花序与雄花序相似，但不下垂，子房柱头三裂。蒴果有三翅，种子卵圆形，周围有栗壳色薄翅。野生于山坡林边或向阳处。原产我国，南北各地都有栽培；河南沁阳县（旧属怀庆府）产的，称“怀山药”。多用块茎或珠芽繁殖。块茎供食用；中医学上用作益健脾胃、补肺肾药，性平、味甘，主治脾虚泄泻、消渴、遗精、带下等症。另有参薯（*D. alata*）和甜薯（*D. esculenta*），广东、广西常见栽培，其块茎亦供食用。

也就是说，《简明生物学词典》采用的学名是“番薯”，而“甘薯”则看作“番薯”的别称之一，并特别指明我们现在所说的“甘薯”并非晋嵇含《南方草木状》里所记载的“甘薯”,按农学家丁颖的考证,《南方草木状》里的“甘薯”实为甜薯。词典没有交代文献来源,根据我们的检索,应为丁颖(1929)和丁颖、戚经文(1948)。我们注意到,《中国大百科全书·生物学》在 sweet potato 的意义上,只立“番薯”条(Ⅰ323),而且没有罗列别名;关于薯蓣则只立“薯蓣科”(Ⅱ1547),指出“中国仅薯蓣属 1 属约 60 种”,提到的具体种类有“甜薯”“参薯”“山药”“薯莨”和“盾叶薯蓣”,都没有单立词条。换言之,《中国大百科全书·生物学》跟《简明生物学词典》一样,也是以“番薯”作为 sweet potato 的学名的。

笔者 17 岁以前一直生活在闽西山村,对薯蓣、番薯、芋头等农作物都相当熟悉,甚至还参加过部分生产劳动,近 30 年来又一直留意自己母语(连城新泉客家话)的词汇搜集,因此想就古文献“甘藷”(今作甘薯)一词的音义及相关问题略陈管见,聊作补苴。

二　古文献中的“甘藷”

2.1　古文献中的“甘藷”

东汉南海郡杨孚(生卒年月不详)所著《异物志》为我国第一部地区性物产专著,原书已轶,清代曾钊根据《齐民要术》《初学记》《太平御览》等书进行过辑轶(两卷本)。北魏贾思勰《齐民要术》卷十“藷”条所引《异物志》文字如下(据四库全书本):

> 《异物志》曰:甘藷似芋,亦有巨魁。剥去皮,肌肉正白如脂肪。南人专食,以为米谷。

这大概是有关“甘藷”一词的最早文献记录。晋嵇含《南方草木状》(亦名《南方草物状》,已轶,传世者为宋人辑佚之作)卷之上“甘藷”条对这种植物的性状、功用、分布有更详细的描写(据明陶宗仪《说郛》卷第八十七,中国书店 1986 年影印涵芬楼 1927 年版):

> 甘藷,盖薯蓣之类,或曰芋之类,茎叶亦如芋,实如拳,有大如瓯者,皮紫而肉白。蒸食之,味如薯蓣,性不甚冷。旧珠崖之地,海中之人,皆不业耕种,惟掘地种甘藷,秋熟收之,蒸藷切如米粒,仓囤贮之,以充粮糗,是名藷粮。北方人至者,或盛具牛豚脍炙,而末以甘藷荐之,若硬粟然。大抵南人二毛者,百无一二。惟海中之人百有余岁者,由不食五谷,而食甘藷故尔。(附早稻田大学图书馆所藏日本天保乙未刻版:甘

藷，盖薯蓣之类，或曰芋之类，根叶亦如芋，实如拳，有大如瓯者，皮紫而肉白。蒸鬻食之，味如薯蓣，性不甚冷。旧珠崖之地，海中之人，皆不业耕稼，惟堀地种甘藷，秋熟收之，蒸藷切如米粒，仓圌贮之，以充粮糗，是名藷粮。北方人至者，或盛具牛豕脍炙，而末以甘藷荐之，若粳粟然。大抵南人二毛者，百无一二。惟海中之人寿百余岁者，由不食五谷，而食甘藷故尔。）

上引两则文献材料中的"甘藷""甘藷"应为同一个词的不同写法。这一点可由《齐民要术》（据四库全书本）卷十"藷"条所引《南方草物状》得到证明①：

《南方草物状》曰：甘藷，二月种，至十月乃成卵。大如鹅卵，小者如鸭卵。掘食蒸食，其味甘甜。经久得风乃淡泊。

2.2 "藷""藷"和"薯"

上面已经提到，"甘藷""甘藷"为同一个词的不同写法，因此在甘藷义上，"藷"和"藷"可以视为异体字。《说文·艸部》只收前者："藷，藷蔗也。从艸，诸声。"段玉裁注："或作诸蔗，或都蔗。藷蔗二字叠韵也。或作竿蔗，或干蔗，象其形也。或作甘蔗，谓其味也。"即"藷"zhū 见于"藷蔗"，指的是甘蔗。例如东汉张衡《南都赋》："若其园圃，则有蓼蕺蘘荷，藷蔗姜䗪，菥蓂芋瓜。"

关于"甘藷"的"藷"的读音，需要结合《山海经》（据宋淳熙七年池阳郡斋刻本）的一条材料来看。《山海经·北山经第三》：

又南三百里，曰景山，南望盐贩之泽，北望少泽。其上多草、藷藇根似羊蹄，可食。曙豫二音。今江南单呼为藷，音储，语有轻重耳，其草多秦椒，其阴多赭，其阳多玉。

"藷藇"后的小字为郭璞注。按照郭璞的说法，藷藇江南单呼为"藷"，而且江北、江南"藷"的读音不同，江北音曙，江南音储。"甘藷"为南方物产（南人专食，以为米谷），按照郭璞的"藷"字注音及嵇含对"甘藷"的定性（盖薯蓣之类，或曰芋之类），可以断定"甘藷"的"藷"跟"藷蔗"的"藷"不存在音义上的联系，只能算是同形字。

① 有关《异物志》《南方草木状》的作者以及《南方草木状》和《南方草物状》是否同一部书，学术界颇有一些不同的意见，因与讨论无关，本文均径取通行的看法。

梁顾野王大概是想在字形上分化这对同形字。《玉篇·艸部》(据中国书店影印泽存堂本):"藷,之餘切。藷蔗也。|藸,直居、上余二切。根似茅,可食。|薯,音署。薯蓣,药。"即"藷蔗"义上作"藷",读之餘切;"薯蓣"义上作"藸"(读直居切或上余切)和"薯"(读署)。直居切相当于"储",上余切是新增加的读音,两者只是声母有别(澄母—禅母),不妨都看作是江南的读法。署则是通语里的读法。

《广韵》(据中国书店影印泽存堂本)的处理有所不同。平声鱼韵章鱼切:"藷:藷蔗,甘蔗。|藸:薯预别名。"平声鱼韵署鱼切:"藸,似薯蓣而大。或作'稌'。"去声御韵常恕切:"藷,藷萸。又音诸。|薯:薯蓣。俗。"《广韵》和《玉篇》相同的地方是都看到了双音词"藷萸"(俗作"薯蓣")和单音词"藸"的区别,"薯"都只列在去声。《广韵》和《玉篇》不同的地方则有四:①明确指出"薯蓣"是"藷萸"的俗写。其来源应为把"藷萸"俗写为"署预"(即记写为同音字)后再加上草字头。即"薯"是个新起的形声字。②把"藷""藸""稌"看作异体关系,例如"藷"字"又音诸",可是在章鱼切收的字形却是"藸"。③"藸"不列"储"的读法(直鱼切),但增加了章鱼切的读法。④对单音词"藸"的释义不同(似薯蓣而大)。这一点非常重要。"根似茅"必定是南北都适合生长的那种块根呈铁棍形的山药[1],而非"似芋""亦有巨魁"或"大如鹅卵,小者如鸭卵"的"藷";"似薯蓣而大"大概是对"藷"的一个相当恰当的描述。

再来看一下《集韵》(据述古堂影宋钞本)《类篇》(据汲古阁影宋钞本)的处理。平声鱼韵常如切:"稌藸蒢:药艸,署预也。或作藸蒢。"平声鱼韵陈如切:"藷藸蒢:艸名。《山海经》:'景山北望少泽,多藷萸。'或作藸蒢。"平声鱼韵专於切:"藷:艸名。《说文》:'藷蔗也。'通作诸。|藷:药艸。署预也。"去声御韵常恕切:"藷藸薯:藷與,署预也。或作藸薯。"《类篇》的有关收字如下:

藷:专於切。艸名。《说文》:"藷蔗也。"又陈如切。《山海经》:"景山北望少泽,多藷萸。"又常恕切。藷萸,署预也。

藸:专於切。药艸,署预也。又常如切、陈如切。艸名。

蒢:陈如切。艸名,藷萸。藷或作蒢。

---

① "根似茅"恐怕只是就形状和大小进行类比,两者的差别还是很大的,例如茅根有节而薯蓣没有节。

薯:常恕切。藷或作薯。

荼:祥余切。艸名。又常如切。药艸,署预也。

稌:常如切。药艸,署预也。[略去与本文无关的音义]

就读音说,《集韵》《类篇》都维持四个地位,即《玉篇》的三个读音加上《广韵》增列的章鱼切(《集韵》专於切)。就字形说,《集韵》新增了“荼”,《类篇》新增了“藷”。“藷”“荼”“藷”“稌”只有平声的读法,“薯”只有去声的读法,“藷”则兼有平声和去声的读法。从释义的情况看,《集韵》陈如切“藷藷荼”直接引《山海经》“景山北望少泽,多藷藇。”使得其单呼的性质变得有些模糊,结合《类篇》陈如切“藷”“藷”的释义情况看,“藷藷荼”的单呼性质似无需怀疑。以上介绍的音义对应情况可列表对比如下:

今音	shǔ	chú	zhū	shú
郭璞	藷音曙,藷藇,根似羊蹄,可食	藷藷藇江南单呼为藷,音储		
玉篇	薯音署,薯蓣,药	藷直居切,根似芋,可食		藷上余切,根似芋,可食
广韵	藷薯常恕切,藷藇,俗作薯蓣		藷(藷)章鱼切,薯预别名	藷稌署鱼切,似薯蓣而大
集韵	藷藷薯常恕切,藷舆,署预也	藷藷荼陈如切,艸名	藷专於切,药艸。署预也	藷稌荼常如切,药艸,署预也
类篇	藷薯常恕切,藷舆,署预也	藷藷藷陈如切,药艸,署预	藷专於切。药艸,署预也	藷稌荼常如切,药艸,署预也

上表 shǔ 列郭璞和《玉篇》“藷”“薯”用的都是直音法,“曙”“署”跟“薯”在《广韵》和今音里都是同音字,但按照《广韵》等韵书所给的反切(常恕切),“藷”“薯”本应读 shù,可见 shǔ 实际上是一个例外读音。就现代汉语而言,《类篇》所列的六个薯蓣义字形只需保留一个“薯”字。虽然《玉篇》《广韵》《集韵》《类篇》“薯”都只列去声的读法,实际上文献里早已打破了这一限制,例如:

……薯、姜、葱……水芹。(嘉靖《延平府志》“食货志·物产”)

薯、芋、山药、蕨粉数种,可以御饥。(万历《永安县志》四卷“田赋志·物产”)

藷藇《本草》名薯蓣,汀人呼薯。有红白二种,其白者又呼山药、雪薯。(乾隆·同治《汀州府志》卷之八“物产”)

……蕨、芋、薯、茄……(康熙《连城县志》卷四“籍产志·物产”)

福建属于典型的薯蓣“单呼为‘藷’”的地区,但地方志的物产部分早已通用“薯”字,其音韵地位为禅母鱼韵平声(署鱼切、常如切),例如长汀

[꜀ʃu^{24}]、连城[꜀ʃiE^{22}]。

“藷”字直居切(《玉篇》)、章鱼切(《广韵》)的读法目前都尚未在汉语方言里发现①。署鱼切的读法则主要通行于南部地区,例如温州[꜀zei^{31}]、梅县[꜀su^{11}]、广州[꜀ʃy^{21}]、福州[꜀sy^{52}]。常恕切的读法不算常见,主要是一些中部地区的方言,而且常常是平声读法和去声读法并存,例如苏州[zʮ꜄^{231}/zi꜄^{231}]、长沙[꜀ɕy^{13}/ɕy꜄^{21}]、双峰[꜀dy^{13}/dy꜄^{33}]。绝大部分官话“薯”字读上声,例如北京[꜂ʂu^{214}]、西安[꜂fu^{53}]、武汉[꜂ɕy^{42}]、扬州[꜂su^{42}],属于例外读音,它们通常也不用于薯蓣义,例如北京薯蓣叫“山药”[ʂan^{55} iau^{0}],“薯”字用于“白薯”[pai^{35} ʂu^{214}]等词。

2.3 “薯蓣”的不同写法

就词而言,“薯蓣”的实际写法也是比较多的。《太平御览》(据四部丛刊本)卷第九百八十九“藷藇”条共采《山海经》《范子计然》《湘中记》《本草经》《吴氏本草》《杜兰香传》《异苑》等唐以前的七种著作的有关内容,“薯蓣”的叫法有(用右角码注明出现次数):藷藇^{2}(含标题名1次)、署豫^{3}、署预^{2}、储餘、诸署、山芋^{4}(含“山羊”词形3次)、玉延^{2}、修脆、儿草。其中“诸署”“山芋”“玉延”“修脆”“儿草”属于词形的不同,剩下的说法(藷藇、署豫、署预、储餘)则应视为同一词形的不同写法。这些说法再加上“诸藇”(《山海经》卷五中山经)、“薯蓣”(《玉篇》《广韵》)、“薯预”(《广韵》,不过钜宋本、南宋祖本、巾箱本都从艸作“蓣”),可谓相当纷扰,而且以上所列恐怕尚未穷尽“薯蓣”一词的所有写法。其中“储餘”的写法需要稍作说明。《太平御览》所引如下:

《范子计然》曰:储餘,本出三辅,白色者善。

《范子计然》为春秋范蠡所著,原书已佚。根据《辞源》(一0039中栏,商务印书馆1979修订第1版):

> 【三辅】指西汉治理京畿地区的三个职官。西汉建都长安,京畿官通称内史。景帝时分置左右内史及都尉,即有三辅的名称。武帝太初

---

① 有一些方言,例如双峰话,“薯”读[꜀dy],似乎可以看作是来自直居切,可是双峰话古禅母字本来就有一部分今读d-,例如“臣”[꜀diɛn]、“城”[꜀diɛn]、“常”[꜀dɒŋ]。从方言比较的立场看,双峰话的“薯”读[꜀dy]还是看作来自署鱼切比较妥当(例如“薯”的若干方言读音:长沙[꜀ɕy];合肥[꜂tʂʰu];福州[꜀sy]、厦门[꜀tsu]、潮州[꜀tsɿ]),即[꜀dy]乃是 *dʐu一类形式的演变结果。

元年，改右内史为京兆尹，治长安以东；左内史为左冯翊，治长陵以北；都尉为右扶风，治渭城以西……又长安近畿，三辅所辖地区亦称三辅。汉桓宽《盐铁论·园池》："三辅迫近于山河，地狭人众，四方并臻。"

"三辅"既为汉以后的说法，则《太平御览》所引《范子计然》之"储餘"说必定是后人伪托，因此这条奇怪而又不能为其他文献和现代方言所验证的材料就可直接剔除而无需采信。

2.4 "甘藷"的所指

关于《异物志》《南方草木状》里所说的"甘藷"究竟是何物，最重要的还是要看古人自己是如何看的。按照古籍资料可以明确的是："甘藷"即"藷"，它在当时已是一种驯化植物。前引《南方草木状》曾说"旧珠崖之地，海中之人，皆不业耕种，惟掘地种甘藷"，这条资料正好可以跟《异物志》的另一条资料相比照。《太平御览》卷七九〇"四夷部十一·儋耳国"条（据四部丛刊本）：

《异物志》曰：儋耳夷，生则镂其头皮，尾相连并；镂其耳匡为数行，与颊相连，状如鸡腹，下垂肩上。食藷时诸切。纺绩为业。[引按："腹"应为"肠"之误，形近而讹。]

宋苏轼《记薯说》（据1936年《儋县志》卷之十一"艺文志十三·杂著"）则言：

南海以藷米为粮，几米之十六。今岁米皆不熟，民未至艰食者，以客舶方至而有米也。然儋人无蓄藏，明年去则饥矣。吾旅泊尤可惧，未知经营所从出，故书坐右以时图之。戊寅十月二十一日。

苏轼《闻子由瘦一首儋耳至难得肉食》诗又有"土人顿顿食藷芋，荐以熏鼠烧蝙蝠"之句（《东坡后集》第六卷，据明成化本）。《和陶劝农诗六首》之引也说："海南多荒田，俗以贸香为业。所产秔稌，不足于食。乃以藷芋杂米作粥糜以取饱。予既哀之，乃和渊明《劝农诗》，以告其有知者。"（据1936年《儋县志》卷之十"艺文志五·诗"）再看宋王象之《舆地纪胜》卷第一百二十四"广南西路·琼州·风俗形胜"所记：

在海中洲居。郡在大海之中、崖岸之边，出真珠，古曰珠崖……以藷菜为粮海南所产秔稌，不足于食。乃以藷蕷为粮，杂菜作粥。东坡云：海南藷为粮，几米之十六……

万历《儋州志·天集·地理志·土产》记载有："……薯甜薯、淡薯、山薯……"

以上这些可以互相印证的材料可以说明：①"甘藷"就是"藷"（薯），

“藷”是统称，在需要区分小类的时候则可以有“甜薯、淡薯、山薯”之名。“甜薯”就是“甘藷”。②单音词“藷”（读平声）亦可写作“薯”，即“薯”字不必局限于去声的读法（参看前文2.2）。

按照丁颖（1929）和丁颖、戚经文（1948）、胡锡文（1958）、吴德邻（1958）、石声汉（1957－1958/2009）、吴德铎（1960）、戚经文（1980）的研究，《异物志》《南方草木状》所记录的“甘藷”乃薯蓣科（dioscoreaceae）植物的一种，学名 Dioscorea esculenta（Lour.）Burk.，也就是嵇含所下定义的前一半（盖薯蓣之类）。它跟明代传入中国的旋花科（convolvulaceae）植物“番薯”，学名叫 Ipomoea batatas（Linn.）Lam 的并不是同一种东西。本文同意以上学者的意见。下面引康熙《琼山县志》和陈鸿迈（1996）的材料略加说明。

康熙《琼山县志》卷之九“杂志·土产”：

> 薯甜、蔓二种，曰鹿肝，曰铃蔓 薯蓣山药也……番薯种自番国携来，饥岁可以代米……

陈鸿迈（1996）即《海口方言词典》：

【甜藷】ʔdiam[21] tu[21]毛薯，薯类。皮上有细根如毛，煮熟吃味甜

【山藷】tua[24] tu[21]多年生草本植物，茎蔓生，常带紫色，块根圆柱形，叶子对生，卵形或椭圆形，花乳白色，雌雄异株。块根含淀粉和蛋白质，可以吃。块根切成条状的片，晒干，叫“淮山”，是一种中药

【番葛】huaŋ[24] kua[55]白薯，当地主要农作物品种，蔓细长，匍匐地面。块根，皮色发红或发白，除供食用外，还用来酿酒，也指这种植物的块根

按照陈鸿迈（1996，6），海口方言和距市区5公里的琼山县府城镇居民所说的话相同，城区（振东区和新华区）语音也和郊区（秀英区）大部分地方没有明显的差异。海口今“甜藷”相当于康熙《琼山县志》“薯”里的鹿肝，今“山藷”相当于“薯蓣”，今“番葛”相当于“番薯”。康熙《琼山县志》“鹿肝”“铃蔓”“薯蓣”“番薯”可能都并非当时琼山话的实际说法，而是转文的表达。“皮上有细根如毛”显然不是番薯块根的特征。“甜藷”就是古代的“甘藷”，跟“山藷”一样，都是薯蓣类植物。

三　薯蓣和山药、薯蓣和芋

3.1　薯蓣和山药

薯蓣和山药所指相同，先有薯蓣之名，山药的叫法是后来才出现的。“薯蓣”改叫“山药”是避讳改词的结果。宋寇宗奭《本草衍义》（1116）卷七

“山药”条说：

按《本草》上一字犯英庙讳，下一字曰蓣，唐代宗名豫，故改下一字为药，今人遂呼为山药。如此则尽失当日本名，虑岁久以山药为别物，故书之。（据续修四库全书本）

不过王念孙不同意这种说法。《广雅疏证》卷十上说：

此谓“药”字改于唐，“山”字改于宋也。案：韩愈《送文畅师北游》诗云“山药煮可掘”，则唐时已呼“山药”。别国异言，古今殊语，不必皆为避讳也。

对于王念孙的这种说法，赞同者固多，但不以为然者亦不少。例如吴德铎（1961）就认为“顾文荐在《负暄杂录》中也有和寇宗奭相类似的说法，可见寇宗奭的解释，不是完全没有根据的”。我们同意这种看法，既然“山药”为“薯蓣”的犯讳改词这种说法能屡屡在其他的宋人著作里看到，就绝非空穴来风。下面引后唐至南宋的五种材料略加说明。

后唐冯贽《云仙散录》（据中华书局 1998 张力伟点校本）“畏薯药”条：

《叩头录》曰：李辅国畏薯药，或人因以示之，必眼中火出，毛发皆沥血，因致大病。

北宋陶谷（903—970）《清异录》（完成于五代末至北宋初）是古代的一部重要笔记，保存了中国文化史和社会史方面的很多重要史料。该书（据惜阴轩丛书本）卷上“百果门”记有“天公掌”和“月一盘”：

【天公掌】淇薯药称最大者号“天公掌”，次者号“拙骨羊”。

【月一盘】蜀孟昶月旦必素餐，性喜薯药，左右因呼薯药为“月一盘”。

宋赵彦卫（约 1140—1210）《云麓漫钞》（据中华书局 1996 年傅根清点校本）卷九说：

《本草》有薯蓣，避唐代宗讳改云薯药，避英宗讳又改为山药，则与薯蓣似不相干，今当云山蓣可也。

宋王楙（1151—1213）《野客丛书》（据明嘉靖四十一年刻本）卷九“古人避讳”条说：

古今书籍，其间字文率多换易，莫知所自，往往出于当时避讳而然。仆不暇一一深考，姑著大略于兹，自可类推也……代宗讳豫，以豫章为钟陵，苏预改名源明，以薯蓣为薯药，至本朝避英宗讳曙曰山药，签署曰签书。

南宋顾文荐(生卒年月不详)《负暄杂录》(据《说郛》,中国书店 1986 年影印涵芬楼 1927 年版)“物以讳易”条也说:

山药本名薯蓣,唐代宗讳豫,改名薯药。本朝避英宗讳,遂名山药。

以上所引的五种书,第一种是五代时记录异闻的一部古小说集,第二种采唐及五代新语,这两部书薯蓣都叫“薯药”;后三种都成书于英宗(在位时间为 1064—1067)以后,薯蓣都叫“山药”。可见犯讳改词的脉络是十分清楚的,寇宗奭“虑岁久以山药为别物”并非杞人忧天。至于唐代宗之前文献里的“山药”,本文同意谭真(1988)的意见:

盖英宗以前山药一词,系山野药物总称,非专指个体山药。试想英宗以前数十种医药书籍,数以百计医学家们,竟未提及山药(包括俗名别名在内),这提示英宗朝前可能无个体山药之称。

下面以大约成书于永淳二年(682)的《千金翼方》为例(孙思邈著,据清翻刻元大德梅溪书院本),说明代宗(在位时间为 762 ~ 779)之前都是直呼薯蓣。该书卷二“本草上”之“署预”(即“薯蓣”)条说:

署预　味甘,温,平,无毒……久服耳目聪明,轻身不饥,延年。一名山芋,秦楚名玉延,郑越名土藷。生嵩高山谷。二月八月采根,暴干。

《辞源》(二 923,商务印书馆 1979)“山药”条根据《宣和书谱》十五载晋王羲之草书《山药帖》及韦应物《郡斋赠王卿》诗有“山药寒始华”句断言“是山药之名,晋、唐已有,非始于宋代。”山药之名的确晋、唐已有,然而并非指薯蓣。按照前文所引《简明生物学词典》“薯蓣”的解释,这种植物乃夏季开花,因此“秋斋雨成滞,山药寒始华”句中的“寒始华”者必定与它无涉;指薯蓣的山药之名实始自宋英宗朝。像唐诗中张籍《寒食夜寄姚侍郎》“作酒和山一作仙药,教儿写道书”、项斯《题令狐处士溪居》“病尝山药遍,贫起草堂低”、黄滔《上李补阙》“谏草封山药,朝衣施衲僧”、贯休《秋寄李频使君二首》之一“烧烟连野白,山药拶阶枯”等句,其中的“山药”非指薯蓣也都是比较显豁的。

如果我们再考察一下《太平广记》(977—978)和《太平御览》(977—983)就更能确信宋英宗前“山药”非指薯蓣。《太平广记》涉及薯蓣的说法如下表所示。成书于代宗朝的《广异记》用“薯药”,更晚的用“署预”“薯蓣”或“薯药”。《南越志》用“山薯”“署预”。没有“山药”的说法。

卷次	篇目	词形	出处及大致成书时间
卷第二十五·神仙二十五	采药民	薯药1	皇甫氏《原仙记》(一作《原化记》,约836~846)
卷第二十九·神仙二十九	李卫公	薯蓣1	同上
卷第三百三十四·鬼十九	朱敖	薯药1	戴孚《广异记》(约766~779)
卷第四百八·草木三	三白草	署预1	段成式《酉阳杂俎》(约9世纪中期)
卷第四百八·草木三	盆甑草	署预1	同上
卷第四百十四·草木九	山薯	山薯1 署预1	南朝宋沈怀远《南越志》

前文2.3已提到《太平御览》"藷萸"条共采唐以前七种著作的有关内容,没有"薯药"的说法,也没有"山药"的说法。

现代汉语方言山药的说法绝大部分可以归入"山药"系和"藷"(薯)系。前者可以郑州"山药"[ʂan^{24} yo^{24}]、承德"长山药"[tʂ^{h}aŋ^{35} ʂan^{55} ·iau]为代表,后者可以连城(新泉)"薯"[ʂʮə^{55}]、信宜"参薯"[sɐm^{53} sy^{23}](原作"深薯")为代表。大体而言,"薯"系主要分布在长江以南地区,"山药"系主要分布在长江以北地区,但长江以南的近江地区往往也是"山药"系的分布范围。值得注意的有几点:①"薯"系地区"薯"字通常读阳平。②在"山药"系和"薯"系的缓冲带有时会出现"山药薯"的说法,例如长沙把薯蓣分为"脚板薯"[tɕio^{24} pan^{41} ɕy^{11}](也叫"雪薯"[sie^{24} ɕy^{11}])和"山药薯"[san^{33} io^{24} ɕy^{11}]两种,黎川把薯蓣分为"脚板薯"[kiɔʔ^{3} pan^{44} ɕiɛ^{35}]、"山药薯"[san^{22} iɔʔ^{5} ɕiɛ^{35}]和"铳薯"[ts^{h}uŋ^{53} ɕiɛ^{35}]三种。"山药薯"的说法等于是给"山药"一词再加上一个类名,说明这些地方的山药可能是较晚引进的。③可以在少数方言里发现"薯蓣"和"薯药"的说法,但其性质有待进一步调查研究。例如建瓯方言叫"薯(蓣)"[sy^{21}(y^{21})],温州方言叫"薯蓣"[zei$^{31-13}$ vu$^{11-53}$]或"薯药儿"[zei$^{31-53}$ jia$^{212-11}$ ŋ$^{31-13}$]。

前文2.2曾提到多数官话"薯"读上声,是个例外字音。造成例外的原因大概就跟"薯蓣"改称"山药"而停用"薯"字有关。到了明清时期,官话地区传入番薯的时候，就按照跟声符“署”形近的“暑”读成了上声①。

3.2 薯蓣和芋

就植株而言，薯蓣和芋可谓迥然有别；凡是见过这两种植物的人大概都不会把两者混为一谈。芋叶的大小大致像荷叶，而相比之下，薯蓣叶就显得很小了，请看图1。

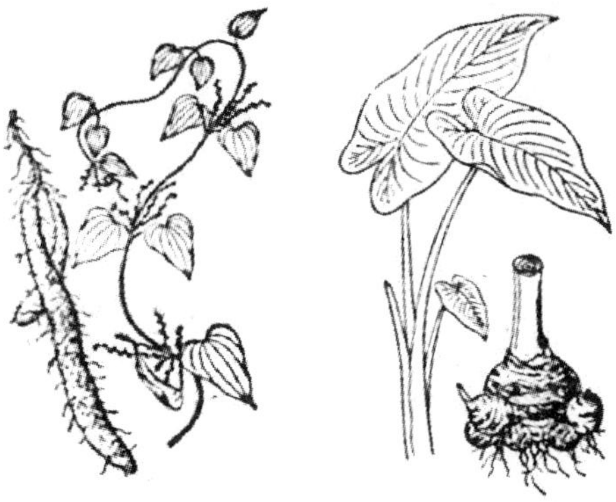

图1 薯蓣和芋（引自冯德培等1982，1644、405页）

现在要讨论的是《异物志》“甘藷似芋，亦有巨魁”和《南方草木状》“甘藷，盖薯蓣之类，或曰芋之类，茎叶亦如芋”两种说法的差异。古人言辞简洁，如果我们把“甘藷似芋，亦有巨魁”理解为对“甘藷”块根的一种描写，其含义就是：甘藷的样子像芋头，也有特别大的。前文2.4已引多位学者的意见，“甘藷”就是薯蓣。记得笔者小的时候，奶奶年年都是要种薯蓣的（当地叫“薯”[꜀ ʂʮə⁵⁵]），收获的块根以两三斤、三五斤为常，而七八斤以致十多斤一个的也并非常见，堪称“巨魁”。说薯蓣的大小或形状“似芋”，作为一种不严格的类比是毫无问题的，例如图2为笔者最近在北京西二旗益民市场买的

① 《广韵》去声御韵常恕切共收“署”“藷”“薯”“曙”四字（“薯”是“藷”的俗写），今都读上声，显然跟宋代避英宗讳有关（参本节前引宋王楙《野客丛书》卷九“古人避讳”），但具体的情况尚待进一步研究。元周德清《中原音韵》“署”“曙”见五鱼模去（未收“薯”字），明毕拱辰《韵略汇通》“署”“曙”“薯”（~蓣）见九居鱼去，明张自烈《正字通》“署”“曙”“薯”均注商遇切（音树、音署），这些情况或可说明它们出现上声的读法是清以后的事，而且先由“薯”开始，进而波及“署”和“曙”。

山药和芋头,其大小和形状都很相似。需要强调的是:薯蓣的品种很多①,而芋的品种和形状自然也不是单一的,例如有一种叫"槟榔芋"的品种块根就近似于长筒形。可见,如果离开了具体品种的背景,"甘藷似芋"其实是很难加以评论的。

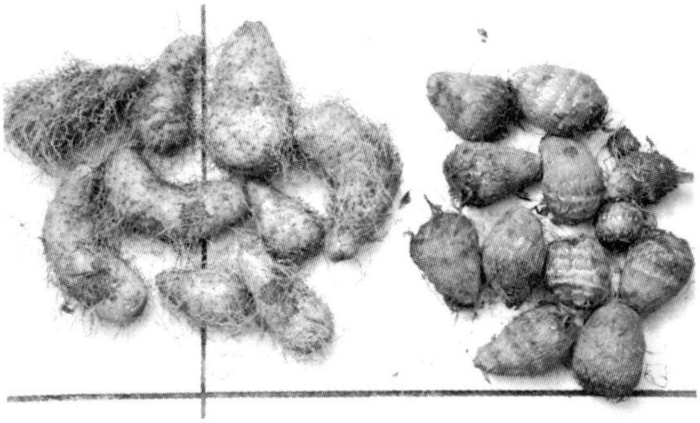

图2　山药和芋头(笔者自摄)

《南方草木状》对"甘藷"的描写跟《异物志》有很大的不同。《异物志》没有直接定性,而是采用了"甘藷似芋"这种比较模糊的比拟方法,而《南方草木状》则采用了直接定性的方法,可是定性的方式却充满着游移不定的色彩,首先"盖……或……"已经传达了这种色彩,其次"薯蓣之类"跟"芋之类,茎叶亦如芋"这两种说法实际上是很难并存的。《异物志》不存在这样的矛盾。同一种植物,它要么是薯蓣,要么是芋。按照"茎叶亦如芋"的描写,它就不会是薯蓣(当然更不会是番薯)。薯蓣和芋的茎叶区别明显,如果把"似芋"扩大到"茎叶亦如芋",要么《南方草木状》所说的"甘藷"根本就不是薯蓣,要么就是嵇含摆了个乌龙。后一种可能性是相当大的。《南方草木状》以典雅的文笔逼真地记述了我国古代岭南地区的植物 80 种,可是作者嵇含却并没有到过南方。据唐房玄龄等《晋书》(据中华书局 1974 年校点本)卷八十九"列传第五十九 · 忠义"记载:

含字君道……含好学能属文。家在巩县亳丘,自号亳丘子。……怀帝为抚军将军,以含为从事中郎。惠帝北征,转中书侍郎。及荡阴之

---

① 按中国科学院华南植物园(2005,390),我国的薯蓣属植物有 52 种,2 亚种,15 变种,主要分布于西南部和东南部。本文引言部分亦提到《中国大百科全书 · 生物学》(Ⅱ1547)"中国仅薯蓣属 1 属约 60 种"。

败，含走归荥阳。永兴初，除太弟中庶子。西道阻阂，未得应召。范阳王虓为征南将军，屯许昌，复以含为从事中郎。寻授振威将军、襄城太守。虓为刘乔所破，含奔镇南将军刘弘于襄阳，弘待以上宾之礼……属陈敏作乱，江扬震荡，南越险远，而广州刺史王毅病卒，弘表含为平越中郎将、广州刺史、假节。未发，会弘卒，时或欲留含领荆州。含性刚躁，素与弘司马郭劢有隙，劢疑含将为己害，夜掩杀之，时年四十四。怀帝即位，谥曰宪。

也就是说，嵇含的广州刺史还没有赴任，就在襄阳为同僚郭劢所害。正因如此，有人干脆认为《南方草木状》根本就是南宋人的托名伪作（参看靳士英等 2011）。《南方草木状》为嵇含所作是一般看法，如果不动摇这一看法，甘藷"盖薯蓣之类""或曰芋之类，茎叶亦如芋"这种矛盾的描述就可以看作是嵇含在参考前人资料时出现了误解。丁颖（1928）已指出：

唯杨氏所云似芋，嵇氏所云根叶亦如芋，则纪载之误；盖杨氏虽属南人，嵇氏亦曾作广州太守，而珠崖远在海中，交通不便，杨嵇不过耳其味特甘甜而录之，初不必目验实物；即今广州以北，其知有甜薯者亦绝少也。

按：《异物志》"似芋"一说并无大碍，例如今重庆方言就把薯蓣叫做"麻芋子"[ma^{31} y^{213} · tse]，但嵇含"根叶亦如芋"的说法则的确是"失之毫厘，谬以千里"了。

四 "甘藷"的名实之争

4.1 "甘藷"的名实之争

薯蓣为薯蓣科植物，番薯为旋花科植物，两者从植株到块根的区别都非常明显。不过这只是从植物学的观点来看问题，一旦失去目验实物的条件，就常常会引发名实之争。"甘藷"就是一个常常引起争论的例子。而"甘藷"名实之争的实际内涵是：番薯究竟是外来物种，还是中国古已有之？王家琦（1961a）认为：

我国劳动人民从很远的古代起就种植了甘藷。在古老的地理书《山海经》里就使用了"藷"字，它是"藷萸"（薯蓣，即山药）名称的一部分。汉代大科学家张衡在他著的《南都赋》（公元 110 年作）里列举的物品中也有"藷"字，后代人解释不同，有的说是甘蔗，有的说是"藷萸"的本字。公元305年初，西晋学者嵇含著《南方草木状》，正式记载了“甘藷”。说甘藷是薯蓣或芋一类的东西……在《南方草物状》所记载的几处甘藷产地中，有“兴古”一地。“兴古”是蜀汉建兴三年（公元225年）分“建宁”“牂牁”两郡设立的“兴古郡”，辖十一县，西晋时相同，东晋时领县较少。它的地区相当现在云南省的东南部和贵州、广西的一小部分。以上关于海南岛和云南省等地在三国、两晋时就生产甘藷的记载，对研究甘藷的起源及我国在何时开始种植甘藷的问题提供了极有意义的史实……至于甘藷的类别问题，明代学者一般均有明确认识，论断它和山药及芋都不是同类。（如徐光启、王象晋）

王文谈的是甘薯（番薯），可是在没有明确辨析内涵是否相同的情况下，把古今的“甘藷”（甘薯）做了一个串联，因此其他学者自然也就认为王家琦是主张番薯土生说的。夏鼐（1961）随后提出不同意见：

这篇文草既以甘藷（即甘薯）便是番薯的异名，但又依照《甘薯录》的编者的意见，以为我国从很远的古代起就种植了甘藷（番薯）。实则番薯并不是我国古代的“甘藷”，后者当是薯蓣的一种……《异物志》和《南方草木状》的“甘藷”，可能是今日学名叫做“甜薯”（D. esculenta）的一“种”，但也可能是普通薯蓣（D. batatas）中较为甘甜的一个品种……今日叫做甘薯（或甘藷）的食用植物，便是番薯，它的原产是美洲中部，很早以前便被美洲印第安人所栽培，16世纪时西班牙把它移植到吕宋岛（菲列宾岛）。我国便是由吕宋输入的。因为它不是我国的土产，我国语言中没有它的名称。因为它的供食用的块根有点像我国土产的薯和芋，所以初输入时曾叫它为“番薯”或“山芋”（这和山药的异名相同），也有就它的颜色或甜味，叫它为“朱薯”或“甘薯”的。这里的“甘薯”或“甘藷”的取义是指它有点像薯而味较甜。它是另一种植物，和古代的“甘薯”（薯蓣中味甜的那一品种），实是同名异实。

《文物》同一期上的吴德铎（1961）也认为：

……我们可以断言“藷萸”决不是今天所说的甘薯。而王家琦先生，将“藷萸”“薯蓣”与今天的甘薯混为一谈，至根据《山海经》来论证：“我国劳动人民从很远的古代就种植了甘薯”，是很难令人置信的……《齐民要术》和《太平御览》引的《南方草物状》中的“甘藷”是薯蓣……总之，王先生根据《山海经》《南方草木状》《异物志》等书来证明我们“从很远的古代就种植了”今天的旋花科的甘薯，似乎靠不大住。

《文物》同期还发表了王家琦(1961b)对夏、吴的回应,王文一方面明确宣称“我引《山海经》只是说明使用‘藷’字,同时也注明了藷萸即山药,并没有说它是甘藷。”另一方面则援引资料,认为:“古时种植过的那种‘甘藷’作物究竟是和薯蓣有关,还是和甘诸(番薯)有关?这一问题仍有进一步研究的价值。其次,能否把徐光启说的‘山藷’全看作是薯蓣科植物?这一问题也还可商讨……”

大体而言,番薯为外来物种乃是一种主流看法,不过番薯土生说却也并非从此绝迹。例如周源和(1983)认为:

> 学术界、农学界传统的单一番薯传入说、否定我国甘薯“古已有之”的主张,不仅不符合我国已有的历史记载,也和我国滇、粤已有甘薯亲缘种属的发现相椎,不论从地理环境和社会历史的观察,我国南方存在与中美洲相若的促使甘薯从野生种属到人工栽培的驯化条件。既不宜因为番薯传入已有明文记载就否定它有“土生”的品种,也不能因为它晚至明清才大量广布就否定它古已有之的历史事实。

周文认为古代的“甘藷”即今天的甘薯(番薯),诸多材料“令人相信存在甘薯驯化的痕迹”。

我们认为,有关“甘藷”的名实之争最好把它分解为两个不同角度的问题来讨论:1)《异物志》《南方草木状》里记载的“甘藷”是否番薯?2)中国是否有土生番薯?

4.2 “甘藷”是否番薯?

到底该如何确定《异物志》《南方草木状》里所记的“甘藷”(即藷)一定是或一定不是今天所说的番薯?通常辩论的两方都会根据古籍中的有关描述总结出若干条理由(例如丁颖、戚经文 1948;周源和 1983)。可是如果考虑到事情的复杂性,其中好一些理由其实是不能服人的。例如块根的颜色、形状和大小,是否“煮之松散”,能否生吃,是否“经久得风乃淡泊”。无论薯蓣还是番薯,其品种都是比较多的,离开特定的品种比较其颜色、形状和大小以及是否“煮之松散”意义并不大(笔者小时候自家种的薯蓣大多都是“煮之松散”的)。番薯固然可以生吃,可是薯蓣也同样可以。笔者以前也一直以为薯蓣是不能生吃的,因为刮皮时沾上其黏液皮肤都得痒痒半天。若干年前一位朋友推荐薯蓣的生吃吃法(材料是就北京市面上常见的那种),去皮切片装盘洒上一点酱油即可,笔者将信将疑地尝试了一下,果真嘴并没有痒痒，味道也很好。“经久得风乃淡泊”常常被用来说明“甘藷”不是番薯的一个理由，因为番薯好像是越放越甜的。其实情况也不尽然。按照笔者家乡的情况，番薯要分成三种，分别叫做“番薯母”[fa^{33} ʂɥə^{55} mai^{33}]、“番薯头”[fa^{33} ʂɥə^{55} t^{h}ie^{55}]、“番薯”[fa^{33} ʂɥə^{55}]。“番薯母”是开春时种的种薯，用来培植薯藤的，等不需要薯藤后就挖掉了，原先种下的种薯这时就成了“番薯母”，不好吃，但可入药。“番薯头”是夏天收获的番薯，“番薯”是秋天收获的番薯，都是由薯藤种出来供食用的，虽然都是番薯，可是性质有些不同。夏薯不如秋薯好吃，而且放不甜，搁时间越久越不好吃，还容易变苦、烂掉。秋薯则比较好吃，而且在允许的时间里搁越久越甜，搁久变甜的秋薯当地还有一个专门的名称，叫“潮水番薯”[tʂ^{h}au^{55} fi^{51} fa^{33} ʂɥə^{55}]。可见对夏薯而言，“经久得风乃淡泊”也是大体说得通的。

周源和(1983)甚至还比较了功用、贵贱等，甘藷主要作蔬果粮食，山药则主为药用，前者高产价贱，后者低产价昂，只有饥年人们才不顾一切“掘取作饽”。这些比较对于说明“甘藷”到底是何物其实意义也都不大。主要的问题是周文把薯蓣局限在某种特定的品种上了。譬如在笔者的家乡，北方有的那种品种叫“雪薯”[sie^{35} ʂɥə^{55}]，而块根比它粗大、颜色有紫(当地认为是红)有白有黄、北方大概不能种的品种叫“薯”[ʂɥə^{55}]，为了突出跟“雪薯”的区别，也可以叫“大薯”[t^{h}uə^{11} ʂɥə^{55}]。它们都是薯蓣，品种不同而已(大薯的叶子比雪薯略大一些，但植株是非常相似的)，产量和价格都跟芋头差不多，比番薯稍贵一些，近几年价格虽涨了一些，但一斤也就三元左右而已。特别需要强调的是，当地种的薯蓣主要是大薯，而不是雪薯(邻县清流种的雪薯数量要多一些)。

比较可以用来说明“甘藷”的身份的，其实只有一条，即“甘藷”的生长期。也就是《齐民要术》所引《南方草物状》中说的“二月种，至十月乃成卵”。根据这一条，我们说“甘藷”一定是薯蓣，而不是番薯。在笔者的家乡，薯蓣是在开春的时候用留好的薯种切块种下，到秋天的时候收获，当地有“九月掘芋，十月掘薯”[kiau^{51} ɳɥeʔ^{5} k^{h}uaiʔ^{5} ɥə^{11}，ʂʅəʔ^{5} ɳɥeʔ^{5} k^{h}uaiʔ^{5} ʂɥə^{55}]的说法。至于番薯，其生长期大致在100天左右，理论上一年可种三季，不过通常只种两季。据《于都方言词典》的记载，于都有一种红皮黄肉的番薯叫“六十工番薯”[liuʔ^{5} ʂɛ^{42} kəŋ^{31} fã^{31} ʂe^{44}]，顾名思义，这种番薯的成熟期只有60天。番薯成熟后若不及时收获，块根变老不说，还会视气候情况开裂、变苦、烂掉或发芽、生藤,成为新一代的“番薯母”,总之是无法食用了①。

根据《金薯传习录》卷上所收的《元五世祖先献薯藤种法后献番薯禀帖》(据农业出版社 1982 年影印乾隆丙申删补本),万历二十一年五月陈振龙从吕宋携带薯藤归国,六月其子陈经纶献于福建巡抚金学曾,金的态度是“诚恐土性不合,所献薯藤,是否可种、可传,尔父既为民食计,速即觅地试种,俟收成之日,果有成效,将薯呈验,令行通饬。”陈经纶试种后,“甫及四月,启土开掘,子母钩连,大者如臂,小者如拳”。这是在巡抚责令下的一次番薯试种,“甫及四月”再清楚不过地呈现了番薯生长期为 100 天左右的事实。此番薯的确跟“二月种,至十月乃成卵”的“甘藷”不是一种东西。

4.3 中国是否有土生番薯

中国是否有土生番薯?讨论这个问题之前我们首先要明确“土生番薯”的所指。所谓土生番薯是指有块根的番薯属近缘植物。

中国当然是有土生番薯的。盛家廉等(1957,1)引述德康多尔(De Candolle)的说法,谓甘薯属(*Ipomoea*)15 个种美洲都有,其中 11 个仅美洲有,其余 4 个种新旧大陆都有,并特地加脚注说明“现在证明 *Ipomoea* 属的很多种分布于亚洲大陆及沿海各岛屿”。中国农业科学院甘薯研究所(1960,8 -9)进一步指出:

> 过去都认为甘薯原来生长在美洲中部和西印度一带,据说在一五九四年左右传到我国,其中还流传着一些动人的故事……但是从今天已经掌握的资料看来,关于甘薯来源以及我国栽培甘薯历史的传统说法是值得怀疑的。认为甘薯原产美洲的主要证据就是美洲甘薯属近缘植物,比亚洲多。而事实并不是这样。解放后,我国科学工作者在党的领导下在广东、云南等省已新发现许多甘薯属近缘植物,其中好多都是美洲没有发现过的,而如“云南野薯”“七爪龙”“登瓜薯”还都是有块根的。远在明朝以前,我国古书上就有“薯”或“藷”的记载,农政全书上引玄扈先生的话认为古代所说的“薯”或“藷都是“山薯”(薯蓣科植物);但是就玄扈先生列举的“田薯”(甘薯)和“山薯”(薯蓣科植物)的性状

---

① 本文第一节曾引《简明生物学词典》(冯德培等 1982)“番薯”条的完整内容,其中提到番薯“在热带为多年生草本”。从粮食作物的角度说番薯的生长期为 100 天左右,这与番薯在热带为多年生草本并不矛盾。若非为了药用,块根成熟后就必须及时收获。

差别，都可以是甘薯品种间的差别，如有些甘薯品种是有攀援性的。类似的证据还有，所以绳索引种也好，林怀兰也好，都可以解释为引进甘薯新品种。因此甘薯究起源于何地以及我国从何时开始种甘薯是值得进一步研究的问题。

甘薯研究所的以上论述就中国存在土生番薯这一点而言大概是不成问题的。中国科学院中国植物志编辑委员会(1979,83 – 103)详细记载了中国的甘薯属植物，共有 20 个物种，分为萼花组、头花组、甘薯组、光萼组、毛籽组等 5 个组。它们包括了非中国原产的物种在内，而且也不是全都很接近番薯(例如蕹菜，即俗称的空心菜)。其中毛籽组中的海南薯可以食用，七爪龙可以食用和药用。亦可参看董玉琛、郑殿升(2006,500 – 503)及其他地方性的植物志(如中国科学院华南植物研究所 2000)。

中国存在土生番薯也可以得到文献的证明。请看图 3 所引的宋代薯蓣图(据《重修政和经史证类备用本草》,1249 年，据人民卫生出版社 1982 年影印张氏原刻晦明轩本)。

图 3　宋代薯蓣图

从图可见，明州薯蓣、永康军薯蓣和滁州薯蓣是一类，其叶脉大体相同，块根都长须。而眉州薯蓣不仅叶脉与前三者不同、块根不长须，而且还开大花(对比眉州薯蓣和滁州薯蓣，它们的花可谓迥然不同)。熟悉薯蓣和番薯这两种植物的人，恐怕都不难得出这样的结论：眉州薯蓣即使画的不是番薯，至少也是番薯属的近缘植物。拿今天的番薯来衡量，眉州薯蓣的花似乎显得有些肥硕而偏短(番薯花跟空心菜花、牵牛花都挺像)，而块根则显得有些瘦长而不够平滑、丰满，此外叶子的形状也有些差异，不过总的来说其番薯的基本特征还是相当传神的。

明兰茂《滇南本草》(据于乃义、于兰馥 2000 整理本)有“土瓜”:

土瓜,味甜,性平,无毒。一苗便叶,似何首乌,根下结瓜。主治补脾,解胃热,而宽中。利小便,止大肠下血。(单方)土瓜皮点水酒煎汤服,治膀胱偏坠气痛,或一子大硬。补注:红土瓜入脾、胃二经,得土之气,故有补脾之说。血入胃脘,大肠下血治效。

清吴其濬《植物名实图考》(据中华书局 1963 年再印之商务印书馆校点本)卷之二十三“蔓草类·滇土瓜”条谓:“土瓜生滇、黔山中,细蔓,长叶微团,秋开如鼓子花,色淡黄,根以为果食……按黔西山坂中极多,北人见者,皆以为燕菖。其花初黄后白……”于乃义、于兰馥 2000 指出:“按图考附图及说明,系本品无疑。”所谓本品指旋花科植物(Ipomoea hungaiensis Lingeish. et Borza),别名山土瓜、滇土瓜、红土瓜,“生于山野干燥坡地或灌木丛中”,云南“全省各地均有分布。”下面对比图考及于乃义、于兰馥 2000 的附图如下:

清代滇土瓜图

现代山土瓜图

图 4　清代和现代的土瓜图对比

上述土瓜的土生番薯身份可谓确凿无疑①,前引宋代薯蓣图中的眉州薯蓣大概就是这种植物。眉州即今四川省眉山市(辖东坡区及仁寿、彭山、洪

① 于乃义、于兰馥 2000 已指出《植物名实图考》“滇土瓜”条“误将山土瓜、土瓜、番薯三物混为一物”,“《滇南本草》原整理本第一卷‘土瓜’条也误将不同种归并编录”。土瓜指豆薯(凉薯),原整理本指云南省卫生厅整理的《滇南本草》第一卷(云南人民出版社 1959)。

雅、丹棱、青神五县)，位于四川盆地成都平原西南边缘，与滇、黔相去不远①。

可见，中国有土生番薯是毫无疑问的。不过土生番薯毕竟不是番薯，番薯的引进给中国粮食生产所带来的积极意义丝毫不因土生番薯的存在而受到影响。换言之，中国的土生番薯是野生的，尚未驯化，而且分布不广，影响不大。今日普遍种植的重要粮食作物番薯乃是明代从东南亚一带传入的，文献记载彰彰可考，不容存疑②。

参考文献

北京大学中文系语言学教研室 2005《汉语方言词汇》(第二版)，北京:语文出版社。

北京大学中文系语言学教研室 2008《汉语方音字汇》(第二版重排本)，北京:语文出版社。

鲍厚星等 1993《长沙方言词典》，南京:江苏教育出版社。

曹培基 1997《客家方言字典》，岩新出(1997)内部书刊第 066 号。

陈鸿迈 1996《海口方言词典》，南京:江苏教育出版社。

陈树平 1980 玉米和番薯在中国传播情况研究，《中国社会科学》第 3 期。

陈章太 李行健主编 1996《普通话基础方言基本词汇集》，北京:语文出版社。

丁　颖 1929 作物名实考(九)，《农声》第 123 期 :5 –10。

丁颖 戚经文 1948 中国之甘藷，《中华农学会报》第 186 期: 23 –33。

董玉琛 郑殿升 2006《中国作物及其野生近缘植物》，北京:中国农业出版社。

冯德培等 1982《简明生物学词典》，上海:上海辞书出版社。

何炳棣 1978/1979 美洲作物的引进、传播及其对中国粮食生产的影响，《世界农业》第四至六期:34 –41、21 –31、25 –31。

胡锡文 1958 甘藷来源和我们劳动祖先的栽培技术，《农业遗产研究集刊》第

---

① 嘉靖《洪雅县志》卷三“食货志 · 物产”记载，蔬之类“多芋”“多山药”，药之类“有山药”等 43 种。嘉庆四年《眉州属志》卷九“风土志 · 物产”蔬类有“芋”“薯”等，药类记录 41 种，未提到山药。光绪十八年《丹棱县志》“田赋卷之四 · 物产”蔬类有“山药、红芋、白芋”，野蔬类有“野山药、毛芋”，药类记录 38 种，未提到山药。三种方志都没有提到“土瓜”，而所记的“山药”“薯”“野山药”又极可能仍为一般意义上的山药(薯蓣)，这说明眉州薯蓣所指的那种植物在眉山一带已不常见或是已经绝迹。

② 可参看《金薯传习录》以及丁颖 1929，翁国樑 1933，杨宪益 1947，丁颖、戚经文 1948，胡锡文 1958，何炳棣 1978/1979，陈树平 1980，杨宝霖 1982，梁家勉 1989(484 –485)，李天锡 1998(因这方面的文献太多，恕不一一列举)。

二册：21－32，中华书局。
靳士英等 2011《南方草木状》作者、版本与学术贡献的研究，《广州中医药大学学报》第3期：306－310。
李如龙 潘渭水 1998《建瓯方言词典》，南京：江苏教育出版社。
李天锡 1998 华侨引进番薯新考，《中国农史》第1期。
梁家勉主编 1989《中国农业科学技术史稿》，北京：中国农业出版社。
罗康宁 1987《信宜方言志》，广州：中山大学出版社。
戚经文 1980 甘薯名实考，《农史研究》第1期：152－153。
盛家廉等 1957《甘薯》，北京：科学出版社。
石声汉 1957－1958/2009，《齐民要术》今释，科学出版社/中华书局。
谭　真 1988 从一份资料谈藏经洞的封闭，《敦煌研究》第4期：36－39。
王家琦 1961a 略谈甘藷和《甘薯录》，《文物》第3期：27－29。
——1961b《略谈番薯和薯蓣》等二文读后，《文物》第8期：61。
翁国樑 1933 福建番薯考，《福建文化》第1卷第13期：5－8。
吴德邻 1958 诠释我国最早的植物志——南方草木状，《植物学报》第1期：27－38。
吴德铎 1960 甘薯的故事，《科学》第2期：120－127。
——1961 关于甘薯和《金薯传习录》，《文物》第8期：60－61。
夏　鼐 1961 略谈番薯和薯蓣，《文物》第8期：58－59。
谢留文 1998《于都方言词典》，南京：江苏教育出版社。
颜　森 1995《黎川方言词典》，南京：江苏教育出版社。
杨宝霖 1982 我国引进番薯的最早之人和引种番薯的最早之地，《农业考古》第2期。
杨宪益 1947 蕃薯传入中国的纪载，《零墨新笺》：102－103，中华书局。
游汝杰 杨乾明 1998《温州方言词典》，南京：江苏教育出版社。
于乃义 于兰馥等（整理）2000《滇南本草》（兰茂原著），昆明：云南科技出版社。
中国科学院华南植物研究所 2000《广东植物志·第四卷》，广州：广东科技出版社。
中国科学院华南植物园 2005《广东植物志·第六卷》，广州：广东科技出版社。

中国科学院中国植物志编辑委员会 1979《中国植物志·六十四卷第一分册》,北京:科学出版社。
中国农业科学院甘薯研究所 1960《甘薯栽培学讲义》,北京:农业出版社。
周源和 1983 甘薯的历史地理——甘薯的土生、传入、传播与人口,《中国农史》第3期:75-88。

附录:诗一首

敬贺《汉语方言论集》出版

王福堂先生著,商务印书馆2012年出版

壬辰初夏作,癸巳初冬改

杭城会稽一青年,负笈京师苦究研。
学海鹏飞千里浪,高文结集启新贤。

(项梦冰　北京大学中文系)

汉语核心亲属称谓系统与以征为称

刘祥柏

汉语亲属称谓长幼有序、亲疏有别，导致在称谓名称上相对复杂。不过，究其实质，则未必如是。单纯说称谓复杂，只是表面现象，在复杂表象之下，深入探索亲属称谓的内部结构，则可以发现一些简单性的规律。

一

汉语和其他语言的对比研究，经常提及汉语亲属称谓系统复杂。

汉语亲属称谓长幼有序、亲疏有别，尤为明显。比如和英语相比：

uncle：伯伯、叔叔、姑父、舅舅、姨父、表叔

aunt：伯母、婶婶、姑姑、舅妈、姨妈、表婶

英语 uncle 或者 aunt 一个词，对应于汉语至少 6 个相应的主要亲属称谓。从这个角度看，汉语比其他一些语言的亲属称谓要复杂，至少数量上和样式上要多，这是显而易见的。

汉语跨方言的调查显示，汉语亲属称谓在各个方言里面并不一致，同一个亲属称谓在不同的方言里叫法差异很大，即使在同一个方言里往往也有多种叫法。

祖父：爷、爹、公

祖母：奶、妈、婆、嫲

父亲：爸、爹、爷、伯、大

母亲：妈、娘、母、奶、嫲

这种情况显示，同一个亲属称谓词在同一个语言或同一个方言里面未必是同源的，可能有不同的历史层次。这种表面上的复杂性跟同质的复杂称谓系统在性质上也是不同的。

二

汉语亲属称谓系统富有层次，内部结构非常有规律，复杂的表象之下显得颇为简明。其复杂性往往是体现在表面上的称谓词数量上，就其结构系统的规律性而言则又是简单的。因为内部是成系统的，所以汉语亲属称谓是可以通过计算的方式得出预期结果的。

英语的 uncle 或 aunt 至少对应于汉语的“伯、叔、姑、舅、姨”等核心的亲属称谓，汉语的这种区分在很多语言里并没有直接的相应区分。而仔细探究，可以发现汉语“伯、叔、姑、舅、姨”这些称谓其实是一种区别性成分，而不是亲属称谓的中心语成分。“伯、叔、姑、舅、姨”这几个在一些其他语言中往往不作区分的词，在汉语方言中往往均有区分，不光可以用于长辈，还可以用于平辈、乃至晚辈。

长辈　伯父、叔父、姑父、舅父、姨父
　　　伯母、叔母、姑母、舅母、姨母

平辈　大伯子、小叔子、小姑子、小舅子、小姨子

“伯、叔、姑、舅、姨”这类词一经扩展或者还原，就可以看到实际上并非中心成分，而是区别性成分。其中心成分在长辈序列中很明显体现为“父”或“母”之类，而“伯、叔、姑、舅、姨”只是中心成分的区别特征，其中“伯、叔”表示长幼的次序，“姑、舅、姨”表示兄弟姐妹之间由于姻亲而形成的关系。“伯父、叔父”是比父亲岁数大或小的一种“父亲”，“姑子、舅子、姨子”是因为姻亲关系而形成的兄弟或姐妹（相当于英语的 brother – in – law，sister – in – law），“姑父、舅父、姨父”是“父”或“母”的姐妹、兄弟由于姻亲而形成的一种“父亲”（可以直译为英语的 father's brother – in – law， father's sister – in – law）。“伯母、叔母、姑母、舅母、姨母”也可以以此类推。

实际上，汉语的长辈亲属称谓中不光是“父”或“母”前面可以带上“伯、叔、姑、舅、姨”之类的区别特征，其他的长辈也可以如此，“爷爷、奶奶”乃至“太爷爷、太奶奶”等，均可以带上区别性成分“伯、叔、姑、舅、姨”，形成相应不同的亲属称谓。如安徽六安丁集话“爹爹（爷爷）、奶奶、姥爷、姥姥”前面都可以用“姑、舅、姨”等区别性特征词：

爹爹 姑爹爹 舅爹爹 姨爹爹（grandpa，his brother or brother – in – law）

奶奶 姑奶奶 舅奶奶 姨奶奶（grandma，her sister or sister – in – law）

姥爷 姑姥爷 舅姥爷 姨姥爷(grandpa – in – law or grandpa – in – law's brother – in – law)

姥姥 姑姥姥 舅姥姥 姨姥姥(grandma – in – law or grandma – in – law's sister – in – law)

六安丁集话“太爷爷、太奶奶、太姥姥、太姥爷”都可以叫做“老太太”,带上区别性成分,就可以有:

姑老太太 舅老太太 姨老太太

(grand grandma or grand grandpa's brother – in – law)

(grand grandma or grand grandma's sister – in – law)

(grand grandpa – in – law or grand grandpa – in – law's brother – in – law)

(grand grandma – in – law or grand grandma – in – law's sister – in – law)

“姑、舅、姨”作为区别性成分,可以使用的范围实际上很广泛,无论长辈、平辈还是晚辈,都可以出现。如六安丁集话:

姑表亲	舅表亲	姨表亲
姑表叔	舅表叔	姨表叔
姑表婶娘	舅表婶娘	姨表婶娘
姑表兄	舅表兄	姨表兄
姑表妹	舅表妹	姨表妹
姑表侄	舅表侄	姨表侄
姑表侄女	舅表侄女	姨表侄女

“表(亲)”是姻亲关系的非直系亲属称谓区别性成分,“姑、舅、姨”还可以出现在“表(亲)”前面作为进一步的区别性成分,以限定中心成分。由此可以清楚地看出,“姑、舅、姨”这些成分在亲属称谓中的作用。

实际上,亲属称谓中的表区别性特征的成分,不仅仅是“伯、叔、姑、舅、姨”这几个词,概括地说,大概有以下一些类别:辈分、婚姻、亲疏、长幼、性别等。这些区别性成分,由内向外逐步限定修饰中心成分,从而构成完整的亲属称谓系统。

汉语亲属称谓内部结构核心要素:

中心:父 母 儿 女 兄 弟 姐 妹 嫂 妇 婿

辈分:祖 孙 老 曾 高 太 重

婚姻:姑 舅 姨 侄 甥

亲疏:里 家 内 外 亲 堂 表

长幼:大 小 叔 伯 二 三 四 五

性别:男 女

换句话说,除了这些区别性成分,汉语里面表示核心亲属称谓的中心成分实际上并不多,主要就是:“父、母、儿、女、兄、弟、姐、妹、嫂、妇、婿”。下面以父母儿女为例说明核心亲属称谓逐层带上区别特征后,形成十分规则的亲属称谓的层叠累加结构。

父(爷、爹、爸、公、丈):

辈分:祖父 爷爷 老爷 | 曾祖父 高祖父 太爷爷 太公

婚姻:姑父 舅父 姨父 | 姑老爷 姨爷爷 | 舅太老爷 舅太公

亲疏:家婆 外公 亲爹 | 干姑老爷 表姨父

长幼:伯父 叔父 大爷 | 二大爷 三表姨父

母(妈、娘、母、奶、嫲)

辈分:祖母 奶奶 姥姥 | 曾祖母 高祖母 太奶 太婆

婚姻:姑母 舅母 姨母 | 姑姥姥 姨姥姥 | 舅太婆

亲疏:家婆 外婆 亲婆 | 干姑奶奶 表姨妈

长幼:伯母 叔母 大妈 | 二大娘 三表姨妈

儿(子 仔 囝):

辈分:儿子 孙儿 孙子 | 曾孙 重孙

婚姻:侄儿 甥儿 外甥 | 侄孙 姨外甥

亲疏:内侄 外甥 | 亲侄 堂侄 表外甥

长幼:小侄 二表外甥

性别:男儿 女儿

女:

辈分:孙女 曾孙女 重孙女

婚姻:侄女 外甥女 | 侄孙女 姨外甥女

亲疏:内侄女 外甥女 | 亲侄女 堂侄女 表外甥女

长幼:小侄女 二表外甥女

三

汉语亲属称谓内部结构层次正是通过这种方式，在中心成分的基础上，叠加区别性成分，逐层形成亲属称谓词语。

中心成分“父、母”通过自身重叠或与区别性成分复合扩展，可以得到上述亲属称谓词语。爷爷、奶奶、爸爸、妈妈是重叠实现的，“姥姥（老老）”应该是“老娘”（与“老爷”对称）的辈分区别性成分扩展而来的。

区别性成分通过重叠或直接作为称谓名称，最常见的就是上面提及的婚姻关系类区别成分和长幼关系类区别成分，如伯（伯）、叔（叔）、姑（姑）、舅（舅）、姨。这种方式就可以叫做以征为称。

值得注意的两个词是“婶”和“妗”，在很多方言，包括南北方言中均存在。这两个字不见于《广韵》，均收于《集韵》。两个词貌似均为独立造词，而实际上是合音词，是区别性成分加中心成分复合而来的，分别是“叔母”和“舅母”的合音。

一些方言直接称呼“叔母”和“舅母”，而称呼“婶”和“妗”的方言大多符合“叔母”和“舅母”合音规则。有的方言在合音词的基础上再叠加中心成分，形成“婶母（娘）”和“妗母（娘）”，如广州话舅母称为“阿妗”或“妗母”。

上面所列中心成分中有父、母、儿、女，这是基于当今汉语方言的现实，如果进一步照此思路追索，不妨把“父、母、儿、女 ”也看作是辈分区别性成分，其中心成分是“亲”和“子”：

父亲 母亲 儿子 女子

“兄弟姐妹”，实际上是一种长幼区别性特征，但是很难确定是否另有真正的中心成分。不过，“姐、妹”两个词并非一开头就有的，应分别是“女兄”“女弟”的替代词。

四

通过汉语亲属称谓词语的内部结构规律可以揭示，中心成分是可以省略的，只留下区别性成分成为相应事物的名称，这种情形可以叫做以征为称。

伯、叔、姑、舅、姨、侄、甥，乃至父、母、儿、女等原本都是区别性成分，直接使用区别性特征作为称谓，也是语言使用的必然途径之一。

区别性特征构成了该事物的显著特征，其中心语作为类名可以略而不提，也不影响理解，出于经济原则的需要，就会形成以征为称的现象。

与一般所谓的借代或借喻有所不同的是，“征”与“称”之间的密切相关性到了极端的时候，“征”的区别性足可以区别开其他所有同类事物，便有机会取得“称”的地位。比如一些汉语方言里习惯用“大”表示比父亲岁数大的伯父或姑姑，这个区别特征也因此就逐渐变成伯父或姑姑的称谓；有些方言用“晚”表示比父亲岁数小的姑姑，意思相当于“小”，“晚”有时就直接成了小姑妈的称谓。

由于带有区别性成分的亲属称谓之前还可以叠加其他区别特征，因此也就可以形成更多的称谓词。英语 father、mother 前面加上辈分区别性特征，可以形成 grandfather、grandmother，还可以再次叠加形成 grand grandfather、grand grandmother。汉语方言中“姥爷”“姥娘”也可以看作这种类型的成词模式，在中心成分“爷”“娘”之前加上辈分区别特征“老”（习惯写作“姥”），就形成了一套新的称谓词语。

一旦以征为称成为习惯，人们就很有可能会忘记其真正的中心成分，反而会用其他的途径或方法去解释此类现象。

以征为称，既是一种造词现象，又是一种句法语义运行的模式。

汉语里“松”“柏”是“松树”“柏树”的类别特征成分，在使用过程中，可以使用特征成分直接指称这种类别的树木。“大公共”“小三轮”“小三”之类的词，大家习以为常，往往不去细究其中心成分，如果直译为英语 big - public、small - three - wheel、little - three 之类，则完全不知所云，这种词语就是以征为称式造词。大多可以补出中心成分，就能理解其确切含义，只不过有的词在使用过程中人们已经不清楚中心成分具体应该是什么。

相应地，“伯、叔、姑、舅、姨”之类的亲属称谓，实质就是区别特征成分作为中心成分的显著特征，足以区分其他同类，以至于可以放弃中心成分，直接成为指称形式。也是由于以征为称的作用，使得汉语的亲属称谓系统看上去比较复杂，而实质是一种简单结构通过区别特征加中心成分的模式所层叠而成的。

以征为称，实际上也是一种句法语义的运行模式，也就是一种转指的模式。“闹哄哄的解决不了任何问题”这种句法形式，其中“闹哄哄的”可以看作是一种以征为称的句法语义运行模式，“闹哄哄的”转指一种行为方式、方法等。描述性的成分容易成为关系从句，或者直接变成零句，充当谓语，限定性的成分往往具有区别性特征，容易成为转指成分，直接指代具有该特征的事物。

附　记

我在山东大学中文系读硕士的时候，导师钱曾怡就经常告诉我北京大学的王福堂治学很严谨，堪为模范。而我知道钱老师写文章一向对每个细节都非常仔细，每句话都细加斟酌，而她却称自己在这方面比不上王老师，所以"怕王福堂"，说起王老师的严谨，以至于要用到个怕字挂在嘴边。这给我留下很深的印象。

1994年我有很大机会去南国深造，闽客粤几大方言聚集之地，对我吸引力很大，觉得是做方言调查和研究的福地。与此同时，也一直留心北大王福堂先生的招生情况。王老师招考博士生的消息很晚才最终确定，我立即决定放弃报考南方，转而下定决心冒险报考北大。虽有若干小小曲折，最终如愿以偿，有幸成为王老师的一名学生。

王老师为学严谨，招的学生也不多，弟子屈指可数。有幸忝列其中，无形之中压力似乎也很大，生怕自己成为老师的一个拖累。去王老师家第一天，如沐春风，一聊就是整晚，不觉夜深。一见之下，竟是个宽厚长者，从此便没了拘谨和畏惧。以至于有时听到人提起王老师说觉得害怕，还总是不能理解。全然忘了自己当初也有过忐忑之心。

在读期间，王老师鼓励我拓宽眼界，多读多看多思。短短三年，如饥似渴，听了很多课，几乎到了饥不择食的境地。浅尝辄止，终难于掩盖先天不足的缺憾，但是老师始终宽厚善待，鼓励有加。参加徽州方言调查实习之后，写了一篇徽州方言音韵的作业，老师觉得还不错，希望我能扩展成毕业论文。最终限于时间和当时已有的材料不足，放弃了这个题目，改为我自己的家乡话体貌助词研究。这选题并非理想之选，充满未知数。不过老师始终如一的鼓励和指导，给了我信心，努力完善调查研究模式。利用自然录音，制作方言语料库和常用动词表、常用形容词表，列出一些重要语法属性的矩阵。针对不同动词、形容词的语义类别，及其在体貌助词搭配上所体现出的显著差异，再经过方言比较，找出方言间体貌助词的语法共性和差异来。

导师带研究生，各有各的带法。很多导师喜欢让学生参与自己的研究项目，尤其是项目的活儿很多忙不过来的时候，往往让学生承担其中的一些任务。这么做的好处是学生可以从中学到不少做研究项目的具体经验，边做边学。但是很多项目有大量的资料性或事务性的劳动，会占据学生很多的时间和精力，对学生的成长却又未必起到实质性的帮助。王老师在这方面，非常谨慎，堪为师表。从不让学生给自己的事情“帮忙”，谨慎到几乎让学生产生“见外”的感觉。老师参与编写、后来又主持修订的《汉语方音字汇》和《汉语方言词汇》，都经过再版修订，增加方言点，增加条目，修订错误，与各地方言点的资料提供者反复讨论修改，工作量十分巨大，修订历经十多年，没听说让哪个学生去搭个手、帮个忙。我们知道老师经常要忙于这个似乎望不到头的修订工作，想提出分担一点工作，总是遭到拒绝，哪怕是仅仅帮着多校对一遍，也不肯让我们“插手”。但是，老师对学生的方言调查实践要求却很严，不论硕士生、博士生，每一年的方言调查实践，都严格要求，丝丝入扣，要求不能落下每一个环节的工作。在学生方言实习的时候，让学生拥有充分的调查实践的训练，在学生平时的学习期间，不愿意私自动用学生的时间去协助自己的工作。老师他给我的感觉就是这样子的，这就是我三年求学期间所感受到的可敬可佩的老师。

工作之后，老师一直关心我的学业进步。每次相见，谈笑之余，也总会问一问编辑部忙不忙，说一说正在思考的问题、分析的思路和研究的方法。希望我能继续努力，能够认真、踏实地做好研究工作。

老师向来喜欢健步如飞，后来自我打趣说老了已经刻意留心不走那么快了，可是一走起路来，还是很快。老师思维敏捷，也像是平时行路一般健步如飞，丝毫不见老态，对每一样事情，也总是略一沉吟，便在微笑中有滔滔不绝的想法和看法。

这是我当初所见老师的样子，而现在依旧如是。这实在是每次见到老师时心中感到最令人舒心的事情。

（刘祥柏　中国社会科学院语言研究所）

汉语方言中首位音节声母为舌尖塞音的〈什么〉和〈谁〉*

中西裕树

一

汉语方言中表示〈什么〉① 义词的种类很多,词形也很复杂。仅从首位音节的声母来看,至少可以分为七种(中西 2012b)。其中,首位音节的声母为舌尖塞音(t-, t^h-, d-等)的词形,现在主要分布在东南地区,如表 1:②

表 1

地点		〈什么〉	依据资料
江苏	江阴	到样 tɒ ɦiʌŋ 到末事 tɒ mɜʔ zɿ 到则 tɒ ʦɜʔ	《当代吴语研究》
	宜兴	点葛 tɪ kəʔ	《当代吴语研究》
	常州	爹东西 tæ toŋ ɕij 爹佬 tæ lɑɤ	《当代吴语研究》

---

* 本文中的方言地图系使用由林智先生制作的方言资料积蓄及地图生成系统"PHD 系统"做成的。该系统详情请参见岩田礼编(2009)。在此谨向岩田礼教授和林智先生致谢。

① 本文用〈〉括号来表示"该词的意义"(索绪尔的 signifié),换言之,括号中的不是实际词形(索绪尔的 signifiant),例如:〈什么〉表示的是 what 的意思。

② 词形(汉字)根据原资料,没去考证本字。表 1 和表 2 所举的地点当中,有些点除了这些词形外,还有其他几种说法。这里因篇幅有限,只举出与本文有关的词形。本文的国际音标只标声韵不标声调。

续表

<table>
<tr><th colspan="2">地点</th><th>〈什么〉</th><th>依据资料</th></tr>
<tr><td rowspan="5">江苏</td><td>启东</td><td>哆
斗</td><td>《启东县志》</td></tr>
<tr><td>启东县吕四</td><td>□tia
斗 tei</td><td>《吕四方言记略》</td></tr>
<tr><td>海门县四甲</td><td>点 tiĩ
□tiɑ</td><td>《南通地区方言研究》</td></tr>
<tr><td>丹阳</td><td>点告 tɪ kɒ</td><td>《当代吴语研究》</td></tr>
<tr><td>靖江</td><td>底稿 tij kɒ</td><td>《当代吴语研究》</td></tr>
<tr><td rowspan="6">浙江</td><td>桐庐</td><td>大得 da təʔ</td><td>《桐庐县志》</td></tr>
<tr><td>淳安</td><td>大累 t^{h}ɑ le
大 t^{h}ɑ</td><td>《严州方言研究》</td></tr>
<tr><td>淳安县姜家镇</td><td>大拉 t^{h}a la</td><td>《严州方言研究》</td></tr>
<tr><td>金华</td><td>淡食 tɑ ɕiəʔ</td><td>《当代吴语研究》</td></tr>
<tr><td>常山</td><td>□西 to se</td><td>《吴语处衢方言研究》</td></tr>
<tr><td>江山</td><td>倒 tɐɯ
倒西 tɐɯ ɕi</td><td>《吴语江山广丰方言研究》</td></tr>
<tr><td rowspan="2">安徽</td><td>屯溪</td><td>底物 tɤ mɤ</td><td>《徽州方言研究》</td></tr>
<tr><td>休宁</td><td>底物 tɤ mɤ</td><td>《徽州方言研究》</td></tr>
<tr><td rowspan="4">江西</td><td rowspan="2">玉山</td><td>底 te
底西 te sɐi</td><td>《吴语处衢方言研究》</td></tr>
<tr><td>太西 t^{h}ai sai
太东西 t^{h}ai tuŋ sai</td><td>《上饶地区志》</td></tr>
<tr><td rowspan="2">婺源</td><td>底物 tɛ mɤ</td><td>《徽州方言研究》</td></tr>
<tr><td>天□t^{h}iẽ mɤ</td><td>《上饶地区志》</td></tr>
<tr><td rowspan="2">湖南</td><td>城步</td><td>□□ tɯ kə</td><td>《湖南方言调查报告》</td></tr>
<tr><td>宜章</td><td>□□ti kei</td><td>《宜章土话研究》</td></tr>
</table>

续表

地点		〈什么〉	依据资料
广东	乐昌县黄圃	题的 ti tɛi	《乐昌土话研究》
	乐昌县皈塘	提的 ti kei	《乐昌土话研究》
广西	阳朔县骥马	□□tiau moɔ	《广西汉语方言研究》
	临桂县义宁	咃□ti tʂəʔ	《临桂义宁话研究》
	龙胜各族自治县	什么 dl ka	《广西龙胜伶话记略》
海南	儋县	□□ dɔi duŋ □dɔi	《儋州村话》

志村良治(1995: 144)提到,"上古以来以'何'为代表的疑问代词,到了中古另外又产生了'等、底'等端母系疑问词;到了中古末期从'是物'到'甚''甚谟'以及'没'等明母系的疑问词登场了……'底'跟'等'或'是'古音似相通……这个疑问代词是首先在南朝的乐府里集中出现的……这个词反映的应是南方方言;口语中存在着 ti 或与 ti 语音相近的指示词,'底、等、是'可能是反映这一语音的假借字"。

我们认为表 1 中的这些首位音节以舌尖塞音开头的词形就是志村氏所说的端母系疑问词的子孙。其根据主要为:一、他提到的例子中有两个是从史书上找来的,一个是《北史 · 徐之才传》,另一个是《南齐书 · 王敬则传》(志村 1995: 145)。徐之才和王敬则二人均为江苏人,而且徐之才正好是丹阳人,从表 1 可以看到,丹阳现在也用"点告 tɪ kɒ"这一词形来表示〈什么〉义;二、志村氏所举的其他六朝的例子都是南朝的乐府中找来的,且均为吴声歌曲或西曲歌(志村 1995: 145)。吴声歌是吴地一带的歌谣,西曲歌则是现在湖北江汉平原的歌谣。由此看来,昔日传唱西曲歌的地方现在已经失去端母系疑问词了。

二

引人注目的是,现在很多东南方言中,表示〈谁〉的词包含以舌尖塞音声

母开头的音节，如表 2：①

表 2

地点		〈谁〉	依据资料
江苏	常州	爹人 tæ ȵiɲ	《当代吴语研究》
	武进	嗲人 tiɑ ȵin	《武进县志》
	海门县四甲	点人 tĩɪ ȵiẽ	《南通地区方言研究》
	丹阳	点告人 tɪ kɒ ȵiŋ	《当代吴语研究》
浙江	桐庐	大五 da ŋ	《桐庐县志》
	常山	□农 to nã	《吴语处衢方言研究》
	江山	倒农 tɐɯ nã	《吴语江山广丰方言研究》
福建	福州	底人 tie nøyŋ	《汉语方言词汇》
		底侬 tøyŋ	《福州方言志》
	连江	底侬 tɔ nøyŋ	《福建省志 · 方言志》
	罗源	底侬 tø nøŋ	《福建省志 · 方言志》
	闽清	底侬 tie nøŋ	《福建省志 · 方言志》
	永泰	底侬 tie nøyŋ	《福建省志 · 方言志》
	平潭	底侬 tie nøŋ	《福建省志 · 方言志》
	福清	底侬 tie nøŋ	《福建省志 · 方言志》
	长乐	底侬 tø løyŋ	《福建省志 · 方言志》
	厦门	底人 ti laŋ	《汉语方言词汇》②
	仙游	□tieŋ	《福建县市方言志 12 种》
	大田	底侬 te laŋ	《福建省志 · 方言志》
	尤溪	底农 te nɤŋ 底农 ti nɤŋ	《闽语研究》
	尤溪县街面	□□tiaŋ	《闽语研究》
	尤溪县新桥	底侬 tai nɐə	《闽语研究》
	尤溪县西洋	□□ti noŋ	《闽语研究》
	尤溪县中仙	□□te ke	《闽语研究》

① 除表 2 中所列地点外，河北临西的〈谁〉义词为"多么 tuo mə"（据《临西县志》），也是一个以舌尖塞音声母开头的词形。但由于地理上较远，本文暂时不把它放在考虑范围之内。

② 该书第一版，第二版并未收入。这一词形可能已在厦门被淘汰掉了。

续表

地点		〈谁〉	依据资料
福建	尤溪县汤川	□□tɛ ke	《闽语研究》
	尤溪县洋中	底其 ti ki	《闽语研究》
	永春	底侬 tiaŋ 底侬 ti laŋ	《福建省志·方言志》
	德化	底侬 tiaŋ 底侬 ti laŋ	《福建省志·方言志》
	东山	□□ti laŋ	《闽语东山岛方言基础语汇集》
	华安	底股 takɔ	《福建省志·方言志》
	龙岩	底侬 tiaŋ 底侬 ti laŋ	《福建省志·方言志》
	漳平	底侬 tiaŋ 底侬 ti laŋ	《福建省志·方言志》
	宁德	底农 ti nøŋ	《闽语研究》
		底侬 tœŋ	《闽东方言词汇语法研究》
		侬 nœŋ ①	《福建省志·方言志》
	古田	底侬 tøyŋ	《福建省志·方言志》
	屏南	底侬 tie nøŋ	《福建省志·方言志》
	周宁	灯 tœŋ 底人 ti nœŋ	《周宁县志》
	柘荣	底侬 tœŋ	《福建省志·方言志》
	福安	底侬 tœŋ	《福建省志·方言志》
江西	南城	□个 t^hei ko □家 t^hei ka	《赣方言概要》
	黎川	□个 t^hɛi ko	《黎川方言研究》
	黎川县日峰镇	□个 t^hɛi ko	《客赣方言比较研究》
	玉山	底农 teʔ nã	《吴语处衢方言研究》

① “侬 nœŋ”这一词形，可能是原来的 t－声母受鼻音韵尾的影响而发生了同化。

续表

地点		〈谁〉	依据资料
湖南	城步	□□ta do	《城步苗族自治县志》
	宜章	□□人 ti kei nɛi	《宜章土话研究》
广东	乐昌县黄圃	题人 ti nãi	《乐昌土话研究》
	汕头	底□ti tiaŋ	〈汕头方言词汇〉
	遂溪	□□tiaŋ a	*The Suixi Dialect of Leizhou*
	海丰	的佃 ti tiaŋ 佃 tiaŋ	《广东海丰方言研究》
广西	平乐(闽语)	底其 tiei kai	《广西平乐闽方言研究》
海南	海口	底个 ʔdi kai 底个 ʔdi ke 底枚 ʔdi mo 底一个 ʔdi ziak kai 底一个 ʔdi ziak ke 谁 ʔdiaŋ	《海口方言词典》
	琼山	□ʔdiaŋ	《琼山县志》
	琼海	□diaŋ □niaŋ[1]	《琼海县志》

上表中的江苏武进就是志村氏所引《南齐书 · 王敬则传》中王敬则的故乡(晋陵南沙)。从志村氏的引文可以看出[2],当时该地用“底”表〈什么〉义。由于我们的资料缺乏武进方言的〈什么〉义词,无从知道现代武进话的说法,但是〈谁〉义词中确实还保持着原来的〈什么〉义词的基本面貌。

观察表2中的词形我们发现,绝大部分都是“〈什么〉+〈人〉”的结构,有一些则是“〈什么〉+〈个/一个〉”“〈什么〉+〈家〉”等结构。总而言之,这些词形在结构上均为分析性的,而不是像北京话的“谁”那样的无缘形式。这些分析性结构形成的前提应该是:其中的表示〈什么〉义成分与〈什么〉义

---

① “□niaŋ”这一词形,可能是原来的 d – 声母受鼻音韵尾的影响而发生了同化。

② “兴盛使军人遥告敬则曰,公儿死已尽,公持许底作”。此“底”字就表示〈什么〉义。

词的语音形式相同[①]。现在〈什么〉义词与〈谁〉义词还以舌尖塞音声母开头的只有如下几处：江苏常州、丹阳、浙江桐庐、常山、江山、江西玉山、湖南宜章、城步、广东乐昌县黄圃、海南儋县。我们认为除了这些地方，表 2 中的其他地点的〈什么〉义词原来应该也像表 1 中的那些地点一样包含以舌尖塞音声母开头的音节。后来，这些地点〈什么〉义词形中不用这些音节了，而表〈谁〉义的复合词中还保留着原来的读音。

三

下面的方言地图是根据表 1 和表 2 来绘制的。地图中，圆圈符号（○）表示〈什么〉义词的首位音节以舌尖塞音开头的地点，而〈谁〉义词的首位音节声母为舌尖塞音的地点则用加号（+）来标示。如果圆圈和加号重叠的话，就意味着在这些地点〈什么〉和〈谁〉的首位音节都是以舌尖塞音开头的。

从这幅地图可以看出，舌尖塞音的〈什么〉集中分布于江苏南部和浙江北部的吴语地区，还有一些分布在连接浙北吴语区的徽语区。王福堂先生（2004）曾指出徽语原来可能是吴语，我们这张地图也许可以做一个旁证。另外，粤北和湘南的土话区与桂北的平话区也有一些分布，可能古代首位音节声母为舌尖塞音的〈什么〉义词形覆盖范围更广大，而上述这些地点由于地理上较为偏僻，故还保留着古音。

舌尖塞音的〈谁〉除了与舌尖塞音的〈什么〉的分布地区重叠外，还有很多分布于从福建经过粤东到海南的闽语区。值得一提的是，这些闽语点除了海南儋县〈什么〉义词还保留着舌尖塞音声母的词形外，其他地点的〈什么〉义词首位音节的声母都不是舌尖塞音。我们认为整个闽语区在原始语的时代从吴语那边把舌尖塞音的〈谁〉借过来的可能性不大，因此，它们的舌尖塞音〈什么〉已被其他词形所取代了，而〈谁〉义词则还保留着原貌。

根据李如龙（1999）、陈泽平（1999）、施其生（1999）、钱奠香（1999）可知，在闽语区“底”字也可以用来标示〈哪〉（which）义，例如：泉州“底时”（几时）、“底落”（哪儿）；福州“底日”（哪天）、“底呢”（哪儿）；汕头“地撮”（哪些）、“地星期”（哪一星期）[②]；屯昌“底多侬”（哪些人）、“底枚”（哪一位）。

---

① 除非〈谁〉义词形是外来的形式。本文假设为这些包含表〈什么〉义语素的〈谁〉义词是在当地产生的。

② 此处汕头词形中的“地”字是施其生（1999）的用法，这相当于本文表 2 中汕头词形的“底”字。

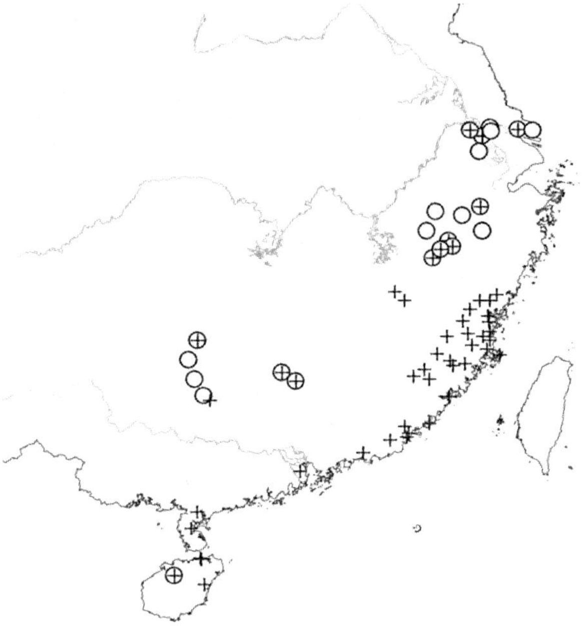

方言地图:首位音节声母为舌尖塞音的〈什么〉和〈谁〉

这就是说,在新兴的〈什么〉义词发生后,原来标示〈什么〉义的"底"字,并没有被淘汰,而它专用于表〈哪〉义了。换言之,在这些闽语中"底"字的所指发生了转移(referential shift)①。

另据陈泽平(1999)可知,福州方言中"底侬"与"甚物侬"在意义上是有区别的,相当于北京话的"谁"和"什么人",即:"以'底侬'发问,是要求指别;以'甚物侬'发问往往是要求说明"。由此可见,"底侬"一词虽然由两个音节构成,且后一音节为〈人〉义词,但它很可能已经趋向于像北京话的"谁"那样的无缘形式。这也表现在很多闽语地点已经把"底""侬"两字音合成一个音节这一事实上,如:福州"底侬 tøyŋ";永春"底侬 tiaŋ"。到了广东,在这合音之前还可以再加一个"ti",如:汕头"底□ ti tiaŋ",海丰"的甸 ti tiaŋ"。此"ti"音节就表示上面所说的〈哪〉义,而后一音节(tiaŋ)可以说已经失去了表示疑问的功能,且当地人也可能不大感觉它含有〈人〉义了。换言之,"tiaŋ"的功能就相当于像"个"这样的普通量词,"ti tiaŋ"已再不是"〈什么〉

① 关于所指的转移,可参看岩田礼编(2009:26－27)。

+〈人〉”结构，而转换为“〈哪〉+量词”结构了。

综上所述，以首位音节声母为舌尖塞音的〈什么〉义词和〈谁〉义词的发展可以概括如下：[①]

古代　　　　　　　　　　　　现在

a)〈什么〉=“T”　　　　　→【保持】　　　〈什么〉=“T”

〈谁〉=“T”〈什么〉+〈人〉→【保持】　〈谁〉=“T”〈什么〉+〈人〉

b)〈什么〉=“T”　　　　　→【保持】　　　〈什么〉=“T”

〈谁〉=“T”〈什么〉+〈人〉→【淘汰】　　已被淘汰，用其他词表〈谁〉义。

c)〈什么〉=“T”　　　　　→【所指的转移】〈哪〉=“T”，用其他词表〈什么〉义。

〈谁〉=“T”〈什么〉+〈人〉→【结构的变化】

1)〈谁〉=“T”〈哪〉+〈人〉

2)〈谁〉=“T”〈哪人〉

3)〈谁〉=“T”〈哪〉+“T”〈哪人〉

（这时“T”〈哪人〉可以看做一个量词）

四

本文主要讨论了首位音节声母为舌尖塞音的〈什么〉和〈谁〉义词的分布、来源和发展以及有关问题。汉语方言中还有后一音节声母为舌尖塞音的〈什么〉和〈谁〉义词，例如：

〈什么〉：湖北天门“□□soŋ ti”；江苏沙洲“啥头 ɕia dei”；江西都昌“么嘚 mɔ tɛ”；福建尤溪“什地 ɕie te”；福建诏安“□□mai ten”；广西钟山“吾度 ŋ tu”

〈谁〉：湖南江华“何头 lo tao”；湖南宁远“□□lie ta”；湖南临武“谁答 ɕy ta”；广西钟山“吾倒 ŋ tau”

至于这些词形是否也是中古端母系疑问词的后裔，我们将另外撰文讨论。

① 这里用“T”来表示以舌尖塞音声母开头的词形。

参考文献

曹志耘 1999 严州方言的代词系统，李如龙 张双庆主编《代词》，广州：暨南大学出版社。

曹志耘主编 2008《汉语方言地图集 语法卷》，北京：商务印书馆。

陈泽平 1999 福州方言的代词，李如龙、张双庆主编《代词》，广州：暨南大学出版社。

蒋冀骋 吴福祥 1997《近代汉语纲要》，长沙：湖南教育出版社。

李如龙（1999）〈闽南方言的代词〉，李如龙、张双庆主编《代词》，广州：暨南大学出版社。

李如龙、张双庆主编（1999）《代词》，广州：暨南大学出版社。

钱奠香（1999）《屯昌方言的代词》，李如龙、张双庆主编《代词》，广州：暨南大学出版社。

钱乃荣 1999 北部吴语的代词系统，李如龙、张双庆主编《代词》，广州：暨南大学出版社。

施其生 1999 汕头方言的代词，李如龙、张双庆主编《代词》，广州：暨南大学出版社。

太田辰夫 1991《汉语史通考》，重庆：重庆出版社。

王福堂 2004 徽州方言的性质和归属，《中国语文研究》2004 年第 1 期。

岩田礼编 2009《汉语方言解释地图》，东京：白帝社。

岩田礼编 2012《汉语方言解释地图（续集）》，东京：好文出版。

志村良治 1995《中国中世语法史研究》，北京：中华书局。

中西裕树 2012a 地图 39 谁，《汉语方言解释地图（续集）》，东京：好文出版。

中西裕树 2012b 地图 40 什么，《汉语方言解释地图（续集）》，东京：好文出版。

鲍明炜 王均 2002《南通地区方言研究》，南京：江苏教育出版社。

北京大学中文系语言学教研室 1964《汉语方言词汇》，北京：文字改革出版社。

北京大学中文系语言学教研室编 1995《汉语方言词汇》（第二版），北京：语文出版社。

曹志耘 1996《严州方言研究》，东京：好文出版。

曹志耘等 2000《吴语处衢方言研究》，东京：好文出版。

陈昌仪 1991《赣方言概要》，南昌：江西教育出版社。

陈鸿迈 1996《海口方言词典》,南京:江苏教育出版社。
陈章太 李如龙 1991《闽语研究》,北京:语文出版社。
丁邦新 1986《儋州村话》,台北:历史语言研究所。
李如龙 2001《福建县市方言志 12 种 仙游县方言志》,福州:福建教育出版社。
李如龙 梁玉璋 2001《福州方言志》,海风出版社。
林寒生 2002《闽东方言词汇语法研究》,昆明:云南大学出版社。
林伦伦 1992 汕头方言词汇(一,二,三,四),《方言》第 1,2, 3, 4 期。
刘纶鑫 1999《客赣方言比较研究》,北京:中国社会科学出版社。
卢今元 1986 吕四方言记略,《方言》第 1 期。
平田昌司等 1998《徽州方言研究》,东京:好文出版。
钱乃荣 1992《当代吴语研究》,上海:上海教育出版社。
秋谷裕幸 2001《吴语江山广丰方言研究》,日本松山:爱媛大学。
沈若云 1999《宜章土话研究》,长沙:湖南教育出版社。
王辅世 1979 广西龙胜伶话记略,《方言》第 2,3 期。
谢建猷 2007《广西汉语方言研究》,南宁:广西人民出版社。
颜森 1993《黎川方言研究》,北京:社会科学文献出版社。
杨必胜等 1996《广东海丰方言研究》,北京:语文出版社。
杨时逢 1974《湖南方言调查报告》,台北:历史语言研究所。
张双庆等 2000《乐昌土话研究》,厦门:厦门大学出版社。
张燕芬 林亦 2009《广西平乐闽方言研究》,桂林:广西师范大学出版社。
中岛干起 1977《闽语东山岛方言基础语汇集》,东京:东京外国语大学亚非语言文化研究所。
周本良 2005《临桂义宁话研究》,南宁:广西民族出版社。
Yue - Hashimoto, Anne O. *The Suixi Dialect of Leizhou: a study of its phonological, lexical and syntactic structure*, Chinese University of Hong Kong, 1985.
《城步苗族自治县志》1996 北京:方志出版社。
《福建省志 · 方言志》1998 北京:方志出版社。
《临西县志》1996 北京:中国文史出版社。
《启东县志》1993 北京:中华书局。
《琼海县志》1995 广州:广东科技出版社。
《琼山县志》1999 北京:中华书局。

《上饶地区志》1997 北京:方志出版社。
《桐庐县志》1991 杭州:浙江人民出版社。
《武进县志》1988 上海:上海人民出版社。
《周宁县志》1993 北京:中国科学技术出版社。

附　记

记得我初次得以拜会恩师王福堂先生是在1994年秋。当时作为一名普通进修生还在成都留学的我,为了准备参加北京大学的研究生入学考试而北上进京。在四川大学期间我原本师从张一舟先生学习四川方言,但当我表示想要进一步深造读研后,他立刻把我介绍给了张清源先生,在两位张先生的大力举荐之下我转而报考了北大。张清源先生与王福堂先生是北大同学,经由她的联络与帮助,拜访王先生一事才得以成行。猛然间从南方来到北国,11月的北京于我而言真是寒冷难耐。当时的北大里既没有故知好友可访,也没有如今时兴的咖啡馆可去,我办完入试手续后除了在寒风中无聊地打发时间外无所事事。当时因为留学时日不长再加上对中国的习惯也无甚了解,最终抗不住室外天寒地冻的我刚过了下午一点就去按响了王先生家的门铃。过了好一会儿的时间,先生才走出来开门。待我后知后觉地意识到自己惊扰了先生的午休时却已然于事无补了。王先生,当年真是失礼了。

随后,我如愿考取了汉语方言学方向的硕士课程并有缘师从王先生进行研究。由于我是当时唯一的留学生,所以先生对我的指导也格外热心。在王先生的安排下,正式入学之前先收我作进修生、进行语音学的一对一训练,此外还让我进行了他家乡话绍兴方言的记音练习。入学之后我选修了先生所讲授的方言学课程,课堂上的讲解尤其是对汉语音韵变化过程及其原因的说明极其鲜活而生动,让我感动不已、记忆犹新。而每月月末则会前往先生家中叨扰,针对事前提交给先生的读书报告中出现的问题进行探讨和求教。渐渐我也暗中发现了不少我和先生之间的共同点(比如都属狗、用右手执笔用左手持筷、不会发颤音“r”等等),还曾为此暗自窃喜。

而在这些跟随先生的求学经历当中,最让我大受裨益的还是我曾参与过三次的暑期方言调查实习。先生在语音学与音韵学方面的深厚学识自不待言,而丰富的调查经验所证实的他对汉语方言理解的深刻性,也一再让我惊叹。每当先生外出之时，学生们留下的疑难问题，先生回来后往往只需对发音合作人提一两个问题之后就能迎刃而解，这样的事例时有发生。

说起方言调查，曾经有一位发音合作人向我讲起抗日战争的事情。听到这些谈话，王先生立刻以“这与他们年轻人无关”为由岔开了话题。但当时王先生能够说出那样的话帮我解围，也的确让我感觉得到了一种解脱而免于尴尬。我也是很久之后才听闻，先生曾在杭州亲眼目睹过日本的军队。即便是有这样的亲身经历，先生依然如此保护学生，这让我由衷地心生敬意。毕业之后，我开始独自进行田野调查，时常会因为各种政治时局的影响而遭到无理由的辱骂。每每此时，我都会想起王先生的为人处世，从而重新下定决心，要通过自己的学术研究来为推进中日两国的友好关系做出力所能及的贡献。

在我记录绍兴方言的《方言调查字表》里，发音合作人个人信息一栏中，年龄写的是61岁。光阴荏苒、时光不待，从那时的北大求学到现在已经快过去19年了。因忙于各种杂事使得自己的研究一直停滞不前，实在无颜面对恩师。但王先生对学问真挚与严谨的治学态度却是值得我不断学习的目标和方向。王福堂先生，从今往后也请您在学问上一如既往地、多多益善地给我批评指教。谨献此小文，衷心祈愿敬爱的王先生身体康健、青春永驻！

（中西裕树　日本同志社大学）

《琵琶行》“重”(chóng)、“重”(zhòng)音义辨析

伍　巍

无论是在内地还是在港、澳、台湾，白居易的《琵琶行》都是中学语文教材必选的诗篇。在《琵琶行》一诗中，“重”字一共四见，不同的读音分别表示不同的语义。正确地辨别“重”不同读音与语义的关系，是我们正确理解该诗句义的关键。下面将《琵琶行》相关诗句摘抄如下：

第 6 联：移船相近邀相见，添酒回灯重开宴。

第 29 联：商人重利轻别离，前月浮梁买茶去。

第 31 联：我闻琵琶已叹息，又闻此语重唧唧。

第 43 联：凄凄不似向前声，满座重闻皆掩泣。

在古汉语中，“重”字有平声、上声、去声三个不同的读音：《广韵》平声钟韵“直容切，复也，叠也”，引申为“再、又、重新”的意思；上声肿韵“直陇切，多也，厚也，善也”，引申为“重视、看重”的意思；去声用韵“柱用切，更为也”，去声“更”早在唐代已有“愈加、进一步”的意思，如王之涣《登鹳雀楼》：“欲穷千里目，更上一层楼”，李煜《清平乐》“离恨恰如芳草，更行更远还生”。可见发展到中古时期，“重”字的不同读音与相应的语义关系已分得较为清楚。中古的全浊上声字归读为现代汉语的去声，所以“重”字在今天的普通话中只存“chóng”(平声)与“zhòng”(去声)两个不同的读音。

联系上下文句意，《琵琶行》第 6 联“移船相近邀相见，添酒回灯重开宴”与第 43 联“凄凄不似向前声，满座重闻皆掩泣”中的“重”不难理解，均属古汉语平声“复也，叠也”这一常用语义的沿用与直承，表示“再、又、重新”等重复义，普通话读“chóng”。

第 29 联“商人重利轻别离，前月浮梁买茶去”中，从同一诗句“重”与“轻”的并用与对比，也不难理解，该句的“重”来自古汉语的上声，由“厚”

（厚重）的意思引申为“重视、看重”，今读去声“zhòng”。以上两个“重”在现代汉语中均属常用词，市面上正式出版的《琵琶行》语文配套朗读材料很少出现误读。

难以把握的是该诗的31联：“我闻琵琶已叹息，又闻此语重唧唧”，在目前所见到的语文教学与朗读材料中，此句“重”的误读误解最为普遍，大凡都错为“chóng”（平声）。这里的“唧唧”是“唏嘘感慨”的意思，联系上下文，该联的语义当为“我听了（哀怨的）琵琶声已叹息不已，（接着）又听到（她）悲惨身世的叙说更加唏嘘感慨”，前后语义的递进关系一目了然。从前后句意的联系上判断，“重”表示“更加、进一步”的意思十分明确。

此诗31联虽不是工整的对仗句，但“闻琵琶已叹息”“闻此语重唧唧”两句句式结构基本相同，“已”和“重”分别置于动词“叹息”与“唧唧”前，无疑都是副词。在权威辞书《汉语大词典》平声“重 chóng”副词义项中，只有表示重复的“再、又、重新”一义，没有第二种解释（《汉语大词典》1986年版，10卷372页）。原诗句前已有副词“又”，如果将同一句中的“重”作平声，还当“再、又”义来理解，显然是同义重复，那么该联诗句只能翻译为“我听了（哀怨的）琵琶声已叹息不已，（接着）又听到（她）悲惨身世的叙说又一次唏嘘感慨”。这样的理解不但别扭，也明显不符合原句语义递进的逻辑关系。除此之外，我们在《汉语大词典》等辞书平声“重”的副词义项中找不到“更加、进一步”等相关义的解释，可见将该句的“重”读为平声“chóng”是对原诗句意的曲解。

上文说过，“重”字在今天的普通话中只有“chóng”（平声）、“zhòng”（去声）两个读音，既然在平声“直容切”（chóng）中找不到相应的语义解释，我们不妨在去声“柱用切”（zhòng）中进一步探讨“我闻琵琶已叹息，又闻此语重唧唧”诗句中“重”的语义源流。《说文解字·重部》“重，厚也，柱用切”，只有去声一义（中华书局，1963，169页），其反切注音与《广韵》去声反切全同。《说文解字》的反切为宋代徐铉所注，可见表示“厚重”义的上声“重”很早就已并入去声。《辞源》“重，柱用切”（义项六）解释为“增益，加重”（商务印书馆，1983修订版，3147页）；《中华大字典》“重，储用切，增益也”同样归去声（中华书局，1978，2453页），可见“重 zhòng”字“增益”义应当是“厚”（厚重）义的引申，此后进一步发展为“更、还、进一步”的意思。从先秦到唐宋，这一语义的发展脉络很清楚。兹举相关例证如下：

①凡食，无彊厚味，无以烈味重酒。　　《吕氏春秋·尽数》

(凡是饮食,不要强求味道厚重,不要图烈味厚酒。)

②子之哭也,壹似重有忧者。 《礼记·檀弓》

(妇人的哭声,很像是更有忧虑之事。)

③行行重行行,与君生别离。 《古诗十九首》

(远行更远行,与君活生生地分离。)

④无书又千日,世路重茫茫。 唐鲍溶《秋思》诗

(无书信又千日,世路更加茫茫。)

⑤一事无成空放逐,故人相见重凄凉。 宋徐铉《赠维扬故人》诗

(一事无成徒然被放逐,故人相见更增添了凄凉感。)

例①"重"当属较早的义项,是"厚重"的意思。例②"壹似重有忧者"《礼记注疏》:"重,直用反"(去声),"重"当"还、进一步"讲;例③"重"表示"更进一步"的意思也不用多解释;例④"世路重茫茫"与例⑤的"故人相见重凄凉"句,按严格的唐诗格律,处在该处三、五音节上的"重"也当为仄声,表示"更加"的意思很明显。上述各典籍中的"直用反""储用切""柱用切"虽反切上字不同,实则同一切音,均为去声,其语义与"增益"义完全相合,可见去声"重"字的"增益"义早已有之。事实说明,以上例证中的"重"(去声)与表示重复义的"重"(平声)在唐宋时代已没有任何语义上的牵扯,也不存在相互通用关系。无论是教学、朗读还是文学作品的注释,我们都没有理由将只是字形相同而读音与语义均不相干的两个词混为一谈。

"重 zhòng"表示"更加、进一步"的语义《现代汉语词典》不载,今北方话亦不复存在,但在广州粤语中它仍然是一个生命力很强的口语常用词(本地俗写常作"仲",音同轻重的"重")。如(例句选自麦耘、谭步云《适用广州话分类词典》):

你嚟得重早。(你来得更早)

佢重高过佢(渠)大佬。(他比他哥哥还要高)

净讲唔得,重要做。(光说不行,还要进一步去做)

佢(渠)唔净只识揸车,重识修车。(他不但会开车,而且还会修车)

广州粤语该词作阳去调,读不送气轻塞擦音。上述例句中的"重"只能当"更加、还、进一步"的意思解释,音、义与历史文献材料完全切合。不但在广州,几乎整个粤语范围内该词都是一个见用率很高的口语常用词,均读去声。这一古汉语的"活化石"材料可从另一侧面佐证"重"表示"增益、更进一步"的语义不读平声。至此,我们可以肯定地回答,白居易《琵琶行》"我闻

琵琶已叹息,又闻此语重唧唧”句中的“重”今当读为去声“重 zhòng”,表示“更加、进一步”的意思毋庸置疑。

概括《琵琶行》一诗中的四个“重”字,其语音、语义当作如下归类:

一、重 chóng(平声)

第 6 联:移船相近邀相见,添酒回灯重开宴。(“重”作“重新、再”解释)

第 43 联:凄凄不似向前声,满座重闻皆掩泣。(同上)

二、重 zhòng(去声)

第 29 联:商人重利轻别离,前月浮梁买茶去。(“重”义为“重视、看重”)

第 31 联:我闻琵琶已叹息,又闻此语重唧唧。(“重”为“更、愈加”的意思)

参考文献

汉语大字典编委会 1993《汉语大字典》,成都:四川辞书出版社,武汉:湖北辞书出版社。

北京大学中国文学史教研室 1962《两汉文学史参考资料》,北京:中华书局。

麦耘 谭步云 1997《适用广州话分类词典》,广州:广东人民出版社。

上海古籍出版社编 1986《全唐诗》,上海:上海古籍出版社。

阮元《十三经注疏》,北京:中华书局 1980 年影印。

许慎撰 段玉裁注《说文解字注》,上海:上海古籍出版社 1981 年整理、缩印。

陈彭年等奉诏编修《宋本广韵》,北京:中国书店 1982 年影印。

北京大学中国文学史教研室 1962《先秦文学史参考资料》,北京:中华书局。

附　记

20 世纪 80 年代初,当时尚年轻的我在安徽师范大学语言研究所任实习研究员,当时的吕叔湘先生对徽州方言十分关心。1981 年,方言学会合肥年会后,李荣先生亲赴芜湖,指导安徽师大语言所的徽州方言调查工作,同时听说北大的王福堂先生可能要下徽州。身边的一位老师告诉我:“即使王福堂老师已经到徽州了,你也无法找到他,此人往往选定一个方言点,在深山野外一住就是个把月。”这使我对尚不认识的王老师产生了一种神秘感,同时对老师的敬业精神从心底里敬佩。

1981年夏天，中国语言学会与福建语言学会在福建建瓯举办首期全国方言学研究班，邀请王老师来研究班讲课，我有幸参加该班学习，这时才正面接触王福堂老师：清瘦的身材，一身洗淡的灰蓝色中山装、布鞋，讲课慢条斯理。每一位学员跟他打招呼他都慈祥地回应，外表完全是一个普通人。课堂上，他能引用全国那么多方言材料，我又觉得很神奇。后来听说王老师还是位孝子，第一次接触就觉得老师有君子的风范。从此我与王老师通信，立志今后要做他这样的老师。

此后多次参加学术会议，无论是老前辈发言还是青年学者发言，王老师一般总是坐在一旁认真地听，不轻易说话，为人十分低调。

1985年山西方言学会年会上，大家争论到晋语该不该独立成为一大方言时，一向低调的王老师却率先发言："晋语与江淮官话一样，除了具备入声之外，还有什么值得独立的特点？"观点似乎毫无折中的余地，弄得在场的陈庆延老师急了，他说："你们江淮官话干吗老缠着我们晋语啊？"陈先生也是我熟悉的老师，我借机调侃说："我们江淮官话想跟着晋语一同奔小康啊！"说得庆延老师也笑了。事后庆延老师告诉我：王先生不轻易表态，他的执着是可敬的学者风格。这件事让我明白了什么是学者对学术的忠诚。

几年前，陈庆延老师因重病躺在床上不能起身，王福堂老师知道庆延老师病笃的消息后，借出差山西的机会，与洪君姐一起登门探望庆延老师。一般的朋友与学生来探望，庆延老师只有睁眼与抬手招呼的力气，听说王老师与洪君姐登门，他显现了少有的激动，挣扎着、喘息着、使尽全身的力气，一定要爱人扶他坐起来面对王老师。据朋友回忆，这也是庆延老师在病床上最后一次坐起身来。事后，庆延老师的爱人问他："你怎么有力气坐起来的？"庆延老师满怀感慨地说了一句："先生来了，我能躺着嘛！"听到这番话，他的爱人不禁流泪了。

1980年代后期，正是我们这批方言学后起者努力向上的阶段，安徽师大语言研究所当时没有方言学的指导老师，又因为我是工农兵学员出身、个性明显，所处的环境确实很恶劣，别说发展，生存都是个问题。这时我写信将我的困难告诉王老师，王老师很快回信，建议我到北大进修。王老师在回信中告诉我："只要你们单位同意，进修名额我设法争取，可顺便帮助做一点项目。"一个无名小子得到老师这样的关心，我打心眼里觉得热乎。

1991年我报考了暨南大学詹伯慧教授的博士生，去王老师身边进修的事因此作罢。1992年我去北京，才听别的老师告诉我，王老师早就关心我考研究生的事，只是我自己不敢报考北大，王老师也一直不曾当面提及。

1993年，王老师、洪君姐与徐通锵先生等一行人应邀去台湾参加学术会议路过广州，当时住在暨大附近的石牌宾馆。第二天早晨，他们准备乘公交车去机场时，发现徐通锵先生的皮箱在车站被小偷提走了，里面还放着去台湾的签证。这一突如其来的变故让大家都愣了。怎么办？当确定徐先生的皮箱与签证确实被盗后，我亲耳听到王老师轻声对洪君姐说："我们不去了，陪徐先生回北京。"然后又坚定地告诉其他人："你们其他人去吧，我与洪君不去了！"那一刻，王老师的为人风范给我留下了这一生都忘不了的印象。后来幸得台湾朋友的传真件，徐先生的台湾之行才得以成功。

90年代，王老师开始着手北大中文系语言学教研室编撰的《汉语方音字汇》与《汉语方言词汇》两本书的修订。当时的通讯还没有现在这么方便，为校订一个字音、一个词，王老师往往是反复写信，让各地同行的朋友帮助甄别。有的外地老师甚至就某一个词先后收到王老师的七八封询问信，一再要求确定实际读音，有的人甚至被问得生气了，王老师还是不肯罢休。这期间我也收到了王老师的询问信，王老师要我帮助确定广州话两个词的读音，而且指定让我寻找本地原来的发音人核对。我知道王老师的脾气，一点儿也不敢懈怠，除找到原发音人核对外，又分别向5位本地的老派发音人征询，验证无误后才敢发给王老师。此后我数度与王老师的学生来往或一起参加学术会议，发现他们无论是为人还是做事，都有一丝不苟的认真精神，此无疑是王老师的影响。

2000年，王老师去香港中文大学讲学，恰好我亦在香港中文大学上课，同住一栋楼。我总想找个机会报答王老师多年的关心，可又不知怎么做才不会被王老师拒绝。恰好同去的李如龙老师向我推荐一种轻便鞋。我新买了一双，试了试确实很舒适，于是我战战兢兢地跑到王老师住处，转弯抹角地问王老师穿多大码的鞋。王老师很警觉，马上问我做什么？我不得不从实招来。王老师笑了，为了不使我难堪，他建议将我新买的鞋拿来给他看看。那一印象我特别深刻，王老师在试穿我的新鞋前，特地换上一双干净的袜子，穿上鞋走了走，觉得不错，然后对我说："先说好，我自己买，你只带我去那家店就行了，答应不答应？"我只能点点头。买鞋回来的路上，我总觉得这件事让我办砸了，可王老师却高兴地说："不错不错，谢谢你，谢谢你！"

王老师对我的影响不是他说什么，耳濡目染的是他怎样为人，怎样做事。尤其在今天，面对浮躁的现实，坚持一个学者的良心与做人做事的品格并不容易，但我始终把王老师当作我心中崇敬的榜样，此生虽不能及，心向往之。

（伍巍　暨南大学汉语方言研究中心）

汉语方言语法研究九十年

李小凡

汉语方言语法研究发端于赵元任的《北京、苏州、常州语助词研究》(1926),迄今已近九十年。这个起点略早于以《现代吴语的研究》(1928)为起点的现代方音研究,但此后的进展却远远落后,甚至可以说是止步不前。直到三十年之后,在全国汉语方言普查的推动下,才出现了少量零散地描写方言语法现象的论文,不久又因“文革”爆发而再度止步。“文革”以后的新时期,方言语法研究渐趋活跃,进而开始了新的探索。九十年代出现了以单点方言系统研究为标志的新局面。新世纪以来进入了以比较研究为导向的新阶段。本文试作回顾和评价。

一 起步和停滞

汉语方言学脱胎于五四新文化运动时期北京大学的歌谣研究。1924年,北京大学方言调查会的成立标志着汉语方言学的诞生。林语堂在《研究方言应有的几个语言学观察点》(《歌谣》增刊,1923)中谈到建立汉语方言学科的因由和设想:“今日歌谣研究会渐渐注意于方音研究事件,而并且将要设立一个方音方言调查会。这个是极重要而极可喜的事。但是在这个时候我们就应该把这方音研究及一切方言研究事业的旨趣弄得清楚……头一件我们所应当了悟的就是方音研究应有独立的身份与宗旨,不应做附属于歌谣研究下之一物。这两个应当做同等并行相辅相成的分科事业。方音研究的事业做得好,自然可以补助歌谣的研究与整理,而歌谣中所现出的俗语俗韵也正可做方音研究的一部分材料。”由此可见,汉语方言学最初的研究旨趣重在方音。不过,林语堂设想今后方言研究的 10 项内容中后 3 项已经提到了方言语法。赵元任开始方言研究之初,语法先于语音,而且有一个很高的起点，但两个领域此后的发展趋势却截然不同。方音研究一枝独秀，成果辉煌。方言语法研究则戛然而止，半个多世纪中发表的论文总共不足百篇，专著则仅见三部：李献璋《福建语法序说》（1950，日本东京南风书局）、张洪年《香港粤语语法》（1972，香港中文大学出版社）、罗肇锦《客语语法》（1975，台湾学生书局）。这种情况表明，20世纪80年代以前，方言语法研究并未形成专门的研究方向，与标准语语法研究和方言语音研究形成了巨大的反差。

《北京、苏州、常州语助词的研究》是汉语方言语法研究的开山之作。文章深刻地指出，汉语方言里，语助词（虚词）的差异最显著、最复杂，例如，"语助词'了'（一切别的词也然）总不止有一种用处，它的 a b c d 几种用处当中，许是 a b c 跟某方言中某语助词'哉'的 A B C 三种用处相同，而它的 d 的用法在这第二种方言中不用'哉'而用'仔'表示的；同时，这'仔'除掉这用处以外，还有别的用处是'了'字所没有的。所以这么一来都参差起来了。"虚词与句式相关，因此，"语助词的研究要真正做好它，简直就牵动语法的全部了。"赵先生尝试"拿许多方言来比较比较，虽然这么一来，起初的结果一定会更生出繁杂的枝叶出来，但也会看得出本来看不出的概括的原则出来"。他"希望各处人看了这篇东西过后，也试作一个自己方言中语助词的调查"，由此激发学界研究方言语法的兴趣，进而形成专门的研究方向。令人遗憾的是，此后30年间，除了高名凯《汉语句终词的研究》（1947）分析过福州、苏州等方言的相关现象和法国学者 A. Bourgeois 在上海《时代日报》连载过《上海话文法》外，几乎未见别的方言语法研究论文；语法专著除了王力《中国现代语法》（1943）有几处零碎地列了几句方言例句作为"比较语法"外，也都无视方言语法。由此可见，方言语法研究刚刚起步就陷入了停滞状态。

二　零散描写

1956年开始的全国汉语方言普查重点在语音，但也有少量语法调查项目。《汉语方言调查手册》（李荣，1957）还举例对方言里的"儿"和"子"加以说明。《中国语文》《语文知识》也陆续发表了一些零星地描写方言语法现象的论文，大略有黄伯荣：谈谈阳江话语法的两个特点、广东阳江话物量词的语法特点、广州话补语宾语的词序、阳江话的几种句式，胡明扬：海盐通园方言的代词、海盐通园方言中变调群的语法意义，温端政：浙南闽语里形容词程度的表示方法、浙南闽语里的“仔”“子”和“孥”，黄丁华：闽南方言里的虚字眼“阿”和“仔”、闽南方言里的虚字眼“在、着、里”、闽南方言里的常用否定词、闽南话和普通话常用量词的比较、闽南话里的人称代词、闽南方言里的指示代词、闽南方言里的疑问代词，詹伯慧：潮州话的一些语法特点、粤方言中的虚词“亲、往、翻、埋、天”、浠水话动词“体”的表现方式，李人鉴：泰兴方言中动词的后附成分、泰兴方言里的拿字句，贺巍：中和方言中的“吥、骨、圪”、中和方言的代词，范继淹：重庆方言名词的重叠和儿化、重庆方言表动量的“下儿”和表时量的“下儿”，张成材：商县方言的人称代词、商县方言动词完成体的内部曲折，蒋希文：赣榆方言的人称代词、赣榆话儿化词的特殊作用，杨耐思：临湘方言里的动词补足语、藁城方言里的“们”，曹广衢：温岭话入声变调同语法的关系、浙江温岭话“头”的用法研究，林雨新：平远话的名词构词法、平远话里的一种特殊格式，林文金：莆田话的名词词尾“子”、莆田话的名词词尾“子”，金有景：苏州方言的方位指示词，李新魁：潮州方言的数量词，傅佐之：温州方言的形容词重叠，田希诚：运城话的人称代词，南台：客家话人称领属代词的用法，行瞿：温岭话跟普通话语法的差异，子实：闽南方言中的“仔”字，林运来：梅县方言名词、代词、动词的一些构词特点，凌慈房：龙南话里的一些语法现象，蒋明：南京话里的“A 里 AB”，刘培论：扬州方言里的程度副词“蛮”和“稀”，李龄：四川邛崃话里的后加成分“儿”和“子”，陈垂民：闽南话和普通话常用量词的比较，赵月明：洛阳方言中的一些语法现象，许树声：西安方言的一些特殊语法现象，王迅：晋东南方言中的“圪 kəʔ”，张炼强：广州话量词的语法特点，周大璞：天门话的疑问代词，杨欣安：四川话里的一些语法现象，杨晓敏：乌鲁木齐汉语方言的特殊语法现象。

方言普查完成后，《汉语方言概要》和《昌黎方言志》两部重要的汉语方言学著作于 1960 年问世，其中都有描写分析方言语法特点的专门章节。丁声树《关于进一步开展汉语方言调查研究的一些意见》（1961）提出：“汉语方言的词汇、语法也必须做系统的调查研究”，今后要“以词汇、语法为重点进一步开展汉语方言的调查研究”。詹伯慧、黄家教为此撰写了《谈汉语方言语法材料的收集和整理》（1965），对这一阶段的方言语法调查加以总结，归纳出方言与普通话已知的语法差异。1956 ~ 1966 十年间，年均发表方言语法论文 6 ~ 7 篇，大都“从共同语的语法基础出发，有意识地去收集方言语法材料，从中观察方言语法特点”。这是因为“汉语各方言在语法细节上经常显示一些特点，可以帮助解释民族共同语的有关语法现象”（袁家骅，1960）。由此可见，方言语法研究的再度兴起仍然未能形成独立的研究方向，因而远远滞后于方音研究和标准语语法研究，其原因值得深究。

三 滞后原因初探

语法研究比语音和词汇研究更依赖语感，不具备“活语料”身份的人很难准确描写，深入研究，因为语法研究“不仅要说明那些碰巧被我们观察到的东西，我们还得有意识地寻找例子，要确定哪些话能说，哪些话不能说”（赵元任《汉语口语语法》）。这对非母语研究者来说是一道难以逾越的障碍。方言语法研究“不比单字声韵或声调的调查可以在研究者自己不会说的生话上做工夫，得要比较的通了那一处的方言方可以下手”（赵元任：北京、苏州、常州语助词的研究）。“一种方言语法之错综复杂和精细奥妙之处，难以为操非母方言者所体察，难以为操非母方言者所了解，难以为操非母方言者所调查，不像调查语音或词汇那样，三问两问就问得出来的。”（陆俭明：汉语方言语法研究和探索序）

汉语语法的方言差异远不如语音差异那么明显，人们往往认为这种差异微不足道，没有研究价值。20 世纪 80 年代以前，这种认识主导了汉语学界，学者们对此全都异口同声。例如，赵元任《汉语口语语法》（1968/1979）：“在所有汉语方言之间最大程度的一致性是在语法方面。我们可以说，除了某些小差别，例如在吴语方言和广州方言中把间接宾语放在直接宾语后边（官话方言里次序相反），某些南方方言中否定式可能补语的词序稍微不同，等等之外，汉语语法实际上是一致的。”吕叔湘《现代汉语语法分析问题》（1979）：“至于语法，在所有汉语方言之间差别都不大，如果把虚词也算在语汇一边的话。”王力《推广普通话的三个问题》（1980）：“各地方言的语法差别不大。只有一些地方值得注意。”

方音研究得力于《方言调查字表》。方言语法研究则缺少这样一种适用于各方言的参照体系。这就使方言语法调查如同大海捞针，观察到一些语法特点纯属“碰巧”。学界多年来囿于此，因此“无不盼望能有一本比较系统、比较全面的汉语方言语法调查手册面世，……尽管人同此心，你看着我，我看着你，一拖再拖，几十年来始终未见方言语法调查手册问世。”（詹伯慧：汉语方言语法研究大有可为）其根本原因在于“语法史中缺少一个和《切韵》

音系在音韵史中地位相当的概念”（梅祖麟《唐代、宋代共同语的语法和现代方言的语法》），而普通话语法体系并不能用作方言语法研究的参照系，这跟北京音系也不能充当方音研究的参照系同理。何况，普通话有多家语法体系，方言语法研究采用哪一家也难有共识。

弄清楚方言语法研究滞后的原因，才能克服盲目性，避免方法上的偏差，不断探索正确的研究途径。

四　新时期的新探索

1979 年，刚复刊的《中国语文》发表了 5 篇方言语法论文，杜乃庚：贵阳方言中表示程度的“完勒”，张盛裕：朝阳方言的重叠式，闭克朝：横县方言单音形容词的 AxA 重叠式，林文金：莆田话的物量词，陈慧英：谈谈广州话的形容词。新创刊的《方言》也发表了 3 篇方言语法论文，范继淹：重庆方言“下”字的分化，熊正辉：南昌方言的“子”尾，郑张尚芳：温州方言的儿尾。此后，方言语法论文日渐增多，但仍属零散描写。率先探索新路的是朱德熙、吕叔湘等老一辈语法学家。

朱德熙《北京话、广州话、文水话和福州话里的“的”字》（1980）一反以往的研究路子，不是参照北京话“的”字分析的框架来描写方言里与之对应的结构助词，而是用众多方言现象与北京话的一致性来证实先前对北京话“的”字的分析。这表明他对方言语法研究的价值有了新的认识。《潮阳话和北京话的重叠式象声词》（1982）根据潮阳话和北京话的象声词重叠现象将汉语方言里的重叠式分为不变形重叠和变形重叠两种类型，进而提炼出变形重叠的规则。这是着眼于方言来寻求汉语共性的初次尝试，打破了多年来认为现代汉语语法规律只能从普通话中提取的习惯性思维。《汉语方言里的两种反复问句》（1985）进一步以类型学眼光观察方言中功能相似的“VP 不 VP”和“可 VP”疑问句，发现二者是不同类型，因此不在同一个方言里共存。《V-Neg-VO 与 VO-Neg-V 两种反复问句在汉语方言里的分布》（1991）进一步将“VP 不 VP”型问句也分为两种类型，二者也不共存于同一个方言。他的遗作《从方言和历史看状态形容词的名词化》对自己 30 年来“的”字研究“前后思路的发展和研究方法的得失进行了回顾和检讨”：60 年代心目中没有方言语法比较这回事，70 年代末开始注意方言，从而认识到要是当时就从广州话这样的方言出发，不费吹灰之力就可以得到同样的结论。

他此时已经观察到方言里的状态词作定语时都要名词化，却未及时归结为汉语的普遍规律，直到80年代末发现历史事实跟方言情况完全一致，才最终认定这是汉语的普遍规律，进而据此纠正了过去分析北京话中的错误。他把这种“疏忽和失误”归因于“长期以来对方言语法研究、历史语法研究和标准语语法研究三者之间的密切联系缺乏清醒的认识”。朱德熙晚年这一系列文章引发了学界对方言语法的极大兴趣和强烈反响，推动了方言语法研究的转型。他的《汉语方言里的两种反复问句》被认为是“划时代的论文”（余霭芹语），关于“VP不VP”和“可VP”两种疑问句式能否共存于同一个方言的争论成为备受关注的学术热点，掀起了一波方言语法调查研究的高潮。

吕叔湘《丹阳方言的指代词》（1980）不仅详细描写了丹阳方言指代词与普通话的差异，而且采用了不同于普通话的描写框架。普通话的框架是人称代词、指示代词、疑问代词，此文则改用人称代词、有定指代词、无定指代词。看起来只是两个术语的不同，却打破了普通话语法系统是当然的参照系的成见。丹阳方言的有定指代词和北京话的指示代词都有近指和远指两种词形和功能，日本学者小川环树（1981）则认为苏州方言指示代词的三种词形分别具有近指、中指、远指三种功能，由此引发了另一场热烈争论。吕叔湘《指示代词的二分法和三分法》（1990）着眼于现代方言和古代文献，乃至阿尔泰语系和印欧语系，进一步对汉语方言词形二分的指示代词和词形三分的指示代词语用功能的异同作了细致的分析，深刻地指出，二分型和三分型指示代词的语用功能总体上相同，所谓“中指”是一个不论远近的中性指示代词，是由近指和远指弱化而成的。“是先有二分法，后有三分法，而不是先有三分法，后有二分法，更谈不到受突厥语系语言的影响了。”这种类型学眼光与朱德熙不谋而合，如出一辙。

与此同时，梅祖麟《汉语方言里虚词“著”字三种用法的来源》（1988）也从历史语法角度提倡：“目前的方言调查似乎是侧重音系和词汇。假如语法也能得到同样的重视，过几年或许可以看到几部详尽的方言语法，每部描写一个有代表性的方言。这样的资料是方言语法史的基础，也可以解决传统汉语语法史里的不少问题。”余霭芹《汉语方言语法的比较研究》（1988）立足于方言语法研究，指出它对汉语语法、语法史、方言分区、普通话语法、语法类型的地理分布以及文学史研究都有重要作用，提议开展方言语法比较研究，并提出了若干调查项目：主要语法结构、问句、被动式、存现句、祈使句、双宾句、双主语句、比较句、判断句、否定句、可能式、情貌系统、语气系统、主题变换法、修饰结构、时间结构、空间结构、词序、重叠法、与语法有关的变调方式。许宝华、汤珍珠《上海市区方言志》(1988)一改以往的方言志只在“最后几页提一下该方言如何表达某些语法范畴,例如用那几个代词,有几个体貌词等等”(徐烈炯、邵敬敏《上海方言语法研究》)的传统模式,以十多万字的篇幅专章详述上海方言口语语法,虽无意“探讨语法理论或建立新的语法体系”,却为日后的深入研究和跨方言比较预备了翔实的语料。这些语料大多根据自由交谈的录音转写,在方言语法调查方式上走出了一条新路。

新的探索有力地冲击了方言语法研究的陈旧局面,打开了生气勃勃的新局面。在此过程中,朱先生不仅率先垂范,身体力行,还带动了全国各地的一批学者,形成了新时期方言语法研究的阵地和队伍。他《在中国语言学会第六届年会上的书面发言》(1991)大力提倡方言语法、历史语法、标准语语法三位一体的研究模式,深受学界赞同。《方言》季刊随后发表贺巍的署名文章《汉语方言语法研究的几个问题》(1992),指出“方言语法研究是方言研究当中的一个重要环节,对提高整个汉语的研究水平具有重大的影响”,并对方言语法事实的调查、分析和描写提出了指导性意见,希望在专题研究的基础上,进一步对具体方言作全面分析和系统描写,“在若干年内能有专门的方言语法著作问世。”詹伯慧《汉语方言语法研究大有可为》(1994)也呼吁对方言语法进行全面调查、深入研究。至此,方言语法研究已受到普遍的重视和响应,有了新的定位和明确的学科意识,终于成为一个独立的研究方向。方言语法研究固然有助于共同语语法研究和历史语法研究,但首先是方言学自身的需要,“只有方言的语音、词汇、语法三方面都经过了系统的调查研究,我们才能弄清楚汉语方言的全部面貌,才能把汉语方言学建立在一个比较坚固的基础之上。”(丁声树《关于进一步开展汉语方言调查研究的一些意见》)

五　单点方言的系统研究

新局面打开后,方言语法研究蔚然成风。指代词、语气词、构词法、体貌范畴、疑问句式,以及音义关联的语法现象等一系列问题都引起了百家争鸣,新的事实和观点如雨后春笋般不断涌现。与此同时,单点方言语法的系统研究也紧锣密鼓地拉开了序幕。20 世纪 90 年代,一批单点方言语法研究专著应运而生:杨秀芳《台湾闽南语语法稿》(1991),何耿镛《客家方言语法研究》(1993),汪国胜《大冶方言语法研究》(1994),施其生《汉语论稿》(1996),项梦冰《连城客家话语法研究》(1997),钱乃荣《上海话语法》(1997),林立芳《梅县方言语法论稿》(1997),邢向东、张永胜《内蒙古西部方言语法研究》(1997),李小凡《苏州方言语法研究》(1998),徐烈炯、邵敬敏《上海方言语法研究》(1998),周一民《北京口语语法》(词法卷)(1998)。以上专著除少数是单篇论文的辑录外,大多是单点方言语法的系统描写,描写方式大体有两种模式。一种注重方言语法系统的相对完整性,参照但不受限于普通话语法框架,例如《连城客家方言语法研究》"以朱德熙先生的语法讲义为主要参照系",而"对方言中普通话不存在的或无法与普通话对应的语法现象,以及汉语史上曾经存在过而目前不见于普通话仅见于方言的语法现象"则"越出参照系的范围,就方言语法系统本身着眼"来分析。(王福堂《连城客家方言语法研究序》)另一种注重方言语法的特殊现象和不适于用普通话语法框架描写的现象,自主构建语法系统,例如《苏州方言语法研究》"没有简单套用共同语语法体系的现成框架,而是集中地探讨了构词法、指代词、语气词、疑问句、体貌系统这样几个足以反映苏州方言语法鲜明特色的问题"。(谢自立《二十年来苏州方言研究综述》)

同一时期还涌现了一批方言语法专题论文集:李如龙和张双庆主编《动词的体》(1996)、《动词谓语句》(1997)、《代词》(1999)、《介词》(2000),胡明扬主编《汉语方言体貌论文集》(1996),伍云姬主编《湖南方言的动态助词》(1996)、《湖南方言的介词》(1998)、《湖南方言的代词》(2000)。以上文集虽然是不同作者各自研究成果的汇编,术语和体例也不尽一致,但已开始带有比较研究的意味。

这一时期的方言语法研究以单点方言的系统描写为标志,有两大特点,一是不再用普通话语法框架去认同方言语法现象,二是不再局限于封闭的共时描写。

以往的方言语法描写,大多"联系民族共同语的语法体系来考虑问题","拿各级学校语文教科书中普遍采用的语法体系作为主要的依据"(詹伯慧、黄家教《谈汉语方言语法材料的收集和整理》)。具体做法是将方言例句对译成普通话后再套用普通话的语法框架来分析,对那些难以对译的例句则勉强换用普通话说法,再用普通话的语法框架加以认同。其实,难以对译往往是因为存在结构上的差异,而用普通话去认同就会掩盖这种差异。即便是可以对译的例句,直接按普通话分析也不一定恰当,因为方言与普通话的语法形式未必都是一对一的,也常有一对多或交叉对应的情况。例如,苏州方言的“阿去?”既可以对译成普通话的“去不去?”,又可以对译成“去吗?”,按前一种对应就会认同为反复问句,按后一种对应则会认同为是非问句,二者各有所据,却又互相矛盾。不仅如此,假如普通话的框架欠妥,用来认同方言语法现象就可能发生误导。例如,大冶方言有以下例句:笔监直个马路(笔直笔直的马路)、绯红绯红个脸(通红的脸),若用《语法讲义》的框架去认同,出现在状态形容词“笔监直、绯红绯红”后面的“个”就是相当于普通话“的2”的助词。但大冶方言还有下面的例句:这块板子糙不罗锯嗒(这块板太糙)、没商量下子就糊糊涂涂嗒买了(没商量一下就糊里糊涂地买了),后一类例句中状态词后面的“嗒”才相当于典型的“的2”。其实,从大冶方言自身着眼,不难看出“个”可以独自出现在定语和中心语之间,“嗒”则必须后加“个”才能出现在这一位置:厚巴嗒个布(很厚的布)、红红嗒个脸(红红的脸)。因此,“个”是定语标记,“嗒”是状态词标记,状态词作定语必须另加定语标记或换用定语标记。朱德熙1980年观察到了这一现象却与隐藏其中的规律擦肩而过,10年之后才在遗作中根据大冶等方言的此类事实得出汉语的状态词作定语时必须名词化的普遍规律,同时修正了早先认为普通话里状态词后面的“的”都是“的2”的不当分析。这正反映了从“方言语法研究的任务仅仅在于观察方言之间在语法上的差异,而深入研究语法理论则必须以普通话为语料”到“应该赞成用汉语方言来研究语法理论”(徐烈炯、邵敬敏《上海方言语法研究》)这一认识上的飞跃。

以往的方言语法研究,大都是单点方言语法特点的共时描写。邢福义《现代汉语语法研究的两个三角》(1990)从朱德熙标准语法、方言语法、历史语法三结合的语法研究实践中概括出“普通话—方言—古代汉语”三个角度综合考察的“大三角”模式。他运用该模式研究了“您们、兄弟和弟兄、起去”等语法现象,产生了广泛的影响,使“普—方—古”三角模式成为方言语法研究的一种基本方法。其意图本是为了考察普通话的语法现象在方言和古代汉语里有什么样的表现,立足于普通话,但若将立足点换成某方言,同样可以考察该方言的语法现象在普通话和其他方言以及古代汉语里有什么样的表现。因此,“普—方—古”三角模式对方言语法研究跟标准语语法研究同样有效,而在实践中对方言语法研究的推动作用甚至超过了标准语法。假如将普通话也视为一种特殊的方言,“普—方—古”三角实际上就是共时和历时两个维度的交叉和贯通。今天这已成为方言语法研究的基本方法。

21世纪以来，单点方言语法系统研究的专著更加层出不穷，其中一大部分是在博士论文基础上写成的。目前所见的有：张一舟、张清源、邓英树《成都方言语法研究》，徐慧《益阳方言语法研究》，曾毓美《湘潭方言语法研究》，陈淑梅《鄂东方言语法研究》，钱奠香《海南屯昌闽语语法研究》，方小燕《广州方言句末语气助词》，彭兰玉《衡阳方言语法研究》，辛永芬《浚县方言语法研究》，范慧琴《定襄方言语法研究》，孙叶林《邵东方言语法研究》，殷相印《微山方言语法研究》，吴云霞《万荣方言语法研究》，阮桂君《宁波方言语法研究》，胡光斌《遵义方言语法研究》，盛银花《安陆方言语法研究》，王春玲《西充方言语法研究》，王洪钟《海门方言语法专题研究》，兰宾汉《西安方言语法调查研究》。

与此同时，还出现了一批将单点方言语法研究扩展为同类型方言区域研究的专著：乔全生《晋方言语法研究》，莫超《白龙江流域汉语方言语法研究》，邢向东《陕北晋语语法比较研究》，卢小群《湘语语法研究》，李如龙《闽南方言语法研究》，郭校珍《山西晋语语法研究》，甘于恩《广东四邑方言语法研究》。

六 跨方言跨时代的比较研究

半个多世纪以来，尤其是新时期以来的方言语法零散描写和单点方言系统研究积累了丰富的方言语料。这就使赵元任早年尝试的方言虚词比较和朱德熙晚年从事的方言句法比较研究具备了现实条件。

20世纪90年代，方言语法比较研究拉开了帷幕。余霭芹 *Comparative Chinese Dialectal Grammar: Handbook for investigators*（1993）对已知的方言语法现象加以分类和比较，进而编制语法调查表。该书分语序、系词、存在和方位、疑问、动态、否定、双宾语结构、被动和使役、处置式、比较结构、带“得”字标记的补语、带的$_1$和的$_2$标记的结构、名词化的结构和定语结构、祈使补语和兼语结构等14章，每章后半部分是带有大量方言例句的分类调查表。黄伯荣《汉语方言语法类编》（1996）则将截止1991年公开发表的以及专门征集的方言语法资料“汇集起来，作全面、系统的整理分析，分门别类按小类编排”。该书词法部分有名词、数量词、动词、形容词、副词、代词、象声词和叹词、介词和连词、助词和语气词九章，句法部分有句型、句法结构、语序、省略四章，共收录语法条目2500多条，涉及各大方言区250多个方言点，是方言语法研究稀有的工具书。后来又在此基础上编了《汉语方言语法调查手册》(2001)。以上研究是方言语法比较研究的先声,“有助于促进方言语法的深入研究,也有助于汉语语法科学体系的建立”。(黄伯荣《汉语方言语法类编》)

21世纪伊始,首届国际汉语方言语法学术研讨会2002年在黑龙江大学举行,标志着汉语方言语法研究进入了由冷转热、由点及面、由浅入深的新阶段。张振兴在大会报告中提出:“方言语法研究要注意比较。这里比较有两个意思,一是方言与方言之间的比较;二是与共同语的比较。比较的时候既要注意横向的比较,又要注意纵向的比较。”詹伯慧《汉语方言语法研究的回顾与前瞻》(2004)也在“比较、比较、再比较”一节中提出:“汉语方言语法研究的核心是比较。倘若没有比较,只停留在罗列现象、描写现象上,或者仅仅是反映一点方言语法调查的结果,说明方言中存在哪些语法范畴,有哪些表达的方式,这显然是很不够的。我们调查研究汉语方言语法,要能够步步深入,就必须通过在调查中掌握到的大量方言事实来进一步深入分析,从中挖掘出方言事实中所反映出来的语法特征,并竭力寻找出其中带有规律性的东西来。特征也好,规律也好,都只有通过比较研究才能够得出合乎实际的、科学的结论来。”游汝杰《汉语方言学的现状和愿景》(2005)也提倡“引进类型学的理论和方法,开展方言语法的综合研究和比较研究”。显而易见,新世纪方言语法研究的方向是从零散描写和单点研究转向跨方言、跨时代的比较研究。

在这样的背景下,方言语法比较研究的成果陆续问世。戴昭铭(2003)主编的首届汉语方言语法研讨会论文集《汉语方言语法研究和探索》设有“方言语法比较”专栏。其中,曹逢甫《台湾闽南话的 ka^7 字》以句法功能为纲,细致分析了台湾闽南话虚词 ka^7 的多种功能,并与普通话、客家话、北京话、大冶话相同功能的对应介词进行比较,发现不同方言里功能相同而来源不同的虚词由于语法化历程不同,对相关句式的发展有不同的影响。胡明扬《“着”“在那里”和汉语方言的进行态》以词形为纲,从大量语料中梳理出“着”和“在那里”这两种不同形式的进行体标记有不同的分布区域:“着”大体分布于官话、闽语、客家话,“在那里”大体分布于吴语、湘语、赣语和江淮官话区域。柯理思《从河北冀州方言对现代汉语[V在+处所词]格式的再探讨》以句式语义为纲,发现冀州话的[V唠+处所词]格式形式上与普通话的[V在+处所词]格式对应,但语义不对称:冀州话只表动态事件,普通话还可以表静止状态。冀州话该格式中的“唠”是一个高度虚化的“傀儡”成分，属此类型的还有河北泊头、山西河津、定襄、陕西永寿、河南林县、山东平邑等方言。汪国胜(2007)主编的第二届汉语方言语法研讨会论文集《汉语方言语法研究》收有李英哲《北方话闽南话的“起来”和“起去”及其隐喻现象》、张振兴《汉语方言指示代词二分与三分》等方言语法比较论文。李英哲细腻地分析了“起来”和“起去”语义上的不对称性，并通过方言比较，发现闽南话和北方话的“起来”语义上也有差异：闽南话除有空间位移义外，还可以隐喻知觉界线，例如“醒(起)来”，北方话则没有这种隐喻。张振兴根据已有的各种报道对众说纷纭的指示代词“三分”现象统一进行比较分析，指出此前关于汉语方言指示代词“三分”的各种报道，都只是词形上的分别，而不是所指事物与说话处相对距离等级的功能上真正的三分，对这个争论多年的热点问题作了总结。邵敬敏(2008)主编的第三届汉语方言语法研讨会论文集《21 世纪汉语方言语法新探索》收有邵敬敏、周娟《汉语方言正反问的类型学比较》和石毓智《汉语方言中动词重叠的差别》，分别对汉语语法的这两个热点问题从方言语法类型比较的角度进行了深入的研究。

《方言》季刊也陆续发表了一系列着眼于整体汉语的方言语法比较研究论文。张振兴《现代汉语语序问题的考察》(2003)从整体汉语出发，穷尽性利用已有的调查材料，对汉语方言主谓宾的语序、修饰语和中心语的语序进行全面比较，发现汉语南北方言的语序类型存在明显差异，进而指出这种差异跟南北方言与周边其他民族语言的长期接触有关。李蓝《现代汉语方言差比句的语序类型及其地域分布》(2003)、《汉语的人称代词复数表示法》(2008)《汉语方言中的处置式和“把”字句》(2013，与曹西蕾合著)从语言类型学角度分别进行句式和范畴的比较研究。第一篇将汉语方言的各种差比句归纳为 8 种类型，考察各类差比句在各大方言中的分布状况，进而提出目前分布最广的“比”字句是通过明清白话小说和“京腔官话”以及后来的普通话推广到全国的。第二篇考察了 443 个汉语方言点和 44 个少数民族语言，将汉语人称代词复数范畴的语法形式归纳为 4 类，指出它们不是民族语言影响所致，而是在汉语自身发展的不同时期先后出现的，并进一步从编码方式经济性的角度讨论了这些不同类型的优劣。第三篇对汉语方言的处置式和“把”字句作了穷尽性考察，排列出 113 个不同形式的处置式标记，它们分别源于拿持义、给予义、得到义、趋向义、使令义、连接义、助益义、言说义动词。其中，“把”可用作被动标记、提宾标记、强调主语、引介工具、表示助益、表示代替、表示对象、表示动作对象、表示动作目的、表示动作方向、表示动作开始的处所、表示动作发生的处所、表示使役、表示达到某种程度、表示假设条件,等等。王健《汉语方言中的两种动态范畴》(2005)以语法范畴为纲,归纳出动作进行和状态持续这两种语法意义的表达形式有4种类型:苏州型由同样的标记置于动词前后的不同位置来区分,广州型由动词后的不同标记来区分,南京型由不同的标记和不同的位置共同区分,北京型则由单一标记和零形式的对立来区分。4种类型各有主要的分布区域,但有些方言不限于一种类型,而不同的标记既可能源自方所介词结构,也可能源自结果补语。

除论文外,还有几部方言语法比较研究专著问世:张惠英《汉语方言代词研究》(2001)揭示了吴、粤、闽、客等方言指示代词和人称代词的显著差异,并作了语源考证。林璋、佐佐木勋人《东南方言比较文法研究》(2002)将普通话和宁波、福州、厦门方言31类句式的大量例句整齐对应并加了日文简要说明,还记录了四地的15种场景对话语料。邓思颖《汉语方言语法的参数理论》(2003)用生成语法的原则与参数理论比较粤方言与普通话的若干语法差异,将形成差异的原因归结为外在的显性因素,包括为避免音韵重复而发生介词省略、由词缀特征引发动词移位、词汇的功能性的强弱。"普通话是一个动词移位不前、较少音韵省略和词汇比较功能性的语言;而粤语是一个动词移位较前、允许音韵省略和词汇比较词汇性的语言。"罗自群《现代汉语方言持续体标记的比较研究》(2006)考察了汉语各大方言600多个方言点的持续体标记,先按语音形式归纳成几大类,然后论证它们均源自中古的持续体标记"著",后来在不同地区受不同因素影响而发生了不同的语音变化。汪化云《汉语方言代词论略》(2008)对142个方言点的代词进行了"普—方—古"比较。邵敬敏、周娟、彭小川、邵宜、甘于恩等《汉语方言疑问范畴比较研究》(2010)对汉语方言的基本语义范畴作了均衡而周全的比较研究。

实践表明,方言语法比较可以选取不同的范围和角度。

就范围而言,可以是方言与普通话的比较或个别方言之间的比较,也可以是某一区域内若干方言的比较,更重要的则是对包括普通话和各种方言在内的整体汉语进行全面的、均衡的比较。比较的基点是差异,没有差异就无从比较。一般说来,亲缘关系越近的方言差异越小,亲缘关系越远则差异越大,后者才是真正的跨方言比较。这种跨方言比较可以"帮助建立现代汉语描写语法的科学体系",从而改变"自《马氏文通》(1898年)出版以来,欧洲语言的语法体系几乎变成了汉语语法学家的桎梏,有些人往往自觉地或不自觉地想拿欧洲语言的语法体系和语法规则套在汉语语法的头上”的状况。(袁家骅《汉语方言概要》)

就角度而言,既可以从语法形式出发,比较同样的形式在不同方言里有哪些不同的功能;也可以从语法意义出发,比较不同方言用哪些不同形式来表示同样的语法意义。比较建立在差异之上,反过来又可以更深刻地揭示差异。对于语法形式的差异,要追寻其历史来源;对于语法意义的差异,要分析它们在各自系统中的价值。然而,方言语法比较不仅要揭示差异、分析差异、解释差异,还要探求隐藏在差异后面的共性规律,这是比较的核心价值。语言的共性存在于古今中外各种各样的语言系统之中,要探求共性,就要打破时间和空间的界限。古今通塞、南北是非、夷言洋文都有比较的价值。语言的表层差异越大,共性就隐藏得越深,也就越需要更高层次的抽象概括。语义或表意功能比语法意义更普遍、更抽象,因此,以语义为纲探求语言的共性往往会更深刻也更具普世性。新世纪以来陆续兴起的语法化、语序类型学、语义地图等方言语法比较研究都具有以语义为纲、以类型学为背景的特点。

语法化就是将本不由语法形式承载的语义对立改由语法形式来承载,通常是词汇成分经过重新分析和语义虚化变成语法标记。汉语语法化过去是汉语史的研究领域,主要依据文献语料进行分析,新世纪以来则日益倚重方言事实,故需借助方言语法学界的研究成果。而语法化研究的成果也有助于解释方言语法的共时差异,还可以预测今后的发展趋势。因此,语法化研究反过来也推动了方言语法的比较研究。例如,吴福祥《南方方言几个状态补语标记的来源》(2001)广泛搜集和调查了普通话状态补语标记“得”在汉语各大方言众多方言点的对应形式:着/则/仔/之/吱(北部吴语和江淮官话),来/勒(吴语),到/倒(粤语、赣语、客家话、平话),遘(闽语),去(广东客家话),起(湘语),了(闽南话),口礼/咧(闽东话),爻(温州话),下(广东平远客家话)。这些标记形式不同,来源不一,所承担的多项语法功能也参差不齐,但除了用作状态补语标记外,它们也都可以用作完成体标记,有的方言还用作持续体标记、处所介词。形式和功能的共时差异往往会掩盖它们的内在联系,语法化研究则需要进一步分析这些不同功能之间的语义相关度。这就会发现,状态补语也包含“动作完成”的意义,与完成体范畴的语义相关度最高,而状态是动作完成后才产生的,二者之间的关系只能是从完成体标记演变到状态补语标记。由此可知，上述形形色色的状态补语标记的共性在于它们无一例外都是完成体标记进一步语法化的产物，尽管它们此前来源各异，此后也未必继续共同演变。

语言类型学通过跨语言的比较来归纳人类语言的共性，并认为这种共性不能从单一语言中得出。语言类型学打破单一、静止的共时语言系统的局限，进行开放性的比较研究，这与从朱德熙到邢福义的“普—方—古”三角模式不谋而合，因而受到汉语方言语法比较研究者的欢迎。刘丹青《语序类型学与介词理论》(2003)结合汉语方言实例对语言类型学的理论方法和研究范式作了引介。方言语法学界虽然乐于接受，但对语言类型学的已有成果和参考语法体系还缺少全面深入的了解，为此，刘丹青又译介了科姆里(Bernard Comrie)和史密斯(Norval Smith)的《*Lingua* 版语言描写性研究问卷》，并结合大量汉语事实详加说解，编著成《语法调查研究手册》(2008)。此外，他还作了一系列基于语序类型学的方言语法比较研究。例如，《汉语关系从句标记类型初探》(2005)引入关系从句概念来分析朱德熙《“的”字结构和判断句》(1978)提到的由动词性成分组成的“的”字结构及其中心语的潜主语、潜宾语问题，以便与众多语言的对应现象进行类型比较。该文通过对北京话、苏州话、广州话等方言的细致比较，发现汉语的关系从句都可以用定语标记“的”(或对应的方言成分)来标记，除此之外还可以有其他标记，但各方言大相径庭。北京话可由指示词兼任，北京话、广州话及其他很多方言可由指量短语兼任，吴语可由量词兼任，苏州等一部分吴语还可以由半虚化的处所词兼任。这些成分性质不同，但都位于关系从句和核心名词之间的中介位置，它们兼作关系化标记时一方面保留原来的语法意义，一方面又向关系从句标记的方向发生不同程度的语法化，而关系从句所修饰的名词就是被提取到中心语位置上的主语或宾语，这都跟类型学已知的语言共性相一致。但是，汉语关系从句的各种标记却以提取宾语为常而较少提取主语，从而跟关系从句优先提取主语的已知共性相悖。其原因在于大多数 VO 型语言的关系从句位于核心名词之后，提取主语无需改变语序，比提取宾语方便；而汉语的关系从句则位于核心名词之前，这种特殊语序使提取宾语反而比提取主语方便，例如，“学生买书”提取宾语时只需插入标记“的”：学生买的书；提取主语时反而还要改变主语和宾语的语序：买书的学生。考虑到汉语的情况，以上共性应修正为：关系从句总是优先提取操作更省力的句法成分。

语义地图模型作为新近兴起的一种语言类型学分析方法，是方言语法比较研究的得力工具。《语言学论丛》第42辑(2010)“语义地图专题”对其原理和方法作了系统的介绍，并通过个案研究展现了它揭示汉语共性和方言特性的优越性。语义地图模型的原理是：某个语法形式若具有多重意义/用法，而这些意义/用法在不同语言里一再出现以同一个形式负载的现象，则其间的关联绝非偶然，应是有系统的、普遍的，可能反映了人类语言在概念层面的一些共性。(张敏)语义地图适用于“同形多义”的虚词、构式等多功能语法形式的比较研究。赵元任1926年就指出不同方言的虚词在词形、用法上的参差最显著也最复杂，要是真正研究好了，“简直就牵动语法的全部了”。语义地图模型的优点是：它不要求研究者事先具备足够丰富的类型学背景知识和掌握多种语言，而是从研究者熟悉并能够把握的少数甚至个别语言入手，分析这些形式的多种功能间的语义关联，据此构建语义网络(概念空间)，再逐步扩大视野，通过更多语言和方言加以验证，或根据其中的反例来修正甚至扬弃原先的构架。这种由点及面的研究路子比较适合于汉语学界大多数母语研究者。语义地图的操作程序是：1. 考察若干方言相应的多功能语法形式，分析归纳它们的各种语义或语用功能。2. 分析这些功能之间的语义相关度，根据这些语义单元的亲疏关系将它们排列成二维的概念空间。即以这些语义单元为节点，用不相交的连线连接成概念空间，邻接的节点语义相关度最高。3. 考察具体方言中多功能语法形式的实际功能，在概念空间底图上将相应节点划入连续的区域，这就是该方言的语义地图。各方言的语义地图需要逐一绘制。4. 若发现多功能语法形式在某方言中有新的功能，则可在概念空间的适当位置添加相应的节点。例如，翁珊珊、李小凡《从语义地图看现代汉语“掉”类词的语义关联和虚化轨迹》先根据普通话和苏州、绩溪、岳阳、南昌、连城、泉州、云南等方言中充当半虚化补语的“掉”类词的多种表义功能建立了有“移离、消失、完结、有界、实现”5个语义节点的概念空间，又根据英语away的功能增添“持续”节点(图1)。然后在这个概念空间底图上分别绘制出普通话“掉”和泉州话“嗦”的语义地图(图2)，英语“away”的语义地图(图3)，苏州话“脱”的语义地图(图4)，绩溪话“脱”的语义地图(图5)，连城话“撇”、岳阳话“落”、南昌话“泼”、云南话“掉”的语义地图(图6)。根据语义地图可以直观地看出这些节点之间的语义蕴涵关系和语法化路径：语义地图中右边的节点依次蕴涵左边的节点，同时也是左边节点语法化的结果。

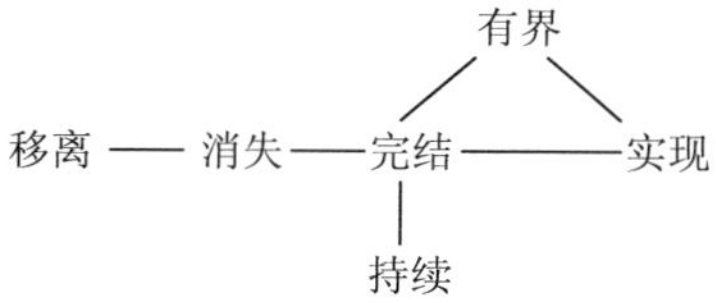

图1

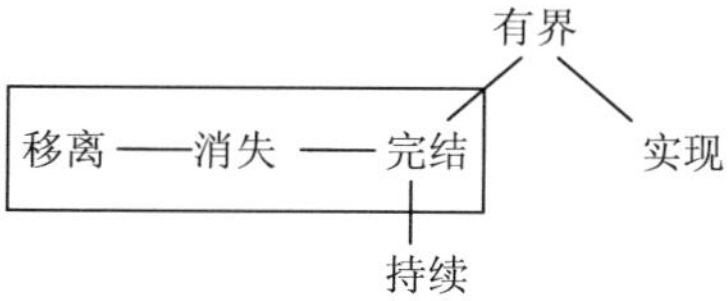

图2

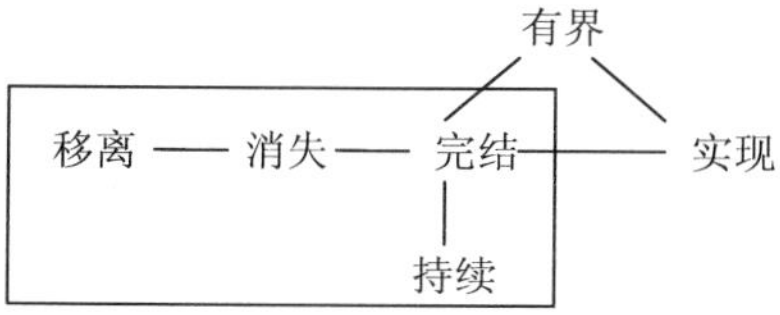

图3

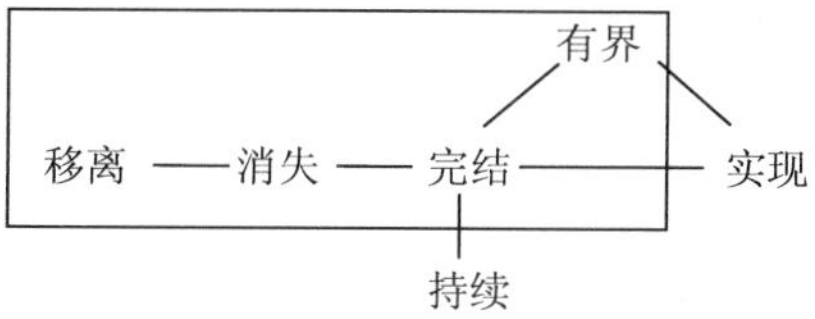

图4

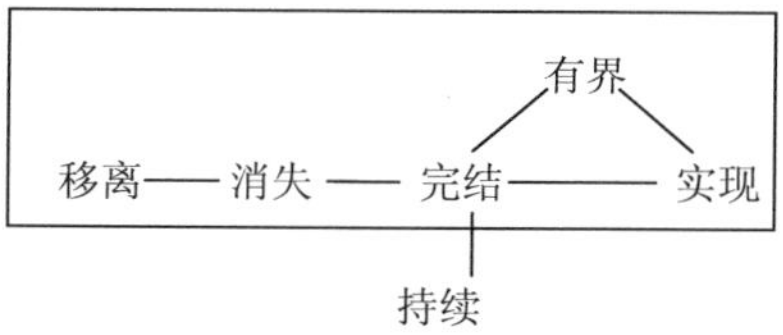

图5

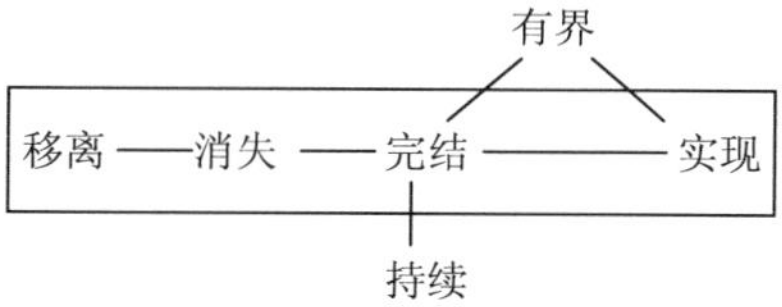

图6

参考文献

郭利霞 2007 九十年代以来汉语方言语法研究述评,《汉语学习》第 6 期。
邵敬敏 周芍 2005 汉语方言语法研究的现状与思考,《暨南学报》第 1 期。
詹伯慧 2004 汉语方言语法研究的回顾和前瞻,《语言教学与研究》第 2 期。

附　记

1979 年我入读北大中文系汉语专业。大一时,王理嘉和陆俭明的现代汉语、何九盈和蒋绍愚的古代汉语、徐通锵的语言学概论等基础课领我步入语言学之门。大二以后,朱德熙的语法研究、林焘的北京话调查、唐作藩的音韵学、郭锡良的汉语史、叶蜚声的语言学方法论和王福堂老师的方言学等专业课引我涉入各分支学科的门径。王老师授课平实谨严,举方言例证横贯南北,谈方言演变纵贯古今,论方言特点融通语音、语法、词汇、音韵,使我倍感受用。期末他又带领全班同学远赴渤海之滨的胶东半岛进行方言调查实习，为期将近一个月，让我深切地领略到学问和地理真的是“海阔天空”，而王老师为人行事的态度和风格更让我肃然起敬。大三时听了日本学者小川环树先生关于苏州话指示代词分近称、中称、远称的学术演讲，作为苏州人的我并不以为然，于是习作《苏州话的指示代词》。现代汉语教研室主任胡双宝老师看后转给王老师，得到了他的首肯，后来在《语言学论丛》上发表。我的毕业论文《苏州话的附加式构词法》也是王老师指导的。我就这样被一只无形的手牵进了方言学的门槛。

天助人意，大四毕业前夕，张卫东老师调派深圳大学，北大中文系方言学课师资因此短缺，我便被分配留校填补空缺，从此跟随王老师走上了汉语方言的教学研究之路。两年后我在职攻读方言学硕士，在王老师指导下撰写学位论文《从苏州青年人语音看苏州音系六十年来的变迁》。文中涉及苏州话的连读变调，对于同一发音人将同一字组先后读作不同连调式的纷乱现象，早在几年前我协助王老师带学生到苏州进行方言调查实习时已经领教，并深感困惑。后经王老师指点，我调查了上海话，顿悟苏州话的乱象乃是连调系统和单字调系统互相制约、互相调适的反映。老派上海话单字调比新派多，连读变调的乱象并不亚于苏州，新派单字调简化，与连调的对应则相当整齐，而苏州话尚处于调适过程中。多年后，那届学生入学20周年之际重聚燕园，王老师到场宣布：当年困扰大家的这个问题，现在大体搞清楚了。其治学之执着认真，实在可敬可爱。

王老师做人和做学问融为一体，为师润物无声，为人淡泊宁静，圈内人由衷折服，有口皆碑。我入燕园追随王老师三十余载，深仰先生学高德重，唯愿倾心效仿，但求不辱师门。

（李小凡　北京大学中文系）

陕北吴堡话的代词

邢向东

吴堡县位于陕西榆林市东南部，黄河西岸。吴堡话属于晋语吕梁片，是陕北晋语中存古性很强的方言。（邢向东 2007，2011）吴堡话的代词系统与其他吕梁片方言一致性较强，尤其是同隔河相望的临县话非常接近，但又有自己鲜明的个性特点。（李小平 1991，1999）本文描写吴堡话的代词系统。

一　人称代词

1.1　吴堡话人称代词表

吴堡话的人称代词见表 1。

表 1　吴堡话人称代词表①

	单数	复数	领属
第一人称	我 ŋɤu^{412}	我每 ŋɤu^{41} mεe^{213} 每 mεe^{213} 咱 ʦʰɑ^{33}	我每 ŋɤu^{41} mεe^{213} 每 mεe^{213} 咱每 ʦʰɑ^{33} mεe^{21}
第二人称	你 nεe^{412}	□ niɑ^{213} □每 niɑ^{24} mεe^{21}	□niɑ^{213} □niəʔ^{3}
第三人称	那 nɤ^{412}	那家 nəʔ^{21} ʨiɑ^{213} 兀家 uəʔ^{21} ʨiɑ^{213} 那些 nəʔ^{21} sie^{213} 兀些 uεe^{33} sie^{21} 他每 tʰɑ^{24} mεe^{21}	那家 nəʔ^{21} ʨiɑ^{213} 他每 tʰɑ^{24} mεe^{21}

① 吴堡话有 6 个单字调：阴平　213，上声 412，阳平 33，去声 53，阴入 3，阳入 213。

续表

	单数	复数	领属
自称	各人 kəʔ³ ʐəŋ³³ 个儿 kər³³	各人家 kəʔ³ ʐəŋ³³ tɕiɑ²¹	
他称	人家 ʐəŋ³³ tɕiɑ²¹ 再的人 tsɑe⁵³ təʔ²¹ ʐəŋ³³		

1.2 “每”表复数和领属及人称代词复数后缀

吴堡话中,“每[mεe²¹³]”可以充当第一人称代词复数和领属形式。例如:

(1)每一共去了三十个人。

(2)每都是些老实人,你可不敢哄每。

(3)每爹,每妈,每爷爷,都是受苦人。

(4)每家行我们家种的是软糜子。

同时,吴堡话人称代词的复数后缀也是“每[mεe²¹³]”。如第一人称代词的复数和领属形式都有“我每”,第二人称代词复数形式有“□每[niɑ²⁴ mεe²¹]”,第三人称代词的复数和领属形式都有“他每”,问人的疑问代词复数是“谁每”。

周边方言中,吴堡南面的清涧、北面的佳县,黄河对岸的山西临县、离石话,第一人称复数、领属形式后缀都是“[mi]”。临县话“[mi]”和吴堡一样,可以直接充当第一人称代词的复数和领属形式。这个形式在近代汉语中早有记载,唐代写作“弭”和“伟”,元代文献和明代早期文献中多写作“每”。(吕叔湘 1985:54 –59)吴堡话中,“每”属蟹摄合口一等,与这个词的读音不对应,经刘勋宁(1998)考证,清涧、临县一带的[mi],是“每”的元音高化以后的形式,与“孩儿”读齐齿呼一样,属于蟹摄一等开口字的白读层。(刘勋宁 1998:200 –209)这个考证具有系统性,说服力很强。因此邢向东(2006)、邢向东等(2012)都据此把这个词的词形记作“每”。(邢向东 2006:30 –31;邢向东、王临惠、张维佳、李小平 2012:612 –613)。

“每”既可作人称代词复数后缀,本身又是第一人称的复数形式和领属形式。关于其间的关系,李小平(1999)曾经有过精彩的论证。他认为:后者是在前者的基础上,省略了词根“我”以后形成的。陕北晋语和关中方言中,

“这搭这儿”又可说“搭、搭搭、搭儿起、搭儿家”，吴堡话中“这底这个、这样”又可说“底”（详见下文），与“每”系词的用法及词形变化相平行，故李说可信。

1.3　表复数的“咱”及其来源

1.3.1　“咱”的用法

“咱”在吴堡话中可表复数。例如：

（5）咱打篮球，再的其他人踢足球。

（6）咱就不要为这点儿小事争了。

吕叔湘（1985：100）曾谈到宋元时期“咱”有三种用法，表复数就是其中的第三种。例如（转引吕著）：

咱是的亲爹娘生长。（刘知远25）

咱两个彼各当年。休，休，定是前缘。（董西厢144）

在元代口语文献《原本老乞大》中，“咱每”用得较多，但“咱”表复数也很常见。如：

咱急急的收拾了行李，鞴了马时，大明也。（11右08）

罢，罢。咱则依牙人的言语，成了者。（23左09）（郑光2002）

吕先生指出：“这个‘咱’字现代北京话里也不用了，据说山西北部和绥远境内还有方言用复数的tsa。”据近年来的调查，陕北晋语以及山西晋语、内蒙古晋语，陕西关中、山西南部、甘肃、宁夏等地的官话方言都可用“咱”表复数，正好印证了吕先生的结论。

在祈使句中，可以用介词“给”和表复数的“咱”组成“给咱”，用在主语“你”后表请求，在“我”后表商量，说明自己要做什么事。也可在意义相当于“我”的名词主语后，兼语句的兼语“他”之后，表示商量、请求的语气。例如：

（7）我给咱街上买点儿豆芽去。

（8）你给咱写给下儿对子对联吧。

（9）你给咱焯给下儿菜，我给咱蒸蒸馍。

（10）实在熬累得不行的话，教那他给咱做饭。

在陕北晋语中，介词“给”最常见的意义是“为”，表示服务对象。祈使句中用上“给咱”以后，仿佛“我”“你”和“他”要做的事情都是为“咱们”而做的，说话人通过把自己要做或要求对方（或第三者）去做的事情说成“咱们共同的事情”的方式，来表达商量、请求的口气。“给咱”在句中起舒缓语气的作用。值得注意的是，“给”在“我给咱”中读轻声。在神木、府谷一带方言中，还可将“给”省略，直接说成“我咱、你咱”等。说明这种表达方式的语法化程度很高，导致“给”的读音弱化乃至脱落。

吴堡话以及陕北晋语中，“咱”普遍读送气阳平的[꜀tsʰɑ]，与晋语吕梁片、中原官话汾河片、关中片及西北官话的许多方言相同。这些地区都是古全浊声母今不论平仄（或平声、入声）都送气的方言。根据吕叔湘的论述，“咱”是“自家”的合音。（吕叔湘 1985：96－101）从上述晋语和汾河片、关中片及西北方言的读音来看，这一结论毫无疑问。

1.4　第二人称代词的领属形式和复数形式及其联系

吴堡话第二人称代词的领属形式、复数形式“□[niɑ^{213}]”，当是“你家”的合音词。在山西方言中，汾西、长治、晋城、阳城、霍州、临汾、洪洞、新绛等人称代词复数用“家”作后缀，更多的方言如陕北神木，山西临县、五台、临汾等，或是用与吴堡类似的单音节形式表复数，或是用该音节加上“们/每”类后缀，可以证明吴堡的这个词也是合音词。神木高家堡话用“□[niɛ^{213}]”表复数和领属，神木城关话则用“□[niɛ^{213}]”“□[niɛ^{213}]家”表领属，用“□每[niɛ^{213} məʔ^{4}]”表复数，而神木口语中“家”正读[tɕiɛ^{213}]，这可以作为吴堡话“□[niɑ^{213}]”是“你家”之合音的旁证。

吴堡话的第三人称代词的领属形式、复数形式都有“那家”，正是与第二人称代词“你家”（已合音）相平行的现象，可以证明“□[niɑ^{213}]”就是“你家”的合音词。至于“那家”为什么没有发生合音，原因很简单：如果它也合音，就会同“□[niɑ^{213}]”同音。方言的代词系统不允许这种“殊途同归”的合音现象发生。这同时说明，“你家”的产生要早于“那家”。

至于领属形式和复数形式谁先谁后，应当是领属用法在前，复数用法在后。“家”从汉乐府开始就可表示领属。吕叔湘（1985：89）认为：“非领格用法是领格用法扩展的结果，这大概是没有问题的。”因此，吴堡一带方言中，“你家”一词的历史应十分悠久，它们先表领属，后表复数。口语中“你家”合音，其后又加上了后缀“每”。至于吴堡或有的方言在“□[niɑ^{213}]”后再加“家”，则是由于合音造成了语义磨损，使该词原来所带的语素“家”的读音、意义被湮没，不再为方言区的人所感知，因此又加上表领属的后缀“家”。这正是语法化过程中一些语法成分的功能、形式“磨损 > 叠加”过程的反映。（刘丹青 2001）

1.5　第三人称单数

吴堡话第三人称代词单数用“那[nɤ^{412}]”，复数用“那家[nəʔ^{21} tɕiɑ^{213}]”，领属形式中也有“那家”。这个词来自远指代词“那”。其实，用“那”表第三人称在陕北话中非常普遍，远比“他”自由，据此来判断，陕北晋语中地道的第三身代词应是“那”。换句话说，陕北一带方言并没有出现专职的第三人称代词，而是用远指代词“那”兼表第三人称。有些陕北话既有“那”，又有“他”，其中“那”表第三人称的历史应当在“他”之前，“他”是在较晚的时候才覆盖了大部分陕北话的。而且直到如今，“他”也没有真正地替换掉“那”。用“那”表第三人称，符合汉语“古代多借指示代词为第三身代词”的普遍规律。（吕叔湘 1985：186）。

1.6　“个儿”“各人”的用法及其来源

1.6.1　“个儿[kər^{33}]”“各人[kəʔ^{3} ʐəŋ^{33}]”是自指代词，指称说话者自身和前面提到的人。其中上吴堡用“个儿”，下吴堡用“各人”。“各人”加上后缀“家”后构成复数形式“各人家”，指自己人。“个儿”“各人”可以作主语、宾语，但最常见的用法是充当主语的同位语。例如：

（11）我个儿/各人$_{自己}$窝$_{住}$着嘞。

（12）我个儿/各人$_{自己}$做的吃嘞。

（13）那个儿/各人$_{他自己}$不争气么，娘老子$_{父母}$也没法儿。

（14）你个儿/各人说的，再也不逃学了。

“个儿”是单音节词，在主语后作同位语的频率很高，而主语和谓语动词之间的位置是副词的最常见位置，特殊的句法环境使其意义发生虚化，功能泛化。虚化后有两种用法，一种用法是在句中主语之后，表示请求、劝告的语气，相当于普通话的“就、还是”；另一种用法是在分句之前，表达某种语气，相当于“还”“简直”“竟然”。例如：

（15）我个儿$_{就}$不等□每[niɑ^{24} mɛe^{21}]$_{你们}$了。

（16）咱个儿$_{还是}$把张厂长请得来，一搭商量给下儿吧。

（17）我而今儿$_{现在}$活得不耐烦得，个儿$_{简直}$，还不如死了。

（18）看我忽□[lu^{53}]$_{糊涂}$的，个儿$_{竟然}$把书也扔了。

以上两种用法都是在充当同位语基础上的进一步语法化。“个儿”从代词到语气副词的语法化过程，可以概括如下：

自指代词(主语、宾语)→自指代词(同位语)→语气副词(就)→语气副词(简直、竟然)

二　指示代词

2.1　吴堡话指示代词表

吴堡话的指示代词见表2。

表2　指示代词表

	近　　指	远　　指
人物	这 tʂəʔ^{213} 底个 tɛe^{24} kuəʔ^{21}　这个 tʂɛe^{24} kuəʔ^{21} 这些儿 tʂɛe^{33} siər^{21}	那 n ɤ^{412}　兀 uəʔ^{213} 兀个 uɛe^{33} kuəʔ^{21}　那个 nɛe^{33}kuəʔ^{21} 兀些儿 uɛe^{33} siər^{21}　那些儿 nɛe^{33} siər^{21}
处所	这儿 tʂər^{53}这里 tʂəʔ^{21} lɛe^{213} 这搭儿 tʂəʔ^{21} tɑr^{213}　搭儿价 tɑr^{24} tɕiɑ^{21}	兀儿 uər^{53}兀里 uəʔ^{21} lɛe^{213} 兀搭儿 uəʔ^{21} tɑr^{213} 那儿 nər^{53}那里 nəʔ^{21} lɛe^{213} 那搭儿 nəʔ^{21} tɑr^{213}
时间	这阵儿 tʂɛe^{213} tʂər^{53} 这会儿 tʂɛe^{213} xuər^{53} 这向儿 tʂɛe^{213} ɕi ɤur^{53}	兀阵儿 uɛe^{33} tʂər^{53}　那阵儿 nɛe^{33} tʂər^{53} 兀会儿 uɛe^{33} xuər^{53}那会儿 nɛe^{33} xuər^{53} 兀向儿 uɛe^{33} ɕi ɤur^{53}那向儿 nɛe^{33} ɕi ɤur^{53}
性状	这底(高)tʂəʔ^{21} tɛe^{213} 这底(做)tʂəʔ^{21} tɛe^{213} 这底个 tʂəʔ^{21} tɛe^{24} kuəʔ^{21} 这底价 tʂəʔ^{21} tɛe^{24} tɕiəʔ^{21} 底 tɛe^{213}底个 tɛe^{24} kuəʔ^{21} 底价 tɛe^{24} tɕiəʔ^{21}	兀底(高)uəʔ^{21} tɛe^{213}那底(高)nəʔ^{21} tɛe^{213} 兀底 uəʔ^{21} tɛe^{213}那底(做)nəʔ^{21} tɛe^{213} 那底个 nəʔ^{21} tɛe^{24} kuəʔ^{21} 那底价 nəʔ^{21} tɛe^{24} tɕiəʔ^{21} 兀底个 uəʔ^{21} tɛe^{24} kuəʔ^{21} 兀底价 uəʔ^{21} tɛe^{24} tɕiəʔ^{21}

2.2　表人、物的指示代词

2.2.1　"底"系词

吴堡话在指示代词上的最大特点,是有"底"及其构成的一系列指代词,表人物和性状。"底"一律读[tɛe^{213}],阴平调。作为词根,只能构成"底个、底价"两词,在"这底、兀底、那底、这底个、这底价、兀底个、兀底价"等词中,"底"以分析为词缀为宜。

2.2.2　吴堡话“底”可以单用表性状，充当定语和状语。例如：

(19)底的个房子就底贵嘞？（第一个“底”带“的个”作定语，第二个“底”作状语）

(20)底的个病么就底难治嘞？（同上）

2.2.3　“底个”可以表人物，充当定语。“底个”尽管可以分析为“这个”，但它并不能与“那个、兀个”对举，换句话说，“底个”不能表称代，只能表指示，而且其指示功能更倾向于中性，而不是近指，因此也不具备指别功能。作定语时，“底个”最贴切的解释是“这种”。例如：

(21)底个花儿可好看嘞。

(22)底个鞋嘞，我还没见过。

(23)底个树就能栽活嘞。

(24)底个床大小正适合。

(25)底个房子正嵌$_{正好}$。

(26)底个人嘞，一满说话不讲理。

(27)底个饼子是作摩馎$_{怎么烙}$的？

下面充当定语的用例中，“底”含有性状意义，宜分析为“这样的”。如果用同为陕北晋语的神木话来说，都可以说成“这么个”。显然，这时“底个”的功能已经倾向于表性状。例如：

(28)底个车么就能拉下兀来儿多$_{这么个车就能拉了那么多}$？

(29)吴堡咋底个口音？可难懂嘞。

(30)有底个桌子就行了。

(31)底个事么就把你急的。

“底个”充当状语、谓语时，完全表示性状，义为“这样”。“底个”也可以说“底价”，“价”是吴堡话常用的形容词、副词后缀。例如：

(32)不要说了，底个来吧。

(33)不要吵了，咱就底个定。

(34)底个就正好。

(35)甲：而今儿是作摩个嘞$_{现在怎么样}$？

　　乙：就底个。

(36)这个字就底价写。

(37)这件事就底价办。

2.2.4　“这底”“兀/那底”“这底个”“兀/那底个”可以对举，表示性状，同时有指别功能。在句中可以充当谓语、宾语、定语、状语。例如：

(38)那就是个兀/那底他就是那样子，你能把那作摩个你能把他怎么样？

(39)不用争了，就这底吧就这样吧。

(40)兀/那底一本书就底贵嘞那样一本书就这么贵？

(41)将买兀/那底一本价，买成这底一本儿与其买这样一本，还不如买那样一本。

(42)我要这底个，不要兀/那底个我要这样的，不要那样的。

(43)兀/那底个就不嵌了那样就不合适了。

(44)这副对子就这底个写。

“这底价”、“兀/那底价”是副词性的，只能做状语，也可以对举。例如：

(45)将兀/那底做价，咱这底价做与其那么做，咱们还不如这么做。

(46)刚开始不要兀/那底价弄，这底价弄才能弄好嘞。

2.2.5 “这底”可以和部分单音节形容词的重叠式组成偏正短语充当谓语，用于具体语境下形容、描写对象的外形等。后头的重叠式不能离开“这底”独立存在，所以该格式应为“这底 AA”。它将指示代词的指别功能和 AA 式的描绘功能结合起来，具有一种特殊的“指别 + 描绘”作用。此处的 AA 式形容词具有小称义，所指性状程度都不高。能够这样用的词限于部分表示积极意义的形容词，有的词意义比较抽象，如“重”，常见的如：

这底高高　这底长长　这底大大　这底厚厚　这底重重

2.2.6 值得注意的是，“那底”有一种虚化的用法，用于对话中肯定地回答对方，并引起下文，作用相当于普通话的“可不是”，可以看作一种话语标记。例如：

(47)甲：还穷着嘞？

乙：那底嘞？还和兀会儿一样可不是，还和那会儿一样。

(48)甲：还忙着嘞？

乙：那底嘞？今儿直做了一天。

(49)甲：病还不好嘞？

乙：那底嘞？还有个咳嗽劲儿。

2.2.7 关于“底”的性质和来源

我们认为，“底”单用和在“底个”“底价”中，应分析为词根。但在“这底”“兀底”“那底”等一系列词中，则以分析为后缀为宜。

吴堡话可用“底”作词根，构成“底价”“底个”表近指，并可构成“这底”“兀/那底”等词。我们将它们合起来叫做“底”系词。陕北晋语中，清涧、延川、佳县、神木南乡话也使用“底”系词或与“底”同源的指代词。

除了陕北晋语，山西晋语并州片、吕梁片的太原、清徐、太谷、平遥、文水、孝义、离石、临县、石楼也用“这底”“兀底／那底”或其同源词表示“这样”“那样”。（侯精一、温端政 1993：278－279）吴堡话属于晋语吕梁片。可见，用“底”系词作为表性状、方式的指示代词后缀是并州片、吕梁片方言的共同特征。

近代汉语中较早时期就出现了“底”系词，吕叔湘先生指出：“早期近代汉语里除了这个和那个外，又有这底和那底（‘底’又作‘的’），用于直接称代，且以指物指事为主。这两个里头也是这底比那底更常见。”（吕叔湘 1985：227）同时，宋元时期又有“阿底、兀底”的用例。（同上：241）吕先生所举“这底、那底、阿底、兀底”的例子均出自宋元口语文献。吴堡话的“兀底、这底、那底”无疑是继承自近代汉语。①

需要特别指出的是，吴堡话中“底”系指示代词仍然保留了近代汉语“这底、那底、兀底”的特点，主要用来称代事物和性状，较少用于指别，（吕叔湘 1985：227）因此没有表处所、时间的功能（表处所、时间的指示代词，指别是其首要功能）。这一点也是它来自近代汉语“底”系词的有力证据。

2.3 “兀”“这”“那”

吴堡话用“兀”作远指代词，表人物、处所、时间、性状，生成一系列指示代词。“兀”多数读［uəʔ^{213}］，阳入调，儿化后读上声调。“兀”与量词“个、些”组合时读［uɛe^{33}］，当是“兀一”的合音。“兀”单用的频率极高，远高于同义的指代词“那”。

吴堡话也用“这”“那”分别表近指和远指，“这”单用时读［tʂəʔ^{213}］，阳入调，与量词“个、些”组合时读［tʂɛe^{33}］，阳平调，与“阵儿、会儿”等组合时读［tʂɛe^{213}］，阴平调。读［tʂɛe］时不论是阴平还是阳平，都应是“这一”的合音读法。与“这”平行，“那”单用时读［nɤ^{412}］，上声调，与“个、些”“会儿、阵

① 吕先生认为，近代汉语的“底”来自晋宋时期的“阿堵”：“阿堵的阿是前缀，堵是者（这）的异体。‘堵’在《广韵》两见：一为上声姥韵，当古切；一为上声马韵，章也切，与‘者’同音。阿堵的堵很可能是后一个音，后来随着者字音变为底，就写成阿底，更后又写成兀底。宋元时代的阿底和兀底就是晋宋时代的阿堵，宋人早已看到这一点……”（吕叔湘 1985：241）吕先生似乎没有把“这底”“那底”和“兀底”中的“底”看作同一个成分。所以在谈到“这底、那底”时未提及“兀底”。笔者以为，它们应当是同源关系，其中的“底”的性质也是相同的。这个问题比较复杂，拟另文讨论。此处不赘。

儿”等组合时读[nɛe[33]],阳平调,也应是“那一”合音的结果。“这”“兀”“那”与“一”合音时读阳平,当与“一”读阴入调[3]有关。

吴堡话表远指的代词有“那”和“兀”。在表人物、处所时,两者的意义和用法都没有差别,“那个 = 兀个”,“那儿 = 兀儿”,均可与“这”对举。例如:

(50)这个桌子是新买的,兀个桌子是原来的。

(51)这个人走西安,那个人/兀个人走北京。

(52)我要这个,不要兀个/那个。

(53)那个/兀个事你不要管了。

2.4 表处所的指示代词

吴堡话表处所的指示代词有两套,一套是“这儿”“那儿/兀儿”,以“儿”为后缀,所表处所的范围较宽,有时比较模糊。另一套是“这搭儿、搭儿(价)”“那搭儿、兀搭儿”,以“搭”为后缀,或用“搭”作词根,指代具体地点、位置,处所意义比较具体、清晰。两套合起来相当于北京话的“这儿”“那儿”。从指称范围大小来看,“这搭儿/搭儿价”“兀搭儿”所指范围小,“这儿”“那儿/兀儿”所指范围大。例如:

(54)这儿锄地着嘞,那儿/兀儿种洋芋着嘞。

(55)王站长就在这儿工作着嘞。(*王站长就在这搭儿工作着嘞。)

(56)把书包搁在这搭儿/搭儿价。

(57)你往兀搭儿挪给下儿。

2.5 表时间的指示代词

吴堡话表时间的指示代词也有两套,一套是“这阵儿”“兀阵儿/那阵儿”和“这会儿”“兀会儿/那会儿”,表示距离说话时或近或远的、范围比较模糊一个时段,对应于北京话的“这会儿”“那会儿”,义为“这时候”“那时候”。第二套是“这向儿”“兀向儿/那向儿”,对应于北京话的“这些天”“那些天”。例如:

(58)你这阵儿没事哩,给咱帮给下忙。

(59)“文化革命”兀阵儿,生活一满不行。

(60)这会儿这人,心都瞎$_{坏}$了。

(61)每妈的病比那向儿差$_{轻}$了。

2.6 “每”“底”“搭”的平行性

吴堡话中,“每”用于人称代词,“底”“搭”用于指示代词,尽管指称功能不同,但在词的结构上具有平行性。请看表3。

表3 “每”“底”“搭”的结构和意义表现

类型	语素	词缀	词根
人称	每	我每 □nia^{24}每$_{你们}$ 他每	每(第一人称复数、领属)
性状	底	这底 兀底	底 底个 底价(近指)
处所	搭	这搭儿 兀搭儿	搭儿价(近指)

值得注意的是,这些语素做词缀时可用于所有人称、近指远指,但作词根时,“每”只能用于第一人称复数、领属,“底、搭”只能用于近指,显示出高度的平行性。我们认为,它们充当词根的形成过程,也具有平行性。首先,“每”是“我每”省略“我”以后形成的。其次,“底”单用以及在“底个、底价”中充当词根,“搭”在“搭儿价”中充当词根,都应是在“这底”“这搭儿”的基础上省去前面的词根形成的,即原词的词根省略,词缀当家,上升为词根,因此只能用于表近指。从意义来说,三身代词中,第一人称就相当于指示代词中的近指。因此,这三个语素在形式构成及其意义特点方面,具有整齐的一致性:它们分别用后缀“每”和“底”“搭儿”代替原词,表示第一人称和近指。这是一种平行的省略构词现象。

三 疑问代词

3.1 吴堡话疑问代词表

吴堡话的疑问代词见表4。

表4 疑问代词表

	单 数	复 数	领 属
人	谁 $suɛe^{33}$	谁每 $suɛe^{33}$ $mɛe^{21}$	谁家 $suɛe^{33}$ $tɕiəʔ^{21}$
事物	甚 $ʂəŋ^{53}$		
指别	哪 la^{33}		
处所	哪儿 lar^{53} 哪搭儿 la^{33} tar^{53}		
时间	甚会儿 $ʂəŋ^{53}$ $xuər^{53}$		

	单　　数	复　　数	领　　属
性状	作摩 tsəʔ^{21} mɑ^{213}　作摩价 tsəʔ^{21} mɑ^{24} tɕiəʔ^{21}　作摩底个 tsəʔ^{21} mɑ^{213} tɛe^{24} kuəʔ^{21} 哪底 lɑ^{33} tɛe^{33}　哪底个 lɑ^{33} tɛe^{33} kuəʔ^{21}		
数量	多大 tɤu^{213} tɑe^{53}　几 tɕi^{412}　多少 tɤu^{24} ʂɤ^{21}		

句中用例如：

(62)甲：今儿来了些谁每？乙：我姑姑姨姨家都来了。

(63)甲：这几个老师哪是□[niɑ^{213}]$_{你们}$班主任？乙：就兀个高个子。

(64)甲：你甚会儿去也？乙：我前晌去也。

(65)甲：老张身体作摩底个了？乙：好些了。

3.2　几个形式问题

3.2.1　关于"作摩"的用字。陕北方言的疑问代词，表事物的有"什摩"，表性状的有"作摩"，前字一律读入声，后字读[ɑ]韵，应当与近代汉语文献中的"什摩""作摩"有传承关系。"摩"中古属果摄合口一等明母字，果摄合口唇音字在吴堡话中的普遍读法是[ɤu]韵，如：波꜀pɤu，婆꜀pʰɤu，馍꜀mɤu，不过，"摩"作为高频代词"作摩、什摩"的后字，在口语中保留中古的读音是完全可能的，正如同摄同呼的"哥"在绥德话中读[kɑ^{213}]，"和"（连词、介词）在部分陕北话口语中读[xɑᵓ]一样。"么"尽管是"摩"的简体字，但陕北晋语一般读作入声，吴堡话用它来记[ɑ]韵字不合适，"怎"字普通话读[tsən^{214}]，是阳声韵字，记写"作摩"的前字也不合适。所以本文按照唐宋禅宗语录中的写法，将吴堡话表性状的疑问词记作"作摩"。

3.2.2　"哪"与"那"的读音差异。吴堡话指示代词"那"读[nɤ^{412}]，表指别的疑问代词"哪"读[lɑ^{33}]，两者来源相同，但声韵调都不同。表处所的指示代词"那儿"读[nər^{53}]，询问处所的代词"哪儿"读[lɑr^{53}]，声母、韵母不同。可以认为，指示代词、疑问代词之间读音的差异，是通过语音屈折手段来表达不同的意义和用法。在陕北晋语中，神木、佳县、绥德、清涧、延川等都存在同类的情况。

3.3　关于"谁每""谁家"

吴堡话表人的疑问代词用复数形式"谁每"，这是陕北方言的一大特点。神木、府谷、绥德、佳县、清涧、延川等方言都有复数形式与单数形式相对应。

同时,“谁每”也和人称代词的“我每、□[niɑ^{213}]每、他每”相对应。佳县为“谁每”,与吴堡同源。“谁每”当是由“我每”等类推形成的。

吴堡话疑问代词中,表领属的形式是“谁家”。“家”是领格后缀,意义已经虚化,读轻声,韵母促化。“谁家”也与人称代词领格形式“□[niəʔ^{3}](“你家”的另一个合音形式)、那家”相平行。吴堡话“谁家”后不用表领属的助词“的”:

(66)这是谁家孩儿嘞,这底野蛮。

(67)谁家猪出来到处跑嘞?

3.4 “哪儿”与“哪搭儿”的区别

与指示代词平行,吴堡话询问处所的疑问代词也是“哪儿”与“哪搭儿”并用,但意义和使用环境不同。“哪儿”所指范围比较宽泛,侧重于问地方,“哪搭儿”所指范围比较具体,侧重于问地点、位置。明显地询问地方的场合只能用“哪儿”,询问地点、位置的场合只能用“哪搭儿”,有的语境两个词都可以用,但所指有区别。试比较:

(68)甲:你是哪儿家?

乙:我是吴堡家。

(69)甲:吴堡哪搭儿窚$_{住}$着嘞?

乙:林业站跟前窚着嘞。

(70)你哪儿去也?

(71)甲:你这阵儿在哪搭儿嘞?

乙:我在东大街嘞。

3.5 虚指和任指

疑问代词可用于虚指和任指。以“甚”和“作摩/哪底”为例:

(72)这底个事情还甚当紧着嘞$_{有什么当紧、着什么急}$。(虚指)

(73)甲:你还要甚不要了? 乙:再不要甚了。(虚指)

(74)你今儿说成甚也不行。(任指)

(75)那几年咱穷得要甚没甚。(任指)

(76)你说作摩/哪底就作摩/哪底$_{你说怎样就怎样}$。(虚指)

(77)这个红枣儿,打枣前要下了雨,作摩存也存不住。(任指)

3.6 表性状的疑问代词的用法

3.6.1 吴堡话表示性状的疑问代词较多,其用法因句法位置不同而有所不同。在独立成句、谓语或补语的位置上，吴堡用“作摩底个”“作摩价”，义为“怎么样”，如：

（78）作摩底个？行不行？

（79）三十块钱作摩底个？

（80）不知道榆中的初中作摩底个？

（81）你考得作摩底个？

（82）看你能把我作摩价也？

作状语用“作摩”，有时也带“价”，义为“怎么”。吴堡话有一种倾向，表性状的疑问代词作状语较多，作补语较少。例如：

（83）看他作摩办这个案子也？

（84）你说这个事作摩办也？

（85）作摩你一个人锄地嘞？

（86）这饭作摩价越熬越稠？

3.6.2　疑问代词可以构成一些固定格式，这些格式已经具有词汇的特点，作为整体使用在口语中。简述如下。

作摩也；哪底也。表示“无论如何”。是疑问代词的任指用法和副词“也”的结合，在句中充当状语。例如：

（87）为底个事情处分我，我作摩也想不通。

（88）那$_{他}$作摩也不去。

（89）你先把账还了，再的事哪底也好说。

（90）你哪底也得帮我这个忙嘞。

不哪底。表示“不太、不很”，用作状语。例如：

（91）那$_{他}$对公家的事不哪底热心。

（92）这几句话不哪底应字$_{合适}$，勾了吧。

作摩也不作摩。这是“作摩也”和“不作摩”组合成的固定结构，表示“没有任何问题”，单独成句或充当谓语。例如：

（93）甲：操心浮河$_{游泳}$教老师捉住着！

乙：作摩也不作摩！

（94）这座房子看去旧了，其实作摩也不作摩。

作摩来。“来”是过去时助词，该格式询问发生某事的原因，常单独成句或作谓语，也可作“是”“知道”等的宾语。例如：

(95)你的手作摩来？

(96)你这是作摩来？

作摩就。这是表反问的固定格式，是由“作摩”加上语气副词“就”组成的，义同北京话的“干吗”，在句中充当状语。例如：

(97)好东好西作摩就扔了？

(98)你这底大个人，作摩就欺负猴孩儿干吗欺负小孩子？

作摩着嘞。这是询问性状的固定格式，义为“怎么样”，在句中充当谓语。其中“着”是持续体标记。例如：

(99)你看这杆笔作摩着嘞？

(100)这个稿子写得作摩着嘞？

吴堡话属于晋语吕梁片，它的代词系统中，远指代词兼指第三人称，“那系词”与“兀系词”叠置而功能无别，有人称代词复数后缀“每”，有“底”系词，“每”“底”“搭”在构词上存在平行性，都构成了鲜明的特点。吴堡话的代词在陕北晋语中独树一帜，而它和吕梁片其他方言的异同，则需要和同一片的方言作深入比较才能考察透彻。

参考文献

侯精一 温端政 1993《山西方言调查研究报告》，太原：山西高校联合出版社。

李小平 1991《临县方言志》，太原：山西高校联合出版社。

李小平 1999 山西临县方言亲属领格代词“弭”的复数性，《中国语文》第 4 期

刘丹青 2001 语法化中的更新、强化与叠加，《语言研究》第 2 期。

刘勋宁 1998《现代汉语研究》，北京：北京语言文化大学出版社。

吕叔湘著、江蓝生补 1985《近代汉语指代词》，上海：学林出版社。

邢向东 2002《神木方言研究》，北京：中华书局。

邢向东 2006《陕北晋语语法比较研究》，北京：商务印书馆。

邢向东 2007 陕北吴堡话的文白异读和语音层次，《语言研究》第 1 期。

邢向东 2011 陕北吴堡东王家山方言同音字汇，《方言》第 3 期

邢向东 王临惠 张维佳 李小平 2012《秦晋两省沿河方言比较研究》，北京：商务印书馆。

[韩]郑光 2002《原本老乞大》，北京：外语教学与研究出版社。

附 记

本文为庆贺王福堂先生八十华诞而作。王先生以学养深厚、学风严谨著称于学界，是我所崇敬的前辈。有件小事反映了王先生对晚辈的体谅和关爱，使我至今难以忘怀。2007 年 10 月，陕西师大邀请王先生和王洪君老师来校讲学。王先生的报告安排在一个晚上，七点开始。当我们准时走进报告厅时，发现里面只有稀稀落落几个同学，我当时异常紧张：这是最令人尴尬的事情！这时科研秘书迎上来告诉我们，他海报上通知的是七点半，我一边松了口气，一边对他的粗心大意表示不满，就拿出手机和他质对通知的短信。没想到王先生笑着对我和秘书说："邢老师，通知几点就几点，没什么。我正好有问题要和胡老师聊呢！"王先生的表情和话语一下子让大家都放松了。到了七点半，报告厅几乎座无虚席！那天晚上的报告很成功，王先生足足讲了两个小时，还认真回答了同学的提问。这件事给我留下了极其深刻的印象，它体现了一代学术大家的宽广胸怀，教给我应当如何对待他人的过失。衷心祝愿王福堂先生：仁者寿！

（邢向东　陕西师范大学文学院）

山西兴县方言的体态系统*

史秀菊

兴县位于山西省西北部，吕梁市北端，东临岚县、岢岚，南连临县、方山，北倚保德，西隔黄河与陕西神木县相望，大约介于北纬38.57°~38.44°、东经110.34°~111.29°之间，是山西省版图最大的县。兴县方言属晋语吕梁片，兴岚小片（分类依据侯精一等《山西方言的分区》，1986）。

本文主要以李小凡的体态系统为纲讨论兴县方言体态系统的特点。

李小凡《现代汉语体貌系统新探》（见《21世纪的中国语言学（一）》商务印书馆2004）把现代汉语的体态系统分为动态和事态两大类型：动态是从微观角度观察谓词所表示的动作、行为、变化过程的种种情状，事态是从宏观角度观察句子所表述的事件发生、存在与变化的状况。动态均以“体”命名，事态均以“态”命名，二者分属词平面和句平面，采用不同的语法形式，代表不同的语法意义（李小凡，2004，155页）。曹广顺也说：“事态助词和动态助词的一个根本区别，就是前者总是加在一个句子（分句）之后，陈述一个事物、事件的状态；后者则总是跟在一个谓词性成分（动词或形容词）之后，表示一个动作、变化的状态。”（曹广顺《近代汉语助词》，语文出版社，1995，110页）所以，本文参照李小凡的观点，把动态助词所表示的语法意义叫做“体”，根据兴县方言的时体特点，分为完成体、持续体、经历体、继续体（包括起始体和延续体）短时体等；把句末的事态助词所表示的语法意义叫做“态”，兴县方言的态分为已然态、曾然态、将然态、依然态、正然态、未然态和确然态等。

* 本文是国家社科基金（13BYY047）“类型学视野下的晋方言语法比较研究”的阶段性成果。

一　兴县方言的体系统

1.1　完成体——了[liɯu^{324}]、下[xA^{53}]/上[ʂɤ^{53}]

完成体是表示行为、变化在参照时间点已经完成(李小凡,2004,155页),也可以表示性状在参照时间点已经实现。兴县方言的形态标记有“了”和“下”等,“上”在一定语境中也能表示完成体意义。

1.1.1　了[liɯu^{324}]

附在谓词性词语之后的“了”,相当于普通话中的“了$_1$”。既可以构成“VP + 了”,表示动作、行为已经完成或变化已经发生(“了”后还可以有宾语或补语),也可以构成“AP + 了”,表示某种状态已经生成或实现。例如:

(1)我吃了饭咧,那家 niɛ$^{324}_{\text{他}}$没吃嘞。

(2)才下了个雨么,茶$_{\text{那}}$庄稼长了兀些些$_{\text{那么}}$高。

(3)立了秋咧,天一天比一天凉。

(4)才扔了烟么,就又吃嘞。

(5)这本书我看了几眼,再看不行咧$_{\text{看不下去了}}$。

(6)人长得个子低了,就不好找对象咧。

(7)肥了比瘦了好。

(8)等饭熟了再吃。

(9)这个孩勤$_{\text{孩子}}$猴着$_{\text{小的时候}}$见过来咧,大了就再没见过。

(10)饿了就吃。

1.1.2　下[xA^{53}]

“下”的词汇意义是表示空间由高向低位移,如“下雨”“下山”等。在“动词 + 下”的结构中,“下”可以是趋向补语,如“跌下”“躺下”等,表示空间的由高向低位移,由此发展为可能补语,如“放下$_{\text{能放下}}$:放不下”“睡下$_{\text{能睡下}}$:睡不下”“听下$_{\text{能听懂}}$:听不下$_{\text{听不懂}}$”等,再发展为完成体助词,表示动作、行为、变化已经处于事实状态。可以是“VP + 下”,也可以是“AP + 下”。例如:

(1)我看见你买下鸡蛋来咧么,咋来来$_{\text{怎么回事}}$就没咧?

(2)作业还没做下嘞,不能出去。

(3)我买下票咧。

(4)应承$_{\text{答应}}$下咧,你就去吧。

(5)你夜日黑夜误下瞌睡$_{\text{没睡好}}$咧吧。

（6）闯下拐咧闯祸了。

（7）咱两家孩勤孩儿可多差下咧差了很多。

（8）小明比小红高下十厘米咧。

1.1.3 “下”与“上”比较

“上[ʂɤ^{53}]”在兴县方言中也可以表示结果完成义，但与“下”有所差异：“上”更多地表示动作完成并将持续一段时间，而“下”则更侧重于某动作、行为已经完成，不再持续。试比较：

（1）a. 我请上医生咧。

b. 我请下医生咧。

（2）a. 我给咱孩勤孩儿起上名勤名字咧。

b. 我给咱孩勤孩儿起下名勤咧。

（3）a. 蒸上馍馍咧。

b. 蒸下馍馍咧。

上例中，动词分别为“请、写、蒸”，它们并无空间或心理认知方面的位移。“上”和“下”都可以表示动作的完成：a 组中“上”侧重于动作本身的发出或完成，且动作所造成的影响将有一段时间的持续，结果尚未可知；而 b 组“下”则更侧重于动作的完成并有了一定的结果，表示句子所陈述的事件处于一种已然的状态。如例（1）“请上医生”表示请的动作完成了，并处于请求发出后的一种持续状态，但请求的结果成功与否并不知道；“请下医生”不仅表示动作的完成，还表示动作有了结果——医生一般已经到了。再如例（3）中“蒸上馍馍”表示蒸的动作已经完成，并将持续一段时间直到馍馍蒸熟为止；而“蒸下馍馍”则表示馍馍已经熟了，可以吃了。

值得注意的是，兴县方言中的“上”和“下”在特定语境中不仅可以互相替换出现，而且表义功能也相同。例如：

（4）你好好地刨闹动了，就能结婚下/上媳妇 çiou^{55}子你好好挣钱的话，就能娶上媳妇。

（5）那他寻下/上营生咧没他找到工作了没？——寻下/上咧找到了。

（6）你给我写下/上你家是哪勤的你给我写下你家的地址。

（7）人家那他可威嘞，刨闹下/上些些票子咧人家他可能干呢，挣下很多钱。

上例中“上”“下”可以相互替换而意义不变。“上”和“下”在虚化过程中意义开始发生交叉，都侧重于表现动作、行为的结果。

“上”“下”意义的这种交叉现象在晋语并州片盂县方言中就完全重合，“上”“下”已经完全虚化，声母发生脱落，语流中读为“啊”。例如：

(8)请啊医生哩。

(9)你见啊老师来没啦?

孟县当地人认为上例中的"啊",既可以理解为"上",也可以理解为"下"。

1.2　经历体——过[kuɤ^{53}]

经历体的语法意义是以前曾经完成过某种动作、行为,或发生过某种变化(李小凡,2004,157页)。经历体的语法标记是"过"。例如:

(1)那家 niɛ^{324}他去过太原咧。

(2)那几年戒过烟,可戒不了。

(3)这个电影我前日看过咧,不看去咧。

(4)你见过这些东西咧啊 li A^{0} 没?

(5)你吃过这个菜来咧没?　——吃过来咧。/没吃过。

(6)你见过这呱人这种人来咧没?　——磕底从来也没见过。

(7)今年夏勤夏天就磕底从来没咋滚热过,可凉快嘞。

(8)人家两个连眉眼也没红过他们两个没红过脸。

例(1)—(6)是"动词+过+宾语"表示动作、行为、变化曾经发生过,且不含持续意味。例(7)—(8)是"形容词+过",表示某种状态在说话时间之前曾经发生过。

1.3　持续体——的着[təʔ^{55}]

持续体的语法意义是"某种状态在一定时间内保持不变"(李小凡,2004,156页),它也是观察者对时间进程中的事件的观察,且着眼于事件的持续阶段,表示动作、行为或某种状态的持续。李小凡将持续体分为静态持续体、完成持续体、动态持续体三类。兴县方言中持续体的语法形式是在谓词后附加动态助词"的",此处的"的"不同于结构助词中名词性语法单位的后附成分,而是相当于普通话的"着"(应是"着"的古音存留或音变形式),本文写作"的着"。

1.3.1　静态持续

静态持续体表示某种与动作行为无必然联系的客观状态持续不变(李小凡,2004,156页)。例如:

(1)鱼勤鱼儿还活的着嘞。

(2)我觉醒的着嘞。

(3)天还阴的$_{着}$嘞。

1.3.2　完成持续体

完成持续体表示动作行为已经完毕并生成了某种结果状态，该结果状态保持不变（李小凡，2004，156 页）。

(1)夜日$_{昨天}$桌子上还放的$_{着}$个杯子么，今日哪去咧？

(2)大锅上蒸的$_{着}$糕，猴$_{小}$锅锅上做的$_{着}$饭。

(3)道道些$_{兜里}$装的$_{着}$二百块钱上街去咧。

(4)茶哒$_{那儿}$停停地坐的$_{着}$个人。

值得注意的是，上例中的“的$_{着}$”都可以用“了”代替，如“放的$_{着}$个杯子”可以说成“放了个杯子”，但二者在语义的表达方面仍是有差别的：“了”着眼于“放”这一动作在说话时已经完成，“的$_{着}$”则着眼于“放”这一动作在说话时仍在持续。

1.3.3　动态持续

动态持续即动作、行为、变化等运动状态的持续（李小凡，2004，157 页）。例如：

(1)天上飞的$_{着}$个乌鳖$_{老鹰}$。

(2)我骑的$_{着}$自行车嘞。

(3)那个小小$_{小男孩}$拉的$_{着}$个车车耍嘞。

(4)弭大$_{我爸}$骑的$_{着}$个车子$_{自行车}$上班去咧。

另外，有的动态持续是一种相对的动态，常构成“动词 + 的$_{着}$ + 动词 + 的$_{着}$”的形式，表示正在进行某种动作，这种动作是有明确的或暗含的终点的。例如：

(5)这孩勤嚎的$_{着}$嚎的$_{着}$也$_{哭着哭着啊}$笑咧。

(6)走的$_{着}$走的$_{着}$就停住咧。

1.4　继续体

继续体的语法意义是“动作、行为、变化的过程将继续下去”（李小凡，2004，157 页）继续体包括起始体和延续体两个次范畴。

1.4.1　起始体——开[k‘ei^{324}]/上[ʂɤ^{53}]

起始体着眼于事件的起始阶段，侧重于“表示动作、行为、变化已经开始并将继续下去”（李小凡，2004，157 页）。兴县方言起始体的形态标记有“开”和“上”，都相当于普通话的“起来”。

1.4.1.1　开[k‘ei^{324}]

"开"在兴县方言中是一个尚未完全虚化的助词，使用范围比较窄。可以表示某一事件处于起始，也可以表示某一动作、行为曾经发生过，时隔一段时间后再次处于起始阶段，常与副词"又"共现。例如：

(1)下开雨咧。

(2)学校上开课咧么，咋家$_{怎么}$又放咧？

(3)看那家 niɛ$^{324}_{他}$又唼$_{骂}$开咧。

(4)乃弭$_{他们}$又耍开扑克咧。

(5)那家 niɛ^{324}两$_{他俩}$又说开话咧，不吵架咧。

1.4.1.2　上[ʂɤ^{53}]

如 1.1 所述，"上"可以是完成体助词，但"上"还可以用在谓词性词语后面，表示动作、行为处于起始阶段，表"起始"义，例如：

(1)你家 niɛ^{324}弭$_{你们}$又告诉上咧$_{开始谈论起来了}$。

(2)这两天天就凉上咧$_{开始凉了}$。

(3)我看着老师就怕上咧$_{怕起来了}$，还敢提意见嘞？

(4)那家 niɛ$^{324-312}_{他}$家孩勒又嚎上咧$_{他家孩子又哭起来了}$。

(5)立秋了，人就忙上咧$_{忙起来了}$。

(6)一到集的这一天了$_{一到赶集这天}$，这个村勒$_{村儿}$就红火上咧$_{红火起来了}$。

由上例可以看出，"上"既有表示动作起始的意义，也有表示动作、状态完成或实现的意义。因此起始体和完成体之间应该有相通之处。

"开"和"上"都既可用于自然界现象的发生，如"下雨""刮风""打雷"，也可以用于行为动作或性状的产生，多数语境中可以互换，但意义有细微差别："开"表示动作或性状的起始，"上"则更侧重于动作开始发生或状态开始出现并将持续的意义。

1.4.2　延续体——下去[xA^{53}kəʔ^{55}]

延续体的语法意义是指动作、行为、变化的过程已经持续了一段时间并将延续下去(李小凡，2004，157 页)，通常是同一个动作、行为、变化在经过一段时间的间隔后，继续向前发展。

兴县方言中，表示继续体的形态标记是"下去"。可以构成"动词 + 下去"或"动词 + 下 + 宾语 + 去"的格式，例如：

(1)我就这底$_{这么}$等下去，非等上那$_{他}$不行。

(2)就这底做下去动了的话,老本还要赔净着嘞。

(3)那他这病厉害嘞,再等下去就不好说咧。

(4)就这底打下仗去了,迟早还要打得穷了嘞。

1.5 短时体

短时体的语法意义是"动作行为在相对较短的时间里重复进行"(李小凡,2004,157 页)晋语绝大多数方言的短时体与普通话一致,即基本通过重叠表示短时体意义。兴县方言的短时体则不通过动词的重叠形式,而是通过添加短时体标记"给下""一下"来体现。即使用重叠式表示短时体,也要在动词前加"忽"构成"忽 V 忽 V"的形式。

(1)坐给下　　听给下　　走给下　　尝给下
思谋给下　　洗涮给下　　拾掇给下　　走动给下
不拉拨给下　　不烂拌给下　　不来摆给下　　不咂给下

(2)吃了一下　　坐了一下　　走了一下　　尝了一下
思谋了一下　　拾掇了一下　　走动了一下　　拍打了一下
不拉了一下　　不烂了一下　　不来了一下　　不咂了一下

(3)忽扇忽扇　　忽飒忽飒　　忽移忽移　　忽赖忽赖晃动貌

上例(1)(2)表示动作行为在相对较短的时间里进行并具有尝试意义;(3)表示动作在瞬间重复发生并可以持续。

二　兴县方言的态系统

如前所述,事态是从宏观角度观察句子所表述的事件发生、存在与变化的状况,事态助词是一组句末助词。兴县方言的态分为已然态、曾然态、将然态、依然态、正然态、未然态和确然态等。形态标记主要有"咧""来""也""着""嘞"等。

2.1 已然态——咧[liɛ^{0}]

已然态的语法意义是指新事态已然出现。(李小凡,2004,158 页)兴县方言已然态的形态标记是"咧",处于陈述句、疑问句的句末(包括小句末),相当于普通话中的"了$_{2}$"。例如:

(1)房子也买咧,车也买咧,这阵啦现在甚也有咧。

(2)弭家我家的猫勒猫儿跑到你家 niɛ^{324}行你家咧,给弭家我家送将来。

(3)我给咱孩勤孩子起下个名勤咧。

(4)凉咧，再滚给(一)下热一下。

(5)人老咧，走路圪爬爬地形容走路慢。

(6)你跑出去做甚去咧？

(7)你把书抬藏给哪个哒哪里咧？

(8)自行车咋家怎么坏咧？

(9)输咧啊 li ᴀ^{55}赢咧？

(10)那他家的玉稻黍勤掰回来咧啊 li ᴀ^{55}没？

——掰回来咧，那几天就掰回来咧。

2.2　曾然态——来咧[lei^{55}liɛ^{0}]

曾然态的主要语法意义是指在说话之前事态曾经出现过。兴县方言中表示“曾然态”的形态标记是“来咧”，即“来”不单独出现，一般与“咧”黏着使用于陈述句和疑问句句末，谓语中心既可以是动词、形容词，也可以是名词。例如：

(1)你往哪勤哪儿去来咧？

——买菜去来咧。

(2)小花娘的小花的妈妈原来当局长着来咧，这阵啦现在退休咧。

(3)弭妈我妈来来咧呀 li ᴀ^{0} 没？

——来来咧，将走刚走了。/没来。

(4)这道题，我先头还会来咧，这阵阵忘咧。

(5)寒节那两天可凉来咧。

(6)茶个那个孩勤每日以前可肥来咧，这阵啦现在瘦咧。

(7)兴县每日以前可穷来咧，这阵啦现在有样子咧。

(8)你家 niɛ^{324}妈你妈那阵勤那会儿/过去过得可惜惶来咧。

(9)夜日昨天黄瓜一块(钱)来咧，今日就一块五咧。

(10)今年是几时过寒节清明来咧？

——三月初八来咧。

(11)这是谁捣烂碗来咧？

——那他来咧。

2.3　正然态——嘞[ləʔ^{55}]、着[tʂəʔ^{55}]、着嘞[tʂəʔ^{55}ləʔ^{55}]

正然态的语法意义是指事态正在发生，暂无变化(李小凡，2004，159

页）。兴县方言中“正然态”的形态标志有“嘞”“着”“着嘞”三个，这三个标记出现语境有所不同：在陈述句的肯定句和疑问句中，“嘞”和“着嘞”可以互换使用，“着嘞”有强调作用；在陈述句的否定句和祈使句中，通常只能用“着”，不能用“着嘞”或“嘞”。正然态句中通常可以使用“正”作为副标记，构成“正……着嘞”“正……嘞”等结构形式。

2.3.1　肯定句和疑问句中用标记“嘞”或“着嘞”。试比较：

(1)a. 荼个$_{\text{那个}}$孩勤$_{\text{孩子}}$正吃饭嘞。

b. 荼个$_{\text{那个}}$孩勤$_{\text{孩子}}$正吃饭着嘞。

(2)a. 我正往回走嘞，快回去也。

b. 我正往回走着嘞，快回去也。

(3)a. 你等谁嘞？

b. 你等谁着嘞？

(4)a. 那家爹的$_{\text{他父亲}}$当校长嘞啊 lA° 不咧？

b. 那家爹的$_{\text{他父亲}}$当校长着嘞啊 lA° 不咧？

上例中，a 句的正然态标记都是“嘞”，口语中使用频率较高，b 句的正然态标记都是“着嘞”，在强调语境中使用。

2.3.2　否定句和祈使句中使用标记“着”。例如：

(1)小明这阵啦$_{\text{现在}}$不做作业着，叫那家 $\text{ni}\varepsilon^{324}_{\text{他}}$ 打酱油去吧。

(2)王老师这阵啦不当校长着，退休咧。

(3)我这阵啦不硙硙$_{\text{磨面}}$着，你硙去吧。

(4)你好（好）地听着。

(5)你就在村口口上等我着。

(6)你看路着，不要走差咧。

上例(1)—(3)是否定句，通常构成“不……着”的结构，表示在说话时间某事件不处于进行状态；例(4)—(6)是祈使句，构成“VP＋着”结构，表达命令、劝告、叮嘱等语气。

2.4　依然态——“还……（着）嘞”

李小凡认为依然态是“事态依然存在，暂无变化。”（2004，159 页）兴县方言中依然态的事态助词与正然态的肯定句中的事态助词相同，都是“嘞”或“着嘞”，只是副标记不同：正然态常为“正……（着）嘞”结构，依然态则常为“还……（着）嘞”结构。例如：

(1)教室还有人嘞。

(2)那$_{他}$还唱着嘞。

(3)你还在茶哒$_{那里}$写着嘞?

(4)你还不睡觉嘞?

(5)苹果还好着嘞。

(6)眉眼$_{脸}$还红着嘞。

值得注意的是,这里的副标记"还"不能省略,省略后将为正然态。依然态也可以理解为"事件依然正在进行",因此,笔者认为,依然态可以与正然态合并。

2.5 未然态——"没……嘞"

未然态的语法意义是"新事态尚未出现"(李小凡,2004,158页)兴县方言未然态主标记是事态助词"嘞",与副标记"没"构成"没……嘞"的结构。例如:

(1)我还没吃饭嘞。

(2)我没去嘞。

(3)你还没写完嘞?

(4)枣勤还没红了嘞?

笔者认为,未然态也可以理解为"没……"的状态仍在持续,因此也可以归入正然态。

2.6 将然态——也[$iɛ^{324}$]

李小凡认为将然态的语法意义是"新事态将要出现。"(李小凡,2004,158页)兴县方言"将然态"的形态标记是"也"。"也"表示将然态通常出现在肯定句和疑问句中,不用于否定句。例如:

(1)我今日应承下唤$_{和}$康老师去广场下棋去也。

(2)我正往回走着嘞,快回去也。

(3)那家 $niɛ^{324}_{他}$做作业也,不要吼那家 $niɛ^{324}_{他}$。

(4)再过几天就八月十五也。

(5)我买了疙瘩$_{块}$料子做个裙子也。

(6)我就这底$_{这么}$写也。

(7)你做甚去也?

——买菜去也。

(8)我去太原也,你去也啊 i A⁰ 不?

——去也/不去。

2.7 确然态——的[tə?⁵⁵]

确然态的语法意义是"确认某一事态的存在"(李小凡,2004,159页)兴县方言确然态的标记词是事态助词"的"。例如:

(1)钱勤是用水颗颗汗水换将来的。

(2)我(是)坐车去的。

(3)这对子对联是用手写的。

(4)那家 niɛ³²⁴他(是)夜日昨天来的。

三 动态助词与事态助词共现

动态与事态虽然在句子中的分布不同,但语法意义有相通之处,因此动态助词和事态助词往往可以在同一句子中共现。

3.1 完成体助词与已然态助词共现

完成体与已然态的共现是最常见的形式,因为完成的往往就是已然的,二者并不矛盾。

A."了"与"咧"共现

(1)我吃了饭咧。

(2)我借的你那一 nei⁵³一本书,早就给了你咧,还唤和我要嘞?

(3)水流了一夜咧。

(4)立了秋咧,天一天比一天凉咧。

(5)你吃了饭咧啊 li A⁰ 没?

B."上/下"与"咧"共现

(6)我请上医生咧。

(7)蒸上馍馍咧。

(8)我给咱孩勤孩子起下名勤名字咧。

(9)我的同学寻下营生工作咧。

(10)咱两家的孩勤孩子可多差下咧。

3.2 完成体助词与曾然态助词共现

完成体表示动作或状态已经完成或实现,曾然态表示事态曾经发生过,处于曾然的状态。从时轴上看，以说话时刻为参照点，都属于过去，所以二者并不冲突，可以共现。

A. “了”与“来咧”共现

(1)夜日$_{昨天}$黑夜寻了个车看戏去来咧。

(2)那家 $niɛ^{324}_{他}$犯了法来咧，叫公安局逮的去，咋家$_{怎么}$就出来咧？

(3)那几年我戒了烟来咧，这阵啦又吃上咧。

(4)夜日花了几多块钱来咧？

(5)枣勤$_{枣儿}$甚时候熟了来咧？

B. “上/下”与“来咧”共现

(6)康明那阵问上媳妇来咧，后来又不愿意咧。

(7)我黑板上写上字来咧，谁给我擦咧？

(8)我看见你买下鸡蛋来咧么，咋来来$_{怎么回事}$就没咧？

(9)弭家的鸡勤$_{鸡儿}$还下下几颗蛋来咧。

(10)那个人不是还给你写下一张欠条来咧？

3.3 持续体助词与已然态助词共现

持续体与已然态共现表现了事件发生的一种连续状态，动作由一种状态过渡为另一种状态。例如：

(1)走的走的站地$_{住}$咧。

(2)那家 $niɛ^{324}_{他}$看的看的睡着咧。

(3)这孩勤嚎$_{哭}$的嚎的笑咧。

3.4 起始体助词与已然态助词共现

起始体与已然态共现，表明动作的起始已处于已然状态。例如：

(1)乃弭$_{他们}$又要开扑克咧。

(2)学校上开课咧么，咋家$_{怎么}$又放咧？

(3)下开雨咧。

3.5 正然态助词与将然态助词共现

正然态与将然态共现表示对未发生事件的预测或警告。例如：

(1)你操心些些，看捣烂碗着也。

(2)慢些些，操心跌倒着也。

(3)这个营生$_{工作}$我做着也。

(4)染上病着也。

(5)我正吃饭着也啊 iæ^{55},那家 niɛ$^{324}_{他}$回来咧。

(6)我正做作业着也啊 iæ^{55},停电咧。

3.6 曾然态助词与正然态助词共现

曾然态与正然态共现是表示在过去的某个时间段或时间点,事件正在发生,现在已经结束。例如:

(1)将将地$_{刚才}$台子上还坐领导着来咧。

(2)小红才还做作业着来咧,这阵啦$_{现在}$哪去咧?

(3)门就一直开着来咧。

(4)墙上挂画着来咧。

(5)那几年我在太原念书着来咧。

四 余 论

山西方言体态系统与普通话的比较(以兴县、清徐和临猗方言为例):

4.1 兴县方言与普通话体标记有较为整齐的对应规律

山西方言包括晋语区和中原官话区两大片,兴县方言隶属晋语区。晋语区的体态系统虽然与普通话差异较大,但却有着较为整齐的对应规律,例如兴县方言的体态系统与普通话体态系统对应如下:

表一 兴县方言体态标记与普通话比较

	体标记		态标记		
	兴县	普通话		兴县	普通话
完成体	了 下/上	了$_1$ 下/上	已然态	咧	了$_2$
持续体	的$_{着}$	着	曾然态	来咧	来着
经历体	过	过	将然态	也	(将)要
短时体	给下/一下	重叠	正然态	嘞/着嘞/着	呢
继续 起始	开/上	起	依然态	还……嘞	还……呢
继续 延续	下去	下去	未然态	没……嘞	没……呢
			确然态	的	的

上表中兴县方言大多数体态标记与普通话有整齐的对应规律,只有短时体和将然态与普通话差异较大:普通话的短时体主要用重叠形式,兴县却用“给下”或“一下”表示;普通话的将然态用词汇手段“(将)要”表示,兴县方言却用标记词“也”表示(试比较:兴县“我去北京也”和北京“我(将)要去北京了”)。

4.2 清徐方言短时体的表现形式

山西方言晋语区的体态系统与兴县方言大同小异。只是在短时体方面表现出明显差异:晋语区大多数方言的短时体与普通话(包括山西官话区)相同,都是用重叠形式表示,而且不同的重叠形式还显示出短时的不同级差,这与兴县方言的词汇表达手段不同,本文以清徐方言为例说明。

4.2.1 “V 一 V”和“V 呢 V”式

坐一坐	听一听	说一说	写一写
转咾转	坐咾坐	写咾写	听咾听

4.2.2 “圪 V 一 V”“圪 V 咾 V”式

圪坐一坐	圪听一听	圪说一说
圪坐咾坐	圪听咾听	圪说咾说

4.2.3 “圪 V 圪 V”式

圪坐圪坐	圪踢圪踢	圪说圪说
圪写圪写	圪躺圪躺	圪等圪等

4.2.4 “XVXV”式

忽拍忽拍	忽闪忽闪	忽摇忽摇
不咂不咂	不烂不烂	不来不来

4.2.5 “ABAB”式

日哄日哄	日鬼日鬼	日倒日倒
思谋思谋	洗涮洗涮	拾掇拾掇

以上各式都表示动作的短暂,而且“圪”头词要比非“圪”头词更为短暂;“圪 V 圪 V”比“圪 V 一 V”更短暂,即短时体具有级差特点。这种特点在山西晋语区普遍存在。

4.3 临猗方言持续体的特点

如前所述,以兴县方言为代表的山西晋语区的体态系统与普通话有着较为整齐的对应规律,但我们发现,同为官话区的山西晋南方言(中原官话区)的体态系统却与普通话差异较大,尤其是持续体表现最为突出。这里以笔者的母语临猗方言为例,看临猗方言持续体与普通话的差别:

表二　临猗方言持续体与普通话比较

普通话	临猗方言
1. 他醒着呢。	他醒着哩。
2. 桌子上放着(个)杯子。	a. 桌都$_{\text{桌子}}$上搁页$_{\text{“一外(‘一个’义)”合音}}$茶缸。
	b. 茶缸在桌都上搁着哩。
	c. 桌都上搁奈茶缸。
	d. 桌都上搁茶缸着哩。
3. 场上围着一群人。	a. 场兀哒$_{\text{那里}}$围一群人。
	b. 一群人在场兀哒围着哩。
	c. 场兀哒围奈人。
	d. 场兀哒围人着哩。
4. 台上坐着领导。	a. 台上坐几外$_{\text{几个}}$领导。
	b. 领导在台上坐着哩。
	c. 台上坐奈$_{\text{的}}$领导。
	d. 台上坐领导着哩。
5. 台上摆着鲜花。	a. 台上摆几盆花儿。
	b. 花儿在台上摆着哩。
	c. 台上摆奈$_{\text{的}}$花儿。
	d. 台上摆花儿着哩。
6. 天上飞着(个)鸟儿。	a. 天上飞页$_{\text{一个}}$鸟儿。
	b. 鸟儿在天上飞着哩。
	c. 天上飞奈$_{\text{的}}$鸟儿。
	d. ※天上飞鸟儿着哩。
7. 屋顶上飘着面红旗。	? 厦坡上飘页$_{\text{一个}}$红旗。
8. 台上唱着戏。	台上唱戏着哩。
9. 骑着驴寻驴。	骑上驴寻驴。
10. 背着书包上学去。	背上书包走书房也。

4.3.1　按照李小凡先生的体态系统，上表中普通话的例句都是持续体，包括静态持续、完成持续和动态持续三种，标记词都是"着"。临猗方言只有静态持续、动态持续与普通话基本对应：静态持续体普通话用"着"标记，临猗话用"哩"标记；动态持续体临猗方言与普通话的体标记"着"位置不同：普通话"着"一定附着在谓词后面宾语前面，但临猗方言"着"只能在宾语后面，不能在宾语前面。如普通话说"等着我"，临猗方言说"等我着"。不过这种差异也算对应整齐。

4.3.2　对应关系复杂的是完成持续体。普通话完成持续体的例句，普通话一种说法在临猗方言可以有四种表达方式（参见表二）：

a类与普通话语序相同，语义也最接近，但没有标记词（"页"是"一外$_{一个}$"的合音形式），这在例3"场上围着一群人"的a句（"场兀哒围一群人"）表现得更明显。

b类有标记词"着"，但与普通话语序相反，句子所凸显的焦点不同，相当于普通话"杯子在桌子上放着。"

c类与普通话语序相同，但句中的"奈"相当于普通话的结构助词"的"，如普通话"我的书"，当地人说"我奈书"（"奈"应是"那"的音变形式，参见史秀菊，2003）。但这里"奈"并不表示结构助词的语法意义，而是具有较强的描摹作用，表示某种状态的持续，常带有亲切、喜爱的感情色彩，贬义语境中不能用"奈"（如"盘都$_{盘子}$上扒页$_{一个}$蝇都$_{苍蝇}$"绝不能说成"盘都上扒奈蝇都"）。而且"奈"后的名词不能带数量短语作定语，如不能说"*台上摆奈一盆花儿"。普通话没有相对应的说法。

d类体标记"着"仍处于宾语之后。但这种说法的语义与完成持续体的前三种明显不同，也与普通话的语义有明显区别：如"桌都上搁茶缸着哩"言外之意是"桌子被茶缸占了，不能放别的东西了"，"台上摆花儿着哩"等句也同样如此。这类句子相当于普通话"桌子上放杯子着呢"。正因为d类表达这样的意义，因此像"天上飞鸟儿着哩"一句不能成立。

4.3.3　应特别注意的是，有的动态持续体的句子，临猗方言或基本不能说，或表达方式与完成持续体一致：

A. 基本不说的如"屋顶上飘着面红旗"这种陈述中带有描摹色彩的句子在临猗方言中基本不用持续体表达，当地人会感觉很别扭，同样的意思当地要说"厦坡上有页$_{一个}$红旗，在兀哒$_{那里}$呼啦呼啦飘（得）不停。"

B. 与完成持续体说法基本一致的如"天上飞着个鸟儿"，普通话是动态持续体,但临猗方言的表达方式与完成持续体一致(见表二)。

4.3.4 如果第一动词所表示的动作是第二动词的伴随状态时,普通话一般用“着”,临猗方言只能用“上”,如表二例9—10例。

因此,现代汉语的体态系统在不同方言中的表现形式是错综复杂的,需要我们更加全面深入地去研究。

参考文献

曹广顺 1995《近代汉语助词》,北京:语文出版社。

侯精一 1986 晋语的分区,《方言》第4期。

李小凡 2004 现代汉语体貌系统新探,《21世纪的中国语言学(一)》,北京:商务印书馆。

史秀菊 2003 山西临猗方言的结构助词“奈”与“哩”,《语文研究》第1期。

附 记

我是2001年九月走进北大校门的。这是王福堂先生最后一年接收访问学者,我迫不及待地抓住这最后的机会,有了当面聆听先生教诲的荣幸。当时的我虽已年近不惑,但学术之路还处在起步阶段。进入北大后,怀着惴惴不安的心情拨通了王先生家里的电话,王先生慈祥热情的声音打消了我的顾虑。第二天,我和湖南的易亚新老师登门拜访王先生,见到了让我仰慕已久的王福堂和王洪君二位先生。当年第一次谈话的场景至今仍历历在目,先生家里的朴素、典雅和纤尘不染,先生的热情好客、和蔼可亲都给我留下了终生难以忘怀的记忆和感动。先生详细地向我们介绍北大语言学专业,要求我们尽可能地多听课,多读书,多思考。看到我和易老师都比较拘谨,他就不断地鼓励我和易老师要自信,并以自己的成长经历告诉我们,每个人的起点都一样,相信自己能有所成就。面对着王先生,听着他发自肺腑的感言,我们有种如沐春风的感觉,我终于理解了“听君一席话,胜读十年书”的真正含义。慢慢地,两次、三次……与先生接触多了,我们完全没有了初次见面的敬畏,而把先生当成了一个慈祥的长辈,一个既能引领我们在学术上进步,又能一起谈天说地的忘年之友。

让我最难以忘怀的是王先生给我修改第一篇论文《“一头拾来”的“拾”本字为“射”考》的过程。这篇论文是我去北大之前写好的,是考证近代汉语中出现频率很高的“一头拾来”的“拾”的本字,是以“拾”和“射”在山西方言的读音和在上古至近代的语音发展史来证明的。到了北大后,在先生的鼓励下拿了出来,先生两天后找我谈论文,除了鼓励我论点能成立外,告诉我考本字除了语音和方言外还得有书证,另外仅以山西方言的一两个点证明有失全面,最好能用全国方言的读音证明,而且读音不必从上古开始,上古不可靠,中古完全可以说明问题(因此把我的论文砍掉一半字数)。先生的指点非常清楚到位,我一头扎进北大图书馆,半个月后拿出了一篇全新的论文,自以为这次应该没有问题了,当我把改好的论文再一次交给王先生时,他认真地帮我润色起来,看着修改过的稿子,我脸红了。先生语重心长地告诉我,做学问来不得半点马虎,也来不得半点浮夸,他要求我把这篇稿子每天看几遍,他很认真地说:什么时候你做梦都能背出这篇稿子的一些内容,而且看到这篇稿子就会恶心,那就是该投稿的时候了。我严格按照先生的要求,用了一个多月的时间润色、修改,直到有一天确实有了“恶心”的感觉,我把它投给了《中国语文》,文章很快发出来了,我生平第一次感到了做学问的艰辛与快乐,也真正懂得了做事先做人的道理,直到现在,每每想起先生的教诲,浮躁的情绪就会逐步平息,内心就会沉静下来。在北大期间,先生先后还给我改过两篇论文,先后在《方言》和《语文研究》上发表了出来。

一年的时间一晃就过去了,到了必须离开的时候,我和易老师去向先生辞别,先生请我们吃西瓜,一边吃一边聊,我们当时多么希望时间就此定格啊!先生也有点遗憾地对我说:“不能再留一年吗?再留一年你的进步会更大。”但因各种原因,我不能继续留在北大,带着深深的眷恋之情离开了。但先生严谨认真的治学态度和对我的教诲叮咛永远留在我的心里,成为我心中的一面旗帜。虽然至今我并没有做出多大的成就,但我会以先生为榜样,严谨做事,真诚做人。

借此机会我还要感谢北大!我真正的学术之路是从这里启程。还要感谢我听过课的所有的北大老师!是他们的严谨、博学和敏锐使我明白了什么是真正的学术。我要感谢以王福堂先生为代表的北大人,他们的淡泊名利,他们对学术孜孜不倦追求的精神像一泓永不干涸的甘泉,永远滋润着我的心田,也像一盏空中明灯,成为我学术之路上前行的灯塔!

(史秀菊　山西大学文学院)

黄孝方言进行体的表达方式*

汪化云

本文所谓“进行体”，指的是动词所表达的“动态动作的持续”，即类似普通话“着 1”（郭锐 1993）表达的意义，与“着 2、着 3”表达的持续体不同。江淮官话黄孝片（简称“黄孝方言”）的进行体，各县市有不同的表达方式：或以体助词“在的/在里/在”置于 VP 后表达，或以副词状语“在/待/发得[①]/发在”表达，或并用两种方式表达。对该方言的进行体，很多著述都有所讨论（汪国胜 1999，王求是 2007，盛银花 2010，项菊 2012），但并没有对整个黄孝方言的进行体作系统的研究，没有探讨各地表达方式的异同和成因。本文拟在时贤研究的基础上，以湖北省黄冈市、孝感市所辖罗田县、团风县、麻城市、安陆市方言为例，对整个黄孝方言进行体表达方式的地域分布及其联系、差异、源头进行全面的考察。

一　四个片进行体表达方式的异同

黄孝方言可以分为四片（详下），其表达进行体的方式，可以概括为“在/待/发在/发得 + VP + 在的/在里/在”的句式。在不同的地方，VP 前后的词可以使用一个，也可以使用几个；甚至前后的词可以同现，构成表达进行体的框式结构。其 VP 多为单音节动词，具有〔 + 动态〕〔 + 持续〕的特征，如

* 本文为国家社会科学基金项目（12BYY027）和教育部人文社会科学规划基金项目（11YJA40084）的阶段性成果之一。主要发音合作人为：王求是（孝南）、项菊（英山）、张志华（罗田）、童佑岚和王为东（团风）、肖擎柱（麻城）、左翠玲（广水）。对本文的初稿，北京大学李小凡老师提出了中肯的修改意见。谨此一并致谢！

① “发”音꜀fa。存在这个音节的方言点没有与之同音的汉字，一般用可以变调为阳平的入声字“发”记录——该方言有些点的入声字为 213 调，处于双音节词的前一音节时失去升尾，变调为近阳平的 21 调。（参看汪化云 2004）

"吃、看、炒、卖、舔、哭、跑、睏醒睡觉"等;也可以是包含这类动词的短小的短语,如"吃饭"等。

1.1 东北片:使用体助词"在的/在里/在"和副词"在/发在"表达进行体

东北片为黄冈市所辖罗田、英山县以及相邻的浠水和蕲春县、麻城市部分地方。这些地方处于大别山腹地或南麓,交通相对不便,方言发展相对较慢。其表达进行体有使用体助词/副词或并用体助词和副词三种方式。以下主要以罗田县胜利镇方言(简称"罗田方言")为例介绍。

(一)使用体助词"在的/在里/在"表达进行体。双音节体助词在英山等方言中为"在里[·tsai·ni]"(项菊 2012),在罗田等方言中一般为"在的[·tsai·ti]"。黄孝方言中来母、端母与细音相拼时,少数字的声母 t、l 读音相混(汪化云 2004),"里、的"其实是一个语素,因此其"在里 = 在的"。罗田方言的体助词出现在句子或分句末、VP 之后,构成"VP + 在的/在"句式,表达 VP 的动态进行。如:

(1)我听在的/在,你接倒往下说吵!我听着呢,你接着往下说呀!

(2)里沿考试在的/在,你姐莫吵。里面在考试呢,你们别吵。

(3)屋里细伢儿哭在的/在。屋里小孩儿在哭呢。

句末是语气词常出现的位置,"在的/的"处于句末,因而兼表达确认兼铺张(以下简称"确认")的语气,与汉语史上由"在里"演变出来的"呢"(吕叔湘 1955)相同。所以,句中的"在的/在"要用"在……呢"或"……着呢"翻译。

(二)并用体助词"在的/在"和副词状语"发在/在"表达进行体。使用体助词表达进行体的句子,其 VP 前可以同时出现表达进行的副词"在[tsai꜄]/发在还在[꜀fa tsai꜄]",构成"在/发在 + VP + 在的/在"的句式。框式结构"在/发在……在的/在"有强调动作行为正在进行的作用,比"在的/在"表达的语气强烈,须用"正在……呢"翻译:

(4)姐在屋的在/发在炒菜在的/在。姐姐正在家里炒菜呢。

(5)我在/发在听在的/在,你接倒往下说吵!我正在听呢,你接着往下说呀!

(6)饭在/发在煮在的/在,菜过下儿再炒。饭正在煮呢,菜等一会儿再炒。

(三)用副词状语"发在/在"表达进行体。并用体助词和副词状语表达进行体的句子,其后面的"在的/在"都可以省略,构成"在/发在 + VP"句式。

这种句式跟上述两式相比，其基本意义未变，但因为没有了句末兼语气词的“在的/在”，所以没有了确认的语气：

(7)我在/发在读书。| 饭在/发在煮，菜过下儿再炒。| 姐在屋的发在/在炒菜。

这种句式跟普通话相应的句式相同，因此显得较正式。

1.2　中片：使用体助词“在(待)”和副词状语“在(待)”表达进行体

中片包括黄冈市红安县、麻城市，团风县西部；武汉市新洲、黄陂区；孝感市孝南区、孝昌和云梦县。其表达进行体的方式与东北片相同，不过其进行体助词和副词都是“在(待)”。这类词在团风王家坊等乡镇为“待”[· tai]，其他地区为“在”[· tsai]。在要求清晰发音的句子中，“待”都可以替换为“在”，可见“待”是后者的弱化形式。该片表达进行体的方式亦有三种，以下以麻城市方言为例讨论：

(一)单用体助词“在”表达进行体，构成“VP + 在”的句式。其体助词“在”处于句末，亦兼表达确认的语气，也应该翻译为“在……呢”或“……着呢”。如：

(8)王老师吃饭在。王老师在吃饭呢。

(9)他哥上语文课在。他哥哥在上语文课呢。

(10)我跟他学跳舞在。我在跟他学跳舞呢。

(二)并用体助词“在”和副词状语“在”表达进行体。框式结构“在……在”有强调动作行为正在进行的作用，比体助词“在”表达的语气强烈，须用“正在……呢”翻译，如：

(11)他在看书在。他正在看书呢。

(12)我在查资料在。我正在查资料呢。

(13)他在帮人家修电脑在。他正在帮人家修电脑呢。

(三)单用副词状语“在”表达进行体。并用体助词和副词状语表达进行体的句子，其后面的“在”也可以省略，构成有较正式色彩的“在 + VP”句式而基本意义不变，只是由于没有了句末兼语气词的“在”而句子没有了确认的语气，跟普通话相应句子的表意基本一致。如：

(14)我在吃饭。| 他在看书。| 老刘在帮我补习英语。

不难看出，比起东北片的表达方式来，中片的表达方式显得简单一些。

1.3　东南片：使用副词状语“在/正在/发得”表达进行体

东南片包括黄冈市的黄州区、黄梅县、武穴市，浠水、蕲春县的沿江地带，团风县的东部；鄂州市，江西省的九江、瑞昌市。本片表达进行体的副词，多数地方用“在”[ʦai꜅]，浠水、蕲春、团风等县部分地方多用“发得[꜁㊣ fa ·tɛ]”。如团风县方高坪镇方言老派的用例：

(15)窦里发得考试。里面正在考试。

(16)姐在灶屋里发得炒菜。姐姐正在厨房里炒菜。

(17)你莫打皙，婆婆发得炒蚕豆。你别打扰，奶奶正在炒蚕豆。

此外，该片的武穴方言可以用“起的”表达进行体兼表确认的语气，可以翻译为“着呢”。“起的”应该是起始义的趋向动词“起”和表示确认的语气词“的”合成的复合助词：

(18)我去找他，他正忙起的着呢。｜算盘他正用起的着呢。｜大哥吃起的着呢。

1.4　西片：只使用副词状语“在/正在”表达进行体

西片包括孝感市的安陆、大悟、广水、应城等市县，本片表达进行体的副词一般为“在[ʦai꜅]/正在”[ʦən꜄ʦai꜅]，后者比前者强调“正”。此与普通话相同。安陆方言的用例如(盛银花 2010)：

(19)他是不是正在生气？

(20)你听吵，外头在落雨。你听啦，外面正在下雨。

(21)他在想怎么把这个事儿弄团圆。他在想怎么样把这件事做好。

1.5　关于体助词使用的两点补充

第一，使用体助词的句式没有否定形式，不能说“他不读书在”。第二，使用体助词的句式，其疑问形式只能是特指问和是非问：他在哪里读书在他在哪里读书呢？｜他读书在他在读书？

二　“在、在的”和“发在、发得”的异同及源流

2.1　“在、在的”和“发在、发得”的异同

第一，进行体助词“在、在的”的异同。如前所述，东北片的罗田方言使用体助词“在的/在”是两可的。不同的是，由于“在的”有两个音节，因此比

单音节的“在”表示的确认语气略强。例如“他在吃在、他吃在的”的说法比较多见，而“他在吃在的”的说法较为少见。这证明“在的”的确认语气略强，因而一般不须在动词前用“在”强调。二者还存在所附 VP 的细微差别，大抵是单音动词后面倾向于用“在”：他吃在。这大概跟韵律有关：单音动词与“在”正好构成一个双音节音步。而复杂形式的 VP 后使用自成一个音步的“在的”较多：二哥发脾气在的。当然，“在、在的”的分布和意义差异不大，因此这两个形式可以看作是同一个词的变体，而“在”应该是“在的”的省略。

第二，“发在、发得”的异同。如上所述，这两个词形分布于不同的地域：英山、罗田一般为“发在”，浠水、蕲春、团风一般为“发得”。两个词形的意义一致，是一个词在不同地域的不同语音形式（详下）。

第三，“在、在的”和“发在、发得”的异同。这两类词都表达进行体，但前者是体助词，后者是副词。而“在、在的”还兼表确认的语气，这与其处于句末，在向语气词演变有关（详下）。因此，如同第一节所说的那样，使用前者比后者多了确认进行的语气。

2.2 体助词“在/在的/在里”的来源和演变

前面说过，在里 = 在的，所以这里只讨论“在里”。我们知道，汉语史上实义的“在里”，最初与“在表”相对，后来才虚化的。关于文献中这类词的演变，人们有不同的看法。吕叔湘（1955）认为，这类词语“以在里为最完具之形式”，而“在”后出，“唐人多单言在，以在概里”。但是，这个说法得不到现有文献的支持：“在”的用例在唐代已经出现，而“在里”直到宋代才见其踪影，因此二者的来源应该不同。（吴福祥 1996）这种观点我们没有理由不承认。但是，吕叔湘的说法用于黄孝方言却基本相符。

显然，黄孝方言的体助词“在里”也应该来自实义的“在里”。诱发其虚化的因素，应该是汉语史上出现的表示处所的介词短语由动词后的前移（刘丹青 2003），从而与后置的“在里”并存构成表达处所的框式结构。这使得“在里”的处所意义成为冗余而“在”的进行义凸显，因而可以重新分析为体助词。虽然这一演变在现代黄孝方言中已经完成，但是诱发这种虚化的“在 + NL + VP + 在里（体助词）”句式仍然存在，反映出其曾经有过的语法化过程，例如英山方言的句子（项菊 2012）：

（22）饭在那里煮在里，菜过下儿再炒。｜河里有个人在那里钓鱼儿在里。

这类句式也存在于其他黄孝方言(王求是 2007),因而使得以下的语法化过程得以完成:

①由于动词前出现了表示处所的介词短语,常处于动词后、句末的“在里”就容易失去处所义而虚化为进行体助词兼语气词。失去处所义的“里”容易脱落,于是就出现了单音的体助词兼语气词“在”。两个虚化了的形体“在/在里”并存于东北片。

②进一步语法化,位于句末的体助词对形体简短的要求,使其两个形体仅存“在(待)”,以固定语法化的成果。这一符合“择一原则”(沈家煊 1994)的演变结果存在于中片。

③由于表达进行的副词“在/发在”出现在动词前,因而句末的进行体助词兼语气词成为冗余成分而被淘汰。西片、东南片没有体助词“在”等,正是这一演变结果的表现。其演变痕迹则存在于整个黄孝方言。东北片和中片处于句末和介词短语/持续体助词后的“在/在的/在里”,还可以是确认持续的语气词,显然来自同形的体助词的重新分析,二者的联系仍清晰可辨。(汪化云 2012)如罗田方言的用例:

(23)他坐倒那下儿在/在的他坐在那儿呢。 | 妈睏倒在妈睡着呢。

东南片的团风方言用副词状语表达进行体,但还存在语气词“得、得的”。“得”用于熟语性的“懒 VP”后,肯定变化或出现新情况,相当于普通话语气词“了 2”(例 24、25)。“得的”出现在略含夸张的句子末,用以确认出现了不同一般的新情况(例 25、26,须用“简直”翻译)。如:

(24)要去你自家去,我懒去得!要去你自己去,我懒得去了!

(25)我懒说得,气死人得的!我懒得说了,简直气死人了!

(26)莫进去,汽车窭里热死人得的!别进去,汽车里面简直要热死人了!

这两个语气词与罗田方言语气词“在/在的”的读音、意义相近,但只出现在特定的句式中,应该是“在/在的”的进一步虚化。其与“在”类体助词的联系已经看不出了。

可见,黄孝方言中进行体助词演变、被淘汰的诱因,是句中动词前出现了表示处所的词语和表示进行的副词,以及语法化过程中对虚词形体简短的要求。而进行体助词产生的时间,应该早于清乾隆年间——据我们调查,乾嘉时期来自黄孝地区移民的后裔,今湖北竹山、竹溪县和陕西平利、白河县的居民,仍使用进行体助词“在、起的”,应该是 200 多年前由移民带到鄂西、陕南地区的。

2.3 副词“发在、发得”的来源

副词“发在、发得”存在于东北片、东南片，其来源一直没有著述讨论。詹伯慧(1981)曾把浠水方言的这个词记作“发得”，一般方言志和论文也是沿袭这种用同音字记音(参看注2)的方式记录。我们认为，这个词当来自“还在”。其理由有二：

第一，从意义的角度来看。如前所述，“发在、发得”都是表达动作行为的动态进行的副词，是一个词的两个地域变体。而团风方言表达进行体，乡下可以用“发得”，城里相应的副词是“还在”。“发得”与“还在”的意义、分布完全相同，说“发在、发得”来自“还在”是可以成立的。存在义动词“在”虚化为副词，“表示行为动作正在进行”(《汉语大词典》)，与其他方言的此类动词如苏州的“勒”、上海的“辣”的虚化相同。而副词“还”是“表示现象继续存在或动作继续进行”(《汉语大词典》)，其中包含着进行、持续义。“还、在”以“在”为中心，构成偏正结构的副词表达进行体，是顺理成章的。

第二，从语音的角度看。先说“得”。“发得”与“发在”意义相同，“得”应该是“在”的弱化。支持这一观点的方言事实是：黄孝方言的动词、副词、体助词“在”，在部分地方如团风县西部或音“待”，如该县王家坊乡方言的例子：

(27)二哥待北京。你爷$_{父亲}$待吃饭。|他还待说待。

而西片的安陆等地，“在”可以读作“待/得”(盛银花2010，汪化云2012)。这就是说，黄孝方言中的“在”应该存在这样的语音演变：在[ʦai²]→[·ʦai]→待[·tai]→得[·tɛ]，因此“发得”即“发在”。

再说“发”。“发”的本字可能是“还”。其理由是：“还”在《广韵》中为匣母删韵合口二等字，在今黄孝方言口语中跟普通话一样有꜁xai、꜁xuan两读，两读意义不同。但是，笔者清楚地记得，50多年前这个字的读书音甚至某些年长的文化人的口语音，其“还是/还债”中的“还”都只有一个合口的读音꜁xuan。而在与使用“发得、发在”地区毗邻的中片麻城市、红安县等地的方言中，今普通话中x与合口呼相拼的音节，都读作f声母(汪化云2004)，如：黄꜁fɑŋ、环꜁fan、换fan²、坏fai²、昏꜀fen、灰꜀fei、胡꜁fu，等等。因此其韵母为合口呼的“还”读作꜁fan是可能的，而꜁fan弱化后脱落韵尾n就成了“发”[꜁fa](入声音节变调为阳平)。而东南片瑞昌方言的副词“还”就是读作꜁fai，其脱落韵尾i正是音꜁fa。

综上两点,我们认为这个"发得"可能是"发在",来自"还在"。

三　结语

黄孝方言单用或并用体助词和副词两种手段表达进行体,不同的表达方式意义不完全相同,且存在于不同的地方,反映出其表达方式可能经历了这样的演变:

体助词"在/在里/在的"和副词状语"在/发在"并存使用(东北片)

→体助词"在(待)"和副词状语"在(待)"并存使用(中片)

→只使用副词状语"在/正在/发得"(东南片)

→只使用副词状语"在/正在"(西片)。

这四种情形在地域上相连,由东北片而东南片、中片,由中片而西片,逐步推移演变,反映出其表达进行体的方式由繁向简的发展过程。而 VP 前后出现副词和体助词并用的表达进行体的框式结构,正是诱发演变导致多数方言点淘汰体助词"在/在里/在的/待"的主要因素。

参考文献

郭　锐 1993 汉语动词的过程结构,《中国语文》第 5 期。
刘丹青 2003《语序类型学与介词理论》,北京:商务印书馆。
吕叔湘 1955 释景德传灯录中"在""著"二助词,《汉语语法论文集》,北京:科学出版社。
沈家煊 1994 "语法化"研究综观,《外语教学与研究》第 4 期。
盛银花 2010《安陆方言语法研究》,武汉:华中师范大学出版社。
汪国胜 1999 湖北方言的"在"和"在里",《方言》第 2 期。
汪化云 2012 黄孝方言句末的"在"类虚词研究,第六届汉语方言语法国际学术研讨会论文。
汪化云 2004《鄂东方言研究》,成都:巴蜀书社。
王求是 2007 孝感方言的语气助词"在",《孝感学院学报》第 5 期。
吴福祥 1996《敦煌变文语法研究》,长沙:岳麓书社。
项　菊 2012 英山方言句末"在"的用法及相关问题的讨论,《方言》第 4 期。
詹伯慧 1981《浠水方言纪要》, 东京:龙溪书舍。

附　记

1998年9月至1999年元月,笔者以“国内访问学者”的名义到北京大学进修汉语方言学,指导老师为王福堂先生。因此,我曾自称是王老师的“俗家弟子”。当然,这多半是开玩笑——一个头顶地方高校“教授”虚名的人,怎敢妄自攀附?不过,这“弟子”二字虽然多少有点儿“山寨”的意思,但王老师对我的指教却是长期的——十多年来,每写成自认为有点儿意思的拙作初稿,我必就主要观点和拿不定主意的问题通过电话向他请教;而他老人家也总是认真倾听,细心解答,从未推辞敷衍。如果说自1998年以来我在汉语方言研究方面有所进步的话,那么毫无疑问应该归因于王老师的点化。尤其令我难忘的是,王老师平易低调谦恭的为人。记得1998年11月,王老师第一次在他的小客厅里给我和王俊霞(时为廊坊师院中文系主任、教授,也是跟王老师进修的)上课,分别检查我们的国际音标听音、记音能力,老人家竟然一口一个“您”字,还告诉我们:这是他的工作语言!这给了我这个一向大大咧咧、不修语言边幅的人以强烈的震撼!虽然,由于年龄的原因而本性难移,但一旦我口若悬河地胡侃时想到王老师,总会自觉地收敛起来。可以说,无论为文、为人,王老师给我的教益都是终身的,“俗家弟子”的自嘲中还多少存在一点儿真实!

(汪化云　浙江财经大学人文学院)

山东中西部方言的后置词“可”及其来源

岳立静

在山东中西部方言中，有一个功能基本一致的后置词，其读音主要有[$k^hə^0$]、[$xə^0$]、[$kə^0$]三种形式，在书面上除个别方言志写作“个”外，一般都写作“可”。从地理分布来看，主要集中在山东中西部地区的大运河及黄河流域。其中，读[$k^hə^0$]的主要分布在临清、茌平、东阿、平阴、新泰、泰安、济南、历城、长清、齐河、济阳、高青、宁津、滨州、滕州等地，读[$xə^0$]的主要分布在鱼台、金乡、邹城、兖州、梁山、东平和宁阳一带①，读[$kə^0$]的主要是汶上等少数地区，另外，在济宁、曲阜等地其读音已明显弱化，声母发音听上去介于[k^h]和[k]之间，微山的声母读音则介于[k^h]和[x]之间。虽然各地读音不完全相同，但从功能来看，它们实际都是同一后置词的变体。为方便起见，本文除引用的例句外，都记作“可”。

一 “可”出现的位置

从其分布环境来说，今山东中西部方言的“可”主要有三个位置：一是前一分句的末尾；二是句中语气停顿的地方；三是全句的末尾。以济南话为例（不注明出处的为自查，下文同）：

分句末尾　你上北京<u>可</u>，别忘了说声。

句中停顿　俺小霎$_{小时候}$<u>可</u>就认得他。（曹志耘 1998）

　　　　　俺想想<u>可</u>再说。（同上）

全句末尾　等我一会儿，我锁上门儿<u>可</u>。（同上）

　　　　　趁热吃吧，要不凉了<u>可</u>。（同上）

---

① 宁阳材料由北京语言大学刘现强博士提供；东平材料由泰安学院李明霞老师提供。

二 “可”的功能

关于山东中西部方言的后置词“可”，很多学者认为是表示语气的虚词，具有缓和语气的作用。如张鸿魁(1990)指出：“‘可’是鲁西一带方言中常见的语气词，读轻声。一般用于句中；用于句末的可看作是省略了后半句的变式，作用都是缓和语气。”曹延杰(2003)认为：“‘可’[k‘ə˙]，有时也作‘个’[kə˙]，在宁津方言里多用于句中停顿处，意为‘……的时候’‘……以后’‘……的话’等，表示陈述、疑问、许诺、商量、假设等语气，在句子中有使语气舒缓的作用。”曹志耘(1998)则通过观察比较多的汉语方言，认为“可”是汉语方言里表示动作先后次序的一种后置词，同时还具有表示动作时间、语气等作用，并以济南的“可”为例，将其用法及功能分为七种。但他又指出，后置词常常处于句末或句中停顿处，跟助词处于同一位置，所以会逐渐虚化为助词，济南的“可”已经发生了这种变化。这样说来，把“可”看作是助词或看作是后置词，实际并不矛盾。

根据张鸿魁(1990)、高慎贵(1996)、曹志耘(1998)、岳立静(1994)、曹延杰(2003)、宋恩泉(2005)等人对临清、新泰、济南、宁津、汶上方言“可”的描写，笔者本人又作了进一步的调查，重新对山东中西部方言中后置词“可”的功能特点进行了分析，认为把山东方言的虚词“可”总结为是表示两个动作行为之间的关系状态的后置词更为恰当，这种关系包括时间关系和条件关系两种。

2.1 时间关系

表示两个行为之间具体的时间关系。它又有两种情况：一是两行为有时间先后之分，本文称为差时关系；二是两行为无时间先后之分，即两行为同时进行，本文称为同时关系。

2.1.1 差时关系

两个差时行为的先后，通常会有两种情况：一种是无条件的差时关系，另一种则是有条件的差时关系。现代山东中西部方言这两种情况都有。

(1)无条件的差时关系

无条件的差时关系，是指两行为的先后就是简单的“你先我后”，不存在谁是谁出现的条件这种内在联系。“可”用在前句只是为了强调事件发生的时间，在普通话中，这种用法的“可”就只能说成“……的时候”。例如：

济南　你上小学可我都大学毕业俩。
　　　我去可他已经走俩。
　　　他来可我还没走呢。
宁津　我来可,有俩小孩儿逮捏玩儿。(曹延杰 2003)
汶上　你没来个我就给他说啦。(宋恩泉 2005)
　　　你上小学个我都大学毕业啦。(同上)
　　　那会儿挨饿个还没你哩。(同上)

(2)有条件的差时关系

有条件的差时关系,是指两行为的先后并不是简单的“你先我后”,而是先出现的行为还同时是后一行为出现的前提或条件,两行为之间有密切的逻辑关系。又有两种情况。

第一,前句行为处于将然的状态。这时“可”所在的前句中常有“等”“等着”等词语与之相呼应。这种情况的“可”,在普通话中的对应说法会有两种:如果强调的是先后顺序,那么,对应的说法就是“(等)……以后”,例如:

济南　凉了可再喝!(强调先后)(曹志耘 1998)
宁津　有嘫钱可再买。(曹延杰 2003)
　　　你等着,我跟他说几句话儿可。(同上)
　　　你要是走,得等他来溜可。(同上)
新泰　你去看电影吧!——去啊,吃了饭可。(高慎贵 1996)

如果强调前一行为是后一行为的出现条件,那么,对应的说法就是“(等)……的时候”。例如:

新泰　过了年可,我上东北去。(高慎贵 1996)
济南　凉了可才能喝!(曹志耘 1998)
　　　你长大了可干么干什么?(同上)

第二,前句行为处于已然的状况。在普通话中,这种用法的“可”都对应说成“(在)……的时候”。这种用法比较少见。例如:

济南　感觉不舒服可就该去医院看来。

2.1.2　同时关系

在同时关系中,其前句行为有已然、未然和将然三种状况。由于两个行为是同时发生的,所以,这三种状况下的句子中的“可”在普通话中都只能对应说成“……的时候”。

(1)前句行为处于已然的状况　例如：

济南　夜来昨天俺上你那可你上哪了？

去年可俺来过这里。（曹志耘 1998）

宁津　他夜来可来俩。（曹延杰 2003）

我来可，有俩小孩儿逮捏玩儿。（同上）

临清　早侵起来可，这垓儿出唠件事儿。（张鸿魁 1990）

年时可，他上这垓儿来过。（同上）

(2)前句行为处于未然的状况　例如：

济南　俺吃着饭可他来哂。

汶上　他正跑子个我走到哩。（宋恩泉 2005）

我来子个遇着他啦。（同上）

(3)前句行为处于将然的状况　例如：

济南　你上街可叫着俺。（曹志耘 1998）

你走可跟传达说一声儿。（同上）

宁津　赶你娶可，我一定来送你。（曹延杰 2003）

到咱老了可，还不知吗样儿俩。（同上）

有嗰空可，我到你那去玩儿。（同上）

新泰　你最近上我这来一趟。——行，赶星期天可。（高慎贵 1996）

临清　哪会儿里有空儿可，你就上家来玩儿。（张鸿魁 1990）

这事儿早侵没空儿办啦，到后晌可！（同上）

别忙着下手，看看情况儿可。（同上）

汶上　你娶媳妇个给你盖处好院儿。（宋恩泉 2005）

有啥事儿等子明天个再说吧。（同上）

你上大学个再给你买吧。（同上）

有空个再拉吧。（同上）

2.2　条件关系

后置词“可”用在两个行为之间还可以表示两行为之间一种抽象的条件关系。从山东中西部方言来看，这种条件关系主要又可分为假设和让步两种关系。

2.2.1　假设关系

是指两行为之间存在着假设关系，即前一行为是后一行为出现的假设条件。表示假设关系又有四种不同的语气：一是假设实现，结果即出现，这是一般语气的假设，本文称为一般性假设；二是以可能性推测语气提出假设，假设很可能实现，但结果很难预料，本文称为可能性假设；三是以揣测的语气提出假设，假设实现，结果则不言而喻，本文称为揣测性假设；四是以询问的方式提出假设，假设关系的确立要受询问的结果的制约，本文称为询问性假设。

（1）一般性假设

假设行为和结果行为之间的假设关系是明确的、顺向的，假设前一行为实现，则后一行为就会出现。这是后置词"可"的主要语法功能。这种用法的"可"都用于假设关系复句的偏句句末，在偏句中，常有表示假设的"要、要是"等连词与之相呼应。这种用法的"可"在普通话中都可对应说成"（如果）……的话"。例如：

济南　这是小张的车子_{自行车}，俺的可，就借给你呐。（岳立静1994）

新泰　你要是知不道可，去问问李老师。（高慎贵1996）

临清　没人愿去可，我去。（张鸿魁1990）

汶上　我吃不了个你帮子我吃。（宋恩泉2005）

我不来个你去。（同上）

说唠个又咋啦？（同上）

既可用于将然行为的假设，也可用于已然行为的假设。如：

济南　你要是上街可叫着俺。（曹志耘1998）（对将然行为的假设）

新泰　我要完不成可，你来帮帮忙。（高慎贵1996）（对将然行为的假设）

济南　他要是在可就好了。（曹志耘1998）（对已然行为的假设）

临清　要是人多可，早就干完啦。（张鸿魁1990）（对已然行为的假设）

另外，"可"如果用在表假设的感叹句句末，则是用来表示所提出的假设条件一定不会实现，这时假设的结果常常省说。这种用法有加强语气的作用。如：

新泰　我要上不去可！（我一定要上去）（高慎贵1996）

我要完不成可！（我一定要完成）（同上）

我要来可！（我一定不来）（同上）

（2）可能性假设

假设行为是推测出来的，假设行为和结果行为之间存在不确定性。一般情况下，假设是很可能实现的，但结果往往是不确定、难预料的。从形式上来说，可能性假设是一种省略式假设，因为其结果的不确定性，所以它常常省略假设的结果。这种用法的"可"一般多出现在全句句末，在意义上，与普通话"（要是）……的话，（该怎么办）"意思相近。

济南　你让俺去，他要说俺可呢？

她要不来可呢？

（3）揣测性假设

担心假设及其结果会真的出现，即用揣测的语气提出假设条件，以示警醒。在这里，假设和结果之间都有着必然的联系，假设实现，结果不说自明。在形式上，揣测性假设也是一种省略式假设，它也省略了假设的结果，或者说结果是不言而喻、不必说出的。这种用法的"可"一般也多出现在全句句末。句中通常都会出现表示揣测意义的副词"别""看"与之相呼应。这种用法的"可"在今普通话中无对应说法。

济南　端好唠，别洒唠可！

小心点儿，看碰着可。（岳立静 1994）

（4）询问性假设

以询问的方式提出假设条件，两行为之间假设关系的确立受询问的结果制约，询问的结果可行，假设的关系才成立，否则不成立。这种用法的"可"一般用于假设条件句的末尾，在条件句中，常有表示疑问的"多少、什么"等疑问代词出现。这种用法的"可"在普通话中无对应说法。

济南　咱就这点儿钱，给他多少可好呢？

2.2.2　让步关系

让步关系通常可分为两种类型：一种是让步转折关系，一种是让步假设关系。让步转折关系的前后两行为之间是一种相反或相对的关系，也就是说，前行为条件的实现和后行为结果的出现在逻辑关系上是相悖的。这种关系中作为条件的前行为是已经或可能实现的真实行为，所以，这种让步也可以说是一种实让。让步假设关系的条件和结果也是相逆的、不一致的，即假设行为实现，结果行为并不随之出现或改变。但它又与让步转折关系不同，它中作为假设条件的行为是一个虚构的行为，所谓假设就是把虚构的行为当作事实承认下来，所以，这种让步实际只是一种虚让。在今山东中西部方言中，只发现表示虚让的让步假设关系的用法。在形式上，这种用法的"可"都用于假设复句中偏句的末尾，偏句中常有表示虚设、让步意味的"就、就是”等副词出现。在普通话中，这种用法的“可”都可对应说成“（就是）……的话”。例如：

济南　就是不为孩子着想可，也得为自己想想吧！

汶上　有好收成个也得俭省子点儿。（宋恩泉 2005）

下雨个也得干。（同上）

不行个也得行。（同上）

综上归纳如下表：

表 1　山东中西部方言后置词“可”的语法功能类型表

<table>
<tr><td colspan="11">语法功能类型</td></tr>
<tr><td colspan="6">时间关系</td><td colspan="5">条件关系</td></tr>
<tr><td colspan="3">差时关系</td><td colspan="3">同时关系</td><td colspan="4">假设关系</td><td>让步关系</td></tr>
<tr><td rowspan="2">无条件</td><td colspan="2">有条件
（前句为据）</td><td rowspan="2">已然</td><td rowspan="2">未然</td><td rowspan="2">将然</td><td rowspan="2">一般性</td><td rowspan="2">可能性</td><td rowspan="2">揣测性</td><td rowspan="2">询问性</td><td rowspan="2">虚让
（让步假设）</td></tr>
<tr><td>已然</td><td>将然</td></tr>
</table>

三　山东中西部方言后置词“可”的来源

近代汉语中有一个非常活跃的表假设的助词“呵”（太田辰夫 1987；江蓝生 2002），一般认为，它最早见于宋代，金元时期普遍使用，明代以后就很快销声匿迹了，是一个来得突然走得也快的语言成分。对于它的产生途径和消失原因学者们有不同看法。太田辰夫（1987）认为：“唐宋时期作假设助词用的‘後’，到宋代也写作‘呵’。但是，大概‘呵’不是由‘後’变化才产生出来的，而是‘後’被‘呵’同化吸收了。到元代，还可以见到‘阿’这个助词。‘阿’和声母变弱了的‘呵’成了同一个东西，大概就是现代汉语的‘啊’。”孙锡信（1999）认为，“呵”在用法上兼备了“後”与“好”的用途，在语音上与“後”和“好”也相近，由此可推测“呵”是“後”“好”音变而代兴的语气词，元代以后“阿”又可代替呼语的“呵”来使用，“呵”的声母开始弱化，并逐渐消失，最终“呵”的读音由[xa]变成了[a]。江蓝生（2002）则认为，助词“後”产生于助词“呵”之前，虽然二者都能作假定助词，但并没有来源关系，“‘後’的假定助词用法是时间词‘後’语法化而带来的；而‘呵’表假定是因为它本身是个语气词，作话题标记和表示停顿是语气助词的语法功能”。

山东中西部方言中的这个后置词“可”，与曾一度在近代汉语中非常活跃的表假设的助词“呵”之间是否有联系？如果有联系，这种联系又是怎样的？为此，我们考察了元末明初文献《元朝秘史》（《元朝秘史三种》1975）和原刊《老乞大》（郑光2002）中的助词“呵”的使用情况。

3.1 《元朝秘史》、原刊《老乞大》中的助词“呵”

据查，能够确定为假设助词用法的“呵”，在《元朝秘史》中共出现131次，在原刊《老乞大》中共出现84次。它们的分布、功能特点，可归纳如下。

3.1.1 分布特点

“呵”在《元朝秘史》和原刊《老乞大》中的分布环境基本一致，都主要出现在两个位置：一是前一分句的末尾；二是句中语气停顿的地方。与山东中西部方言相比，未见出现在整个句子的末尾的情况。

（1）出现在前一分句的末尾 例如：

若是不曾嫁人呵，索与弟朵奔篾儿干做妻。（《元朝秘史》卷一）

若是先与料呵，那马则拣了料吃，将草都抛撒了。更困里休饮，等吃一各草时饮。（原刊《老乞大》）

（2）出现在句中语气停顿的地方 例如：

去对王罕说：“我兄的形影望不着，踏着道路也寻不见；叫他呵，他又不听得，夜间看星枕土着睡。”（《元朝秘史》卷七）

穿衣服呵，按四时穿衣服，每日出套换套有。（原刊《老乞大》）

3.1.2 功能特点

从所表达的语法意义来看，《元朝秘史》比原刊《老乞大》要复杂一些。

（1）表时间关系

“呵”在《元朝秘史》和原刊《老乞大》中，都可表示差时和同时两大时间关系。相比较来说，表差时关系的用法非常少，主要是用来表同时关系，而且都可用在已然、未然和将然三种行为状态的环境当中。

① 差时关系 例如：

阿勒塔泥说：“你每不听得我声音呵，你每如何来？又不是我拿住他头发，扯落他刀子时，比及你来呵，掩雷已被他害了。”（《元朝秘史》卷十）（已然）

疾忙茶饭做者。肉熟也捞出来。茶饭吃了呵，椀子家具收拾者。官人每睡了时，教一个伴当伺候者。（原刊《老乞大》）（将然）

② 同时关系　例如：

去对王罕说："我兄的形影望不着，踏着道路也寻不见；叫他呵，他又不听得，夜间看星枕土着睡。……"(《元朝秘史》卷七)(已然)

将来长子出征呵，则人马众多，威势盛大。(《元朝秘史》卷十四)(将然)

于是那军下马，将车门拉开看呵，见里头一个年少妇人坐着有。(《元朝秘史》卷三)(未然)

你这般学汉儿文书呵，是你自意里学来那你的爷娘教你学来？(原刊《老乞大》)(已然)

休那般说。偏俺出外呵，顶着房子行那？也索投人家寻饭吃里。(原刊《老乞大》)(将然)

那贼将那人的缠带解下来看呵，却是纸，就那里撇下走了。(原刊《老乞大》)(未然)

(2)表假设关系

表示假设条件关系是《元朝秘史》和原刊《老乞大》中助词"呵"的最主要用法。在原刊《老乞大》中，"呵"表假设关系又有两种不同的语气：一种是假设实现，结果即出现的一般性假设；一种是以询问的语气提出假设，假设条件的内容存在不确定性，这可以认为是一种询问性假设。《元朝秘史》中"呵"表假设关系没有第二种语气的用例出现。

① 一般性假设语气　例如：

帖木真说："我真个做呵，教你做万户。"(《元朝秘史》卷四)

若怪俺呵，何不安然怪责，如何这般怪责？(《元朝秘史》卷七)

胡留下者，便使不得也罢。你要那话怎么？使不得呵，你肯要那？(原刊《老乞大》)

朋友若不幸遭著官司口舌呵，众朋友每向前救济者。(原刊《老乞大》)

② 询问性假设语气　例如：

你籴来的米里头，那与些个，俺则熬些粥吃。兀的二两半钞，从恁意与些个。二两半钞，与恁多少呵是？(原刊《老乞大》)

行货都发落了也。咱每买些甚么行货回去呵好？(原刊《老乞大》)

(3)表让步关系

在《元朝秘史》和原刊《老乞大》中，"呵"表让步关系有两种用法：一是虚让，即上文所提让步假设关系；二是实让，即上文所提让步转折关系，"呵"

所在分句中常出现连词“虽、虽然”。在使用数量上《元朝秘史》是实让比虚让多,原刊《老乞大》是虚让比实让多。但总体出现数量都比较少。

① 实让关系　例如:

札木合说:“约会的日期,虽是有风雨呵,也必要到。曾这般说来,咱达达每答应了的话,便是誓一般;……”(《元朝秘史》卷三)

虽然这般呵,房子委实窄,宿不得。(原刊《老乞大》)

② 虚让关系　例如:

你哭呵,他也不回头;踪迹寻呵,也不得见了。(《元朝秘史》卷一)

便回道:“使呵使了我的钱,坏呵坏了我的家私,干恁甚么事?”(原刊《老乞大》)

(4)表因果关系

在《元朝秘史》中,“呵”表因果关系有表示推论因果和充足条件两种用法,而原刊《老乞大》中“呵”则只有前者,但数量较多。两文献表推论因果关系,在偏句中都多使用连词“既”。

① 推论因果关系　例如:

德薛禅说:“既是想呵,教去见了便回。”遂引将回去了。(《元朝秘史》卷二)

既恁卖马去呵,咱每恰好做伴当去。(原刊《老乞大》)

② 充足条件关系　例如:

您兄弟但同心呵,便如这五只箭竿束在一处,他人如何容易折得折!(《元朝秘史》卷一)

听得在前老人每言语里说:“但凡做安答呵,便是一个性命般,不相舍弃,做性命的救护么道。”(《元朝秘史》卷三)

从《元朝秘史》和原刊《老乞大》中助词“呵”所表功能的复杂、成熟程度以及非常高的使用频率来看,到元代末期,助词“呵”还仍然是一个非常活跃的语言成分,并无消亡的迹象。而且就其表达的功能类型来看,元末时的助词“呵”不仅仅是一个表示假设关系的助词。从这种意义上说,称近代汉语的助词“呵”为“假设助词”实际是不够确切的,把它看成是一个表示不同动作行为之间的关系状态的助词可能更好一些。

3.2　山东中西部方言后置词“可”与近代汉语助词“呵”的功能比较

在现代山东中西部方言中选择了六个方言点:北部的滨州、宁津,西北的德州、中部的济南、中西部的临清和南部的汶上，以它们为代表与《元朝秘史》、原刊《老乞大》中助词“呵”的功能进行比较。详见表2。

表2　现代山东中西部方言后置词“可”与《元》《老》助词“呵”的功能比较表

	时间关系						条件关系							
	差时			同时			假设关系				让步关系		因果关系	
	无条件（后句行为在先发生）	有条件（前句为据）		已然	未然	将然	一般性	可能性	揣测性	询问性	虚让	实让	推论（已然）	充足（未然）
		已然	将然											
滨州	+	+	+	+	+	+	+	+	+	+	+			
宁津	+		+	+	+	+	+	+						
德州	+		+	+	+	+	+	+						
济南	+	+	+	+	+	+	+	+	+	+	+			
临清				+		+	+		+					
汶上	+		+	+̲	+	+	+	+			+			
《元》		+		+	+	+	+				+	+	+	+
《老》			+	+	+	+	+			+	+	+	+	

“+”表示方言中存在这种说法，“+̲”表示方言中极少用；《元》代表《元朝秘史》，《老》代表原刊《老乞大》。

根据对比分析，不难发现，尽管《元朝秘史》、原刊《老乞大》中的助词“呵”与山东中西部方言中的后置词“可”，在用法上并不完全一致，但它们之间的源流关系却非常清楚，可以说彼此有明显的承继性。根据研究，这种元代普遍使用的助词“呵”，明代中叶以后文献中已逐渐不用，①到明末清初时期，在绝大多数文献中已经看不到了，但却在带有明显山东中西部方言特点的明末清初文献《醒世姻缘传》中大量使用，其形式多写作“可”，且与《元朝秘史》、原刊《老乞大》的用法无异。（岳立静2008）另外，我们还注意到，“呵”“可”两种形式共用的情况在《元朝秘史》时期就已经存在，只不过十分罕见，笔者在《元朝秘史三种·叶德辉本》中仅发现了一处写作“可”的用法。

① 祖生利：《元代白话碑文中助词的特殊用法》，《中国语文》2002年第5期，468页。

（岳立静 2006）如：

音译:阿兀儿刺阿速 昂忽阿 速木班 迭里周 塔必阿速 阿屼剌 阿鲁思 不坤
意译: 怒 可 箭名 箭自的行 拽着 放 呵 山 越过 有的
合儿班 豁鄰 合刺泥 兀格帖列 合儿鏷由。
十个 二十个 人行 直穿了 射有。

段译:怒时将昂忽（中）阿的箭隔山射呵，十人二十人穿透。（《元朝秘史三种》:486）

实际上，从元末明初到现代，不论是出现位置的增加，还是语气表达类型的丰富，反映的都是后置词“呵”（“可”）在语用功能上的发展，这是“呵”语义更为虚化的一种表现，是符合汉语虚词发展规律的；而表实让关系、推论因果关系、充足条件关系等抽象意义的用法的萎缩，实际上也是后置词“呵”（“可”）口语化特点进一步发展的必然结果。所以，我们有理由认为，今天山东中西部方言的后置词“可”就是对近代汉语的助词“呵”（“可”）的继承和发展。

参考文献

鲍　霞 2013《山东中北部黄河流域方言语法研究》，山东大学硕士论文。

曹志耘 1998 汉语方言里表示动作次序的后置词，《语言教学与研究》第4期。

曹延杰 2003《宁津方言志》，北京：中国文史出版社。

冯春田 2004 聊斋俚曲里的假设助词“着”及相关问题，《中国语文》第3期。

高慎贵 1996《新泰方言志》，北京：语文出版社。

江蓝生 2002 时间“时”和“后”的语法化，《中国语文》第4期。

李泰洙 2003《〈老乞大〉四种版本语言研究》，北京：语文出版社。

孟达来 2001《北方民族的历史接触与阿尔泰诸语言共同性的形成》，北京：中国社会科学出版社。

宁廷德 2013《宁阳方言志》，济南：齐鲁书社。

钱曾怡 2001《山东方言研究》，济南：齐鲁书社。

孙锡信 1999《近代汉语语气词——汉语语气词的历史考察》，北京：语文出版社。

孙梅青 2006 助词“呵”的语法演变，《语言研究》第2期。

宋恩泉 2005《汶上方言志》，济南：齐鲁书社。

司提反·米勒 2005《阿尔泰语系蒙古语族语言语法比较研究》，中央民族大学博士论文。
太田辰夫 1987《中国语历史文法》，蒋绍愚、徐昌华译，北京：北京大学出版社。
《元朝秘史三种》据四部丛刊本、叶德辉本、十五卷本影印，张兴唐解题，1975，台北：中文出版社。
余志鸿 1999a 元代汉语假设句的后置标记，《语文研究》第1期。
余志鸿 1999b 元代汉语的后置词系统，蒋绍愚、江蓝生编《近代汉语研究》（二），北京：商务印书馆。
余志鸿 2004《蒙古秘史》总译本的时体标记和特殊句式，载邹嘉彦、游汝杰主编《语言接触论集》，上海：上海教育出版社。
岳立静 1994 济南话的虚词"可"，《东岳论丛》第5期。
岳立静 2006《〈醒世姻缘传〉助词研究——兼与现代山东中西部方言助词比较》，北京语言大学博士论文。
岳立静 2008《醒世姻缘传》中助词"可"的语法特点，《山东社会科学》第5期。
祖生利 2002 元代白话碑文中助词的特殊用法，《中国语文》第5期。
张鸿魁 1990《临清方言志》，北京：中国展望出版社。
梁伍镇 郑丞惠 2002《原刊〈老乞大〉研究》，北京：外语教学与研究出版社。
张琳琳 2013《山东运河流域方言语法研究》，山东大学硕士论文。

（岳立静　山东大学文学院）

巴色会传教士与德文版《简明客家语法》*

庄初升

19 世纪以来,特别是第一次鸦片战争之后,西方基督教各教派的传教士纷纷来到中国,开始在东南地区各地传播基督教福音。由于中西语言、文化等各方面的差异,早年来华的西方传教士的传教工作通常都是十分困难的。为了克服工作障碍和提高工作效率,使基督教教义在中国平民百姓中更加广泛和深入地传播,西方传教士一般都要先学会说所到之地的方言口语,再着手编写和出版方言圣经译本、方言字典、方言词典、方言启蒙课本和其他方言学著作,供当地教徒和其他传教士使用。这些方言圣经译本和方言学著作利用近代西方语言科学的观点和方法,详细地记录、缜密地描写和科学地分析了多个地点的汉语方言,达到了当时这一领域的最高学术水平,为今天的汉语方言学乃至汉语史留下了许多不可或缺的宝贵遗产。来自欧洲的巴色会传教士之于客家方言的研究,就是上述所说的一个典型的代表。

一　关于巴色会传教士

第一次鸦片战争(1840 ~ 1842)之后,西方基督教新教和天主教的多个教派陆续来到中国的客家地区进行传教,其中基督教新教方面行动最早、势力最强、影响最大的是瑞士的巴色会。巴色会(The Basel Missionary Society)又称“巴色差会”或“巴色传道会”,是“福音教驻巴色的差会”(The Evangelical Missionary Society at Basle)的简称,属于基督教新教之信义宗,其总部位于瑞士北部的巴色城(今译为巴塞尔),与德国、法国交界。1843 年,在香港任政府公职兼从事传道工作的德国人郭士立牧师(Rev. Karl Friedrich August

* 国家社科基金重大项目“海外珍藏汉语文献与南方明清汉语研究”(12&ZD178)、国家社科基金一般项目“明末以来西方人创制的汉语罗马字拼音方案研究”(13BYY103)。

Gützlaff,又译为郭实腊)写信给德国的同道友人,说“余又认识一部华人曰客家族者,此种民族,勤俭耐劳,吾既习其语言,与之过从,且招之会集而祈祷读圣经焉”①,自此以后西方社会才注意到中国有一个称为“客家人”的族群。1846年,总部位于瑞士的巴色会派遣瑞典人韩山明牧师(Rev. Theodore Hamberg)和德国人黎力基牧师(Rev. Rudolph Lechler)前来中国传教,这两位传教士于翌年3月19日抵达香港。抵港的当年,韩山明和黎力基就进入中国内地,到归善县淡水(今惠州市惠阳区淡水镇)一带传教,但在途中遭遇强盗,行李被抢劫一空。由于在1860年北京条约签订之前清政府只允许基督教传教士在五口岸传教,一般不准深入到内地活动,所以,韩山明被巴色会指定为专向香港一带的客家人传教,开始学习客家话;黎力基被巴色会指定为专向潮汕人传教,开始学习潮州话。罗香林(1961)指出:“韩牧师则于学习客语后,首至今日新界沙头角与宝安布吉等地传教。一八五一年,首于香港大道中掘断龙,购旧屋二间,创立巴色会教堂,是为香港有客语教会之始。”②在香港首批受洗的客家信徒有江觉仁、张复兴等。江觉仁把福音带到了深圳河以北的李朗,并于1855年成立了巴色会在内地的第一个教会组织;1858年,张复兴首先把福音带到了他的家乡——长乐樟村(今在五华县长布镇)。这些都是后事。到了1852年2月,黎力基被潮州府尹驱逐出境,并限其日后不准再到潮汕地区传教,迫于无奈,他只好返回香港转而向客家人传教。

韩山明是有史以来第一位专向客家人传教的基督教传教士,从1847年来华到1854年去世,他在短短的7年间奠定了巴色会在华工作的坚实基础,并开创了客家研究,特别是客家方言研究的先河。1854年,韩山明在太平天国著名人物洪仁玕的帮助之下撰写成了《太平天国起义记》(*The Visions of Hung - Siu - Tshuen and Origin of the Kwang - si Insurrection*),该书在论及洪秀全的诞生和童年的时候也对客家风俗详载备述,“可谓研究客家最早的历史文献。”③1854年5月13日,韩山明在香港病逝,享年仅35岁,身后留下了180页的客家方言字典的手稿,可惜全书未及杀青。

---

① 刘粤声:《香港基督教会史》,香港浸信教会1941年原版,1996年二版,第9页。

② 罗香林:《香港与中西文化之交流》,中国学社1961年版,第19页。

③ 李志刚:《香港客家教会(巴色会)之设立及其在广东与北婆罗洲之传播》,载谢剑、郑赤琰主编《国际客家学研讨会论文集》,香港中文大学香港亚太研究所海外华人研究社1994年版,第244页。

韩山明去世后，黎力基接替巴色会的领导工作，进一步开展专门面向客家人的传教事业。1859年，黎力基因病回德国休养。1860年，黎力基第二次来华，抵达香港后便开始筹划兴建巴色会会所，并着手组织传教士到粤东等客家地区传教。“一八六一年，黎牧师首以西营盘九十七号地段，建筑差会楼宇。越六年，复于西营盘第三街，建筑教堂，是即今日西营盘救恩堂之旧礼拜堂也。（今日之救恩堂，则为一九三二年所重建）。时则以在港与宝安五华等地之教务日扩，乃由巴色差会先后增派韦永福（Rev. Winnes）、边得志、欧德理（Rev. E. J. Eitel）、毕安、露润滋、韶波（Rev. M. Schaub）等牧师，相继来港，或转往内地，主理教务，各教士并喜以中文编撰专书或论文……”[①]总之，1860年之后，陆续来华的巴色会传教士以香港作为基地，在黎力基的领导之下逐渐深入到广东的新安、东莞、归善（今惠阳）、长乐（今五华）、永安（今紫金）、河源、博罗、连平、长宁（今新丰）、和平、龙川、兴宁、嘉应州（今梅州）、镇平（今蕉岭）及江西的寻乌等广大客家地区传教。从此以后，巴色会在华传教布道的重心，也逐渐由香港转移到广东省的东北部地区。到了1924年，“因‘巴色’二字，是西差会所在地之城名，城在瑞士国，以其名名教会，带有国际色彩之微嫌”[②]，来华的巴色会遂更名为“中华基督教崇真会”，简称“崇真会”。到了1948年，“本会（指崇真会）在大陆广东共有二十四区，一百五十八支会及宣道所。至于会友人数，百年以来，续有增加”[③]。根据该差会1936年编写于龙川老隆的一份名录，从1846年来华，到20世纪30年代中期，入华巴色会传教士一共有151名（参见附录“巴色会入华传教士名录”）[④]。

1860年黎力基在柏林出版了《客家俗话马太传福音书》（*Das Evangelium des Matthaeus im Volksdialekte der Hakka - Chinesen*），这是最早出版的一部罗马字本的客家方言圣经，也是最早出版的一部客家方言文献。Lutz和Lutz（1998）根据黎力基当时的书信，指出上述译本乃是一个叫戴文光的客家人

---

① 罗香林：《香港与中西文化之交流》，中国学社1961年版，第19页。

② 刘粤声：《香港基督教会史》，香港浸信教会，1941年原版，1996年二版，第8页。

③ 余伟雄：《崇真会一百四十年来之工作、影响与展望》，《香港崇真会立会一百四十周年纪念特刊》，基督教香港崇真会1987年编印，第64页。

④ “巴色会入华传教士名录”是中山大学硕士生林梦虹根据1936年的稿本整理而成的，该稿本的西文和阿拉伯数字由旧式打印机打印，汉字则是手写体。稿本中有的名字字迹模糊，这份整理过的名录恐怕还有一些错误，俟以后校正。

撰写的[①]。戴文光是早期巴色会传教士的语言教师和传教助手，当时的客家基督徒中唯独他精通客家方言罗马字拼音的技法。从1852年跟韩山明合作以来，戴文光还先后跟黎力基和韦永福合作编写过客家方言词典和翻译客家方言圣经。因为戴文光是新安李朗附近的客家人(Lamarre 2002)，所以早期巴色会文献乃是以新安一带的客家话作为基础方言也就不难理解了。1860年以后，巴色会的传教士在华人牧师和客家基督徒的协助之下，陆续编写了一些客家方言图书资料，包括客家方言圣经译本、教科书和词典等，其主要目的都是为了更加有效地在客家族群中传播基督教福音。时至今天，这些客家方言文献还集中收藏在位于瑞士巴塞尔的巴色会图书馆[②]。根据汤泳诗(2002)的收录，巴色会图书馆收藏的有关中国教区的巴色会出版物(出版年限截至1946年)一共有117种[③]，大部分版本属于客家方言罗马字本或汉字本。巴色会图书馆有关客家方言文献的收藏，大部分都是巴色会的出版物，主要包括：第一，客家方言圣经；第二，其他宗教性或教育性的客家方言文献；第三，客家方言语法书、读物和辞典；第四，教会月刊[④]。下面专门就巴色会唯一的客家方言语法著作《简明客家语法》作一介绍。

二　德文版《简明客家语法》

德文版 *Kleine Hakka - Grammatik*(《简明客家语法》)扉页并上没有注明

---

① Jessie G. Lutz and Rolland Ray Lutz: *Hakka Chinese Confront Protestant Christianity*, 1850 - 1900—*with the autobiographies of eight Hakka Christians, and Commentary*. Armonk/London: M. E. Sharpe. 1998. p57 - 59.

② 1913年，Johann Heinrich Vömel 在德国莱比锡大学的博士论文 Der Hakka - dialekt 中已经注意到巴色会图书馆的这批客家方言文献。据笔者所知，此后先后到访巴色会图书馆的方言学者还有桥本万太郎、杨福绵(Paul Fu - mien Yang)、柯理思(Christine Lamarre)、游汝杰和刘镇发等。

③ 汤泳诗：《一个华南客家教会的研究：从巴色会到香港崇真会》，基督教中国宗教文化研究社2002年版，第138 - 146页。这117种文献有讹误，也有缺漏。例如第一种 Lo - Tek E Chheh 出版于1853年，Ti E - mng Khek 并非作者，而是闽南方言"在厦门刻"之意，可见这是一本闽南方言文献；又如1879年出版的罗马字本的教科书《启蒙浅学》(*First Book of Reading*)，1880年还出版了汉字本，而后者汤泳诗并没有收录；再如1884年出版的《圣经书节择要》是我们所能看到的唯一一本汉字和罗马字拼音对照的客家方言圣经读物，汤泳诗(2002)并没有收录。

④ Hilary Chappell and Christine Lamarre: *A Grammar and Lexicon of Hakka*, *Historical Materials from the Basel Mission Library*(《客家话的语法和词汇：瑞士巴色会馆所藏晚清文献》), Paris: Centre de Recherches Linguistiques sur l' Asie Orientale, École des Hautes Études en Sciences Sociales. 2005. p340 - 373.

编者,但注明 1909 年由巴色会出版,这是有史以来第一部客家方言语法著作[①],距今已经超过一百年。《简明客家语法》32 开本,一共才 50 页,全书看不到一个汉字,行文中的客家方言例词和例句均使用 Lepsius 系统的罗马字拼音[②],其他叙述性的文字则使用花体德文。全书共分三大部分,根据德文标题之后的罗马字注音,我们知道第一部分是 yim⸝ šot˃“音说”,第二部分是 kai\ šot˃“界说”和第三部分是 tshau\ki\fap˃“造句法”,其中第二部分和第三部分所占的篇幅较多。

2005 年,法国学者 Hilary Chappell(曹茜蕾)和 Christine Lamarre(柯理思)将 1909 年巴色会德文版的 *Kleine Hakka - Grammatik*(《简明客家语法》)和 *Kleines Deutsch - Hakka Wörterbuch für Anfänger*(《初学者简明德客词汇》)译成英文并进行注释,另加入了其他一些重要的研究资料,汇集成 *A Grammar and Lexicon of Hakka, Historical Materials from the Basel Mission Library*(《客家话的语法和词汇:瑞士巴色会馆所藏晚清文献》)一书,由巴黎 Centre de Recherches Linguistiques sur 1'Asie Orientale 出版。本文参照上述英译本,尝试从语言学的角度对《简明客家语法》进行介绍和评述。

第一部分“音说”。主要是关于客家方言音系和声调的介绍。首先指出客家方言像通常的汉语一样是单音节语言,没有词形变化;接着介绍客家方言发音的一些特点,如德语中的 ö、ü、ei、eu、r、st、sp 等,尤其是复辅音,客家方言中则没有;接着指出 Lepsius 拼音方案在客家方言词语标音上的正确应用;最后列举例字和拼音说明客家方言的六个声调:上平、下平、上声、去声、上入、下入(今天一般分别称为阴平、阳平、上声、去声、阳入、阴入)。西方早期的汉语语法著作一般都把发音(特别是声调)作为语法的一个组成部分,而且都指出汉语词汇的单音节性,没有词尾变化,这从意大利耶稣会会士卫匡国于 1653 年面世的稿本《中国文法》(*Grammatica Sinica*),到西班牙多明我会会士瓦罗(中文名“万济国”)于 1703 年在广州正式刊行的《华语官话语

① 华人学者的客家方言著作普遍到了 19 世纪 80 年代以后才陆续出现,如:罗肇锦《客语语法》(1988)、何耿镛《客家方言语法研究》(1993)、项梦冰《连城客家话语法研究》(1997)、林立芳《梅县方言语法论稿》(1997)。

② 邹嘉彦、游汝杰(2001)指出:“Lepsius 是 19 世纪后半叶的著名语音学家,在语音学界创制国际音标之前,Lepsius 系统是权威的拼音系统,他曾出版专用他设计的系统标记许多非印欧语,包括中国的官话和客家话。后来陆续出版的客家话罗马字圣经都是使用这个系统的。别种方言罗马字圣经的拼音方案也是在 Lepsius 系统的基础上制定的。”(邹嘉彦、游汝杰:《汉语与华人社会》,复旦大学出版社、香港城市大学出版社 2001 年版,第 203 页。)

法》(*Arte de la Lengua Mandarina*),再到英国伦敦会传教士马礼逊于 1815 年刊行的《通用汉言之法》(*A Grammar of the Chinese Language*)和艾约瑟于 1857 年刊行的《官话口语语法》(*A Grammar of the Chinese Colloquial Language, Commonly Called the Mandarin Dialect*)等等,大部分都是如此。特别是像艾约瑟的《官话口语语法》,全书分为“语音”“词类”和“句法”三个部分,可能对《简明客家语法》的编写具有启发和示范作用。

第二部分“界说”,英译本的标题则是“词法”(Morphology),介绍了八大类词的用法,即:1. 实字、2. 代字、3. 静字、4. 数字、5. 状字、6. 介字、7. 连字、8. 生字、活字或动字,论述最为详细。第一类“实字”,相当于现在所说的名词和量词等,内容包括一般的名词构成、量词、名词性四字格成语(如“罂公钵头”“奸淫邪道”“风云雨露”)、小称词(如“鸡仔”“鸟仔”“手指仔”),最后指出表示复数的唯一途径是指示代词和复数标记“teuˏ”(兜)。第二类“代词”,就是通常说的“代词”,内容包括人称代词、物主代词(所有格代词)、指示代词、复指代词、疑问代词、不定代词,每一小类都举例进行分析。第三类“静字”,相当于现在所说的形容词,有原级、比较级和最高级,如:好/较好/至好,排长/较排长/至排长。第四类“数字”,也就是数词,包括定数、不定数和复合数,定数包括基数和序数,复合数包括倍数、分数等等。第五类“状字”,相当于现在所说的副词,有表示处所的、表示时间的、表示方式习惯的。第六类“介字”,也就是介词,举的例子有:tshoiˏ“在”、yuṅgˋ“用”、tsyaˋ“借”、thok˃“托”、pinˏ“分”、thoiˋ“替”、loi∠“来”等。第七类“连字”,相当于现在所说的连词(连接词),因为比较简单,这里不再赘述。第八类“生字、活字或动字”,也就是动词①,首先指出动词没有词形变化,接着分别讨论了现在时(标记是 kinˊ“紧”)、过去时(标记是 tauˊ“倒”、hoiˏ“开”、liˏ“哩”、koˋ“过”)、将来时(标记是 woiˋ“噲”),分析了祈使句、动词后小品词 loi∠“来”等等,以及“有”和“系”的使用、几种助动词的使用和否定式等。综上所述,《简明客家语法》所归纳的“八大类词”基本符合客家方言作为汉语之一支的语言实际,尤其是对代词、数词、动词的分析较为细致、深入,但是整体上还是没有脱离欧洲汉语语法研究的传统,也就是基本上还是以希腊-拉丁语法的理论框架来进行描写、分析,“八大类词”的概念尤其显著。另外,像形容词的原

① 艾约瑟《官话口语语法》(1864)也曾用“活字”来指称动词,不同是的他还用“死字”来指称名词。

级、比较级和最高级，动词的现在时、过去时和将来时，对于分析型的汉语而言未必适合。还有，一些词根据意义来归类显然不妥当，如把置于从句之后的相当于德语 *nachdem*‘after’、*bevor*‘before’、*als*‘when’的“以后”“以先”和“个时”（之时、当时）归为连词。

第三部分“造句法”，先简单列举了客家方言句法的一般规则，特别指出对于句子来说语序非常关键，并以下面 3 个句子作了比较：ngai∠ yu⁄ tshoi\ “我有菜”/ tshoi\ ngai∠（tshyu\）yu⁄“菜我（就）有”/yu⁄tshyu\yu⁄tshoi\“有就有菜”；接着从间接引语、疑问句、间接疑问句、情态从句、感叹形式等几方面条分缕析地进行描写，其中间接疑问句比较有趣，如：ki∠ mun\ ngai∠ hen´ lau⁄ ki∠ hi\ m⁄“佢问我肯摎佢去唔”/ngai∠ mun\ ngi∠ yu⁄ mak˃ kai\ tung⁄ si⁄“我问你有乜个东西”；最后讨论了各种各样的从句，包括方位句、时间从句、方式状语从句、比较句、“越发…越发…”句、限制性从句、结果从句、原因从句、目的从句、条件从句、让步从句。不难看出，上述分析客家方言句法的理论框架基本上都出自希腊-拉丁语法的体系，有生搬硬套之嫌，对客家方言句子的分类尚有许多方面不尽符合实际。

值得肯定的是，《简明客家语法》在句子结构及句子成分的微观分析具有一定的合理性，如列举了客家方言的两种差比句形式：“A 过式”，如：a⁄ pa⁄ thai\ ko\ lai\ tṣ´“阿爸大过䘥子”；“双标式”，如：a⁄ pa⁄ pi´（kau´）lai\ tṣ´ kau´（ko\）thai\“阿爸比（较）䘥子较（过）大”，同时明确指出双标式的前标记可以是“比较”或“比”；后标记是“较”或者“过”，用于标记比较结果，不能省略。此外，编者已经观察到，当出现具体量化的比较结果时，就不能使用双标式，必须使用“A 过式”。还有，书中还出现了唯一一例“比字式”：nya´ tšak˃ pi´ kai\ tšak˃ to⁄ yit˃ pan\“嗻只比个只多一半”，特别值得注意。这种细致的描写反映了早期客家方言差比句使用的实际情况，也体现出编者对客家方言语法的准确把握，对客家方言语法史而言有着较大的价值。

三　余论

根据我们的了解，德文版《简明客家语法》是巴色会传教士编写的唯一一部语法著作，也是有史以来第一部客家方言语法著作。在 1909 年《简明客家语法》面世之前，西方宗教界和知识界已经有了超过 250 年研究汉语语法的历史。如前所述，意大利耶稣会会士卫匡国的《中国文法》（1653）是目前所能见到的最早的汉语语法著作，而西班牙多明我会会士瓦罗的《华语官话语法》(1703)则是最早正式刊行的汉语语法著作。18世纪以后比较著名的汉语语法著作还有法国人马约瑟的《汉语札记》(1728/1831)、英国人马士曼的《中国言法》(1814)、英国人马礼逊的《通用汉言之法》(1815)、法国人雷慕萨的《汉文启蒙》(1822)、英国人艾约瑟的《官话口语语法》(1864)、法国人儒莲的《汉文指南》(1866)、英国人威妥玛的《语言自迩集》(1867)、美国人高第丕和中国人张儒珍的《文学书官话》(1869)等。早期德国人的汉语语法著作不是太多，比较有名的是巴耶尔刊行于1730年的《汉语博览》(*Museum sinicum, in quo sinicae linguae et litteraturae ratio explicatur*)、贾柏莲刊行于1881年的《汉文经纬》(*Chinesische Grammatik*)以及刊行于1883年的《汉语语法基础书》(*Anfangsgründe der Chinesischen Grammatik*)，还有就是罗存德刊行于1864年的《汉语语法两部》(*Grammar of the Chinese Language in two parts*)①。在上述学术背景下，巴色会传教士编写《简明客家语法》并取得一定的成就，当在情理之中。

如上所述，早期西方人的汉语语法著作尽管不少，但绝大部分都是针对汉语官话或文言来编写的，针对非官话的语法著作很少。英国人艾约瑟刊行于1853年的《上海方言口语语法》(*A Grammar of Colloquial Chinese, as exhibited in the Shanghai Dialect*)据说是第一部描写非官话的语法著作，此后有关非官话的语法著作就很少见到。从这个意义上来说，巴色会传教士所编写的《简明客家语法》尽管篇幅小、内容少，而且模仿希腊－拉丁语法体系的痕迹还非常明显，但还是十分难得。今天看来它在汉语方言学史和客家学史上均具有重要的地位。

附录：巴色会入华传教士名录

原名	中文名	来华年份	原名	中文名	来华年份
Theod Hamberg	韩山明	1846	Ernst Walter	万懃模	1911
Rudolf Lechler	黎力基	1846	Dr. Herm. Bay	宾为善	1912
Philipp Winnes	韦永福	1852	Heinr. Mühleisen	慕仁全	1912

① 卡萨齐、莎丽达：《汉语流传欧洲史》，上海：学林出版社，2011年版第143－153页。

续表

原名	中文名	来华年份	原名	中文名	来华年份
Heinrich Bender	边得志	1862	Friedr. Geiβlinger	景顺临	1912
Charles Piton	毕　安	1864	Paula Johner	约裒兰	1912
Wilhelm Bellon	贝德明	1864	Ernst Ruff	路富和	1913
Jakob Lörcher	骆润滋	1865	Oskar Opitz	和必赐	1913
Gustav Gussmann	顾士曼	1869 – 1907	Kurt Rosenhauer	梅願道	1913
Gottlieb Reusch	娄　士	1872	Anna Käthi Linder	凌安娇	1913
Rudolf Ott	閎怀德	1873	E. Haldemann	夏绍基	1920
Martin Schaub	韶　波	1874	Hans Bart	潘道弘	1920
Paulus Kammerer	甘保罗	1877	Heinr. Wyder	邬赞立	1920
David Schaible	舒大卫	1877	Wernar Tillmann	第先生	1920
Georg Morgenroth	莫恩乐	1877	Karl Hersperger	赫先生	1920
Heinrich Ziegler	祭贞	1877	Christine Bauer	包容真	1920
Jak. Leonhardt	梁雅各	1881	Hanna Gmünder	吉惠民	1920
Otto Schultze	瑞霭多	1881	Herm. Schultheiβ	舒笃材	1920
Johannes Dilger	戴约翰	1883	Ernst Seizer	萧瑗华	1920
Rudolf　Kutter	屈能伸	1854	Ferd. Weinbrenner	宏其志	1920
Georg Ziegler	祭恩	1885	Hans Scheurer	韶德全	1920
Jakob Flad	福拉得	1886	Am. Weiβenbruch?	威宣和	1920
Ptreir Kircher	旗效和	1887	Bidat Wahl?	毕思培	1920
Jak. Bosshard	播扬得	1887	Emrna Schäf	施惠如	1920
Wilhelm Ebert	欧宝露	1888	Emmy Hoseit?	何赐德	1920
Heinrich Mootz	慕兴立	1893	Dr. E. Sikemeier	孙医生	1921
Heinrich Gieβ	纪振纲	1893	Adolf Hummer	韩美露	1921
Martin Maier	马谟鼎	1894	Heinr. Bitzer	毕得志	1921
August Nagel	颜瑗林	1894	Gotthilf Götz	葛礼和	1921
Samuel Lutz	露滋培	1895	Gustav Käser	吉士	1921
Friedr.　Müller	梅宣和	1896	Dr. O. Fröhnmeyer	和士嘉	1921?

续表

原名	中文名	来华年份	原名	中文名	来华年份
Eugen Rettich	列德基	1897	Adolf Jucker	熊先生	1922
Paul Schüle	施灵光	1898 – 1901	Dr. R. Böckh?	卜医生	1922
Christ. Müller	梅温良	1898	Dr. H. Inhelder	殷医生	1922
Karl Kastler	嘉乐天	1899	Karl Michel	米利天	1922
Samuel Maute	茂德华	1901	Dr. R. Brenner	边固	1922
Karl Ramminger	蓝明基	1901	Julius Velte	胡爱仁	1923
Fr. Lindenmaier	凌高超	1901	Käthe Huber	丘洁贞	1923
Georg Krüger	郭建基	1901	Fr. Meyerholt	梅礼和	1923
Karl Zwisaler	卓威士	1901	Anna Hetzler	侯德贞	1924
Dr. H. Vömel	花里仁	1901	Mina Hoβ?	许美雅	1924
Max Pfleiderer	贝德理	1901	Anna Schmidt	沈娴清	1924
Friedr. Schmoll	苏慕良	1902	Dr. Rich. Müβig	巫世骥	1925
Ernst Gohl	古伦	1902	Dr. Heinr. Traut	戴仁兴	1925
Alfred Sautter	萧国安	1903	Aug. Diefenbacher	江海深	1925
Paul Schmid	沈德明	1903	Ernst Fischle	贺允恭	1925
M. Neubacher	魏伯坚	1904	Dr. Herm. Lutz	露润黎	1926
Wilhelm Maisch	麦威廉	1904	E. Michelfelder	苗沛欣	1926
Emil Lipp	立贤	1904	E. Autenrieth	豪天立	1926
Georg Reusch Jun.	娄威廉	1904	Ernst. Engel	恩斯勤	1926
K. Baumgärtner	包国文	1904	Gertud Schäppi	叶萃华	1926
Julius Zimmer	湛明露	1904	Emma Martin	马爱仁	1926
Wilh. Sikemeier	薛居仁	1904	Anna Kocher	恪尔范	1926
Robert Krayl	介仁勋	1905	Rosa Burren	布桂芬	1926
Karl Schoch	萧维敬	1905	Emma Müller	梅雪辉	1926
Friedr. Schneider	申乃德	1905	Heinz Arend	欧先生	1928
D. Dr. W. Oehler	蔼谦和	1906	Karl May	贾嘉泰	1928
Samuel Mayer	明伦	1906	Emma Staub	苏道波	1928

续表

原名	中文名	来华年份	原名	中文名	来华年份
Otto Lohβ	刘霭多	1906	Johanna Mayer-Kurrle	明伦师娘	1928
Dr. H. Vortisch	和士明	1906	Paul Walliser	毕启新	1930
Gottlob Dietrich	知觉民	1907	Arthur Ritzi	李远源	1931
Dr. Viktor Schoch	萧医生	1908	Dr. E. Grätzel	揭医生	1931
Gustav Bornand	播汝德	1908	Karl Erny	欧仁义	1931
Karl Fritz	斐嘉乐	1908	Wilh. Stöekle	苏	1931
Hermann Maurer	毛鼎如	1908	Friadrich Maier	马恩露	1931
K. Kiehlneker	祁烈坚	1908	Hedwig Uhlmann	邬姑娘	1931
Johannes Maier	马约翰	1909	Dr. Pf. Metraux	墨东乐	1933
Else Herwig	赫求光	1909	Herm. Gläsle	谷灵苏	1933
Friedrich Fritz	裴盛和	1909	Jakob Kemk	屈格天	1933
Ernst Wunderli	文德礼	1909	Martha Guggenhühl	文顾侍婢	1933
Georg Kaufmann	高修园	1909	Hildegard Seeger	文洁报	1933
Gottlieb Lauk	劳爱	1910	Rosa Willaredt	尉梅珍	1934
Gotthilf Kilpper	经缇福	1910	Emil Kaufmann	高福曼	1934
Paul Keller	韦克恭	1910	Wilh. Welkum	威重谟	1934
Konrad Bitzer	毕权达	1910	Herm. Hofmeister	何美德	1935
Ludwig Wenz	王律伟	1911	Martha. Conzelmann	宽济民	1935
Gotthilf Ludwig	雷得威	1911			

附　记

王福堂先生是我最为敬重的前辈学者之一。认识王先生近20年,我更习惯称他为“王老师”。王老师孜孜不倦的敬业精神、严谨踏实的治学态度、精湛高深的专业水平、奖掖后学的人文情怀和不求名利的高贵品格堪称学界楷模,永远是我们后辈学人的榜样。每次翻阅《汉语方音字汇》(第二版重排本)和《汉语方言词汇》(第二版),我总会想起这是王老师亲自寄赠给我的珍贵礼物,就丝毫不敢怠慢。近十几年每次到北京出差,我总是尽量挤时间到北大探望王老师夫妇。很快就要迎来王老师的80寿诞,我有机会借用鄙陋之短文以表祝贺,真乃一种殊荣。

(庄初升　中山大学中文系)

图解陕南方言

李　蓝

一　相关说明

1.1　从张盛裕、张成材(1986)发表《陕甘宁青四省区汉语方言的分区(稿)》、杨春霖(1986)发表《陕西方言内部分区略说》,黄雪贞(1986)发表《西南官话的分区(稿)》以来,陕南方言开始引起学界关注。此后先后有翟时雨(1987)、孙立新(1998)、郭沈青(2006)、周政(2002,2006,2007)、邢向东(2007)、李蓝(2009)等人调查研究过陕南方言。本文主要从陕南语言地理的角度,说明陕南地区一些重要语音现象在地理分布方面的特点。

1.2　本文使用的材料。本文陕南地区汉中、安康、商州三市28个县区全部使用我们自己调查的材料。陕南方言调查采用李蓝设计的"西南官话划界调查表",由周政教授在安康学院找符合条件的学生记音和录音。本文所用到的材料李蓝全部根据录音做过核对。关中地区的语言材料采用《关中方音调查报告》(白涤州1954),四川和重庆的材料采用《四川方言调查报告》(杨时逢1984),湖北的材料采用《湖北方言调查报告》(赵元任等1948)。

1.3　分区说明。陕南处于西南官话和中原官话的交汇地带,加之清代移民带来的方言,语言情况比较复杂。在这种地方进行分区,首先必须区别城乡。本文以陕南28个县区的城镇方言作为分区对象。这是因为,就一个县域来说,城镇方言更有代表性,尤其是政府所在地的城镇方言。如果一个县只选一个点,一般就是选政府所在地的城镇方言。

1.4　地图、图例、软件与底图数据。陕南地区有特殊的自然地理和历史文化背景。从自然地理来看,陕南地处秦岭与大巴山山脉之间;从历史文化背景看,陕南元以前属梁、益、荆,元以后归陕西,相对封闭的自然环境,先南后北的行政区划变化,这些因素使得陕南地区的方言既有相对的独立性,又同时遭受南北方言,尤其是中原官话和西南官话的侵蚀。加上清代移民带来的方言扰动,在这种情况下,只有把陕南与周围方言放在一起观察,才可能看清某种语音现象的真实面目。因此,我们画的陕南方言地图包括了陕南周边的关中、四川、重庆、湖北的一些县市。

陕南与关中有天然的分界线——秦岭,图中用粗点线表示。图中虚点线是川、陕、鄂三省的分界线。四川和重庆的分界线在方言分区上无意义,图中不予表现。

本文绘制地图采用 MapInfo10.0 简体中文版,底图采用国家测绘局公布的 1 比 400 万基础数据地图。

二　陕南方言声调图说

2.1　阴平

陕南及其周边地区阴平调的分布情况如下图 1。

图 1　陕南及其周边地区的阴平调

如图1所示:阴平调可分成低降和高平两种基本类型。低降调来自关中,高平调来自川鄂。陕南地区东部与关中相同,西部与川鄂一致。

秦岭在东部没有任何阻隔作用,在西部则有明显的阻隔作用。在中部,来自四川的高平调完全穿透了秦岭,并把关中方言拦腰切断,分割成东、西两片不相连的方言区域。

2.2 阳平

陕南及其周边地区阳平调的分布情况如下图2。

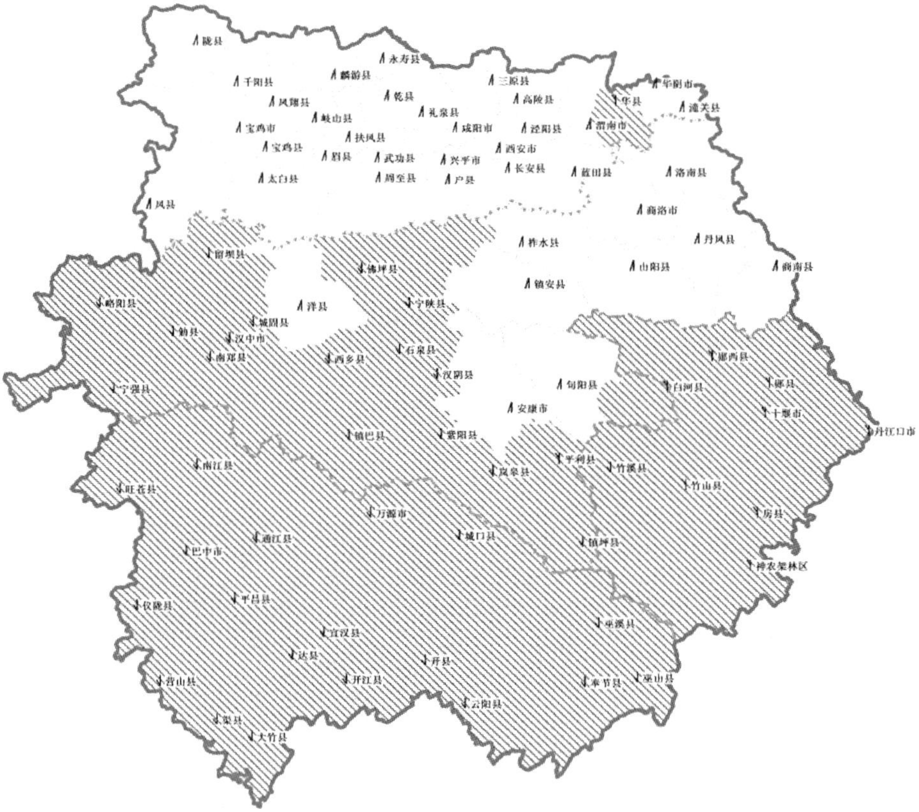

图2 陕南及其周边地区的阳平调

阳平是西南官话和关中方言的区别调:低降的是西南官话,中升的是关中方言。

秦岭在西部的阻隔作用仍然显著,陕南西部是成都型声调的天下,但关中方言在洋县获得一个突破口；在东部则完全是关中方言的天下。东部的华县阳平读同川鄂，由于在地理上与川鄂完全隔绝，这应该是内部演变的结果。

2.3　上声

陕南及其周边地区上声调的分布情况如下图3。

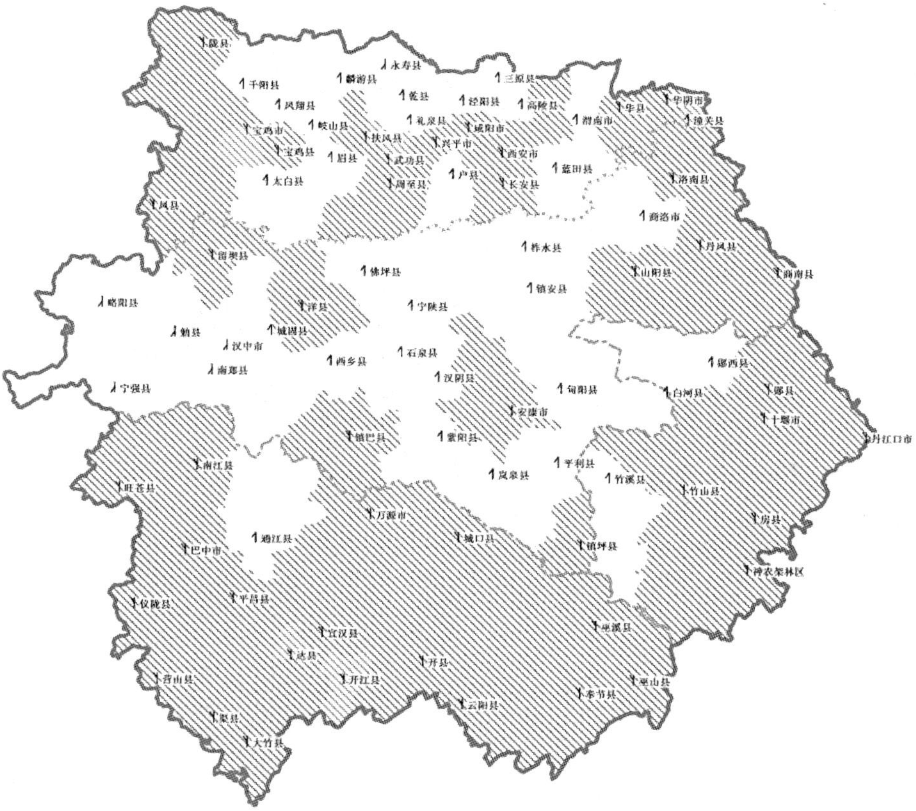

图3　陕南及其周边地区的上声调

上声对于区别关中方言和西南官话意义不大，因为成都、重庆、武汉、西安等地的上声都是次高降调。秦岭对于上声调似乎没有任何意义，升调型的上声和降调型的上声在秦岭两侧呈对称分布形态。

2.4　去声

陕南及其周边地区去声调的分布情况如下图 4。

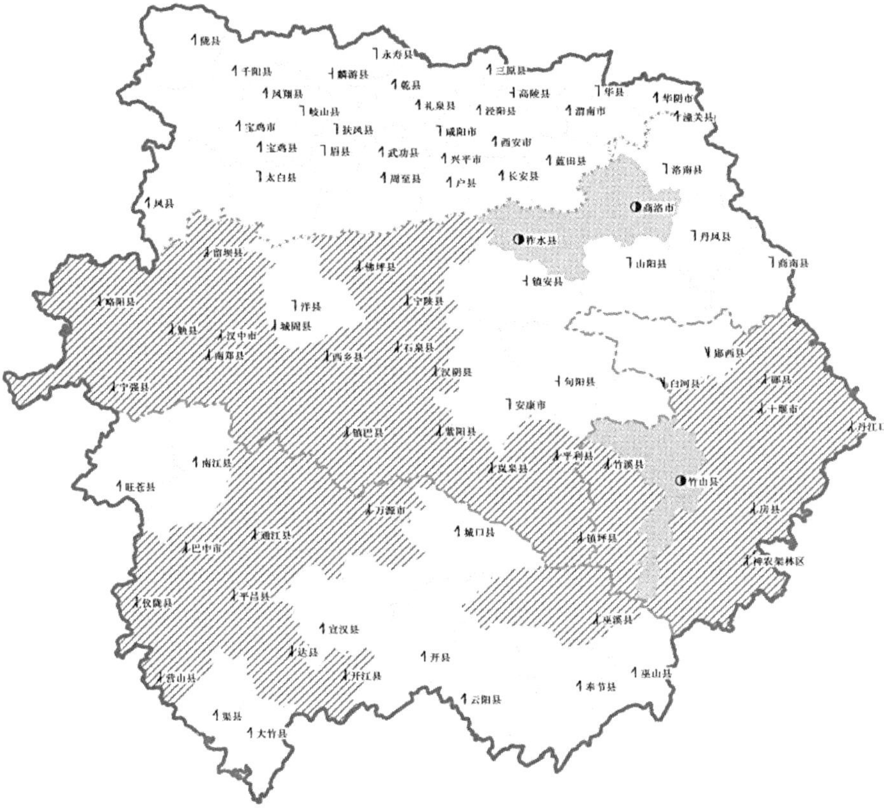

图 4　陕南及其周边地区的去声调

在图 4 中，去声有三种基本类型。

第一种：去声分阴阳。陕西商洛市和柞水县，湖北竹山三县市去声分阴阳。这应该说明陕南东部地区与鄂西南地区的早期联系，陕南东部的洛南、丹凤、商南、山阳、镇安、旬阳、安康等地去声不分阴阳，应该是在关中方言的影响下发生的变化。

第二种：去声是低升调。这是西南官话的标志性声调类型，秦岭在阻止这种声调类型向关中扩展起了关键作用。

第三种：去声读高升或高平是关中方言的特点，并与西南官话的低降升调形成鲜明对比。川渝地区去声读高升调主要是两个原因:一是自身发展的结果,二是受湖北湖广派西南官话的影响。

2.5　古入声今读归调类型

陕南及其周边地区古入声的今归调类型如下图5。

图5　陕南及其周边地区古入声的归调类型

古入声今归阳平是西南官话的区别性语音特征,古清入和次浊入今归阴平则是中原官话的区别性语音特征。图5中的黑线是古入声今归阳平的边际线,线南的白圈点全部可以画入西南官话,线北的方言则可分为三种情况。

第一种,黑圈点全部属"清入、次浊入今归阴平,全浊入今归阳平"的类型。

第二种，西南官话型方言沿汉阴、石泉、宁陕、镇坪直抵秦岭北坡，把陕南方言分割成东西两部。陕南西部的留坝、洋县、西乡，陕南东部的商南、山阳及湖北的竹溪是古清入、次浊入部分字归阴平，部分字归阳平，全浊入全归阳平。

这种情况体现了这些地方同时受西南官话和中原官话的影响。

第三种，湖北竹山的清入和次浊入今归阴平，全浊入今归去声，这是不同于陕南、关中、川渝及鄂西南地区其他方言的独立演变类型。

三　陕南方言的分区

3.1　利用声调在方言中不同的演变类型来分区，是一种行之有效的方法。李荣先生(1985)根据山西及其周边地区古入声今仍读入声这个条件把晋语从传统的“北方官话”分出来，又根据清入字在其他官话方言的演变情况，把传统的北方官话一分为七，已成为汉语分区史上的成功范例。不过，这个方法却不能套用在陕南地区。我们前面观察、分析了陕南及其周边地区的五幅声调图。下面我们把这五幅地图缩小后平列在下面作对比观察。

上面五幅图中，首先剔除阴平图、上声图和去声图。这三幅图的语言分布形态均不符合要求，不能用来作为分区条件。

阳平调的分区界面比较清晰，但低降调的分布范围过大，且北边有乱点。

入声图的分图界面比阳平好，全图没有零乱点。但这幅图最大的问题把陕南分割成两个部分，从陕南方言分区的角度看，也没有达到区域方言的分区目的。

3.2　笔者(李蓝 1988，1994)曾在硕士学位论文“湖南方言分区评述及再分区”中提出过“声韵调三重投影”的分区法，用来处理像湖南这种方言特别复杂的地区。我们的基本思路是合取多个条件，整合成三个归类条件，然后设置几个标准方言点来作类属框，把条件适合的方言投进这个框，投不进去的点就让其独立。

这个分区思想也可用来给陕南方言分区。由于陕南方言没有湖南复杂，所以可以把原来的声、韵、调三重取样简化为单看声调类型。下面先看表1。

表1　陕南28县市的声调

	平		上	去	入		
	清	浊	上声	去声	清	次浊	全浊
洛南县	31	35	53	44	阴平		阳平
商南县	31	35	445	512/22	阴平		阳平
丹凤县	31	35	53	44	阴平		阳平
柞水县	31	35	445	214/22	阴平		阳去/阴平
安康市	31	35	53	55	阴平		阳平
旬阳县	31	324	53	44	阴平		阳平
平利县	43	52	45	214	阴平		阳平
白河县	313	42	45	51	阴平		阳平
略阳县	54	31	34	313	阴平		阳平
勉　县	55	31	34	313	阴平		阳平
宁强县	55	52	34	312	阴平		阳平
汉中市	55	31	35	213	阴平		阳平
南郑县	54	31	45	213	阴平		阳平
城固县	54	32	44	213	阴平		阳平
商州市	31	35	53	44	阴/阳平	阴平	阳平
山阳县	31	35	53	44	阴/阳平	阴平	阳平
洋　县	31	35	412	55	阴/阳平	阴/阳平	阳平
西乡县	54	31	45	213	阴/阳平少	阴平	阳平
留坝县	45	21	53	213	阴/阳平	阴平	阳平
镇安县	41	35	45	22	阳平		
汉阴县	44	31	45	214	阳平		
紫阳县	45	31	44	214	阳平		
岚皋县	45	31	44	214	阳平		
石泉县	45	31	44	214	阳平		
宁陕县	45	31	44	214	阳平		
佛坪县	45	21	53	213	阳平		
镇巴县	45	21	53	213	阳平		
镇坪县	45	31	53	214	阳平		

从上表可以看出，如果只看古入声的演变情况，陕南28县市可分成三种类型。

第一种：清入及次浊入阴平的中原官话型14个方言点。第二种：古入声今归阴平的西南官话型9个。第三种：古清入分归阴平和阳平，全浊入归阳平，这种方言有5个。

显而易见，不能完全根据古入声的演变类型来给陕南方言分区。

综合古入声和今四声两种情况，可分两步对陕南方言分区。第一步，把洛南、商州、山阳、丹凤、洋县、安康、旬阳等7县市投入西安框，属中原官话；把宁强、汉阴、留坝、佛坪、镇巴、岚皋、紫阳、石泉、宁陕、镇坪、南郑、西乡、略阳、城固、汉中、勉县等16县市投入重庆框，属西南官话。第二步，剩余的柞水、商南、白河、镇安、平利五处，如果只看上声和去声，则可归西南官话；如果只看阴平和阳平声，则又可归中原官话。本文不设过渡方言区。因此，可依地域接近原则，把柞水、商南、镇安调整到西安框，把白河和平利调整到重庆框。白河和平利调整过来后，可将其与竹山、竹溪等地的方言划在一起，属西南官话湖广片（李蓝2009），与四川重庆的西南官话川黔片（李蓝2009）有所区别。

经调整平衡，就可绘制下面的“图6”。中间的黑线是西南官话与中原官话的分界线。据上讨论，这幅图既是陕南方言的声调类型图，也是陕南方言的分区图。

四　陕南方言的语音特点

4.1　陕南古称南郑，汉代属梁州，三国时蜀魏相争，陕南先属魏，后属蜀，后又归魏。唐宋时陕南常与四川、重庆等地同属一行政区域，元代才划归陕西。

据清《陕西通志》卷七“疆域”，汉中“左控三秦，右跨西蜀，中缠襄楚，为关陇一大都会”。安康（原名兴安州）“东接襄沔，南通巴蜀”，自古号称“秦头楚尾”。商洛原名商州，“东连荆襄，西通关辅，固秦楚咽喉也”。

从自然地理看，陕南地区位于陕西、四川（含重庆）、湖北三省交界处，北有秦岭，南有大巴山，在两大山脉的掩庇下，陕南地区地理环境的特点是既连接东西，又相关封闭。

本文已绘制了六幅陕南语言地图。如果观察这些地图，陕南方言似乎

图 6　陕南声调类型图—陕南方言分区图

处于一个“非秦即蜀”，难以自立的尴尬处境。这种语言分布形态与其地理环境、历史文化背景不符。

4.2　经过比较分析，我们认为陕南方言在知章组声母演变方面具备一定的区域特点。

先看知章组开口的读音类型。

知章组开口在陕南有三种演变类型。

第一种：全读卷舌声母 tʂ。属于这种类型的有白河、岚皋、留坝 3 处。

第二种：全读平舌声母 ts。只有宁强属于这种情况。

第三种：ts、tʂ 分读（有一些韵摄前读 ts，在另一些韵摄前读 tʂ）。属于这种情况的紫阳县、商南县、柞水县、丹凤县、山阳县、商州市、汉阴县、洛南县、洋县、安康市、略阳县、西乡县、宁陕县、石泉县、勉县、平利县、镇安县、汉中市、城固县、南郑县、旬阳县、佛坪县、镇坪县、镇巴县等 24 处。

下面观察知章组合口的读音情况。

知章组合口分单音型和分音型两种。

单音型指的是知章组合口只有一个读音。有四种读音类型。

(1)读 pf。属于这种读音类型的有安康、略阳和西乡 3 处。

(2)读 ts。属于这种读音类型的有宁强、汉中、山阳、商州、城固、南郑、洛南、洋县、旬阳等 9 处。

(3)读 tʂ。属于这种读音类型的有白河、岚皋、留坝、紫阳、宁陕、石泉 6 处。

(4)读 tʂʮ。属于这种读音类型的有商南、柞水、平利、镇安 4 处。

分音型指的知章组合口分读两个声母。有以下三种情况。

图 7　知章开口在陕南的分布

图例说明：

(1)“t”表示知章组开口部分字读 tʂ 组声母，部分字读 t 或 ʈ 声母；

(2)“ï”表示知章组开口分读 ʦ 和 tʂ；

(3)“s”表示知章组开口读平舌的 ʦ 组声母；

(4)“ʂ”表示知章组开口读卷舌的 tʂ 组声母。

(1)读 tʂ 和唇齿音声母 pf 或 f：镇巴、佛坪、勉县。

(2)读 tʂɥ 和 ʦɥ：丹凤、镇坪。

(3)读 ʦ 和 tʂ：汉阴

确定一个特定区域的语言特点时不能只就这个区域来讨论。必须同时观察邻近地区的语言分布情况。因此，与前面讨论声调和分区的情况相同，我们在图中也表示差别陕西关中、湖北西北部、四川和重庆等与陕南相邻的情况。

4.3 下面是陕南及其毗邻地区知章组开合口的分布图。开合口分别出图。

图 8　知章合口在陕南的分布

图例说明：

(1)“ɿ、s、ʂ”知章组合口的含义与图7相同。

(2)“f”表示知章组合口全体或部分字读唇齿的“pf”组，或只有一个“f”声母；

(3)“ɥ”表示知章合口字读成 ʦɥ 或 tʂɥ－组，“ɥ－”是介音；

(4)“ɥ̢”表示知章组合口读成组 tʂɥ̢ 或 tʂɥ̢－组，“ɥ̢－”是介音。

从图7可以看出，知章组开口读 ʦ 和 tʂ 主要分布在陕南地区。在陕南28县市中，只有白河、留坝、宁强、岚皋四处读成了其他读音；在陕南以外，只有四川的南江、巴中、平昌和达县有这种读音。

从图8可以看出，陕南多数地方与关中相同。这一点充分体现了元代陕南划归陕西以后，关中方言对陕南的强烈影响。其他地方则基本与四川、湖北同。陕南方言的知章合口在语言地理分布态势上没有独特性。

对比图7：知章组开口字分读 ʦ、tʂ，这一条应为陕南方言的语音特点。

五　从语言地图看移民对陕南方言的影响

5.1　郭沈青(2006)认为，陕南地区的西南官话应该分成东西两个部分。西部汉中地区的西南官话可画入成渝片，东部安康地区的西南官话应画入鄂北片。例如，蟹止山臻合口端系字，安康地区多读开口，汉中地区多读合口；遇通端系、庄组字，安康地区多读 ou，汉中地区多读 u。等等。而且，这种口音差别是受移民影响形成的：汉中地区主要是四川移民，因而在这些语音特点上与四川重庆保持一致；安康地区主要是湖北移民，因而这些语音特点与湖北方言相同。

陕南西南官话东西部有差别，这是语言事实。问题的关键是这些口音差别是不是移民的结果，如何验证。

用语言地图可以很好的验证这个观点：如果关中方言中也有同样的语言特点，则移民说不成立。如果相关的语言特点四川、湖北也有，地理上与陕南不直接相连但遥相呼应，则移民影响说成立。如果相关的语言特点与四川、湖北连成一片，则不直接排斥移民说，但也不直接支持移民说。

5.2　下面先看图9。

图9　端系合口读同开口的地理分布

图例说明：

（1）黑圈点表示蟹止山臻合口端系字读同开口，可以简单表示为“端＝单”；

（2）白圈点表示蟹止山臻合口端系分开合口，可以简单表示为“端≠单”。

图解：从图9可以看出，端系合口读开口“端＝单”这个语音特点在陕南东部与湖北方言连成一片，这可以解释为相邻地带语言之间的相互影响，也可以解释为湖北移民带来了这个特点。但其他地方的“端≠单”，由于这个语言特点同时见于四川、陕南和关中，显然不能将其解释为是四川移民带来的语言特点。

5.3　下面再看图10。

图10　遇通摄 u－ou 的地理分布

图例说明：

(1)黑圈点表示遇通摄端系庄组读成 ou,可以简单表示为"卢＝楼"；

(2)白圈点表示遇通摄端系庄组读 u,可以简单表示为"卢≠楼"。

从图10可以非常清晰地看到,从关中平原的中东部开始,跨越秦岭,纵贯陕南中东部,直抵鄂西北,遇通摄端系庄组字都是读 ou 韵母;从关中西部开始,经陕南西部,直达四川重庆两省市,遇通摄端系庄组字都是读 u 韵母。

因此,根据这种语言分布形态来判断:陕南方言东部读 ou,西部读 u 是陕南与周边地区密切相关的一个区域性语音特点,与移民来源没有什么关系。

参考文献

白涤州 1954《关中方音调查报告》,北京:中国科学院出版社。
郭沈青 2006 陕南西南官话的内部差异与归属,《方言》第 2 期。
侯精一 2002《现代汉语方言概论》,上海:上海教育出版社。
黄雪贞 1986 西南官话的分区稿,《方言》第 4 期。
李　蓝 1988《湖南方言分区述评及再分区》,山东大学硕士论文,发表于 1994 年《语言研究》第 2 期。
李　蓝 2009 西南官话的分区(稿),《方言》第 1 期。
李　荣 1985 官话方言的分区,《方言》第 1 期。
李　荣 1989 汉语方言的分区,《方言》第 4 期。
钱曾怡 2010《汉语官话方言研究》,济南:齐鲁书社。
孙立新 1998 陕南方言略说,《方言》第 2 期。
邢向东 2007 陕西省的汉语方言,《方言》第 4 期。
杨春霖 1986 陕西方言内部分区略说,《西北大学学报》第 4 期。
杨时逢 1984《四川方言调查报告》,台湾:历史语言研究所专刊之八十二。
翟时雨 1987 陕西南部地区方言归属,《方言》第 1 期。
张成材 1999 商洛方言概说(上,下),《商洛师专学报》第 3 期,第 4 期。
张德新 2006 陕南湘语文白异读,《安康师专学报》第 3 期。
张盛裕 张成材 1986 陕甘宁青四省区汉语方言的分区(稿),《方言》第 2 期。
赵元任等 1948《湖北方言调查报告》,上海:商务印书馆。
中国社会科学院 澳大利亚科学院人文学院 1987《中国语言地图集》,香港:朗文出版(远东)有限公司。
周　政 2002 陕西平利话的归属,《陕西教育学院学报》第 3 期。
周　政 2006 关于安康方言分区的再调查,《方言》第 2 期。
周　政 2007 陕西安康方言的混合特征,《方言》第 3 期。

附　记

写完这篇稿子,不觉想起 1988 年晚春时节初次见到王福堂老师的情景。钱老师给我们上课时提到王老师,总是又亲切又尊重的口气,所以,虽然是初次见到王老师,也就理所当然觉得很有亲近感,向王老师请益了许多问题。感觉王老师也是像对自己的学生一样,直陈己见,毫无保留。转眼二十多年过去了,尽管人事沧桑,但王老师一直活跃在学术第一线,一直是汉语方言学界最有影响力的学者之一。值此大喜大庆之时,谨以此小文,祝愿我们敬爱的王老师健康长寿,心情愉快,思想之树长青。

（李蓝　中国社会科学院语言研究所）

吴语绍兴方言的内部分区*

陶　寰　金春华　盛益民

一　缘　起

根据《中国语言地图集》(《汉语方言分区图》)(1987),绍兴方言属于吴语临绍小片,境内存在口音差异但基本没有交流问题。习惯上,绍兴人常根据本县内地域差异区分“城里头(城关地区)”“东头埭(旧会稽县)”“西头埭(旧山阴县)”“里山(丘陵地区)”“水川埭(平原地区)”等五个地区及其相应口音,其中“城里头”与“东头埭”口音基本一致。

王福堂(1959/2010)第一次从学术角度提到了“东头埭话(会稽音)”。其后,陶寰(1996)、王福堂(2008/2010)、盛益民(2012)等都提到了绍兴话存在内部的差别,但都没有进一步展开。本文拟在详细占有材料的基础上,描写绍兴方言的内部差异,讨论绍兴方言的分区。

* 本论文得到复旦大学研究生创新基金资助。在本次调查中还得到了以下诸位先生/女士的各种帮助,万分感谢(由于篇幅关系,恕不在姓名后面加上称呼。致谢顺序按照调查时间先后):《绍兴市志》总编撰任桂全;原绍兴县档案局局长祝安钧;稽东冢斜余雅堂;王坛黄志安,文化站站长张元中;平水文化站站长徐德宝,沈村裘启锐,宋家店宋其昌,横路李云全、李百年;富盛玄溪何金泉;马山蒋柏炎;杨汛桥江南周杨金友;汤浦达郭毛老师;漓渚朱家坞柴水炎,棠二沈锦锦;斗门老街傅儒根、黄先生;东浦陈德昌;安昌西上沙王丽莉;市区府山街道冯维;上虞档案局王柏安、陈海荣,文化站站长沈金坤;等等。感谢发音人:稽东柳岙任生友、任廷来、任谢建;王坛钱家山董银标;平水东桃许和尚;富盛玄溪何瑞灿;杨汛桥孙家桥孙长耕,江塘洪恩华;汤浦吴世权;南钱清高祖钿,钱清吴吾桢;夏履高秉飞,双桥周生法;漓渚棠二沈来友;马鞍胡尧林、章宝根;齐贤八字桥韩祝贤;斗门老街高林兴;东浦何茂泰;灵芝梅山丁雨金;安昌西上沙丁阿土;市区塔山街道张观达、钟心蕙,府山街道沈妍兰、马梦琳,北海街道张祯隆;孙端皇甫庄钱登记;皋埠樊江顾宝生;福全金萍;湖塘丁传云、马天龙;上虞东关徐华仁,曹娥任苗根,长塘秦文元;等等。有些是随机调查,没来得及问发音人的名字,也在这里表示感谢。

二　绍兴概述

由于本文将涉及许多绍兴的地理、历史信息,我们在此先做一个简要的介绍。

2.1　地理概况

绍兴市位于浙江省中北部、杭州湾南岸。西接杭州,东临宁波。全境处于浙西山地丘陵、浙东丘陵山地和浙北平原三大地貌单元的交接地带,西部、中部、东部属山地丘陵,北部为平原。

2.2　历史沿革①

从越国古都建于公元前 490 年距今,绍兴已有近 2500 年建城史。南宋建炎四年(1130),升越州为绍兴府。府治设山阴,辖山阴、会稽、诸暨、萧山、余姚、上虞、嵊县、新昌 8 县。1912 年废府,并原山阴、会稽两县,袭府名为绍兴县。县域所涉及的范围大致为现柯桥、柯岩、华舍、湖塘、安昌、马鞍、夏履、齐贤、杨汛桥、钱清(北部原属萧山)、漓渚、福全、兰亭、王坛(东南部分地区原属嵊县)、稽东、平水、孙端、富盛、陶堰(以上 19 个镇(街道)现属绍兴县);皋埠、东湖、鉴湖、灵芝、马山、斗门(以上 6 镇现属越城区);沥海、道墟、曹娥、东关、长塘、汤浦、上浦(西南部分)(以上 7 镇(街道)现属上虞);党山、益农(南部)、所前、临浦(东部)、进化(以上 5 镇现属萧山);三界北部(现属嵊县)。② (参见图 1)

2.3　"绍兴"的概念和本文的研究范围

一般意义上的"绍兴",有四个不同的含义:

(1)绍兴府:建府于南宋建炎四年(见 2.2 节)。是为广义上的绍兴。

(2)绍兴地区(绍兴市):为原绍兴府,除余姚(包括慈溪西北部)、萧山以外的地区。

(3)绍兴县:1912 年废府并县后原山阴、会稽两县地区。是为狭义上的绍兴。

---

① 主要参考《绍兴市志》《绍兴县志》以及绍兴市、绍兴县政府门户网站的相关内容。

② 2013 年 10 月,经国务院批复,绍兴行政区划进行了调整:孙端、陶堰、富盛并入越城区;撤销绍兴县,设立柯桥区,辖原绍兴县除上述三镇地区;撤销县级市上虞市,设立绍兴市上虞区,辖区范围不变。本文还是按照 10 月之前的行政区划展开讨论。

(4)绍兴市区(城关):习称"城里"或"城里头"。

本文所指的绍兴除特别说明一般取其狭义,所涉及的地区大致为现绍兴县、越城区和上虞曹娥江以西各镇,如图1(图中部分地区进行了处理,原因见表1),共计约33个镇(街道、乡或自然村):

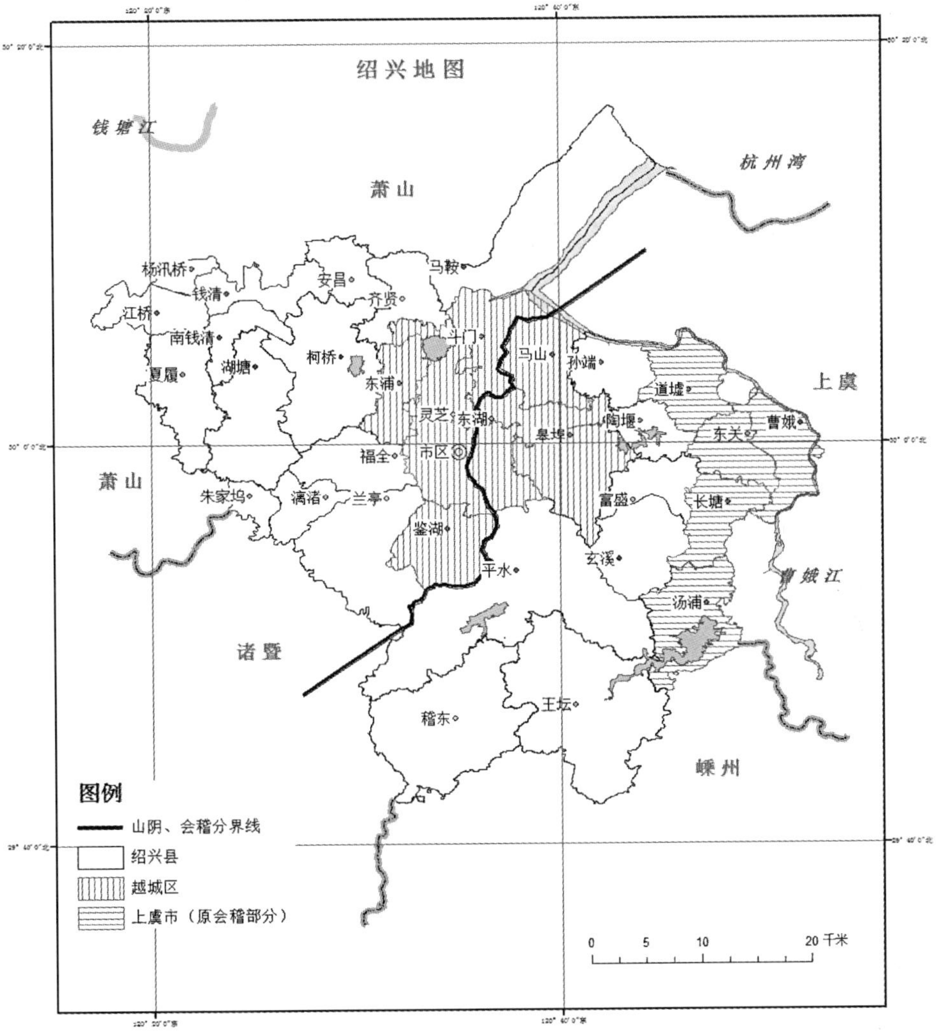

图 1

2.4　材料来源

本文主要材料来源如下：陶堰：陶寰；柯桥：盛益民（2012）；萧山：大西博子（1999）；诸暨：孟守介（1984）、顾春蕾（2007）；嵊州：城关—陶寰、黄玮（1999手稿），长乐—钱曾怡（2003）；上虞：百官—谢斐（2009）。绍兴县境内其他方言点及上虞的汤浦、长塘、曹娥、东关和道墟等地为金春华调查；其余引用材料随文注释。

2.5　地图及作图说明

（1）本文所用底图根据绍兴市土地勘测规划院等（2011）提供的约30张各镇单张行政区划图拼接而成。

（2）本文的特征和分区地图用ArcGIS 10.1软件绘制，绘制方法主要参考了远藤光晓（2012a；2012b）、薛在军等（2013）等。

（3）在划分区域和同言线的时候，限于地图所提供的信息，我们主要是以镇为单位进行绘制，所以分区所涉及区域一般都以各镇行政区划为边界。但实际调查中发现，有不少镇内部差异较大，而且有大多比较明确的界线①，简单交代如下：

表1　各镇境内差异及相关说明

镇	与镇中心有差别的自然村或界限	处理方式	备注
富盛	以富盛西境101县道至长塘为界	山区独立处理，以玄溪为代表	以北为平原地区口音，近皋埠、陶堰、东关；以南为里山地区口音，近平水、汤浦。
长塘	罗村、篁村一带	不做单独处理	罗村、篁村以南（含）近汤浦口音。
平水	东南角以日铸岭为界，西南角以茅园岭为界	不做单独处理	北部地区口音受市区影响较大，东南地区受王坛一带影响较大，西南地区受稽东、诸暨影响较大。
漓渚	朱家坞	单独处理	口音近湖塘、诸暨一带。

① 最好的调查应该如贺登崧（2003）所做的那样，但由于调查时间和精力的限制，我们没办法做到以村（或乡）为单位进行研究；而且，就目前调查情况看，除个别点外，对于绍兴方言研究来说也没有这个必要。

续表

镇	与镇中心有差别的自然村或界限	处理方式	备注
东浦	绍齐公路	不做单独处理	西南及南部地区为市区口音，西北地区为柯桥口音。中部以绍齐公路为界，公路以东一般为市区口音，公路以西为柯桥口音。
钱清	原南钱清公社	单独处理	原分新甸、钱清、南钱清三个公社。新甸口音近安昌，南钱清口音近夏履。
杨汛桥	原江桥公社	单独处理	口音存在差异。杨汛桥老派能够区分尖团，江桥老派不分。
夏履		不做单独处理	口音内部差别较大，西北部接近钱清口音
马山、东湖		同皋埠处理	两镇口音总体来说接近孙端、皋埠一带。但它们都和市区接壤。所以靠近市区方向的应该近市区口音
兰亭		同漓渚处理	口音也接近鉴湖、市区、福全一带口音。
柯岩、华舍		同柯桥处理	三地口音一致。地图中合并标示为柯桥。
鉴湖		同市区处理	近市区口音。

三　绍兴方言内部分区

通过调查，我们发现绍兴方言的分区可以由“一个核心、两个环区”组成，“一个核心”即市区片，第一个环区包括东郊片和西南郊片，第二个环区包括西郊片和南郊片。核心与第一个环区组成中心区，中心区外围是边缘区。①

根据这一特性，我们把下文的论述顺序定为：

(1)中心区和边缘区：讨论中心区和边缘区的差异，这是绍兴方言差异最大的地方。

(2)中心区：讨论中心区中核心区和第一个环区之间的差异，以及第一环区内的东郊片和西南郊片之间的差异。

(3)边缘区：讨论西郊片和南郊片之间的差异。

(4)总结和余论。

3.1 中心区和边缘区

3.1.1 韵母特征

绍兴方言内部在咸山深臻曾梗六摄舒声韵母白读层有着非常一致的区别特征：边缘区深臻摄基本与曾梗摄合并，中心区深臻摄主要与咸山摄合并。按今音来说，涉及中心区 ø̃/iø̃/uø̃、ẽ/uẽ、əŋ 等韵和边缘区 ə̃/i ə̃/u ə̃、eŋ/ueŋ 等韵。

我们以柯桥、齐贤、市区和皋埠为例，举例说明：

表2 柯桥、齐贤、市区、皋埠四地咸山深臻曾梗四摄舒声韵合并情况列举②

	咸		山			深	臻				曾
	贪	暗	短	安	官碗	森参	吞	根啃	痕恨	昆温	灯邓
市区	ø̃	ẽ	ø̃	ẽ	uø̃	ø̃	ø̃	əŋ	ẽ	u ø̃	əŋ
皋埠	ø̃	ẽ	ø̃	ẽ	uø̃	ø̃	ø̃	əŋ	ẽ	uẽ	əŋ
柯桥	ə̃		ə̃		uə̃	ɪŋ				uɪŋ	ɪŋ
齐贤	ə̃		ə̃		uə̃	iŋ				uiŋ	iŋ

由于各韵音值不同以及各地发展程度不一致，我们分为以下两条特征说明。

3.1.1.1 特征一：咸山深臻四摄的内部一致性及相互关系

绍兴各地口音中，咸山深臻四摄舒声字白读韵母（或主元音）存在差异，

① 关于中心区、边缘区等所涉及的具体地域，可先参看总结部分。

② 盛益民(2012)中，ɪŋ/uɪŋ 记作 en /uen(“e 的实际发音是 ɪ”)，我们一律改做 ɪŋ/uɪŋ(绍兴话前后鼻音都不分)。下同。

最大的为表 3 所举六韵（举平以赅上去，下同）。此六韵中，覃仙痕魂侵五韵韵母（或主元音），中心区各韵内部因声母条件不同而不同（桓韵为对照）；边缘区基本一致。[①] 我们以陶堰、柯桥两地作对比，列表举例如下：

表 3　陶堰、柯桥两地咸山深臻四摄对比

中古地位	条件	例字	陶堰	柯桥	中古地位	条件	例字	陶堰	柯桥
咸开一覃	端泥组	贪潭南	ø̃	ə̃	臻开一痕	端系	吞	ø̃	ə̃/ɪŋ
	精组	簪惨蚕	ə̃			见组	跟啃	əŋ	ɪŋ
	见系	感含暗				晓影组	痕恨	ẽ	
山合三仙	知系	传川船	ẽ	ə̃	臻合一魂	端系	褪嫩孙	ø̃	ɪŋ
	见系	权圆	iø̃	yə̃		见系	昆温	uẽ	uɪŋ
山合一桓	端系	短乱酸	ø̃	ə̃	深开三侵	知章组	砧沉针	ẽ	ɪŋ
	见系	官款碗	uø̃	uə̃		庄组	森参	ø̃	

经过对比，我们提出以下分区条件：

（1）覃韵、侵韵、痕韵、魂韵和仙韵（非端系）等内部一致的为边缘区，存在条件变体的为中心区。（绍兴普遍存在的前高元音或央元音在见组声母后高化或增生滑音 i 的音变除外。）

（2）深臻摄与咸山摄合并的为中心区，与曾梗摄合并的为边缘区（参见 3.1.1.2 节）。

此外，边缘区一般咸山摄为鼻化韵，深臻摄带鼻韵尾，两者不混。中心区洪音大都相混，读鼻化韵。具体情况如图 2。

与下文图 6 相比，该图中属于"边缘区"的地理范围增加了平水、王坛和玄溪。

个别乡镇略有差异，列表如下：

① 深臻曾梗四摄帮组和泥来母与其他声母之间的关系比较复杂，本文暂不做探讨。

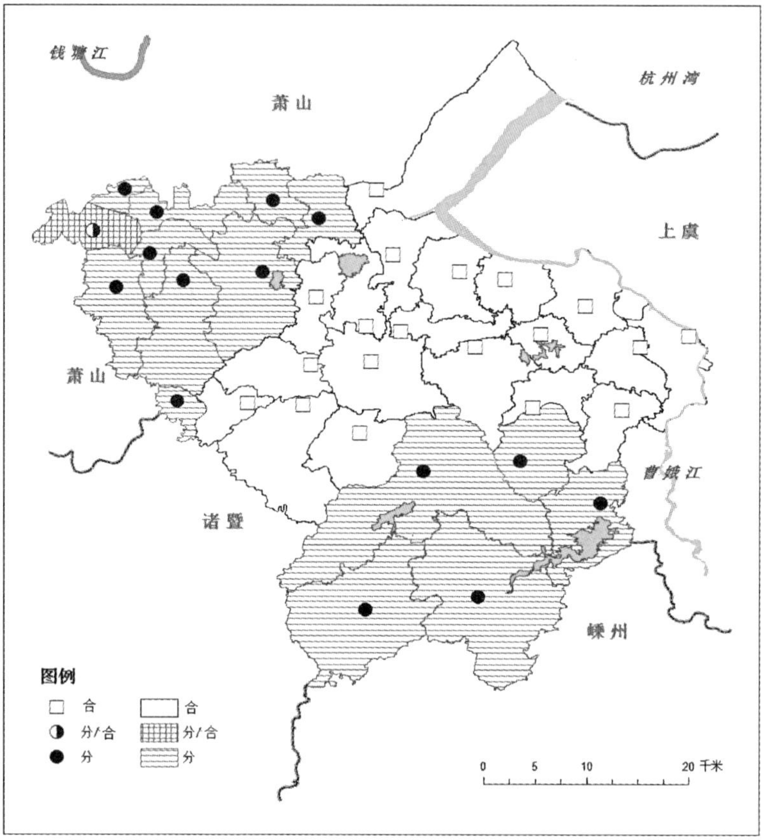

图 2　咸山摄、深臻摄的分合

表 4　江桥等四地咸山深臻四摄情况

地点	分合	咸、山摄		深、臻摄	
		非见系	见系	端系	知系
江桥	分/合	ɜ̃	ɜ̃/iẼ①	eŋ	eŋ
马鞍	合	ø̃/ə̃②	eŋ	ø̃	eŋ
长塘	合	ø̃/ẽ③	ẽ	ø̃	ẽ
东关	合	ø̃/ẽ④	ẽ	ø̃/ẽ⑤	ẽ

说明：

①见组字为 iẼ（如："看""肝"）；②"身"字为ə̃；③仙韵 ʦ 组为 ẽ；④、⑤ʦ组为 ẽ。

3.1.1.2 特征二：深臻与曾摄一等梗摄三等韵舒声洪音的合流

深臻摄与曾摄一等、梗摄三等韵舒声的合流在北部吴语中较为常见（王福堂 2008/2010）。绍兴话边缘区口音中已经完成了合并。深开三舌齿音、臻摄开口一三等、曾摄开口一三等、梗摄开口三等韵舒声洪音，边缘区完成合并，中心区未完全合并，例如：

表 5　柯桥、皋埠两地深臻曾梗四摄合并情况举例

	深	臻		曾				梗	
	森参	沉婶	根啃	痕恨	珍辰	衬	灯邓	征承	成声
皋埠	ø̃	ẽ	əŋ	ẽ	ẽ	ø̃	əŋ		
柯桥	ɪŋ								

我们以臻开一的“痕”“恨”和曾摄的“灯”“邓”“绳”为例，得到如下分区：

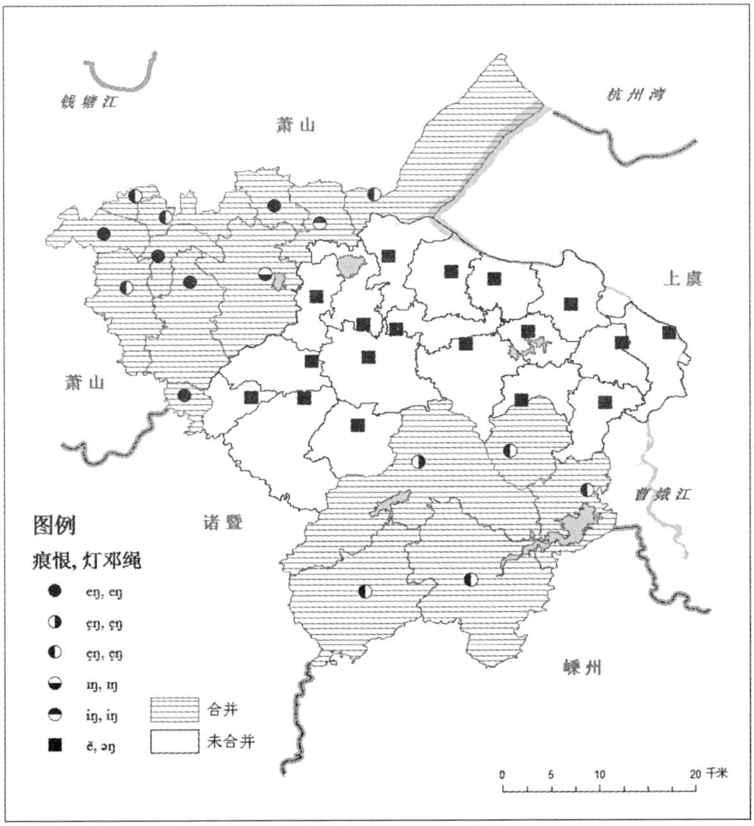

图 3　深臻曾梗四摄合并情况

3.1.1.3　特征三:臻摄合口三等的归并

上述分合情况也存在于臻摄合口三等见系字和“闰”字,以及曾开三的“孕”字中。如:

表 6　市区、钱清等地臻合三归并情况举例

	臻合三		曾开三	梗合三庚	通合三		梗合三清
琼	闰	均菌云群	孕	荣永兄	绒穷	胸壅用	倾营颖
市区	i ø			ioŋ			iŋ丨ioŋ
曹娥	i ø			ioŋ			iŋ丨ioŋ
钱清	ioŋ						iŋ丨ioŋ
安昌	ioŋ						iŋ丨ioŋ

其分区特征为:臻合三见系和“闰”字、曾开三“孕”字,边缘区与梗合三庚韵、通合三合并,中心区与山合口三四合并。

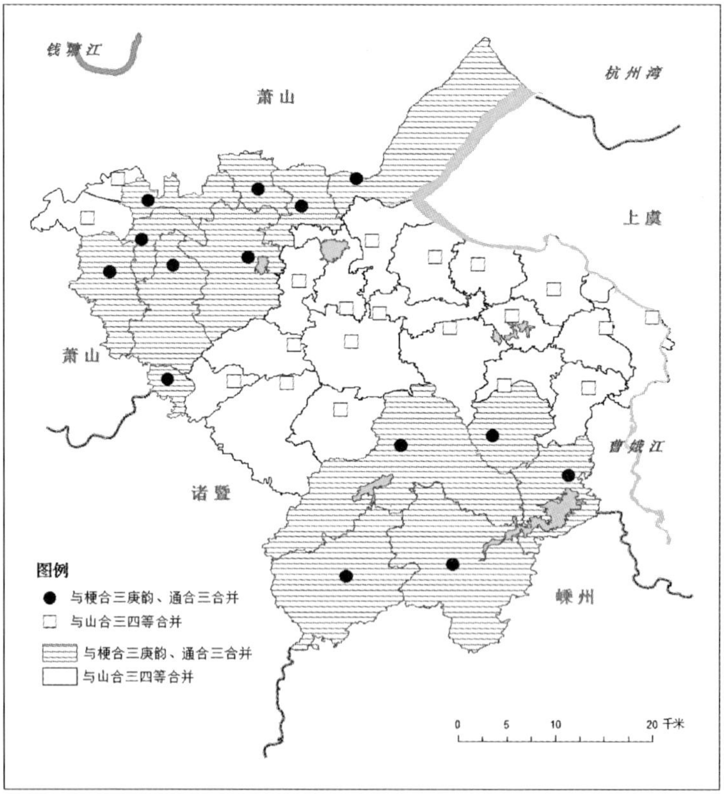

图 4　臻合三见系及“闰”“孕”两字的归并

臻合三见系边缘区基本是 ioŋ,中心区是 iø。边缘区的江桥是 iɜ̃,杨汛桥是 iẽ,与通摄 ioŋ 不同。

3.1.2　变调特征

3.1.2.1　特征四:前字上声变调

中心区与边缘区在声调上有明显的区别。这里先讨论变调。

中心区的上声前字变调比较简单,阴上/阳上各只有一种模式:35 –53/$\underline{53}$、15 –53/$\underline{53}$。边缘区比较复杂。根据我们在柯桥等地的调查,边缘区老派一般都存在着一整套和市区一样的变调模式,且一般用于书面语。除去这种情况,我们发现边缘区不少地方还是存在着多种变调模式,以夏履和柯桥为例:

表 7　夏履和柯桥的上声两字组变调

阴上	3 +1	3 +2	3 +3	3 +4	3 +5	3 +6	3 +7	3 +8	4 +1	4 +2	4 +3	4 +4	4 +5	4 +6	4 +7	4 +8
夏履	33 –53 33 –33	33 –53 33 –35	33 –53	33 –53	33 –53 33 –35	33 –53 33 –35	33 –$\underline{53}$	33 –$\underline{53}$	11 –53	11 –53	11 –53	11 –53	11 –53 11 –15	11 –53 11 –15	11 –$\underline{53}$	11 –$\underline{53}$
柯桥	33 –53 33 –33	33 –53	33 –53 33 –55 33 –33	33 –53 33 –55	33 –53 33 –55	33 –53	33 –$\underline{53}$	33 –$\underline{53}$	11 –53	11 –53	11 –53 33 –31	11 –53	11 –53	11 –53 11 –33	11 –$\underline{53}$ 33 –$\underline{31}$	11 –$\underline{53}$ 33 –$\underline{31}$

通过该表,可以发现:

(1)33 –53 为边缘区的共有模式;

(2)边缘区前字上声两字组变调,前字为平调(33/11),与中心区前字为升调(35/15)相对应;

(3)前字阴上的两字组变调后字,夏履和柯桥也有对应关系:53∶53,35∶55,33∶33。

其中,(2)可以作为分区特征:前字上声两字组变调,边缘区前字为平调,中心区前字为升调。相应的地理范围是:

马鞍的情况是:阴上前字的变调以 35 –53 为主,如"感冒"等还是 33 –53;阳上为前字的变调以 11 –53 为主,小部分用 15 –53。漓渚的情况是:阴上调基本以 35 –53 为主,存在 55 –53 的变调模式;阳上调基本为 15 –53模式。据此,我们把马鞍划分为边缘区,漓渚划分为中心区。

我们选取前字上声变调作为分区依据,是筛选了各地整套两字组广用式变调模式之后的结果。这和下文 3.1.3.1 节看到的边缘区上声调单字调的不稳定现象有关。

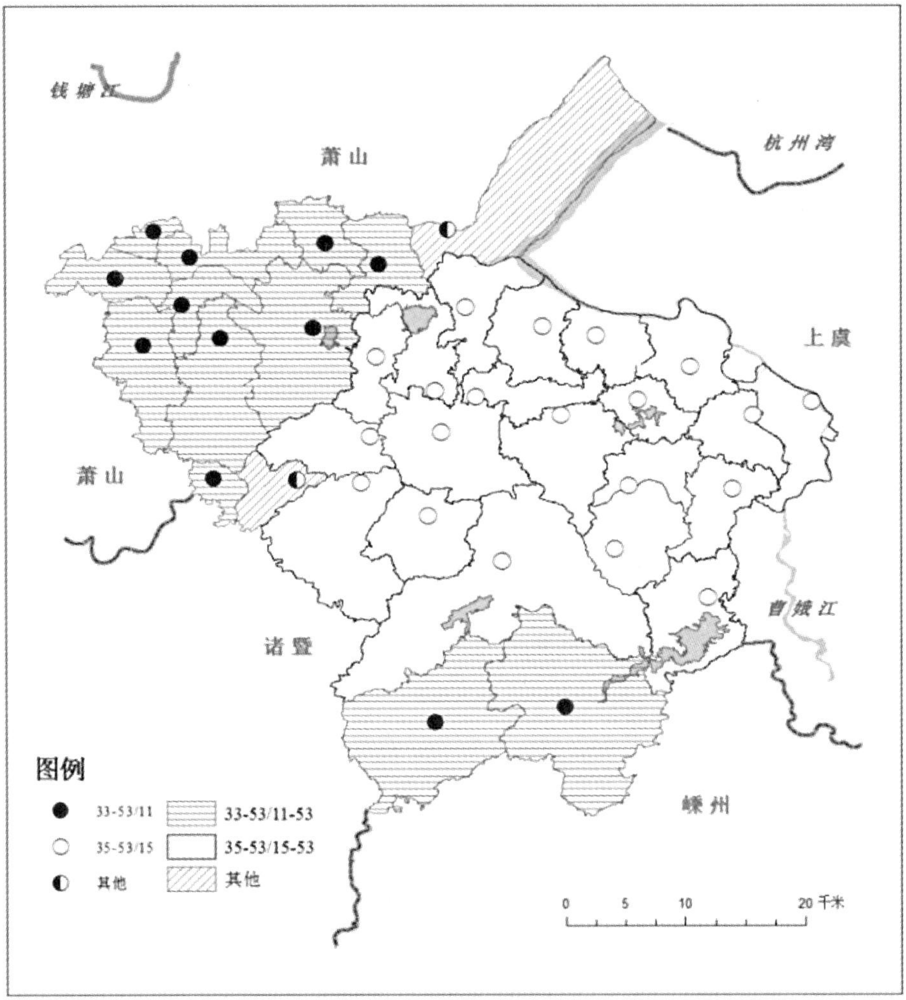

图5 上声前字变调模式

3.1.3 次要特征

3.1.3.1 次要特征一:声调的分合

绍兴话中心区基本保持了中古“平上去入,各分阴阳”的声调格局,边缘区不少地方发生了调类合并。我们提出以下次要特征:保持8个声调的为中心区,声调发生合并的为边缘区。

之所以将单字调的分合当做“次要特征”,是因为边缘区发生调类合并的情况十分复杂,各地创新(innovation)方式不一。这条特征可以把中心区和边缘区分开,却无法把边缘的各乡镇方言划为同一个区,因此本文没有用作主要分区特征。绍兴各乡镇声调数见下表。

表 8　绍兴各镇声调数量表

分区	地点	数量	地点	数量	地点	数量	地点	数量	地点	数量
边缘区	江桥	6	杨汛桥	6	钱清	6	稽东	6	汤浦	7
	湖塘	7	安昌	7	柯桥	7	齐贤	7	夏履	7
	南钱清	7								
	朱家坞	6/8	马鞍	6/7/8						
中心区	平水	8	王坛	8						
	漓渚	8	福全	8	灵芝	8	市区	8	东浦	8
	斗门	8	皋埠	8	孙端	8	长塘	8	玄溪	8
	富盛	8	陶堰	8	道墟	8	东关	8	曹娥	

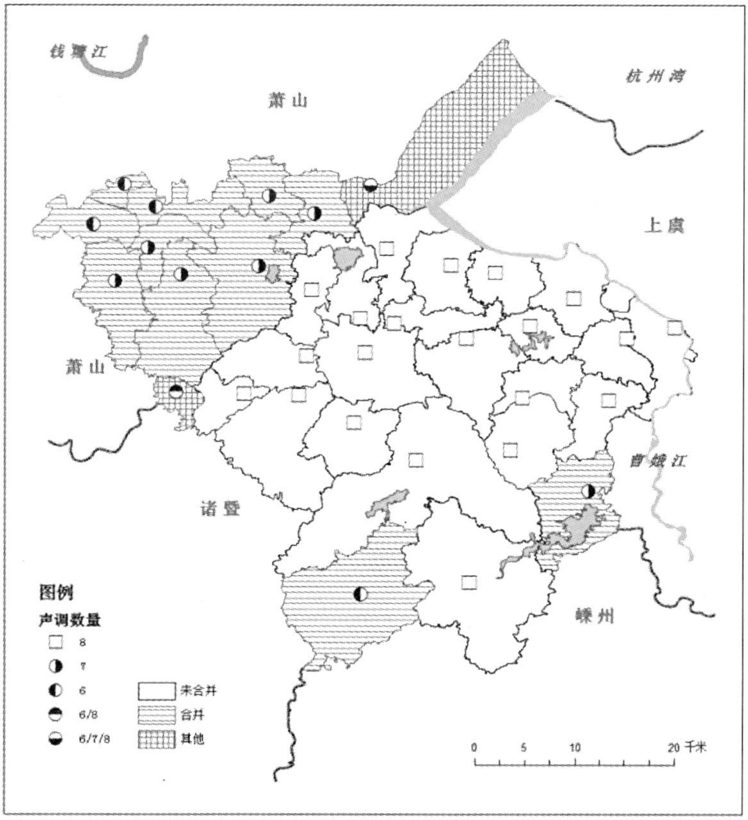

图 6　声调合并情况

各地声调合并的情况各不相同,我们将其归纳为表 9 中的 6 种情况:

表 9　声调合并情况

合并情况	地点	调值	合并情况	地点
(1)阴平 = 阴上	安昌	53	(3)阴平 = 阴去	汤浦
	湖塘	53	(4)阳平 = 阳去	南钱清
	柯桥	53		钱清
	齐贤	53		夏履
	钱清	53		马鞍
	江桥	44	(5)阳上 = 阳去	江桥
	稽东	334		杨汛桥
	马鞍	(见表 10)		朱家坞
(2)阴上 = 阴去	杨汛桥	335	(6)阳平 = 阳上	稽东
	朱家坞	(见表 11)		马鞍

各地造成声调合并的原因我们将另文探讨。其中,马鞍话内部有分歧:

表 10　马鞍和周边方言的舒声调

地点	阴平	阳平	阴上	阳上	阴去	阳去	数量
安昌	53	113	53	231	33	11	7
齐贤	53	113	53	231	33	11	7
马鞍 1	53	113	53	231	33	113	6
马鞍 2	53	231	335	231/113	33	11	7/8
斗门	53	231	335	113	33	11	8
萧山	44	23	34	13	53	31	8

马鞍镇的两位发音人都生活在马鞍镇中心一带,口音纯正,日常交谈明无明显区别,但单字的声调有明显的区别。马鞍 1 与边缘区相近,马鞍 2 则与中心区一致。图 6 和表 8 中的数据是两个人情况的综合。

朱家坞的阴去调存在两个调值,其中阴去读 53 在绍兴方言中十分罕见:

表 11　朱家坞和周边方言的阴上、阴去调

地点	阴上	阴去
湖塘	53	33
朱家坞	53	53/33
漓渚	335	33
诸暨	53	44

3.1.3.2 次要特征二：否定词“不”

根据否定词“不”（俗写“勿”）声母的清浊，绍兴方言也可以分为两大片。

否定词，中心区为“v－，阳入调”；边缘区为“f－，阴入调”。

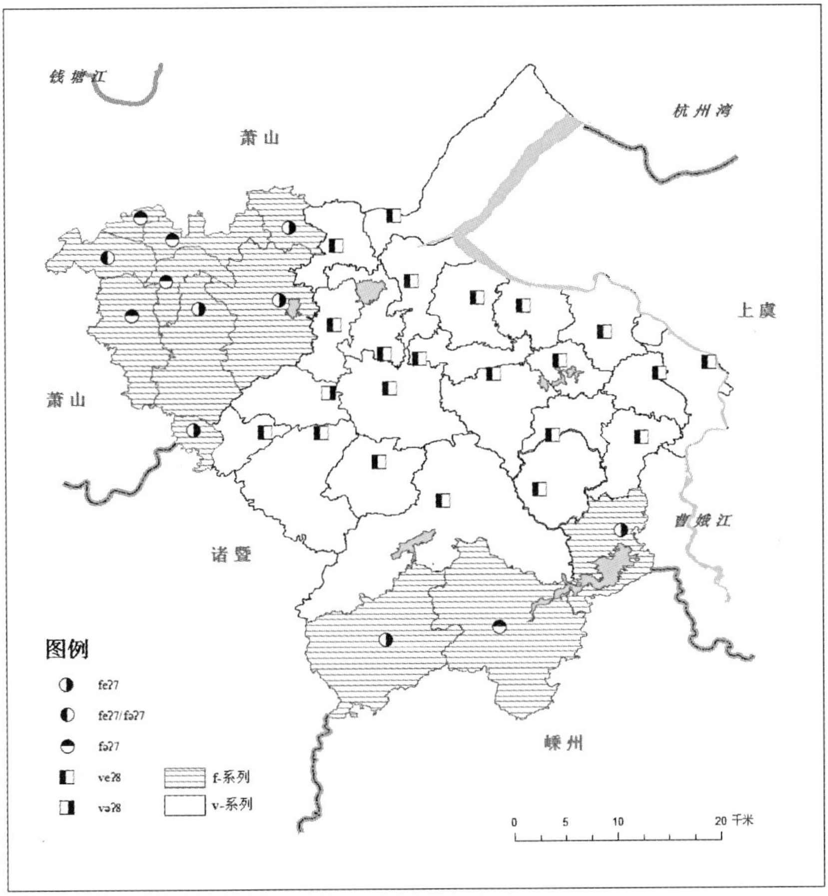

图 7　否定词“不”的声母

中心区的否定词单用时为 v－，但在复合形式中“不要”“不会”“不用”均为 f－。一般来说，复合形式会保留早期的语音特征，所以 v－形式应该是后来演变的结果。

3.1.3.3 次要特征三：“子”尾促化

绍兴境内“子”尾的促化程度并不平衡，我们在调查时选取了“长子”（高个子）、“矮子”（矮个子）、“学生子”（学生）、“桌子”（有的地方叫“桌床”）、“椅子”、“箱子”、“痱子”、“儿子”等词。“子”尾在边缘区基本不促化，中心区促化。

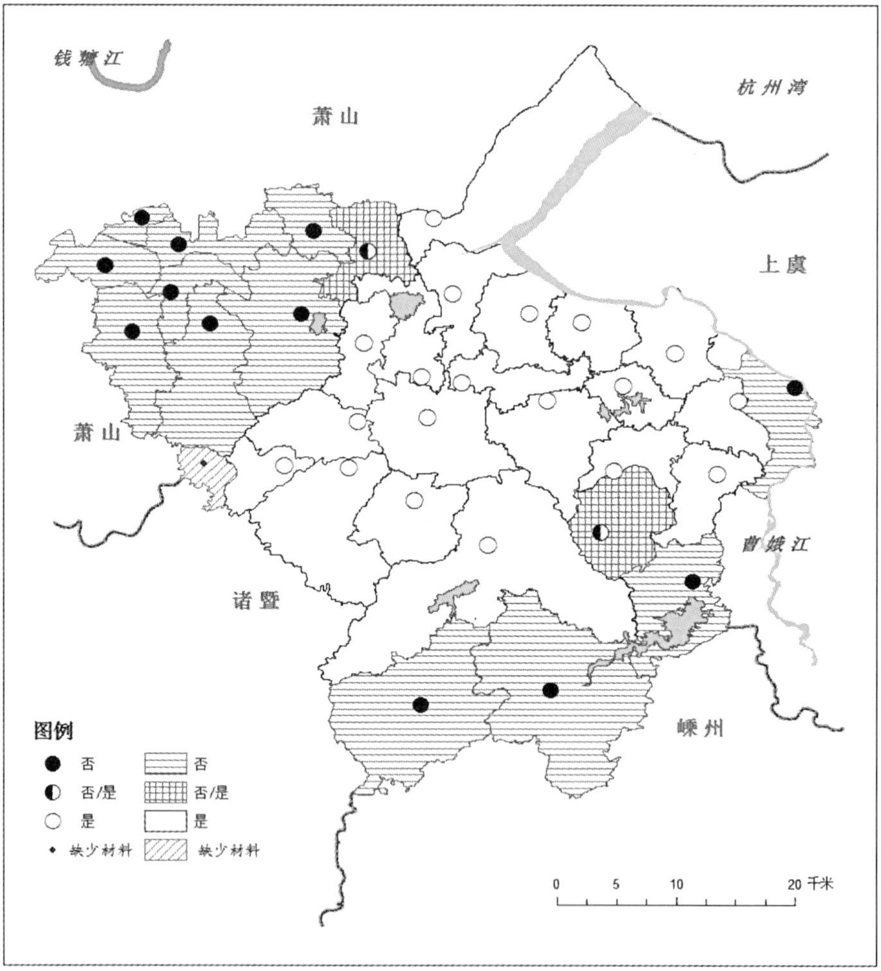

图 8 “子”尾是否促化

其中,玄溪和齐贤部分词促化,部分不促化,正好处于交界地带。就调查的那些词讲,两地情况基本一样:(1)促化:箱子、椅子、帐子;(2)不促化:长子、矮子、肘子、椽子。

3.1.4 小结

我们把上面七条同言线放到一张图上,得出以下结果:

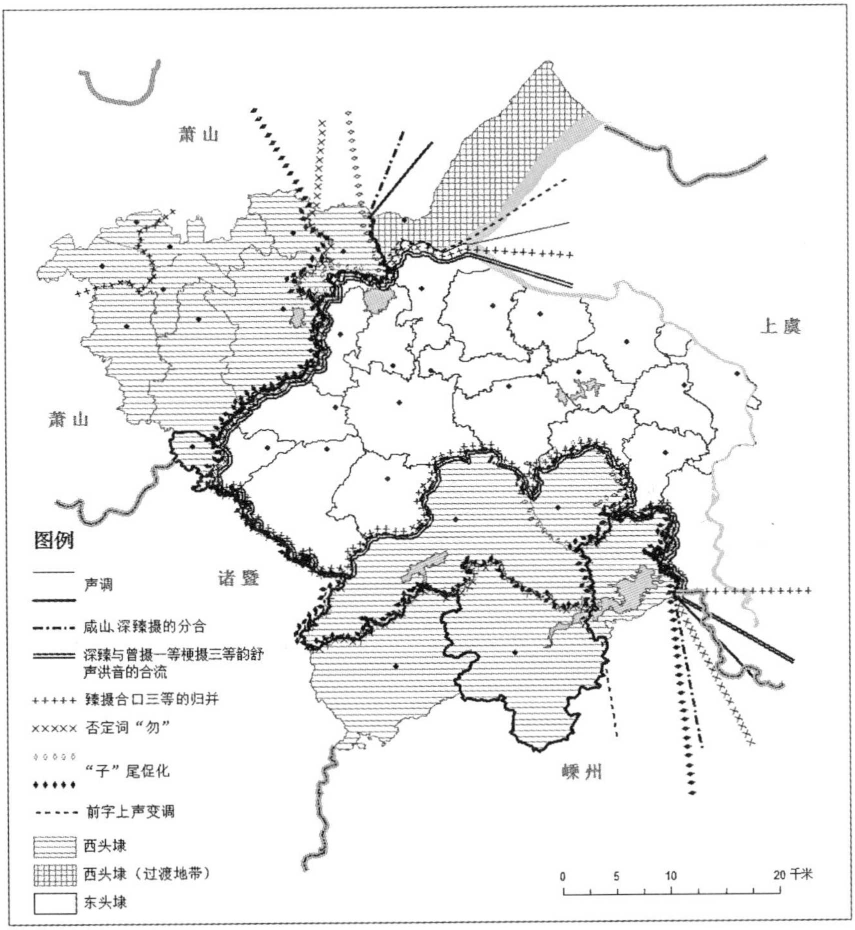

图9 中心区和边缘区

由图9我们可以看出:七条同言线的走向大体一致,绍兴方言呈现较为明显的"中心—边缘"地域分布特征。

3.2 中心区：市区片、东郊片和西南郊片

3.2.1 特征五：市区片山合一见系与臻合一见系相混

根据桓韵和魂韵见系字是否合并，我们可以把市区片从中心区中划分出来。如：<市区>：碗＝稳^{c}uø̃，<陶堰>：碗^{c}uø̃≠稳^{c}uẽ。桓韵和魂韵见系字，市区片合并，中心区其他地区不合并。

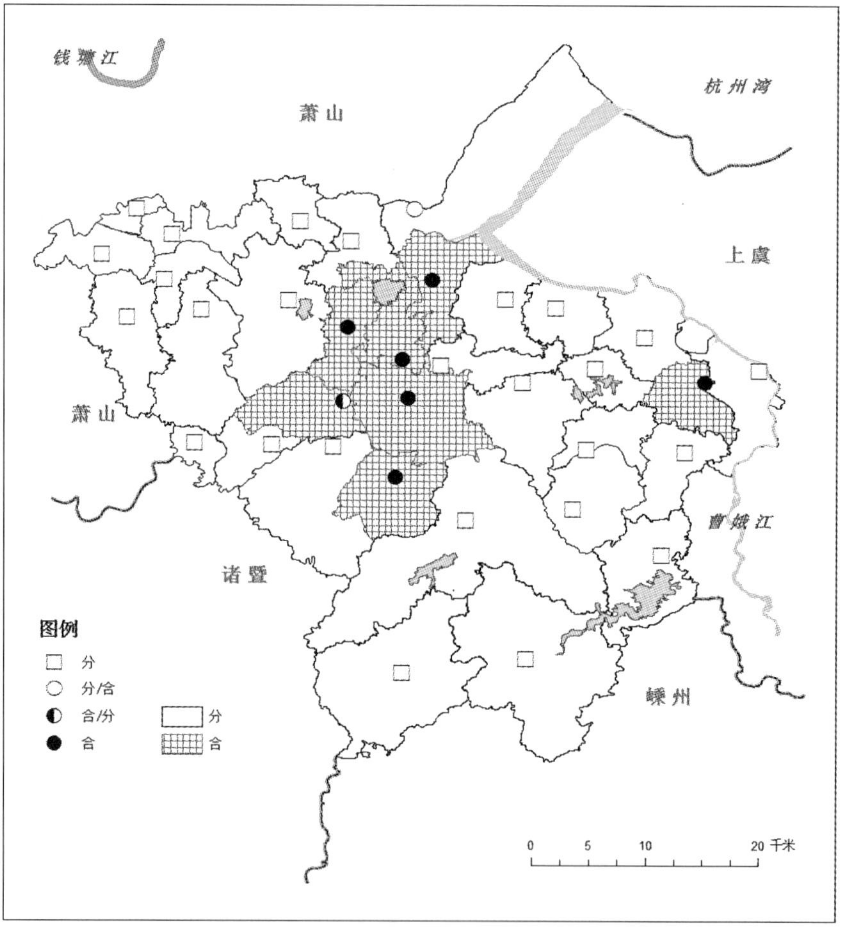

图 10　山、臻摄合口一等见系的分合

市区片涉及范围为：市区各街道、斗门、灵芝、东浦、福全和鉴湖。其中，福全零声母字没有合并。

3.2.2　特征六：东郊片晓匣（喻）合口今读洪音的字与非组混同

东郊片涉及范围为：马山（部分）、孙端、道墟、东湖、陶堰、东关[①]、曹娥、皋埠、富盛平原地区、长塘，如图11。这部分地区有如下特征：东郊小片晓匣（喻）合口今读洪音的字与非组混同，读 f－或 v－。例如：

斧＝虎ᶜfu，烦＝还꜀vɛ̃，文＝浑꜀vẽ，房＝黄＝王꜀vɒŋ，风＝烘꜀foŋ

西南部的漓渚、兰亭可以称为"西南郊片"，晓匣古合口今读洪音的字与非组不混。

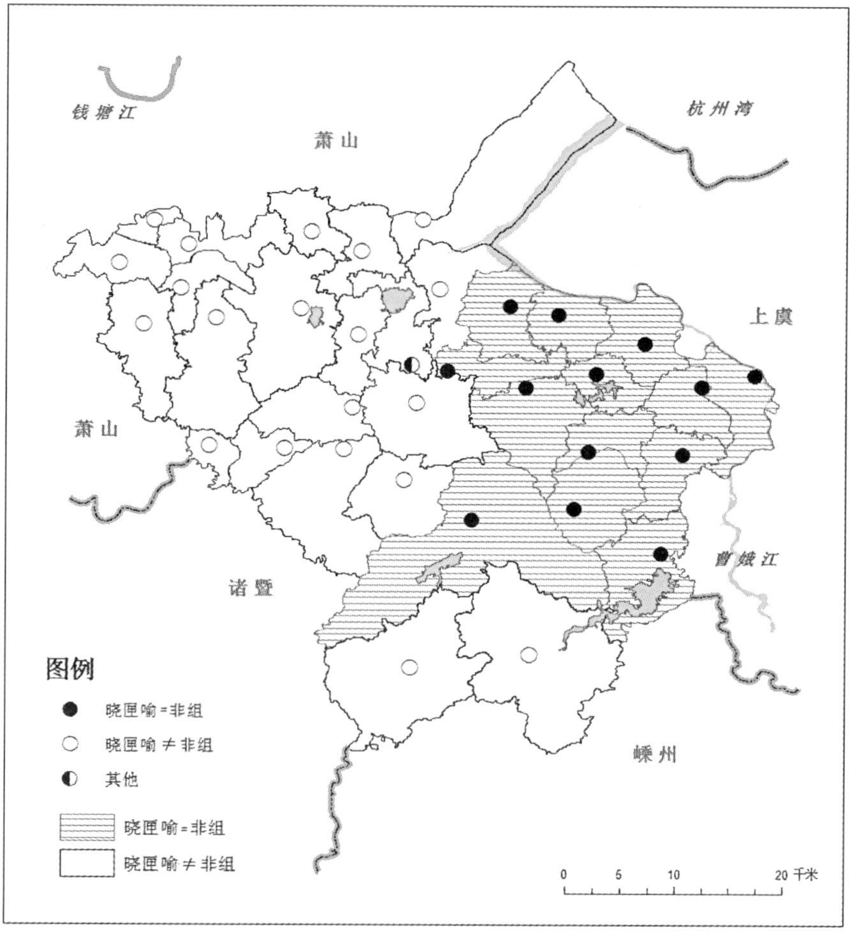

图11　晓匣（喻）合口今读洪音字与非组的关系

① 东关山臻摄合口一等见系发生了合并，但周边范围内只有这一个点，而且与我们通过其他渠道对此地口音的了解不大一致，很可能是发音人的个体变异，不做其应该分入到市区小片的依据。

说明:灵芝镇这两组字需要进一步调查。

从整个绍兴方言来看,绍兴方言中除了东郊片以外的地区晓匣母今读洪音的字一般声母为 h/ - ɦ - ,与非组声母读 f - /v - 不混。但是绍兴市区部分口语词有非组和晓匣(喻)相混的残留,如:譞$_{\text{听话,乖}}$ = 翻꜀fɛ̃,庰$_{\text{洗}}$ = 富 fu꜄。

3.1.3　小结

综合上述讨论,我们得到如下分区:

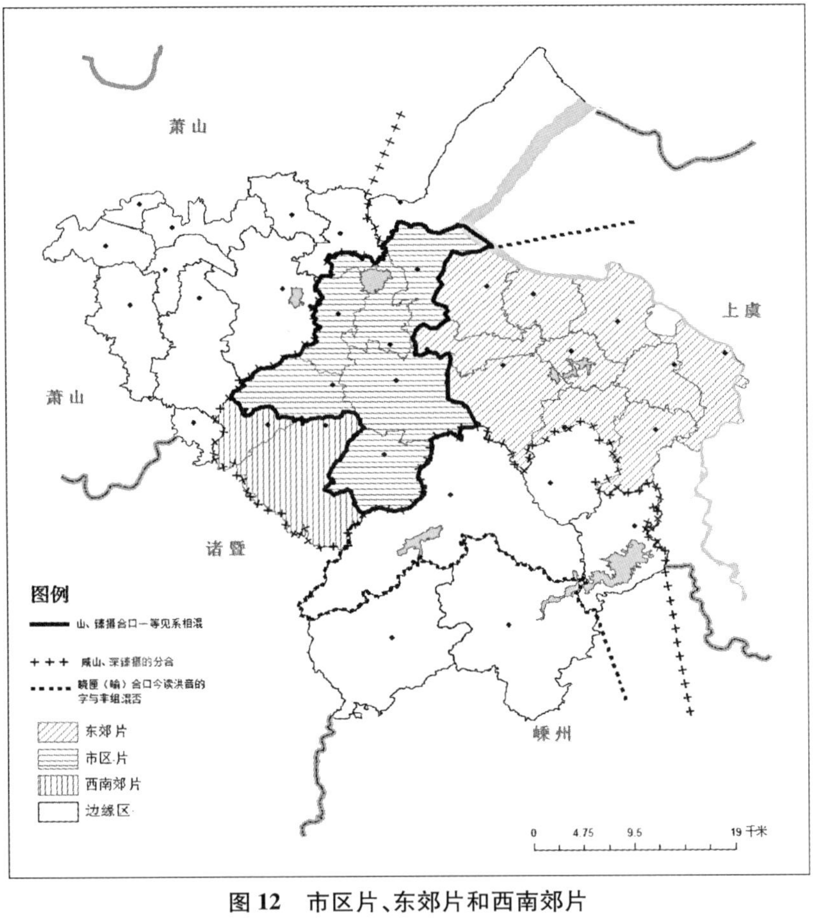

图 12　市区片、东郊片和西南郊片

3.3　边缘区:西郊片和南郊片

边缘区可以分为西郊片和南郊片两大块,两者的差别主要体现在常用词汇上。

3.3.1　特征七：西郊片“谁”首字为“啥”

绍兴话中的“谁”有多种说法，如下表：

表 12　绍兴各地“谁”的说法

前字			后字：zɿ 谁/ko 个/ zɿ ko 谁个
啥	h	ᴇ	安昌/江桥/柯桥/齐贤/钱清/马鞍/南钱清/夏履/湖塘
		o	杨汛桥/南钱清/夏履
		a	斗门/灵芝/马鞍
何	ɦ	ᴇ	王坛/稽东/湖塘
		a	曹娥/道墟/东关/东浦/富盛/皋埠/漓渚/市区/孙端/汤浦/陶堰/长塘/福全/平水/稽东/王坛

上表可见，西郊片首字用“啥”，南郊片同中心区用“何”：

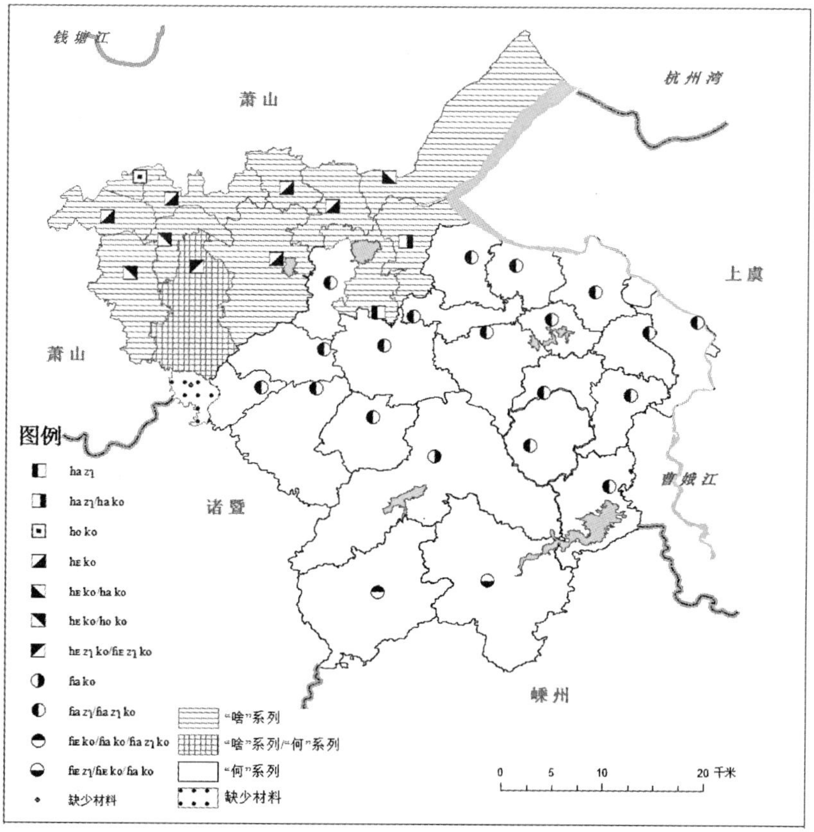

图 13　“谁”的说法

市区片的斗门和灵芝可能受西郊片的影响。边缘区首字用“啥”同萧山话。

3.3.2　次要特征四:南郊片第二人称单数一般用 noŋ4

绍兴境内第二人称单数有(1)ᶜnoŋ、(2)ᶜŋ̍、(3)noʔ꜁、neʔ꜁、nəʔ꜁等三类共五种说法。说ᶜnoŋ 的区域为:玄溪、汤浦、稽东和王坛。平水镇上说 noʔ꜁,东南角说ᶜnoŋ。我们以平水、玄溪、稽东、王坛、汤浦为南郊片。

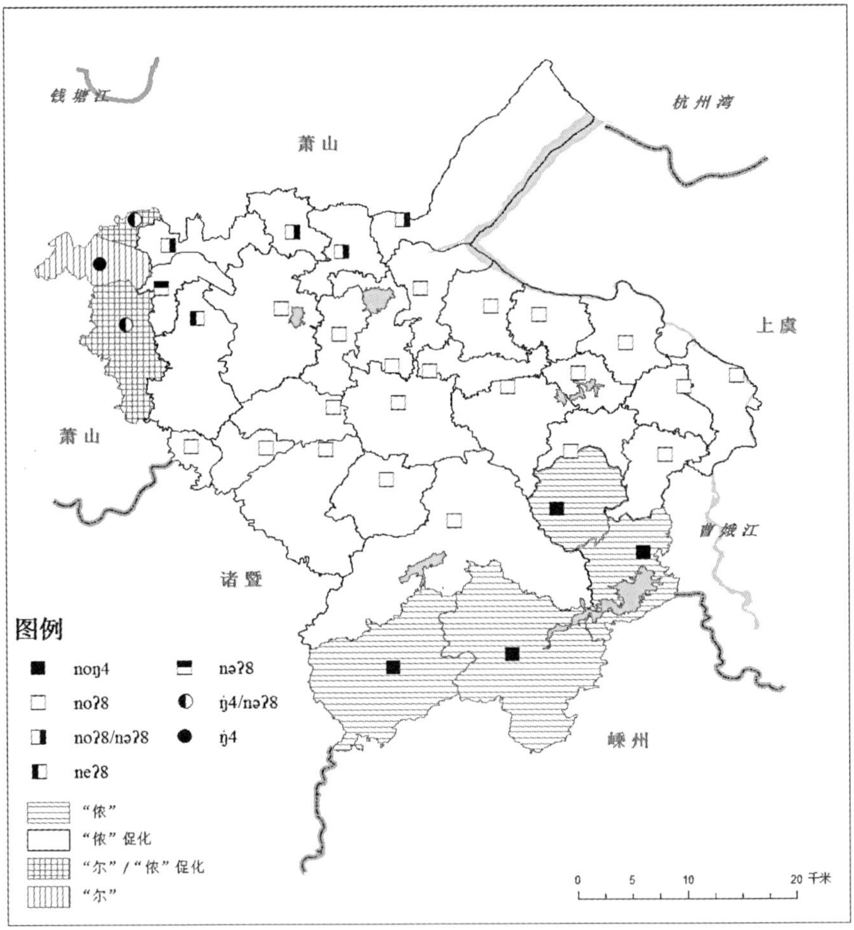

图 14　第二人称单数

3.3.3 次要特征五:“站(起来)”西郊片用“立 lieʔ”、南郊片用“徛 gᴇ”

绍兴表示“站(起来)”的说法主要有三种:꜁ŋᴇ、徛꜃gᴇ 和立 lieʔ꜇。“꜁ŋᴇ”“立”有瞬间、持续两种意义;做持续义时,两者全境基本通用。我们调查表瞬间义时的说法。

调查显示,东郊片和市区片大部分用“꜁ŋᴇ”,同宁波等地(参看汤珍珠等,1997);西郊片多用“立”,同北部吴语;南郊片多用“徛”,同南部吴语。具体区域有交叉,如图15:

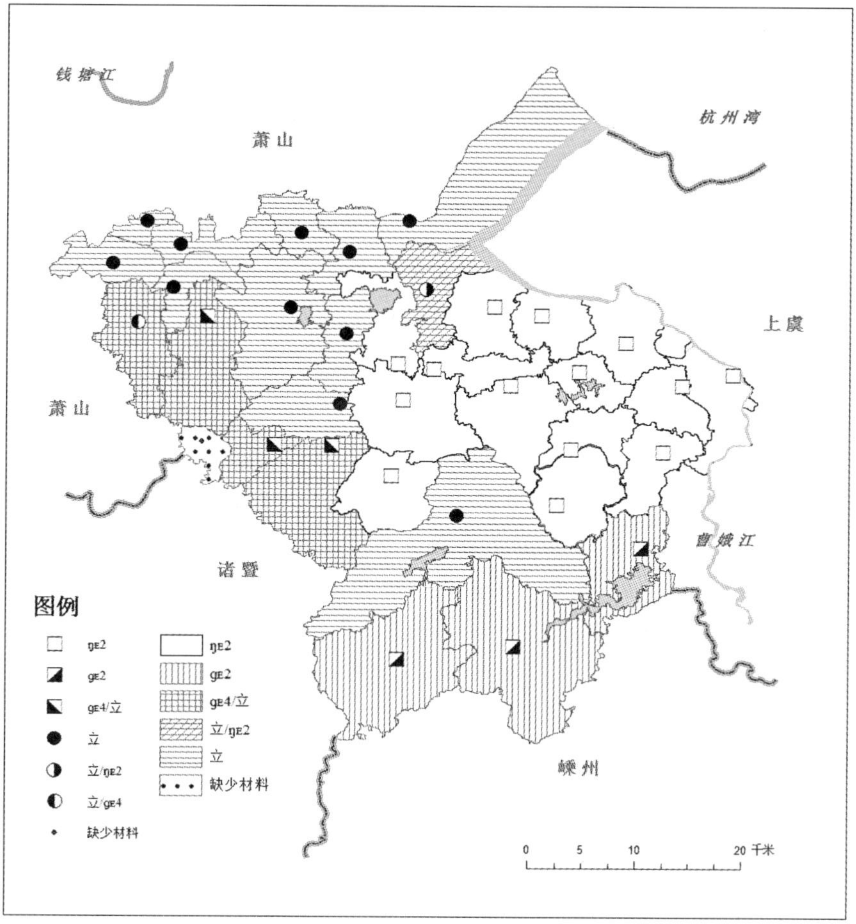

图15 “站(起来)”的说法

3.3.4 小结

综合上述三条特征,我们得到如下结果:

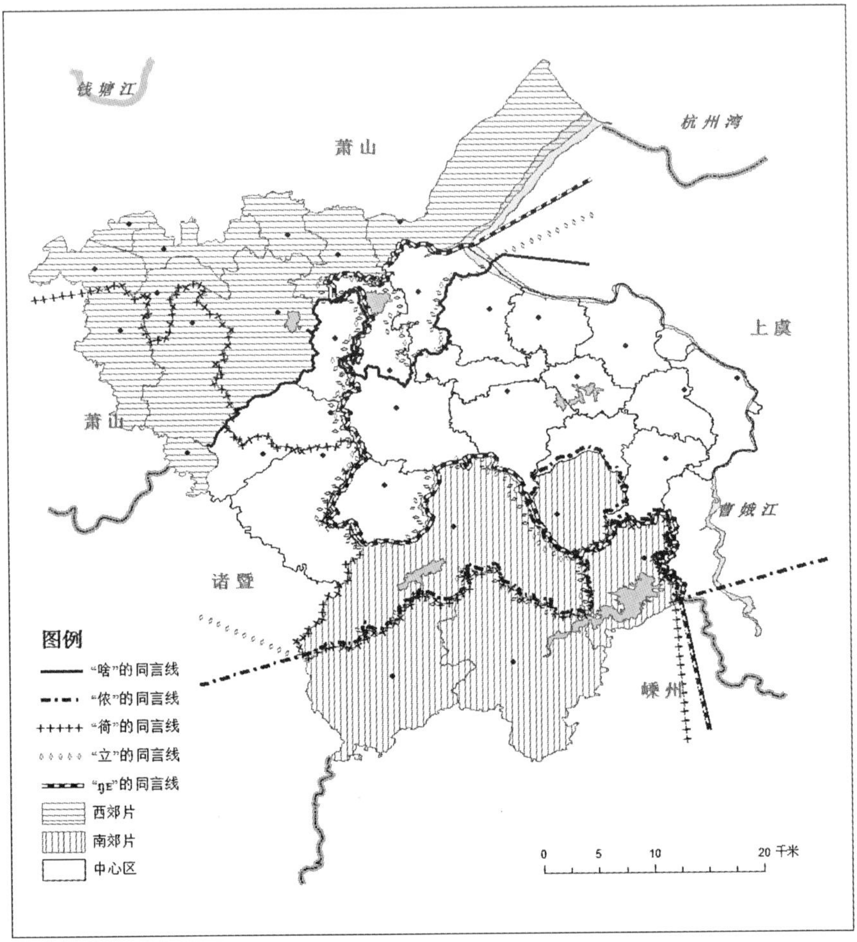

图 16 西郊片和南郊片

四 总结

我们把绍兴方言分区整理如下:

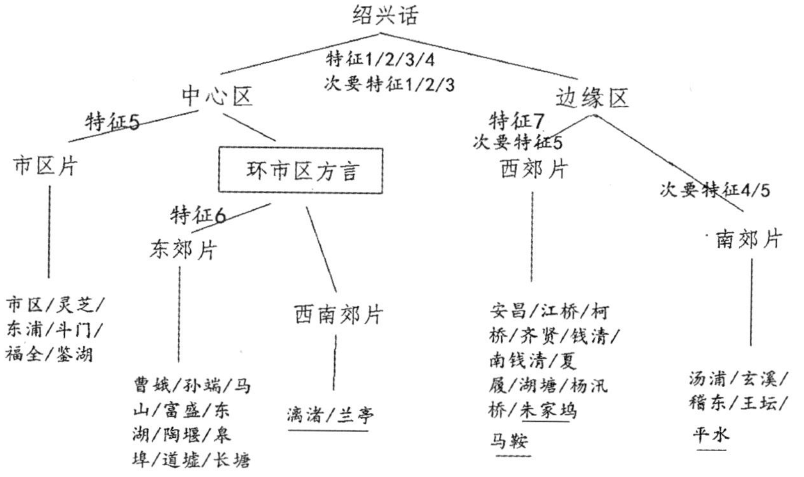

注：下加横线的是交界地带特征较为明显的区域。

图 17　绍兴话内部分区结构示意图

具体分片和分布区域如图 18：

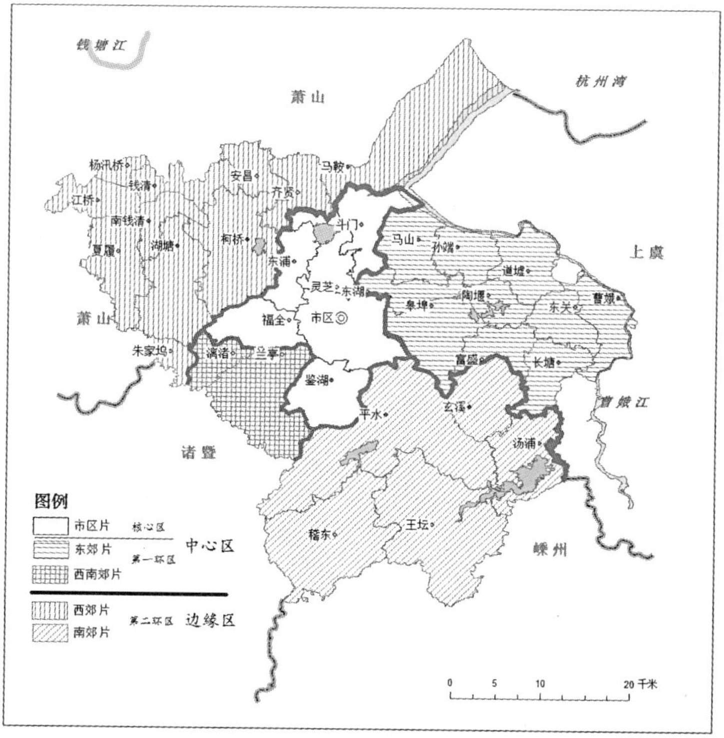

图 18　绍兴方言内部分区

马鞍、平水、朱家坞、玄溪等为各片交界地带，情况比较复杂，我们将另文探讨。

四　余论

参照图 19，我们简要讨论下绍兴境内几条边界的变迁以及“府治中心”说。

(1)中心区扩张、边缘区萎缩：中心区现在正在逐渐向西向南扩展，原来属于山阴县的斗门、灵芝、东浦、福全和鉴湖都已成为市区片口音；特别是属于丘陵地区的漓渚、兰亭等地也归入到第一环区境内。

图 19　境内界线变动及分区示意图

(2)与上一条相对应,里山口音则逐渐消失:在图 19 中我们发现,绍兴的丘陵地区呈西——西南——南弧线状分布,但现在的“里山口音”仅包含南郊片一块。在调查中,我们发现西郊片的湖塘、朱家坞和划为西南郊片漓渚等地还是存在不少里山口音特征,如:“站(起来)”说“徛ᶜɡᴇ”而不是“立”或“꜀ŋᴇ”,“扔,砸”说“daŋ꜆”而不是“tiŋ꜄”,等等。

(3)独特的南郊区:一般来说“东头埭”和“西头埭”口音不同与原来的会稽山阴两县的行政区划大致相当;但是,我们发现原本属于会稽县的南郊区在语音特征上更接近“西头埭”。

(4)吴语中,特别是沿海吴语一般都存在着“一府一中心;以府治中心所在地向府治四境扩散”的演变特点。而绍兴正符合这一特征。

参考文献

Chen Zhongmin(陈忠敏)2001 The Classification of Shanghai – Area Dialects.《中国语言学集刊》,第 5 卷第 1 期。

Francis W. Nelson 1983 Dialectology:An Introduction. Books on Demand.

大西博子 1999 萧山方言研究,《开篇》中国语学研究,单刊 11,日本:好文出版社。

丁邦新 1982/2008 汉语方言区分的条件,《丁邦新语言学论文集》,北京:商务印书馆。

董同龢 2001/2011《汉语音韵学》,北京:中华书局。

顾春蕾 2007 浙江诸暨方言同音字汇,《现代语文(语言研究版)》第 9 期。

贺登崧 2003《汉语方言地理学》,石汝杰译,上海:上海教育出版社。

李如龙 2001《汉语方言学》,北京:高等教育出版社。

孟守介 1984 诸暨方言的结构变调,《语言学论丛》第 12 辑。

钱曾怡 2003 长乐话音系,《方言》第 4 期。

绍兴市土地勘测规划院 浙江省第一测绘院 2011《绍兴市地图集》,北京:中国地图出版社。

盛益民 2012 吴语绍兴柯桥方言音系,《东方语言学》第 12 辑。

汤珍珠 陈忠敏 吴新贤 1997《宁波方言词典》,南京:江苏教育出版社。

陶　寰 1996 方言卷,《绍兴市志》,杭州:浙江人民出版社。

陶　寰 2000《汉语方言学》(稿)。

陶　寰 黄玮 1999 嵊州方言同音字表(稿)。

王福堂 1959 绍兴话记音,《语言学论丛》第 3 辑,北京:商务印书馆。
王福堂 2008 绍兴方言同音字汇,《方言》第 1 期。
项梦冰 曹晖 2013《汉语方言地理学——入门与实践》,北京:中国文史出版社。
项梦冰 2012a 方言地理、方言分区和谱系分类,《龙岩学院学报》第 30 卷第 4 期。
项梦冰 2012b 汉语词汇地理学的一般程序——以“冰雹”的研究为例,《地理科学研究》第 2 期.
谢　斐 2009 浙江上虞百官镇方言音系,浙江师范大学硕士论文。
许宝华 汤珍珠 陈忠敏 1993 上海地区方言的分片,《方言》第 1 期。
薛在军 马娟娟等 2013《ArcGIS 地理信息系统大全》,北京:清华大学出版社。
游汝杰 1992《汉语方言学导论》,上海:上海教育出版社。
远藤光晓 2012a 语言地图的绘制方法,南开大学讲座。
远藤光晓 2012b 什么是语言地理学? 南开大学讲座。
赵元任 1928/1956《现代吴语的研究》,北京:科学出版社。
中国社会科学院 澳大利亚人文科学院 1987《中国语言地图集》,香港朗文出版(远东)有限公司.
朱德熙 1986 在中国语言和方言学术讨论会上的发言,《中国语文》第 4 期。

附　记

有时候我在想:假如当年我考取的是北京大学中文系,我还是会走上汉语方言学这条路的,因为北大中文系有王福堂先生。王先生跟我是同乡,说着同样的方言。

上大学的时候,在图书馆里看到《语言学论丛》里王先生的名字和他的《绍兴话记音》,既敬仰又亲切。王先生用简洁纯净的语言,在有限的篇幅内把绍兴话的情况勾勒出一个清晰的轮廓,实际上也给绍兴话研究提出了一个很高的标准。这篇文章让我对家乡方言有了理性的认识。我走上方言学道路,最大的因素当然是我的导师许宝华先生,但王先生的这篇文章也是一个重要的催化剂。

第一次见到王先生是在方言学年会上,我刚读研究生不久。王先生不苟言笑，但温柔敦厚，我跟他用家乡方言进行交流，感觉十分亲切。1998 年在桂林的方言学年会上，王先生谈到跟我合作进行绍兴方言研究，却给了我不小的压力。他希望我趁年轻多跑一些地方，全面地了解绍兴方言。对于前辈学者的眷顾，我自然感到高兴，不过当时我正醉心于调查南部吴语，对方言学的把握也摇摆不定，所以这件事情就一直拖了下来。

王先生则不然，他一直在为绍兴方言研究做着踏实的工作。他和王洪君先生几度到绍兴进行调查，重新整理了绍兴方言同音字表，考释了绍兴方言的“㑳子”“面包”“ɦᴇ laʔ”，成果颇丰。每次接到王先生的来信，读到他的论文，我的感受就不仅仅是他踏实的治学态度，而且还是对我的另一种批评了。

所以，在十多年以后，当同样是绍兴人的金春华来我这儿攻读方言学方向的硕士研究生时，我就把绍兴方言的内部差异这个课题交到了他的手上。经过一年多的调查，加上与盛益民同学的反复讨论，这才有了这篇称不上成熟的文章。用这篇文章给王先生庆寿，实际上也是给王先生交上一份迟到的作业。

祝王先生健康长寿！

陶寰

（陶寰、金春华　复旦大学中文系；盛益民　南开大学文学院）

南京方言与民俗文化研究*

——以日常用具为例

顾　黔

一　引　言

南京与北京、西安、洛阳并称中国"四大古都"。先后有东吴，东晋，南朝宋、齐、梁、陈，以及南唐，明（洪武），太平天国，民国在此建都，史称"六朝古都，十朝都会"，素有"江南佳丽地，金陵帝王州"之美誉。

公元229年，三国时期东吴孙权筑石头城，建都建邺（南京）。这是南京第一次成为首都，距今约1700年。此后，南京多次作为中国的政治经济文化中心，也是重要的物资（粮食、茶、酒、盐、丝绸等）和人员集散地。明朝（公元1368年）的南京城是当时全世界最大的城市。明太祖朱元璋用21年的时间修筑南京城墙，长达32公里，城厢面积6万余亩，是目前世界上最长的保存完好的城墙。南京最后一次作为首都是民国时期，蒋介石于1927年在南京成立国民政府。

南京方言和民俗体现了南京悠久的历史。本文从日常用具探讨南京人的审美情趣，他们过去的、现在的日常生活状态，物质生活条件和精神面貌的改变。

---

* 本文得到国家社科基金重大项目（12&ZD177）资助，曾在日本金泽大学举办的"首届中国方言文化国际学术研讨会"（2012年3月）上宣读。唐玄、杨思源、瞿晗晔、汪莹等参与图片拍摄，特致谢忱。

二　南京方言音系

南京方言古为吴语，由于历史上多次北人南下（特别是四世纪永嘉之乱），充实江淮间，同时又多次作为中国首都，南京方言渐次改变其吴语性质，演变为江淮官话。

2.1　声母（21 个）

p 布比抱	p^h 坡劈盘	m 米妈目	f 飞风服
t 带低洞	t^h 铁他桶	l（n）拿捏落	
ts 组争	ts^h 词初层	s 送瘦雪	
tʂ 纸者	tʂ^h 车迟	ʂ 时蛇	ʐ 绕人
tɕ 机家近	tɕ^h 起区权	ɕ 喜下学	
k 孤惯搞	k^h 苦宽开	x 祸胡获	
ø 衣岸物			

2.2　韵母（46 个）

ɿ 字瓷丝	ʅ 纸迟是	er 儿耳二	
o 破多哥科	i 批米气	y 女据玉	u 杜路猪
ɑ 爬大沙	iɑ 加夏牙	uɑ 瓜垮话	
e 车蛇	ie 爹谢爷	ye 瘸茄靴	
ɛ 牌代海	iɛ 街鞋	uɛ 帅乖怀	
əi 杯梅飞	uəi 雷追桂		
ɔ 桃早高	iɔ 标桥咬		
əɯ 楼走沟	iəɯ 丢求有		
ən 冯深很	in 兵琴定	uən 吨嫩浑	yən 均训云
	iɛ̃ 天剪现		yɛ̃ 全劝远
ã 帮兰旱	iã 两响阳	uã 团窗广	
oŋ 农总弓	ioŋ 穷胸容		
ʅʔ 直吃日	iʔ 劈力吸	uʔ 读触狱	yʔ 律局
ɛʔ 北麦特	iɛʔ 撇结噎	uɛʔ 拙国或	yɛʔ 绝缺血
oʔ 泼盒渴	yoʔ 脚钥药		
ɑʔ 拔法擦	iɑʔ 甲瞎鸭	uɑʔ 刮滑袜	

2.3　声调（5个）

阴平 31　高知天边婚飞安英

阳平 24　穷陈唐平鹅难文云

上声 11　古比丑体买暖五有

去声 44　盖帐汉近淡阵让用

入声 5　急秃桌纳局叠舌药

南京方言声调古今演变关系图：

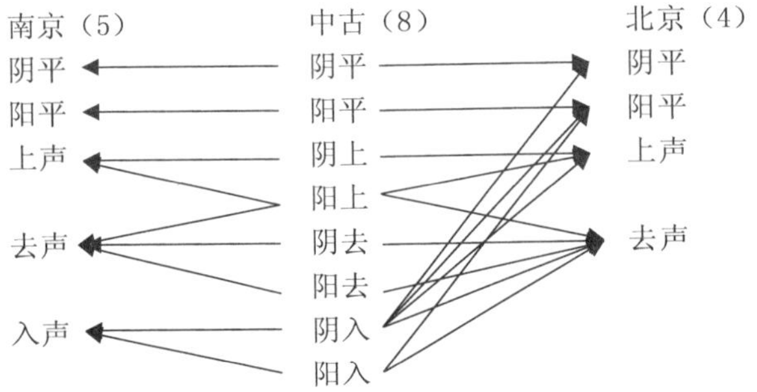

三　民俗文化·日常用具

本文主要收录南京的炊具、卧具、桌椅板凳等日常用具。炊具是烧饭做菜时使用的器皿和工具，主要有火锅、砧板、刨子、铲、淘米箩、擀面杖等。卧具有床、蚊帐、席子等。桌椅板凳一般以松、杉、柳等木材制成，高级的用柏木、红木、紫檀等名贵木材。老式桌椅注重雕饰，质地结实，具有艺术和收藏价值，往往代代相传。从这些精美华贵的家具，可以遥想南京作为"十朝都会"的气度和辉煌。江南的富庶，南京人精致的生活、高雅的审美情趣由此可见一斑。

灶台[$\mathrm{ts}ɔ^{44}\mathrm{t}^{h}ɛ^{24}$]

灶台一般成扇形或长方形，一边靠墙，烟突（烟囱）依墙而砌通向屋外。通常灶面上并排两个灶洞，一大一小，放置两口铁锅；两个灶膛之间装上可抽卸的隔板，只有一个灶膛烧火时，装上隔板，可防热能损失。南京人的饮食以米饭为主，因而大锅烧饭（俗云"大锅饭"），小锅炒菜。在两个灶洞和烟突之间，一般有一个小灶洞，上面放一只水罐，利用烧火时窜向烟突的余热烧水，炒菜做饭时，取水也很方便。灶台的后沿砌一面半人高的灶墙，墙上砌有小平台，放置各种调味料。灶台的后面是两个灶门。灶墙高处、烟突的前面常砌一个方孔神龛，用于供奉灶王爷。至今，中国一些农村地区仍使用这种“大锅灶”。不过城镇居民多使用燃气灶，取代了老式灶台。

灶台 1

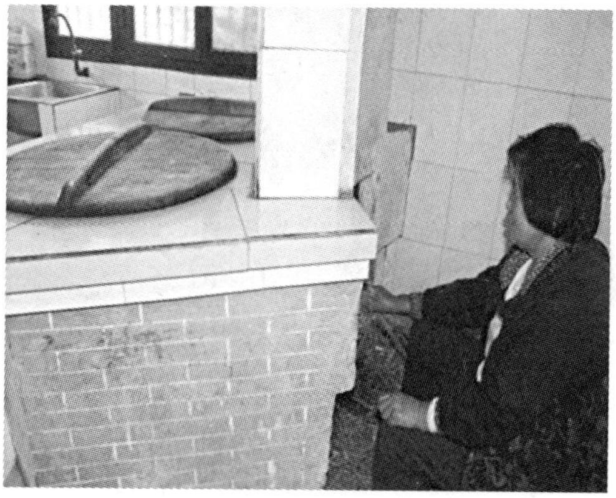

灶台 2

灶台 3

现代燃气灶

20 世纪中叶，南京居民烧饭多使用煤炉，70 到 80 年代开始使用带有液化气瓶的煤气灶。现在多统一铺设天然气管道，现代化的燃气灶已取代老式灶台。

缸缸灶[**kã^{44}kã^{31}tsɔ^{44}**]

缸缸灶形状如小缸，下部有一个添柴火的梯形门洞，上面架锅，多用黄泥烧制而成。与一般灶台相比,缸缸灶是非常简陋的灶具,不过它便于移动。

缸缸灶 1

缸缸灶 2

风箱[**fən^{44} ɕiã^{31}**]

用于鼓风使灶火旺盛的手拉装置,主体像一个长方体木箱。

竹箅子[**tsuʔ^{5} piʔ^{5} tsɿ^{0}**]

有空隙,能起间隔作用蒸食物用的器具。

擦子(礤床儿)[**ts^{h}ɑʔ^{5} tsɿ^{0}**]

将果蔬(如萝卜、瓜、藕)擦成丝状的手工器具,主要部分是一块带许多小孔的金属片,小孔边缘向金属片的一面突起,使果蔬摩擦通过时被刮下并穿过小孔成丝状。

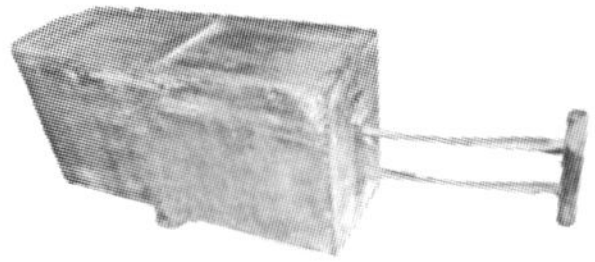
风箱

竹箅子

擦子

筷筒[kʰuɛ^{44}tʰoŋ^{11}]

竖着放筷子的筒。

捧盘[pʰən^{11}pʰã^{24}]

一种浅口大底盘,用木头或陶瓷等制成,有圆、正方、长方等多种形状,盘内可放置多个杯盘碗碟,酒席送茶、送菜时常用。

筷桶 1

筷桶 2

捧盘

饭屉子(食盒、春盒)[fã^{44}tʰi^{44}tsɿ^{0}]

有提梁、有盖、分多层的食品盒。春天踏青或上坟时常用来带酒菜、果蔬等食品,故又称“春盒”。

春盒

饭屉子

猫叹气[mɔ^{31}tʰã^{44}tɕʰi^{44}]

带盖的提篮,可紧盖。竹篮底部有高柱脚,可远离地面保持清洁。南京民房多有房梁,房梁上有钩子,饭菜放在提篮里挂上去,猫和老鼠够不着,蝇蚊也进不去。猫无法偷食,急得抓耳挠腮也吃不着里面的食物,只得对着篮子叹气,因此得名。

猫叹气1

猫叹气2

篮子[**lã^{11} tsɿ^{0}**]

用藤、竹、柳条等编成的容器,上面有提梁。

匾子[**piɛ̃^{11} tsɿ^{0}**]

用竹篾编成的器具,圆形,平底,边框很浅。

簸箕[**po^{44} tɕi^{0}**]

三面有沿,一面敞口的盛粮器具,比清扫垃圾用的撮簸大。

篮子

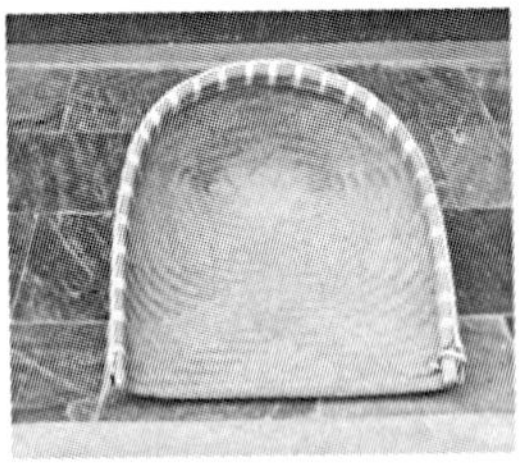

簸箕

匾子

针线匾子[**tsən**^{31} **ɕiɛ̃**^{44} **piɛ̃**^{11} **tsɿ**^{0}]

盛放针线的匾子。

针线板儿[**tsən**^{31} **ɕiɛ̃**^{44} **per**^{24}]

绕线用的小木板。

针线匾子

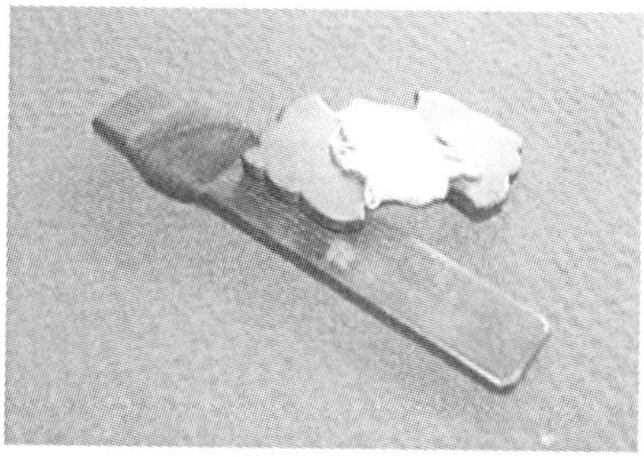

针线板儿

笤帚[**tʰiɔ**^{24} **tsəɯ**^{31}]

用高粱穗、黍子穗等做成的扫地工具。

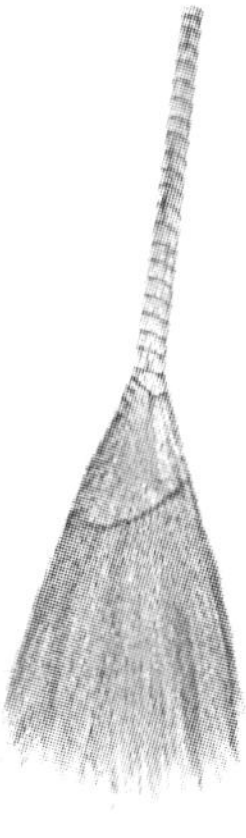

笤帚 1

笤帚 2

磨子[mo^{44}tsɿ^{0}]

把豆子、粮食等弄碎的工具，通常是两个圆石盘做成。

磨子 1

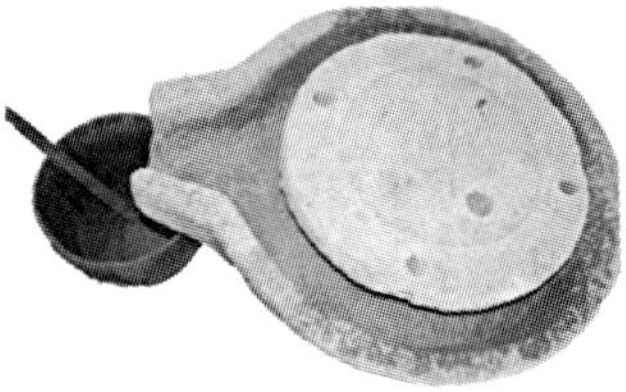

磨子 2

水量子[suəi^{11}liã^{44}tsɿ^{0}]

勺状舀水工具，口略呈喇叭状，没有提梁，有一个微弯的把儿，用来舀水、洗菜。城市居民家中不常见，一般在郊区使用。

提桶[t^{h}i^{24}t^{h}oŋ^{11}]

用来提水的水桶，上有高出桶沿的提手。

吊桶[tiɔ^{44}t^{h}oŋ^{11}]

用来吊出井水的小水桶，通常有低于桶沿的系绳子的把。

水量子

提桶

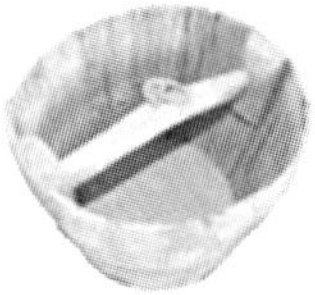

吊桶

马桶[mɑ^{24}t^{h}oŋ^{11}]

大小便用的有盖木桶。新派叫“马桶”，老派叫“马子”。

脚盆[**tɕyoʔ^{5} p^{h}ən^{24}**]

木制洗脚用的盆。

澡盆[**tsɔ^{11} p^{h}ən^{24}**]

木制椭圆形洗澡用的盆。

马桶

脚盆

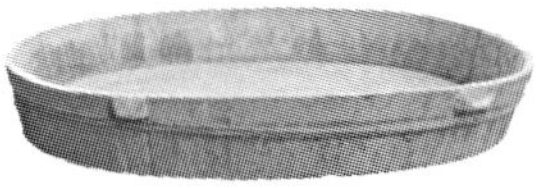

澡盆

八仙桌[**paʔ^{5} ɕiɛ̃^{31} tʂoʔ^{5}**]

可供八人围坐的大方桌。

八仙桌 1

八仙桌 2

椅子[**i^{11} ʦɿ^{0}**]

有靠背的坐具,主要用木头、竹子、藤条等制成。

椅子 1

椅子 2

甘蔗凳[**kã^{31} tsɑʔ^{5} tən^{44}**]

甘蔗凳是手工榨制甘蔗汁的工具，用硬木制成，外形似板凳，面板向前端倾斜，并开圆槽与流口相通，以便甘蔗汁顺槽流入放在前端下的容器。

甘蔗凳 1

甘蔗凳 2

架子床[**tɕiɑ^{44} tsɿ^{0} ts^{h}uã^{24}**]

旧式四角有雕花木架的卧具。

架子床 1

架子床 2

梳妆台[$su^{31}tsuã^{31}t^{h}ε^{24}$]

女人梳妆打扮用的家具，台面上装有镜子，镜子两边有小抽屉，台面下的两边各有一个带门的小柜子。

梳妆盒[$su^{31}tsuã^{31}xoʔ^{5}$]

盛放首饰的木盒。

梳妆台

梳妆盒

凉床[$liã^{24}ts^{h}uã^{24}$]

夏天乘凉用的卧具，一般为木制或竹制。

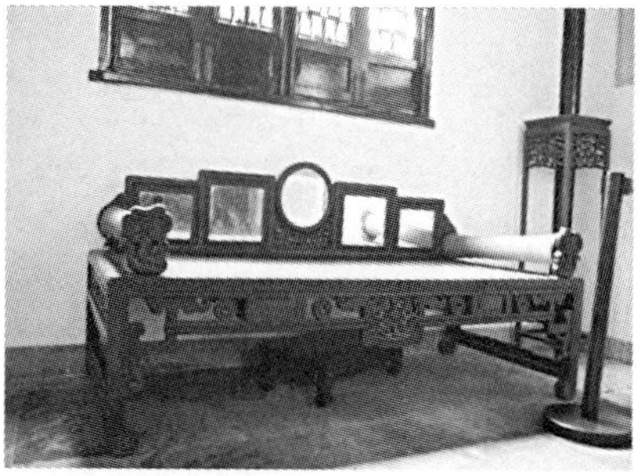

凉床 1

凉床 2

绷子床[pən^{31}tsɿ^{0}tʂ^{h}uã^{24}]

垫着棕绷，又叫“棕绷床”，以木框为架，串编棕绳为床面。软硬适中，防潮通气，睡卧舒适，一张棕绷可供几代人使用，是南京居民较为普遍的寝具，现在已经不常见了。

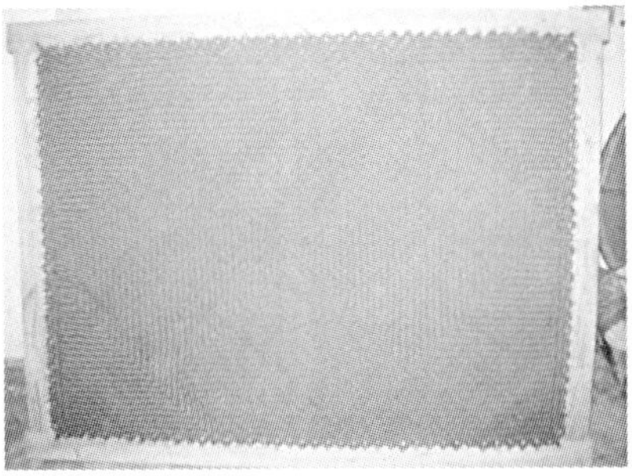

绷子床 1

绷子床 2

热水瓶[ʐɛʔ^{5}suəi^{11}p^{h}in^{24}]

存热水的保温瓶，口很小，用木塞塞住，简称“水瓶”。

水烟袋[suəi^{11}iɛ̃^{31}tɛ^{44}]

吸水烟的用具，多为铜制。

热水瓶

水烟袋

汤壶[t^{h}ã^{31}xu^{24}]

盛热水后放在被窝中取暖用的壶，略呈扁球形，用铜或陶瓷等制成。

汤壶 1

汤壶 2

手炉[səɯ^{11}lu^{24}]

冬天暖手用的小炉，多为铜制，是中国宫廷和民间普遍使用的一种取暖工具，与脚炉相对而言，又名“捧炉”。手炉有八角形、圆形、方形、腰形、花篮形、南瓜形等，大多由紫铜、黄铜、白铜制成，也有少量瓷器制品。手炉的炉盖颇具特色，镂空雕刻，可以散热，雕饰的花纹纷繁、精美，有五蝶捧寿、梅兰竹菊、喜鹊绕梅等，跟炉身的福禄寿喜、花鸟虫鱼、人物山水等花纹相得益彰，从一个侧面反映了南京民俗文化的博大精深。

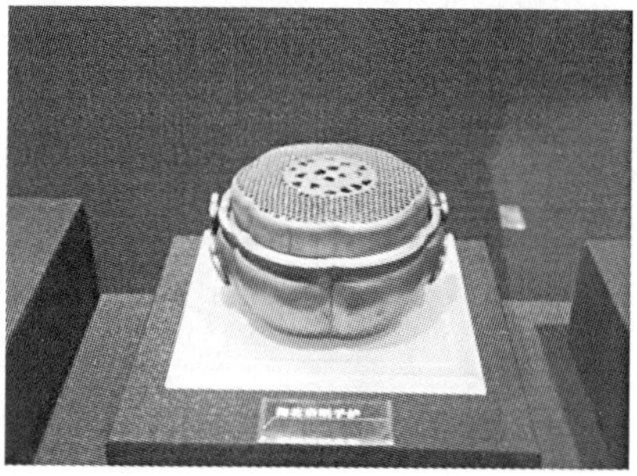

手炉 1

手炉 2

脚炉[tɕyoʔ^{5}lu^{24}]

冷天烘脚用的小铜炉，状圆而稍扁，盖上有许多透气小孔。

脚炉 1

脚炉 2

烘篮[xoŋ^{31}lã^{24}]

旧式取暖用具，内嵌小瓦钵，钵内盛炭屑作燃料。篮子上蒙着保暖用的布，点燃炭屑后，手伸进篮子取暖，可挎在手臂上，边走边用。常有老年人提着它，把烘笼放在两膝之间，聚在一起坐着聊天。

烘篮 1

烘篮 2

站窝子(站桶)[tsã^{44}o^{31}tsɿ^{0}]

给一岁左右孩童站立的器具，一般为木制或竹制，有筒形和方形两种。高一米左右，上小下大，底部中空，中间有一站板，结构稳定，孩子在桶中活动时不致倾倒。桶的顶部有圆形开口，下部有隔板，隔板下冬天时可放火盆取暖。孩子站在桶内，既可以锻炼腿脚，大人也可以放心做事，无需照看，既科学又实用。

摇窝子(摇桶)[iɔ^{24}o^{31}tsʅ^{0}]

又叫“摇篮”，婴儿卧具，是旧时家中必备之物。木制或竹制，分为桶身和摇架两部分。摇架的底部为两根弧形的木头，桶身卡在摇架之上，轻轻一碰，就摇晃起来。过去制作的摇桶坚固耐用，能供几代人使用。现在，传统的摇桶已被现代婴儿床取代。

站窝子

摇窝子

尿布罩子[suəi^{31}pu^{44}tsɔ^{44}tsʅ^{0}]

用于烘干尿布的竹罩，置于火盆之上，罩上放尿布。

煤油灯[məi^{24}iəɯ^{24}tən^{31}]

烧煤油的灯具。

提灯[t^{h}i^{24}tən^{31}]

带玻璃罩子有提手的油灯。

尿布罩子

煤油灯

提灯

本钟 1

本钟 2

南京本钟[**lã^{24} tɕin^{31} pən^{11} tsoŋ^{31}**]

南京本钟起源于南京，为了跟“洋钟”区别开来，称为“本钟”，苏南称“插屏钟”。南京明末就已成为我国的制钟基地，钟表制作极为精致，铜针大都为纯手工敲制，表盘烧瓷镀字。

南京本钟造型大都为方匣子或插牌式，很实用，光绪到民国年间最受大众欢迎。南京本钟有鲜明的东方文化特色，符合中国人的审美情趣，民族色彩浓厚，是中国钟表制造产业化、国际化的先驱。1915 年美国旧金山举行“太平洋万国巴拿马博览会”，南京本钟获得金奖，这是中国钟表史上的第一个国际性奖项。

在制作工艺上，南京本钟与洋钟最大的区别在于：洋钟用“杠杆式擒纵器”，而南京本钟用“收割式擒纵器”。收割式擒纵器使用宽仅 4 至 5 毫米、长 1 米多的链条，每上一次弦，能够走 15 天。起初，南京本钟分为两部分，上面是长方形的机箱，下面是花式底座，可灵活拆装，俗称“两托”。光绪年间，一些工匠仿造传统的插屏模样，把机箱上部改造为屏芯，中间是插屏座，下部是茶几形的弯腿底座，俗称“三托”，整个造型像是一只古插屏，因而又称“插屏钟”。南京本钟的造型至此确定。本钟的座架上有各种装饰，如浮雕、透雕、螺钿镶嵌、象牙镶嵌、玻璃镜镶嵌等。在材料选用上，红木是制造南京本钟外壳最常用的材料。

南京本钟共有八种尺寸，但没有统一标准。特大号钟屏宽 33 厘米以上，最小的是七号钟,屏宽10厘米以下。屏宽22至26厘米的三号钟产量最多,约占到总产量的半数。

南京本钟的鎏金板颇具特色。鎏金板用传统鎏金术将超薄的金箔烧结上去,表面闪亮,久不褪色,百年如新。图案多为寓意吉祥、长寿的"五蝠捧寿""八仙庆寿"等,也有少量特制的情调风雅的"渔樵耕读"等。

辛亥革命时期南京本钟盛极一时,但每个月只手工生产一台。抗战时期,南京本钟停产。现在南京本钟存世数量稀少,非常珍贵。因其深厚的文化底蕴,收藏价值逐年上升。

南京本钟精湛的工艺、名贵的材质、雍容的外观体现了南京作为"十朝都会"的都市风范。

参考文献

江苏省地方志编纂委员会 2002《江苏省志民俗志》,南京:江苏人民出版社。
江苏省上海市方言调查指导组编 1960《江苏省和上海市方言概况》,南京:江苏人民出版社。
K. Hemeling(何美林)1902《南京官话》,Druck Von W. F. Kaestner。
李荣主编 刘丹青编纂 1995《南京方言词典》,南京:江苏教育出版社。
南京市地方志办公室 2003《南京民俗志》,北京:方志出版社。
赵元任 1929 南京音系,《科学》第13卷第8期。
郑孝清 2010《南京市民俗博物馆》,北京:文物出版社。

附　记

1988年,我考入南京大学中文系,师从鲍明炜先生治方言学。那时常听鲍先生说,北京大学的王福堂先生人品好、学问好,堪称典范。后来,王福堂先生主持编纂《汉语方音字汇》(第二版重排本),来信请鲍先生帮忙核查其中扬州点的材料。鲍先生命我联系我们系卞觉非教授(扬州人),我们就在卞教授家逐字核对。当时,我做了详细笔记,将差异部分逐一整理,寄给了王先生。这个事情结束也就结束了,没想到过了一段时间,王先生给我寄来一封长信,询问差异的详细情况,感谢我们的帮助。又过了一段时间,我收到王先生的赠书,上面有他的亲笔签名。我当时只是一个刚入门的硕士生,有机会参与调查、核对,是很难得的,没想到受到这么大的礼遇,很感动。这是我初次与王先生的交往。之后我常常收到王先生寄来的大作,获益良多。

我申报博导的时候,材料由南大送请校内、校外专家评审。几年后,偶然的机会,我们学校的一个评委跟我说,我当年评审得了全优,原因多方面,其中之一就是外评专家评价很高,是北京大学一位姓王的教授。北大治方言学的王姓教授只有两位,一位是王福堂先生,另一位是王洪君先生,我到现在也不清楚到底是哪位王先生。见他们多次,他们从未提及此事。王先生品德高洁,对后辈润物无声,由此可见一斑。

现在,参加学术会议时,经常碰见他们二位,琴瑟和鸣,共同为方言学的研究和发展作不懈努力。如今有机会为祝贺王先生八十华诞撰写文章,深感荣幸,谨以此文表示我对王先生的崇敬和感激之情。

(顾黔　南京大学中文系)

湘南双方言背景下姓氏濒危方言说略
——以蓝山太平唐姓土话为例

罗昕如

湘南地区包括湖南省南部的永州市与郴州市,地处湘、粤、桂三省交界处。湘南地区大部分市县对外讲西南官话,对内讲各不相同的土话,是官话与土话兼用的双方言区。方言的不同一般以地域的不同来论,但在湘南永州市蓝山县却存在依姓氏而定的方言,即方言随姓氏的不同而不同(如唐姓土话、张家土话),这类依姓氏而定的方言在全国汉语方言中都不多见。

湘南姓氏方言的使用人数越来越少(一个姓氏几百或几千人),使用范围有限,只在同一姓氏的小范围使用,只在内部使用,对外使用当地的强势方言西南官话,姓氏方言使用功能逐渐萎缩,面临被官话替代而消亡的命运,是处于濒危状态的方言。学术界对于湘南濒危方言(湘南土话)已有较多研究,但对其中处于濒危状态的姓氏方言却很少涉及。笔者曾经对蓝山县太平圩乡八个姓氏的土话进行过调查研究(这八个姓氏包括唐姓、陈姓、厉姓、蒋姓、刘姓、薛姓、黄姓、徐姓),揭示了不同姓氏土话的一些异同。(罗昕如,2002)并以太平圩乡的大姓唐姓老派土话为主要研究对象(太平圩乡唐姓共9000多人),通过全面深入的调查研究,系统描写了太平唐姓老派土话语音、词汇、语法的基本面貌并揭示其特点①,为学术界提供湖南独特的姓氏濒危方言的第一手语言材料。本文拟略述太平唐姓土话的特点,包括其自身固有的特点和在双方言背景下受西南官话影响的特点。

---

① 罗昕如著《蓝山太平土话研究》,为"十二五"国家重点图书出版规划项目《濒危汉语方言研究丛书》之一,即将出版。

一　太平唐姓土话固有的特点

太平唐姓老派土话在语音、词汇、语法等方面都具有自身固有的特点，特色鲜明。下面从语音、词汇、语法几方面概述。

1.1　太平唐姓土话的音韵特点

太平唐姓土话声韵调系统。声母22个：p　pʻ　m　f　t　tʻ　n　l　ʦ　ʦʻ　s　ʨ　ʨʻ　ȵ　ɕ　c　cʻ　ç　k　kʻ　x　Ø。韵母35个：ɿ　i　u　y　a　ia　ua　ya　o　uo　e　ie　ue　ye　ai　uai　ei　uei　au　iau　əu　iəu　an　iae　ən　in　uən　yn　aŋ　iaŋ　uaŋ　yaŋ　oŋ　ioŋ　ŋ̍。声调5个：阴平13　阳平21　上声35　阴去33　阳去53。

太平唐姓土话主要音韵特点：

(1)古帮端组全浊声母字，不论平仄，今多读不送气清音，古精知庄见组全浊声母字，不论平仄，今多读送气清音。例如：

並母	爬 pa^{21}	排 pie^{21}	皮 pi^{21}	伴 poŋ^{33}	败 pie^{53}	白 pa^{53}
定母	图 tu^{21}	提 ti^{21}	头 tau^{21}	袋 to^{53}	道 təu^{33}	独 te^{33}
从母	慈 ʦʻ^{21}	墙 ʨʻioŋ^{21}	前 ʦʻei^{21}	字 ʦʻ^{53}	就 ʨʻiəu^{53}	绝 ʨʻie^{33}
邪母	词 ʦʻ^{21}	囚 ʨʻiəu^{21}	寻 ʨʻin^{21}	寺 ʦʻ^{53}	袖 ʨʻiəu^{53}	谢 ʨʻia^{53}
澄母	茶 tsʻa^{21}	厨 ʨʻy^{21}	迟 ʦʻ^{21}	柱 ʦʻu^{33}	赚 ʨʻye^{53}	陈 ʨʻin^{21}
崇母	床 tsʻoŋ^{21}	锄 ʦʻu^{21}	豺 tsʻo^{21}	助 tsʻu^{53}	寨 ʨʻie^{53}	铡 ʦa^{21}
群母	钳 kʻei^{21}	狂 kʻuaŋ^{21}	奇 cʻi^{21}	柜 cʻy^{53}	徛 cʻi^{33}	咳 kʻei^{33}

(2)区分尖团。古精组字在今细音前读[ʨ ʨʻ ɕ]，见晓组字今细音前多读[c cʻ ç]。例如：

精组	焦 ʨiəu^{13}	秋 ʨʻiəu^{13}	墙 ʨʻioŋ^{21}	箱 ɕioŋ^{13}	祭 ʨi^{33}
见组	娇 ciəu^{13}	丘 cʻiəu^{13}	强 cʻioŋ^{21}	香 çioŋ^{13}	计 ci^{33}

(3)非组有些字保留了双唇音，匣母有些字读成了零声母。例如：

非组	斧 pu^{35}	放 poŋ^{33}	蜂 pʻaŋ^{13}	分 paŋ^{13}	尾 mi^{33}	问 maŋ^{53}
匣母	禾 uo^{21}	胡 u^{21}	滑 uai^{33}	皇 oŋ^{21}	黄 oŋ^{21}	横 ye^{21}

(4)船母字今读擦音，溪母有些字也读擦音。例如：

船母	船 suei^{21}	唇 ɕyn^{21}	乘 sən^{21}	射 sa^{53}	顺 ɕyn^{53}	实 se^{33}
溪母	开 xo^{13}	空 xuən^{13}	窠 xo^{13}	起 çi^{35}	牵 çiaŋ^{13}	去 fu^{33}

(5)古蟹摄一等与二等字今韵母分立，一等字多读[o]，二等字多读

[ie]。例如：

蟹摄一等 盖 ko^{33} 开 xo^{13} 改 ko^{35} 胎 $t‘o^{13}$ 耐 no^{53} 腮 so^{13}

蟹摄二等 戒 cie^{33} 揩 $c‘ie^{13}$ 解 cie^{35} 排 pie^{21} 卖 mie^{53} 晒 $çie^{33}$

(6)古咸山梗摄很多字(主要是二等三等四等字)今不读鼻尾韵,例如:

咸摄 尖 $ʦei^{13}$ 镰 lei^{21} 检 kei^{35} 甜 tei^{21} 念 nei^{53} 腌 ei^{13}

山摄 办 pie^{53} 慢 mie^{53} 山 $çie^{13}$ 变 pei^{33} 棉 mei^{21} 件 kei^{33}

梗摄 病 pei^{53} 名 mei^{21} 颈 kei^{35} 腥 sei^{13} 青 $ʦ‘ei^{13}$ 井 $ʦei^{35}$

(7)声调五个,古平声与去声今依声母的清浊分阴阳,上声不分阴阳,无入声。古全浊与次浊上声字今归阴去。古入声字大部分归阴去,“石、舌、白”等少数字归阳去。

(8)有一些读音特殊的特字。例如:

“有”是云母字(喻三),读如晓匣母[xau^{33}],合“喻三归匣说”。

“不”字读如明母,读[me^{33}],本字可能不是“不”,而是“勿”。有关论述见罗昕如

(2004:106)。

1.2 太平唐姓土话的词汇特点

太平唐姓土话的词汇特点主要表现在拥有成批量的特色词语,官话借词大量输入,有一些有特色的构词后缀,通用量词独特。官话借词见下文,特色构词后缀和通用量词见语法特点,这里只谈谈第一个特点:拥有成批量有特色的词语。

太平唐姓土话有一批有特色的词语,这些词语有的也见于湘南其他土话,有的少见于其他土话。下面的举例分析从略,详见罗昕如《湘南土话词汇研究》(2004)。

【白白】pa^{53}·pa 曾祖父 【白婆】$pa^{53}po^{21}$ 曾祖母

【姼公】$to^{13}kuən^{13}$ 外祖父 【姼婆】$to^{13}po^{21}$ 外祖母

【恐】$çyn^{35}$ 害怕 【憷】$ʨ‘ie^{33}$ 疼痛

【花钱】$xua^{13}ts‘ei^{21}$ 钱 【隘】ie^{33} 窄

【六谷仔】$lie^{33}ku^{33}tsai^{35}$ 玉米 【水袜】$çy^{35}ue^{33}$ 袜子

【一领】$a^{33}lei^{33}$ 一件:一领衣衫 【软豆】$uei^{33}təu^{53}$ 豇豆,细长条的。

【牢】$ləu^{21}$ 养牲畜的棚或栏:马牢(马棚)、牛牢(牛栏)、猪牢(猪圈)

【乌丝蚊】$u^{33}sɿ^{13}maŋ^{33}$ 蜘蛛 【打火蚊】$ta^{35}xo^{35}maŋ^{33}$ 灯蛾

【镜壶】cin^{33}xu^{21} 瓶子

【箩仔】lo^{21} · tsai 篮子

【瘟豆】uən^{13} təu^{53} 蚕豆。蚕豆未熟，吃多了会中毒死人，故名。

【石梨】sa^{53}li^{21} 石榴

【水婆竹】ɕy^{35}po^{21}tɕye^{33} 芦苇

【落地生】lau^{53} · ti ɕie^{13} 花生。另有落生米、落生皮、落生壳、落生油、落生糖。

【头头】tau^{21} · tau 脑袋

【下盘】xa^{33}poŋ^{21} 下巴

【脚盘】ciəu^{33}poŋ^{21} 脚掌

【手盘】ɕiəu^{35} poŋ^{21} 手掌

【肝花】koŋ^{13}xua^{13} 肝

【包子娘】pau^{13} · tsɿ ȵioŋ^{21} 酵子

【走火】tsau^{35}xo^{35} 婚俗。女子出嫁前夕，人们持香火蜡烛，唱歌跳舞送别新娘，叫走火。

【搊三牲】tsʻau^{13}so^{13}ɕie^{33} 治丧习俗。孝家手端盛有三牲（一般为肉、蛋等）的盘子，盘中放有插香的竹筒，围绕棺材转丧，叫搊三牲。

【转丧】tsuei^{33}soŋ^{13} 治丧习俗。孝家搊三牲围绕棺材转，走三步拜一次，叫转丧。

【牛屎酒】niəu^{21} s^{35} tɕiəu^{35} "牛屎酒"是包括太平在内的蓝山县的一大特产，应该说是蓝山一绝，又叫"黑糊酒"。"牛屎酒"的制作十分考究：首先选用当地优质糯米为原料，用特制的大木桶蒸熟以后，掺和酵母，用缸盛起来，半月后倒入甘甜可口的井水，并配以多种名贵药材酿造。待酒酿好后，把酒倒入口子较窄的陶瓷缸里，用干净布封住缸口，盖上盖子，再用水泥或石灰涂上，以防漏气；然后，在牛圈中牛粪较多的地方挖一个洞，置缸于洞中，用牛粪垒好。经过半年或者更长时间以后，把酒取出来，酒液已变成像牛粪一样的颜色——深褐色。一般来说，放置的时间越长，酒液越稠，酒味越香醇甜美。

限于篇幅，此处只列举有限的例词，这类词语在太平唐姓土话中形成了一定的批量。

1.3 太平唐姓土话的语法特点

太平唐姓土话有一些特殊的构词后缀；通用量词独特；处置标记用"拿"；被动标记用"安"；与"很"对应的程度副词说"拉 la^{53}"；与"和"对应的连词说"黏 ȵia^{21}"；完成体标记用"脱/得/哒 tʻe^{33}/te^{33}/ · ta"，等等，均体现了太平唐姓土话语法的鲜明特色。下面略说三点。

（1）有一些特殊的构词后缀

太平唐姓土话中有一些能产性很强的构词后缀很有特色，如“头”“牯”“婆”“每”等，由它们构成大量有特色的合成词。下面各略举例，与普通话相同的不列举。

“头[tau^{21}]”缀词：

日头 太阳	天头 天上	地头 地方	平地头 平地方
岭头 山上	塍头 田头	街子头 街道	街头 街上
镢头 锄头	楼头 楼上	隥头 台阶儿	路头 路上
壁头 墙壁	墙头 墙上	门头 门上	桌头 桌上
椅子凳头 椅子上	柱头 柱子	鸡公头 鸡冠	猪头（牯）公猪、种猪
猫牯头 猫头鹰	老娘头 老太婆	头头 脑袋	气门头 囟门
鼻头 鼻子	肩头 肩膀	肛头 肛门	胸头 胸脯
笠头 斗笠	帽舌头 帽檐儿	裤头 裤腰	木头 棺材
吃头	觑头 看头	搞头	冲头 酒性烈说有冲头

“牯”“婆”“每”等语素构成表人或动物的名词，表示人的性别或动物的公、母，这时它们是实语素，是性别标志；当它们构成表人体器官、器具等名词，并不用来区别性别特征时，它们是虚语素，是单纯的词缀。下面列举单纯词缀：

“牯[ko^{35}]”缀词：

双胞牯 双胞胎	对头牯 对头	颈牯 脖子	拳头牯 拳头
凼牯 水坑	肥凼牯 粪坑	针眼牯 针眼	□moŋ^{21}槌牯 棒槌
红薯牯 红薯	树兜牯 树兜	鞋襻牯 鞋襻儿	笔筒牯
竹筒牯	眼牯 眼儿	把牯 把儿	

“婆[po^{21}]”缀词：

奶婆 乳房	□ko^{13}蚁婆 蚂蚁	米虫婆 米虫	虱婆 虱子
蜱婆 臭虫	骚家婆 蟑螂	花姐婆婆 瓢虫	□□ȵiaŋ^{33} ȵiaŋ^{33}保婆 蜻蜓
虾公婆 虾	葱叶婆 葱叶	树叶婆 树叶	竹叶婆 竹叶
荷叶婆 荷叶	烟叶婆 烟叶	麻婆婆 藏老蒙儿	

“每[mei^{33}]”缀词：

大腿每 大腿	鳝每 鳝鱼	蜞每 水蛭	担每 扁担 水缸每 水缸

(2)通用量词独特

太平唐姓土话不用量词“个”而通用量词“头”“粒”“隻”和本字不明的“□[soŋ^{53}]”。这些量词与名词的搭配范围广,使用频率高,其特殊性十分突出。

“头[tau^{21}]”是太平唐姓土话最通用的量词,表人的量词用“头”,如:一头人、一头客、一头小娃子$_{\text{小孩}}$、一头后生崽$_{\text{小伙子}}$,大量表人的名词都用量词“头”。普通话用“个”的地方,太平唐姓土话多用“头”,如:一头月$_{\text{一个月,以下类推}}$、前头月、上头月、咯头月$_{\text{这个月}}$、下头月、每头月、一头礼拜、一头$_{\text{一个}}$、两头$_{\text{两个}}$……九头$_{\text{九个}}$、十头$_{\text{十个}}$、第一头$_{\text{第一个}}$、第二头$_{\text{第二个}}$……第十头$_{\text{第十个}}$、几头$_{\text{几个}}$?一万两千头$_{\text{一万两千个}}$、好多头$_{\text{好多个}}$、好几头$_{\text{好几个}}$、十多头$_{\text{十多个}}$、一百多头$_{\text{一百多个}}$、十来头$_{\text{十来个}}$、千数头$_{\text{千把个}}$、百数头$_{\text{百把个}}$、半头$_{\text{半个}}$、一头半$_{\text{一个半}}$。

我们使用吕叔湘先生主编的《现代汉语八百词》附录《名词、量词配合表》中439个名词,再补充37个常用可数名词(详见罗昕如,2004:111),共计476个名词,考察了太平唐姓土话中这些名词与通用量词的搭配情况:与“头”搭配的词语有32个,与“粒”搭配的词语有39个,与“只”搭配的词语有48个,与“□[soŋ^{53}]”搭配的词语有44个,分列于下:

头[tau^{21}]　　一头人、一头工人、一头客、一头亲戚、一头猪、一头蚊仔、一头青头蚊、一头糖蜂$_{\text{蜜蜂}}$、一头□□夹[n̩^{21} nie^{33} cie^{33}]$_{\text{螃蟹}}$、一头□□□婆[ȵiaŋ^{33} ȵiaŋ^{33} pəu^{35} po^{21}]$_{\text{蜻蜓}}$、一头虾公婆$_{\text{虾}}$、一头老鼠、一头蚕虫$_{\text{蚕}}$、一头毛虫、一头蛆、一头鱼、一头像$_{\text{塑像}}$、一头瓜、一头黄瓜、一头苦瓜、一头西瓜、一头南瓜、一头冬瓜、一头萝卜、一头茄仔$_{\text{茄子}}$、一头红薯、一头烧饼、一头针、一头扫杆$_{\text{扫帚}}$、一头膝头盖$_{\text{膝盖}}$、一头词、一头字

粒[la^{21}]　　一粒落地生$_{\text{花生}}$、一粒黄豆、一粒瓜子、一粒谷种、一粒粮食、一粒米、一粒葡萄、一粒莲子、一粒纸包糖、一粒药、一粒苹果、一粒柑子、一粒橘子、一粒梨、一粒桃、一粒香蕉、一粒蒜头、一粒月饼、一粒包子、一粒馍馍、一粒粑粑、一粒手轮$_{\text{手镯}}$、一粒线$_{\text{线团}}$、一粒算盘、一粒皮锥仔$_{\text{锥子}}$、一粒球、一粒钉$_{\text{钉子}}$、一粒沙子、一粒棋、一粒章子、一粒扣仔$_{\text{扣子}}$、一粒钻石、一粒珠子、一粒子弹、一粒炸弹、一粒手榴弹、一粒地雷、一粒雹$_{\text{冰雹}}$、一粒天星$_{\text{星星}}$

隻[tsa^{33}]　　一隻眼睛、一隻耳朵、一隻手、一隻脚、一隻肩头$_{\text{肩膀}}$、一隻牙齿、一隻手指头、一隻脚趾头、一隻狗、一隻猫仔$_{\text{猫}}$、一隻羊、一隻兔子、一隻老虎、一隻狼、一隻狐狸、一隻鸡、一隻鸡卵$_{\text{鸡蛋}}$、一隻鸭、一隻鹅、一隻鸟仔$_{\text{鸟}}$、

一隻蝴蝶、一隻麻□[tɕʻye^{33}]$_{\text{青蛙}}$、一隻牛、一隻骆驼、一隻鼓、一隻水缸每$_{\text{水缸}}$、一隻铛$_{\text{锅}}$、一隻碗、一隻茶壶、一隻□[ie^{13}]$_{\text{坛子}}$、一隻面盆、一隻脚盆、一隻瓶子、一隻钥匙、一隻水桶、一隻箩$_{\text{箩筐}}$、一隻箩仔$_{\text{篮子}}$、一隻筛子、一隻笠头$_{\text{斗笠}}$、一隻墨盒、一隻砚台、一隻麻袋、一隻喇叭、一隻故事、一隻题目、一隻岭$_{\text{山}}$、一隻信箱、一隻歌

□[soŋ^{53}]　一□[soŋ^{53}]头头$_{\text{头}}$、一□[soŋ^{53}]鼻头$_{\text{鼻子}}$、一□[soŋ^{53}]舌头、一□[soŋ^{53}]嘴巴、一□[soŋ^{53}]拳头牯、一□[soŋ^{53}]蹄子、一□[soŋ^{53}]□□[tse^{33} cye^{13}]$_{\text{翅膀}}$、一□[soŋ^{53}]影子、一□[soŋ^{53}]袋仔$_{\text{口袋}}$、一□[soŋ^{53}]刷子、一□[soŋ^{53}]箱子、一□[soŋ^{53}]枕头、一□[soŋ^{53}]信封、一□[soŋ^{53}]轮子、一□[soŋ^{53}]耳饰$_{\text{耳环}}$、一□[soŋ^{53}]夹仔$_{\text{夹子}}$、一□[soŋ^{53}]亮格$_{\text{窗户}}$、一□[soŋ^{53}]车站、一□[soŋ^{53}]城市、一□[soŋ^{53}]工厂、一□[soŋ^{53}]学堂、一□[soŋ^{53}]医院、一□[soŋ^{53}]宝塔、一□[soŋ^{53}]洞、一□[soŋ^{53}]岛、一□[soŋ^{53}]日头$_{\text{太阳}}$、一□[soŋ^{53}]月亮光$_{\text{月亮}}$、一□[soŋ^{53}]码头、一□[soŋ^{53}]水库、一□[soŋ^{53}]井、一□[soŋ^{53}]角、一□[soŋ^{53}]办法、一□[soŋ^{53}]计划、一□[soŋ^{53}]理由、一□[soŋ^{53}]命令、一□[soŋ^{53}]任务、一□[soŋ^{53}]消息、一□[soŋ^{53}]意见、一□[soŋ^{53}]职业、一□[soŋ^{53}]主意、一□[soŋ^{53}]矛盾、一□[soŋ^{53}]仪式

(3)程度副词“拉[la^{53}]”特殊

“拉[la^{53}]”是太平唐姓土话中一个很特别的程度副词，相当于普通话程度副词“很”，可用于性质形容词前表程度。“拉[la^{53}]”修饰单音节性质形容词如：

拉好、拉坏、拉高、拉矮、拉大、拉细$_{\text{很小}}$、拉老、拉胖、拉瘦、拉长、拉短、拉□$_{\text{烫}}$lie^{53}、拉暖$_{\text{热}}$noŋ^{33}、拉热、拉冷、拉甜、拉酸、拉苦、拉辣、拉咸、拉淡、拉香、拉臭、拉红、拉黑、拉白、拉软、拉硬、拉多、拉少、拉□$_{\text{厚}}$ɕyn^{33}、拉薄、拉快、拉慢

“拉[la^{53}]”修饰双音节性质形容词如：

拉干净、拉着神$_{\text{努力}}$、拉齐整$_{\text{整齐}}$、拉要紧、拉闹热$_{\text{很热闹}}$、拉麻溜$_{\text{麻利}}$、拉小气、拉大方、拉凉爽、拉随便、拉聪明

“拉[la^{53}]”还可以修饰心理动词，如：拉想、拉喜欢、拉担心、拉相信、拉希望

在《汉语方言地图集 · 语法卷》(曹志耘，2008：021 条)“很”字条中，没有见到“拉[la^{53}]”类说法。

太平唐姓土话中与“拉[la^{53}]”对应的程度副词是“好”，以上用“拉

[la^{53}]”的地方都可以用“好”替换，所表达的程度义也基本相当，即：拉好 = 好好、拉香 = 好香、拉干净 = 好干净、拉聪明 = 好聪明。

二　双方言背景下太平唐姓土话受西南官话影响的特点

太平唐姓土话在与西南官话的接触中深受西南官话的影响。太平圩乡是双方言区，本地人一般能同时使用两种方言，对内使用土话，对外使用西南官话，两种方言互相接触，互相影响。而西南官话作为沟通各土话的通用语言，相对土话来说是一种优势方言，对土话的影响十分显著。西南官话对太平唐姓土话的影响在语音、词汇、语法等方面都有较突出的表现。

2.1　西南官话对太平唐姓土话语音的影响

太平圩乡西南官话与蓝山县城西南官话基本一致。声母 19 个：p　pʻ　m　f　t　tʻ　n　l　ʦ　ʦʻ　s　ʨ　ʨʻ　ȵ　ɕ　k　kʻ　x　Ø。韵母 33 个：ɿ　i　u　y　a　ia　ua　o　uo　yo　e　ie　ue　ye　ai　uai　ei　uei　au　iau　əu　iəu　an　ən　in　uən　yn　aŋ　iaŋ　uaŋ　yaŋ　oŋ　ioŋ。声调 4 个：阴平 33　阳平 21　上声 55　去声 24。

西南官话对太平唐姓土话语音的影响主要表现在以下三个方面：

(1)西南官话对土话音系的影响

西南官话对太平唐姓土话的渗透影响到语音系统，如太平唐姓土话古全浊声母今读清音，而与之相连的南部湘语一般保留浊音，很显然，太平唐姓土话古全浊声母清化与双方言中官话影响关系密切。声母清化带来声母系统的简化，从而向官话声母系统靠拢。

太平唐姓土话声调系统也大大简化，只有 5 个调类，入声消失，这与官话的影响分不开。尤其是太平唐姓土话阳平调值与官话阳平的调值一致，都是 21，这应该是源于西南官话对太平唐姓土话的直接影响。

(2)土话文白异读现象

在太平乡，土话与官话并存，许多字都有两种读音，一个是土话音，一个是官话音，从严格意义上来说，这不属文白异读，因为这些字音分属土话音系与官话音系两个不同的音系。在西南官话的影响下，太平唐姓土话出现了一些属于土话系统内部的一字两读的文白异读现象，白读音是土话固有的读音，文读音接近官话音，是官话影响的结果。太平唐姓土话的文白异读现象并不普遍，其中最突出的是尖团音的分合问题。太平唐姓土话白读区分尖团，古精组字在今细音前读[ʨ ʨʻ ɕ]，见晓组在今细音前多读[c cʻ ç]；文读多不区分尖团，见晓组字在细音前文读[ʨ ʨʻ ɕ]，与精组字读音相同。这些字如：

白读[c]，文读[ʨ]　家加痂嘉假放假架驾嫁价举矩句锯界街解鸡计继怪寄饥肌基记几几个龟柜归贵鬼交胶教绞搅窖觉睡觉娇缴叫九久韭救纠减碱夹今金襟禁禁止急级间涧揭肩笕结关蕨诀巾紧吉斤筋近劲均军薑姜脚江讲角隔京惊景敬镜经弓共供供给

白读[cʻ]，文读[ʨʻ]　契块快筷奇骑徛戏器棋旗气汽亏跪巧桥荞轿窍丘求球舅掐琴禽擒圈圆圈缺勤芹群裙强腔客穷

白读[ç]，文读[ɕ]　虾墟虚嘘许稀晓鞋坏起孝朽瞎歇蝎牵血香乡响向壳兴兴旺吓嗅恐胸凶

上述文读音与白读音在词语中可以互相替换，一般不受词汇条件制约。

此外还有一些较零星的文白异读现象，此从略。

（3）官话字音现象

在太平唐姓土话中，不少非口语用字、不常用字没有土话说法，只有官话说法，这种官话字音现象也是官话影响土话的结果。这里以《方言调查字表》中遇摄字的官话字音为例。

遇摄：pu^{24} 怖恐怖｜pʻu^{55} 浦｜mo^{21} 摹摹仿｜mu^{24} 慕墓暮募｜fu^{33} 肤敷孵俘俘虏麸麦麸子｜fu^{55} 俯脯杏脯甫腑抚釜辅｜fu^{24} 赋讣赴｜tu^{33} 都都城｜tu^{24} 杜妒度｜nu^{21} 奴｜lu^{21} 卢｜nu^{55} 努｜lu^{55} 橹虏｜nu^{24} 怒｜lu^{24} 赂｜ləu^{55} 缕 le^{55} 屡｜su^{33} 苏｜ʦʻo^{24} 措措置｜ku^{24} 故固｜xu^{21} 乎｜xu^{55} 浒水浒｜xu^{24} 沪互护匏匏子，匏瓜｜o^{21} 恶恨，可恶｜ly^{55} 旅吕｜ɕy^{24} 序叙绪絮庶恕戍｜ʨʻy^{55} 储储蓄｜ʨy^{24} 著显著｜su^{33} 疏疏远蔬疏注疏｜ʦʻu^{55} 础柱下石｜ʨy^{33} 诸拘驹｜su^{21} 黍续｜ɕy^{55} 署专署｜ʨy^{33} 居车車马砲｜ʨy^{24} 巨拒距注铸具惧俱｜u^{33} 巫诬｜u^{21} 无吾梧｜u^{55} 舞侮鹉鹦鹉｜u^{24} 务悟｜ʨʻy^{33} 趋区区域驱｜ɕy^{33} 需须殊舒｜ʨʻy^{24} 娶聚趣｜ʦʻu^{33} 雏｜ʨʻy^{21} 瞿｜y^{33} 吁｜y^{21} 于盂虞娱如于于此儒｜y^{55} 宇禹羽汝与及，给予语乳｜y^{24} 愈愈好，病愈遇寓榆逾愉喻裕御誉荣誉预豫

《方言调查字表》中遇摄字一共有 304 个，其中 126 字在太平唐姓土话中只有官话音（“醠”“嗉”等生僻字不用，不计入），占总字数的 41%。《方言调查字表》效开三宵韵字共 88 个，其中 35 字只有官话音，占总字数的 39.7%。由此可见，读官话音的字不在少数。

2.2　西南官话对太平唐姓土话词汇的影响

西南官话对太平唐姓土话词汇的影响主要表现在官话词语的大量输入。随着双方言的普及，西南官话借词大批进入土话。从官话吸收借词来丰富土话词汇，这是一种简便的产生新词的手段。借用的词大多是反映新事物、新概念的词，或者是土话中原来没有的词语，便从官话中不加改造地直接拿过来，以补充自己词汇的不足。官话词语进入土话有两种情况：一种是官话词语整体连音带义直接进入土话，借词中这类情况占多数。如：水泥 suei^{55} ni^{21}、礼拜 li^{55} pai^{24}、化肥 xua^{24} fei^{21}、工作 koŋ^{13} ʦo^{21}、黑板 xei^{21} paŋ^{55}、发票 fa^{21} p‘iau^{24}；另一种是在一个合成词内部，土话语素夹杂官话语素，形成土话与官话合璧词。如：排球 p‘ai^{21}官 c‘iəu^{21}，“排”为官话语素，“球”为土话语素。同类的词再如：板车 pan^{55}官 ʦ‘a^{13}、菊花 ʨiəu^{21}官 xua^{13}、铝铛 li^{55}官 ʨ‘ie^{13}（铝锅）、远视眼 yaŋ^{55}官 sʅ^{53} ȵie^{33}、衬衣 ʦ‘ən^{24}官 i^{13}，这几词都是前一个音节为官话语素，后面的音节为土话语素。限于篇幅，西南官话借词此不多举例。

2.3　西南官话对太平唐姓土话语法的影响

西南官话对太平唐姓土话语法也产生了影响，这里谈谈官话语序对土话语序的影响。

（1）可能补语和宾语的语序

可能补语与宾语同现时，普通话的语序是补语在前，宾语在后，如“打得过他/打不过他”；太平唐姓土话有两种语序，一种宾语在前，补语在后，上例说成“打得祖赢/打祖不赢”，这是土话固有的语序；一种语序同普通话，这是受官话和普通话影响后起的语序。下面是这种语序的例子：

普通话　　　　太平土话

吃得下饭　食得饭下/食得下饭

ie^{33} · te fie^{53} xa^{33}/ ie^{33} · te xa^{33} fie^{53}

吃不下饭　食饭不下/食不下饭

ie^{33} fie^{53} me^{33} xa^{33}/ ie^{33} me^{33} xa^{33} fie^{53}

听得懂你的话 听得你个话懂/听得懂你个话

t‘ei^{33} ·te ne^{33} ·ke xua^{53} tən^{35}/ t‘ei^{33} ·te tən^{35} ne^{33} ·ke xua^{53}

听不懂你的话 听你个话不懂/听不懂你个话

t‘ei^{33} ne^{33} ·ke xua^{53} me^{33} tən^{35}/t‘ei^{33} me^{33} tən^{35} ne^{33} ·ke xua^{53}

（2）由“来”“去”作可能补语的语序

单音节趋向动词“来”“去”作可能补语，若中心语也是单音节趋向动词，普通话的语序是“中＋得/不＋补语”，如“上得来/上不来”；太平唐姓土话有两种语序，一种是“中＋补语＋得/不得”，上例说成“上来得/上来不得”；另一种语序同普通话，这也是受官话和普通话影响后起的语序。下面是这种语序的例子：

普通话	太平土话
进得来	入来得/入得来 ye^{33} lai^{21} · te / ye^{33} · te lai^{21}
进不来	入来不得/入不来 ye^{33} lai^{21} me^{33} · te / ye^{33} me^{33} lai^{21}
过得去	过去得/过得去 ko^{33} fu^{33} · te / ko^{33} · te fu^{33}
过不去	过去不得/过不去 ko^{33} fu^{33} me^{33} · te / ko^{33} me^{33} fu^{33}

（3）双宾句的语序

先看例句：

我送袓一本书/我送一本书安袓。我送他一本书/我送一本书给他。

o^{33} sən^{33} ʦu^{35} a^{33} paŋ^{35} su^{13}/o^{33} sən^{33} a^{33} paŋ^{35} su^{13} oŋ^{13} ʦu^{35}。

落雨哒，安我一把伞/拿一把伞安我。下雨了，给我一把伞/送一把伞给我。

lau^{53} u^{33} · ta，oŋ^{13} o^{33} a^{33} pa^{35} soŋ^{35}/ nəu^{13} a^{33} pa^{33} soŋ^{35} oŋ^{13} o^{33}。

还袓五头花钱/还五头花钱安袓。还他五块钱/还五块钱给他。

ye^{21} ʦu^{35} ŋ^{33} tau^{21} xua^{13} ʦʻei^{21}/ ye^{21} ŋ^{33} tau^{21} xua^{13} ʦʻei^{21} oŋ^{13} ʦu^{35}。

这些是给予类双及物结构。刘丹青（2001）把给予类双及物结构的句法形式归纳为以下几类（O_t 表示充当直接宾语的客体，O_r 表示充当间接宾语或介词宾语的与事。）：

a. VO_rO_t，如“给他书”（双宾 A 式）

b. VO_tO_r，如南京话“给书他”、广州话“畀书佢”（双宾 B 式）

c. VO_t 给 O_r，如“送书给他”（介宾补语式）

d. V 给 O_rO_t，如“送给他书”，中宁话“给给我一碗水”（复合词式）

b 类双宾 B 式是南方方言传承下来的固有语序，如长沙方言：

我把哒一本书他。｜他送哒一瓶酒我。

双宾 B 式时间层次早于双宾 A 式，双宾 A 式是在官话影响下吸纳的外来形式。湖南境内湘语的给予类双及物结构的语序主要是 b 类双宾 B 式和 c 类介宾补语式。太平唐姓土话给予类双及物结构的语序有双宾 A 式和介宾补语式，没有双宾 B 式，不同于湘语，与官话和普通话的语序相同，是受官话和普通话影响的结果。

总之，西南官话作为一种通用语言的引进，给太平唐姓土话带来的影响是多方面的。

太平唐姓土话作为一种弱势方言，除了上述所说在语言结构上受到强势方言西南官话的影响和冲击导致其官话色彩越来越浓，在使用功能上也受到官话的影响，土话的使用场合越来越有限，使用人数越来越少。在西南官话通行的背景下，土话的使用领域受到很大的限制，只能局限在家庭里、村庄内一些十分有限的次要领域。土话不可能进入政治经济、商业贸易、科技教育、公众媒体等现代社会的重要领域，特别是在当今信息化的时代，各种新知识、新概念层出不穷，越来越多的信息靠土话已经无法来获取、无法来表达了，因此土话的社会使用功能、社会交际功能在逐渐削弱、萎缩。另一方面，土话的使用人数也在逐渐减少。据唐姓土话调查人说，村子里的年轻人大多外出打工，他们的小孩有的也带在外边，在外边一般都不说土话。在家乡留守的人越来越少，而且老龄化严重，也就是说说土话的人年龄趋向老化。青少年大多会说官话，说不好甚至不会说土话。这样下去土话会慢慢失传，发生语言的转用，转说官话和普通话。可见土话是一种逐渐丧失社会交际功能的弱势方言，正处于萎缩状态，而西南官话是一种占绝对优势的方言，有可能取代土话。

参考文献

曹志耘 2008《汉语方言地图集》，北京：商务印书馆。

刘丹青 2001 汉语给予类双及物结构的类型学考察，《中国语文》第 5 期。

罗昕如 2002 湖南蓝山土话的内部差异，《方言》第 2 期。

罗昕如 2004 湘南蓝山县太平土话音系，《湘南土话论丛》，长沙：湖南师范大学出版社。

罗昕如 2004《湘南土话词汇研究》，北京：中国社会科学出版社。

吕叔湘主编 2005《现代汉语八百词》(增订本),北京:商务印书馆。
王福堂 2001 平话、湘南土话和粤北土话的归属,《方言》第2期。

附　记

我最早接触方言学,是在王福堂先生的课堂上。那是1983年下学期,我本科毕业后去北京大学进修现代汉语,旁听了王老师开设的"汉语方言调查"课程。那时候我对方言学一无所知,听方言课只是为了开开眼界,当时并没有要从事方言研究的打算,因此所学方言知识有限,但王老师儒雅学者的风度却给我留下了深刻的印象。

1996年,吴启主、鲍厚星等先生组织编撰《湖南方言研究丛书》,我获得机会进入方言研究的大门,负责撰写《新化方言研究》一书。书到用时方恨少,此时的我是多么后悔当年在北大没能向王老师多学点方言啊!

自从进入方言研究的行列后,向王老师学习、跟王老师见面的机会就很多了。王老师的著述我经常研读、引用,受益良多。王老师寄赠给我的大作《汉语方言语音的演变和层次》更让我爱不释手,是我研究、教学必不可少的重要参考书。更有幸的是能多次在学术会议上见到王老师、聆听王老师精彩的大会学术报告。王老师对湘南粤北桂北的土话、平话、对湘语都非常关注,我有幸作为会议筹备人员之一邀请王老师来长沙参加过两次方言学术会议,一次是2002年召开的"湘南土话及周边方言国际学术研讨会",另一次是2006年召开的"首届湘语国际学术研讨会"。王老师每次都欣然接受邀请,在大会上发表严谨睿智的学术演讲。

从王老师身上,我深深地感受到他博大精深的学问,谦和淡定的为人,高洁无瑕的人品。他的为学为人如和风细雨,默默地滋润着感染着我成长。借此机会,我想郑重地向王老师说一声:衷心感激您,王老师!

(罗昕如　湖南师范大学文学院)

麻辣语文

李　倩

一　关于“儿”的那些事儿

一大早上班，小林就神采飞扬地告诉我，章子怡的粉丝跟姚晨的粉丝掐上了！小林最善于从明星微博里挖掘谁跟谁不合的蛛丝马迹。不光看微博，连评论转发也不放过。不过这一次她实在有点困惑，这不正互相示好呢吗？起因是章子怡33岁生日，发了条特励志的微博，言自己如何坚持乃至怎样幸存，颇为感慨。一夜之间收到几千条粉丝转发评论祝福，其中也包括姚晨一句“生日快乐，子怡童鞋”，而这句当事人赶紧转发了，并且亲昵地回复：“谢谢姚姐儿！爱你。”这下可就炸了锅了。有人评论：“你和姚晨是多大的仇恨啊!!!”

为什么呀？微博女王的同乡小林不解个中缘由。

坏就坏在这“姚姐儿”上。写“姚姐”就什么事都没有。这有区别么？

当然。北京话的儿化，是一种名词构词法，起初用来表示小的、可爱的东西，碗儿比碗小，缸比缸儿大，语感上通常轻松随意。因此但凡高级、正经、严肃的就不宜加儿，反之，可爱、低级、不大正式的事物，则习惯加儿。比如家里生了个男孩，人家跟老太太报喜，会说“是个带把儿的。”老太太肯定乐得合不拢嘴。可这话您要是搁成年男人身上，人家一准跟你急。你懂的。

以北京的地名来论，老北京口中，以前北京内城的九大门：正阳门、崇文门、宣武门，东直门、朝阳门、西直门、阜成门、德胜门、安定门和皇宫里的天安门、午门、前门，都是不能加儿的。一来这些门体量颇大，高耸巍峨；二来，它们还常常有着跟皇权神权紧密相关，是高高在上万民敬仰的所在，断没有皇上说:“来呀——把这乱臣贼子拖出午门儿斩首!”那也太不严肃了。相反,外城七门,包括永定门、左安门、右安门、广安门、广渠门、东便门、西便门,则常常在口语里听到儿化。这就是隐藏在语言背后的文化秩序。如今北京城的大门拆得所剩无几,外地人又如何分得出哪门大哪门小?也就越说越乱了,不过再乱也没人说“天安门儿”。

放到日常生活中,也是一样,同样作为基因继承者,皇上的儿子是“皇子”,母鸡的儿子是“鸡子儿”。说打前边来了个“小媳妇儿”,语气里带点赞赏带点亲昵甚至戏谑,隔壁“张寡妇”就决计不能加儿,人家的日子够惨了,如何还能调笑?“小姐”,我说的是原本意义上大户人家的闺女,自然没有“儿”,“窑姐”是风尘女子,加了“儿”更添几分公子哥轻薄浮浪的味道。识大体的人,单位里有姓姚的同事,都会刻意称呼姚大姐,为的就是口头上避讳,这下你知道章子怡撞枪口上了吧?若是当事人调转过来,福建人姚晨把儿用错了,倒也情有可原,章子怡一北京妞儿,将恭贺生日的人称为“姚姐儿”,实在是礼数不周。

小林倒吸一口凉气,这也太难了!我们南方人怎么弄得清爽!藏拙的办法是,拿不准的宁可不用,顶多人家觉得您不是北京人,总不至于冒犯了谁。

二　生番熟路

去上海出差,上了出租车,跟司机说,我去番(pān)禺路。“哪里?”看人家一时没反应,我赶紧照着上海人的方式表述:“番禺路,近虹桥路。”

除了是全中国门牌号码管理最靠谱的城市之外,上海人在我看来也是定位顶有逻辑的,不管是商家指南,还是普通人口中,交代一个地点,除了指明在哪条路上,同时会说明,在近这条路上的某交叉路口。比如新天地朗廷酒店,网上查的地址是“卢湾区马当路 99 号(兴安路口)”。在没有 GPS 的时代,这种定位描述,信息充分、准确,非常有效率。因此我从善如流。

没想到还是被上海人鄙视了,司机依旧算得上温和,可是那语气中分明有海派的骄傲和对我们“乡下人”的轻慢嘲讽:“那是 fān 禺路好不啦?”我登时石化无语。别的地名读得对不对不敢拍胸脯,这番禺可是我们广州的地名啊,我们大街小巷电台电视,不论是粤语还是普通话,这个“番”字,都是读“潘”音的嘛。

在广州，番字两读，“几番痴心”读同“翻”，在地名番禺里却要读作“潘”。一般人觉得这就是个多音字，而语言学家从类似线索里，则发现了语言演变的规律。这就是清代大学问家钱大昕总结出的“古无轻唇音”。这条关于汉语声母演变的重要规律，说通俗点，就是上古汉语里，只有双唇触碰在一起发音的b、p、m；没有把牙齿放在下唇上发音的f。唇齿音f是唐宋以后才慢慢发展演变出来的。只是后来社会在变，语言也在变。一部分双唇音分化出了唇齿音，番字就在变化之列，改朝换代时节，日常口语“三番两次”随波逐流，牙齿轻巧地往前探，声母成了f。至于番茄、番薯、番枧，都是明清以后才从海外传入中华的东西，那时大势已定，自然也读如“翻”。但地名因为跟特定的山川、河流、区域相对应，在本地是经常挂在嘴边的，为了交际的方便，读音字形需要相对稳定，以免造成误解含混。作为在战国时候就出现了的地名“番禺”，于是成了思想保守、行动迟缓的遗老遗少，顽固地双唇一抿，保留了两千年前的古音。

上海开埠晚，很多马路的命名来自别处的地名。就拿番禺路来说，一公里多长，北起延安西，南至虹桥路，早年初建时以美国城市命名为哥伦比亚路，1943年改名番禺路，沿用至今。不少民国政要，比如胡汉民、叶公超、古应芬、叶恭绰都是广东番禺人，就算当初改名没有攀附权贵的意思，至少也沾了民国望人的光。早年大家比较了解番禺二字的由来，也颇知道正音如何读。前几年还有老人家写信到报社提意见，投诉上海的72路公共汽车电子报站读了别字，把番禺路读成了“翻禺路”。风流云转世事变迁，在如今上海人的知识谱系里，番禺二字就只是延安西路附近的一条马路而已，甚至不知它是广州下辖的一个区，自然将番禺之番，等同于番茄之番。我接触到的上海本地人或者上海人新移民，十有八九根本觉得说fān禺路天经地义。

我可没傻乎乎地跟出租车司机讨论古音演变，别忘了语言有个重要原则叫约定俗成，既然是在上海地界上，入乡随俗最省力气。至于回到广州，生番熟路，泾渭分明。

三　莲与荷花

正是吃莲藕的季节，闺蜜突然问我，莲和荷有区别吗？仔细想了想，回答：没有，指的都是同一样东西。除了在生物学分类上，荷花和睡莲是同属睡莲科的不同的两个生物种之外，普通人口中荷跟莲指的都是睡莲科的荷花种。“一样东西，为什么要有两个名字。”闺蜜是个理科生，觉得这一物多名这简直是浪费内存。

想起来刚上大学的时候，第一次听老师讲起，早在周代，中国就有了相当于普通话的“雅言”，史料记载，那是周朝国都丰镐的语言。那时候我性子急，张嘴就问，既然那时候咱国就拿西安话当民族共同语了，大伙交流多方便呀，怎么折腾了几千年，河南人跟福建人还互相听不懂？面对没有任何语言学基础的傻帽发问，老师意味深长地说，语言是不断发展变化的。后来读了更多的书，才知道这是真理。

辽宁浙江都发现过碳化了的古莲子，据说中国人种植荷花的历史超过三千年了。追根溯源，至少在汉代，莲跟荷还真不是一样东西。在中国第一本字典《说文解字》和中国第一本词典《尔雅》里都有记载，“荷”是荷叶，“莲”是莲子，其根曰“藕”，其花“菡萏”。古代的人与天地自然相亲，草木鸟兽的知识丰富浩大，一株植物仔仔细细地分成了荷、莲、藕跟菡萏，各有各的名称。

到了唐人孔颖达注解《诗经》“有蒲与荷”的时候，就解释过：“今江东人呼荷华为芙蓉，北方人便以莲为荷，亦以藕为荷。”这跟今天北方人一般说“荷”，南方多用“莲”还是比较一致的。可以推想，把荷花做那么细致区分的，大抵是盛产此物，花可插、叶可用、莲子和莲藕可食的南方。在少见荷花的北方人那里，见得少用得少，关于荷花的知识不必那么专业化，自然莲跟荷就混淆不清了。

所谓语言的变化，跟社会生活的变化是紧密相关的。上古年代，祖先捕猎采集，动植物词汇又多又复杂；到了农耕社会，人就不得不从《诗经》里“多识草木鸟兽之名”了；工业社会带来了分工的进一步专业化，每个学科都可以出自己的分类词典；而如今，13 岁孩子的网游词汇，叫 43 岁的文科教授也如听天书。一部分知识丰富了，另一部分知识就会粗疏，与之相关的词汇也就发生着变化和湮灭。在交通不便的古代，一条大河、一座大山，就能让山河分隔两边的人们很少往来，一处发生的语言变化不被另一处所知，即便出发点相同，后来也各自越走越远，难以交流了。所以说周代的雅言，照顾的地盘和时间实在有限。

常常看到情感节目里有女人控诉，他说过他要爱我一生一世，照顾我一辈子的。从语言学的角度，我只能说，人类的语言是处于不断的发展变化中的。

四　隐蔽的偏见

咱国官方电视台的新闻节目,为了保持严肃性,大多数时候是那种字斟句酌的口头书面语。只有赛事直播,尤其是那种时间短赛况紧变数大的比赛中,即便解说员有长期专业训练,也终究难以掩藏许多属于语言直觉的习惯,若有中国选手出战,暴露得就更加直接。

比如著名的韩乔生老师今年解说的奥运会游泳比赛。女子200米蝶泳,焦刘洋打破奥运纪录第一个到达终点,"中国! 红色中国! 这又是伟大的时刻!"韩乔生老师嘶吼着,"中国人让自己的强项200米蝶泳的金牌继续保持在中国!"说起亚军西班牙选手加西亚则是"开始的时候非常强,最终是获得了第二名。"而在女子100米蝶泳决赛中,美国选手沃尔默夺冠,虽然打破的是世界纪录,但显然韩老师要冷静得多,"沃尔默以55秒98的成绩创造了新的世界纪录,这个成绩可喜可贺,这个成绩也是兑现了她在赛前讲的要游进56秒的诺言。"这场比赛中中国选手陆滢获得了银牌,她被转播顾问周雅菲评价为"非常棒,真的!"。

中国选手夺冠,不要说在现场的韩老师,即便是电视机前的我自己,厚此薄彼的激动兴奋是在所难免的。但我特别留意的,是韩乔生描述两场比赛截然不同的语言模式。在奥运会这样一场全球最盛大的跨文化交流盛事中,因为代表国家比赛的对抗性,每个人都无可避免地有了内外有别的归属。语言模式微妙地反映和维护着内群体对外群体的刻板印象和偏见。语言学家经过大量的调查实例发现,人们倾向于用较高的抽象度去编码和传播内群体的积极行为和外群体的消极行为,反之亦然。

这话有点高深? 把它翻译得通俗点就是,人在说自己人好事和外人坏事的时候,习惯抽象性拔高。韩老师说起焦刘洋用到了"红色中国"和"伟大时刻",说起破纪录的美国人则很客观地描述着她的成绩和赛前承诺。中国选手失手的时候,韩老师和其他解说员都决计不会说这是"中国的失败"。从认知的角度来看,人不管属于什么群体,是好事还是坏事,总是倾向于用抽象的语言区描述符合自己期待的行为,比如西方世界通常觉得犹太人吝啬,于是任何犹太人有吝啬意味的行为,都会被抽象为犹太人的民族特性,而遇到一个犹太人慷慨解囊,由于不符合人们的预期,行为就被认为是突发的、非典型的,描述的语言就会具体起来。觉得这例子有点远? 回忆一下你是怎么描述自家的聪明儿子和陌生的河南人的。偏见其实无所不在。

还记得2008年德国世界杯八分之一决赛吗？意大利对阵澳大利亚，格罗索点球破门，黄健翔顿时沸腾："不要给澳大利亚人任何的机会！伟大的意大利的左后卫，他继承了意大利的光荣的传统！法切蒂、卡布里尼、马尔蒂尼在这一刻灵魂附体！格罗索一个人，他代表了意大利悠久的光荣传统！在这一刻，他不是一个人在战斗！他不是一个人！……"毫无疑问，在那一刻，黄健翔的预期就是意大利队出线。

五　词典风波

想象一下，俩老太太，在医院里唠嗑，一个说，"今儿早起排半天队憋着尿，就为做超声波扫描"，另一个说，"嗨，我家老头还得做个透视射线计算机化断层扫描呢，齁贵的！"还真不是夸张，要是那些举报最新版《现代汉语词典》的人赢了，以后咱国的电视剧就得这么演。

皓首穷经字斟句酌修订辞书的学者们大概做梦也想不到，他们居然被另外一群号称学者的人给举报了，据说联名举报的有一百多人呢。只为新鲜出炉的第6版《现代汉语词典》正文第1750页至1755页收录了239条"西文字母开头的词语"。

作为咱国最具权威性的国民词典，《现代汉语词典》先后由语言学大家吕叔湘和丁声树主持，从1956年国家立项，到1978年正式发行第一版。到今年为止，先后修订了六次。要说西文词，在1993年第二次修订中就收在附录里了。词典编撰浩大精深，疏漏在所难免，取舍也各有得失，学术讨论多多益善，但上来一招就是举报告官，确是哗众取宠有辱斯文。

从不跟外界交流的文化就是死水一潭，有交流就会体现在语言当中。汉语中有不少词汇来自外语，从早前的印度、波斯到后来的日本和西洋各国。外来词恰恰反映了汉语跟异文化交流的轨迹。早年留洋的人是把所有的外来词都音译成汉字的，比如来自梵语的"摩诃般涅槃那"，来自英语的"烟士披里纯"和来自希腊语的"奥林匹克"。问题是这些词音节实在太多了。古汉语以单音节词汇为主，发展到现代汉语，扩展成双音节词汇为主，但始终倾向组成词的每个字都有意义。名词很少长过三音节，四字格成语通常是用来描摹形状而非称呼事物。在汉语中生根发芽的外来词，比如"沙发""咖啡"什么的，绝大多数都是双音节，那些单个字没意义且还特别冗长的外来词可就命途多舛了："摩诃般涅槃那"被斩首剁脚，只剩了"涅槃"；不知所云的"烟士披里纯"清理门户，改用家生子"灵感"；至于那全球瞩目的运动会，也不得不紧缩开支成了"奥运会"，只有开幕式上白岩松特别富有激情的解说，才会一字不漏地说"奥林匹克"。

回过头来看新版《现代汉语词典》收录的西文字母词，绝大多数本身在西文里就是缩略词，比如F1、CPI、GPS、USB、NBA，它们的确不是没有相应的汉语译名，但那是"一级方程式锦标赛、居民消费价格指数、全球定位系统、美国篮球职业联赛、通用串行总线"，至于Wi－Fi，干脆就是"一种短距离高速无线数据传输技术，主要用于无线上网"，连个固定词组也没有。若只是专业词汇倒也罢了，反正写学术论文用大词还挺能唬人的，但这些词现在根本就是常用词。一般人说话连"北京大学"都要简称"北大"，谁会喜欢说"居民消费价格指数"？真不是崇洋媚外，大伙就是图省事。而省力，是语言规律中的一条强势原则。

有人提出为了维护汉语的纯洁性，应该把那些字母词转译成汉字，但说到底，讲汉语的人根本不喜欢"艾夫一、西披爱、季披爱斯、尤爱斯毕"这种单个字跟词义完全没联系的长词，它们的结局注定是跟早年的"烟士披里纯"一个下场。越是要披上羊皮表面伪装成汉语的，越是容易被汉语清理出去的。汉语有它自己内在的纯洁性。

六　拼音之惑

朋友的孩子在国际学校上一年级，教学大纲规定是从拼音学起，然后才教汉字。现在的小朋友，幼儿园就开始跟着外教学英语，上了小学也有英文课，这下孩子吃不消了，汉语拼音和英文拼读经常混淆，一时抱怨学汉语十分无聊。

拼音是认字的基础吗？小学一年级一定要从a、o、e学起吗？说句小学老师不爱听的话：一年级小朋友，完全不需要学拼音。以我的个人经验来说，五岁的时候，家父不知道从哪里学了"提前认读"的前卫语文教学理念，拿我做了个实验。每天上班前教我五个汉字，教过的字就贴在墙上，任何五岁孩子都拥有照相机般的记忆力，一年下来，家里的墙贴满了报纸，没费什么劲我认了将近两千个汉字，然后背起书包去上小学了。一开学当然是学拼音，老师说拼音是学习汉字的拐杖，我深以为然，因为学完拼音父亲开了点小灶，从此不认得的字就去查字典了，根本不用问人。这完全没有借助拼音认识的两千字，是我日后语文基础的第一桶金。

时隔三十年，五岁的小朋友麦兜更是令人惊讶地自动扫了盲，问是谁教的，幼儿园不承认，说我们最多教过十个二十个；妈妈也不敢邀功，因为伊甚至信奉华德福的教育理念，根本排斥早早教孩子认字。问小朋友自己，她得意地说，我自己教自己的！我不是传播天才故事，这一代孩子有大把益智电视节目和有声读物，自己抱着听 iPad 里的童书，有声有字的故事，不知不觉中就让她学会了汉字的音形联系，拿张报纸也能读得头头是道。两代人的实践证明，不从拼音开始，完全不影响小孩子认字。

回溯历史，在没有汉语拼音的数千年里，中国人也一样读书认字发蒙。虽然从语言学理论的角度来说，文字都是用来记录语音的，但汉字表意体系的特殊性，认字如同读画，于古人如是，于稚子亦如是。汉字是通过表意而后与具体时代具体地域的特定语音相联系的，说它有穿越神功一点都不为过。相比之下，现时的汉语拼音方案，记录的只是当代汉民族共同语普通话的语音，有其相当的局限性。

讲上面的故事，我完全没有全盘否定汉语拼音的意思，不必说它给中文计算机输入带来的巨大突破，即便没有计算机的时代，它对于词典检索带来的便利都让每个人受益匪浅。但它的益处，对于小学一二年纪的孩子是不是合适，则真是大人要认真思考的问题了。

在记忆力超强的孩童时期，单凭与生俱来的神奇能力，就足够孩子认得基础汉字。此刻学习拼音，反而是加重负担。等到认得千把汉字，大量阅读需要更多词汇扩展的时候，再学拼音也不迟。始终它是个拐棍嘛，哪有人小小年纪就使拐棍的？

七　复韵母之殇

拼音肯定是要学的，哪怕是打电脑发短信方便也要学。小学一二年级不学，三四年级怎么都要学，而且还要扎扎实实学好，问题是，拼音该怎么教。

朋友跟我聊起自家孩子的困扰，五岁的小男孩十分聪明，但就是拼音学的磕磕巴巴，尤其是复韵母部分，怎么都记不住。我愣了一下，怎么我小时候最讨厌的也是复韵母。上网研究了一下如今的小学拼音教法，其实生动活泼了许多，老师的示范课件里，又是道具，又是游戏，又是图画，不似我们当年，简陋破旧的教室里顶多挂着一张汉语拼音生母表和韵母表，也没啥辅助手段，无非是年轻的老师领着一群孩子反反复复哇啦哇啦大声地念，念熟了自然倒背如流。但是，三十几年过去了，咱国的汉语拼音教学，手段丰富多了，但实质跟我小时候一样，韵母分成了四类——

单韵母：a o e i u ü；

复韵母：ɑi、ei、ui、ɑo、ou、iu、ie、üe、er；

鼻韵母：ɑn、en、in、un、ün、ɑng、eng、ing、ong

整体认读音节：zhi、chi、shi、ri、zi、ci、si、yi、wu、yu、ye、yue、yuan、yin、yun、ying。

原谅我不厌其烦地穷尽罗列，很可能期末考试就是让孩子这么默写的。我只是想你测试一下，自己能不能背得毫厘不爽。如果作为成人你都觉得困难，也请原谅你的孩子学得步履蹒跚。因为这根本是个毫无逻辑的系统。

如果，我们换一种方式教孩子，韵母表改个背法，按照这样分组背：a、ia、ua/e、ie、üe/an、ian、uan、üan/en、in、uen、ün/ang、iang、uang，是不是容易多了？为什么这样的分组很亲切？中国人的语感都知道，这样的每一组，在诗歌里是可以押韵的，小娃儿念念也会觉得朗朗上口。如果你愿意翻翻《现代汉语词典》附录，就会发现1958年咱国官方正式公布的《汉语拼音方案》，韵母就是按照这样的方式排列的。根本没有所谓复韵母、整体认读音节之类的说法。（附上《汉语拼音方案·韵母表》）

	i 丨 衣	u ㄨ 乌	ü ㄩ 迂
a ㄚ 啊	ia 丨ㄚ 呀	ua ㄨㄚ 蛙	
o ㄛ 喔		uo ㄨㄛ 窝	
e ㄜ 鹅	ie 丨ㄝ 耶		üe ㄩㄝ 约
ɑi ㄞ 哀		uai ㄨㄞ 歪	
ei ㄟ 诶		uei ㄨㄟ 威	

ao ㄠ 熬	iao ㄧㄠ 腰		
ou ㄡ 欧	iou ㄧㄡ 忧		
an ㄢ 安	ian ㄧㄢ 烟	uɑn ㄨㄢ 弯	üɑn ㄩㄢ 冤
en ㄣ 恩	in ㄧㄣ 因	uen ㄨㄣ 温	ün ㄩㄣ 晕
ang ㄤ 昂	iang ㄧㄤ 央	uang ㄨㄤ 汪	
eng ㄥ 亨的韵母	ing ㄧㄥ 英	ueng ㄨㄥ 翁	
ong ㄨㄥ 轰的韵母	iong ㄩㄥ 雍		

在《汉语拼音方案》里，韵母排列成矩阵，纵轴按照韵头分四列，分别是零韵头、i 韵头、u 韵头和 ü 韵头，横轴则分为十三组，每一横行都是能够押韵的。这是一个兼顾了汉语历史与现实，非常符合现代汉语音系特点和规律的排列方式。横轴标示了汉语的押韵关系，纵轴则反映跟声母的拼读规则，比如很简单地可以告诉孩子，j、q、x 只能拼 i 行和 ü 行，g、k、h 则只能拼零韵头行和 u 行，这样可比一个一个地教简单多了。本来那么整齐漂亮的一个韵母矩阵，到了小学课本里，却无端端地要分出个单韵母、复韵母、鼻音韵母和整体认读音节，这既不利于把汉语的声韵特点教给孩子，更不利于讲述声母和韵母的拼写规则。在我看来，这简直是汉语拼音领域的劣币驱逐良币！也不能仗着小朋友记忆力好，就欺负人家啊。而且咱国的拼音是小学一上学就教，女孩子瞬时记忆好，立马显出了学习优势，最可怜就是那些混混沌沌的半大小子。调查过身边一些成年男人，纷纷表示小学拼音，尤其是韵母很难学，捎带后来连英语也心生厌烦。

作为一个学术八卦爱好者，我十分好奇这种变化是什么时候发生的，甚至请教过参与制定《汉语拼音方案》的百岁老前辈。老先生说，拼音方案是当年的文字改革委员会制订的，但教材是教育部组织编订的，这中间到底发生了什么，老先生讳莫如深。在我的猜测里，变化也许与跟六七十年代学界刻意与传统划清界限有关，单韵母复韵母的思路显然是从西方语言学领域里引入的概念，当时的“西”，大抵还不是欧美，而是苏俄。以为小孩子先学单个韵母，然后学音素组合的复韵母是由易到难，殊不知这根本割裂了每个人都有天然语感的汉语基本音韵特征。

说老实话，直到研究生毕业，我也没看出来把汉语的韵母分成单韵母复韵母到底有啥用处，它既不能说明汉语语言演变规律，也不能用于解释不同方言之间的差异与对应。很想跟家有小儿的朋友们建议，别再无厘头地背ɑi、ei、ui、ɑo、ou 、iu 啦，跟着《汉语拼音方案》教孩子拼音吧，趁着小人儿记忆力超群，还不如背背《声律启蒙》。这本清人车万育编写的训练儿童应对，掌握声韵格律的启蒙读物。天文、地理、花木、鸟兽、人物、器物虚实应对。每个韵部两百来字，也就是两三条微博的长度，从单字对到双字对，三字对、五字对、七字对到十一字对，声韵协调，朗朗上口，读来如唱歌般。可是我又纠结，跟着《拼音方案》学的拼音，大概应付不了孩子的期末考试，有父母愿意挑战小学老师至高无上的权威吗？

一声叹息。

八　回锅肉和香菇菜心的语言等级

前阵子当红女明星及其经纪人（貌似主要是经纪人）为拍封面的事，惹恼了自认当红的时尚杂志，于是被公开点名耍大牌，伪文艺，其中笑翻众人的一个桥段是，经纪人曾经篡改过杂志采访稿中的一个细节，女明星说过爱吃回锅肉，为维护文艺女神形象，愣是改成了香菇菜心。

娱乐至死年代的包装明星，越过牙齿，甚至武装到了舌尖。

郫县豆瓣、德阳酱油、成都周边郊县的土产香蒜苗加上猛火快炒，金黄油亮、肥瘦相连的回锅肉，几乎是无可争议的川菜之王，相比之下香菇菜心是一道多么乏味的菜啊。通常在宴席的尾声出现，整朵香菇围住菜心的刻意造型之下，尽管勾了芡，二者味道依旧形同陌路，难以诱人动筷。

为什么在经纪人非得厚此薄彼呢？

虽然从理论上来讲，语言作为人类的交际工具具有全民性，但社会结构是层级分布的，社会分层对于语言变异有深刻的影响。在社会分层的环境当中，存在语言威望，它体现为人们对某种语言形式作出价值判断。在一个社会中，中等阶级数量庞大，地位、生活方式连同语言特点都会为较低等级模仿学习的对象，语言具有较高的威望标准。

美剧《绝望主妇》说的是中产阶级社区紫藤里的一群中产主妇，其中的红发主妇BREE高贵娴熟优雅得体，有社区里傲视“群雌”的好厨艺好园艺好家务，从服饰发型到家居摆设处处追求完美，包括语言。BREE表达愤怒从来不说angry，而是用upset，说起乏味，从来不用boring，而是tiresome，夸人那得是outstanding、super、adorable，nice和good可不在BREE的词汇表上。这些斑斓多彩的词汇，是为了炫耀中产阶级良好的教育背景的。完美主妇得低调淡定，可不能时刻把常青藤名校挂在嘴上。

回锅肉是当年川人初一十五打牙祭的当家常，重口味香滋味，特别下饭。想来若干年前一定有人拿着“今天中午吃了回锅肉”炫耀富足。时移世易，如今吃饱了饭吃粗了腰的中国，自觉高人一等的人儿，甭管私下里真心喜欢啥口味，拿到台面上，上到杂志里，就变成了香菇菜心，因为那背后，是隐约可见的健康、素食、清淡，甚至还能扯上低碳、环保、慈悲……哎呀，还真是妙不可言的中产趣味。

不过，在语言的层级化变异模式中，最高等级数量少，身份地位高，有时候反而会刻意保留自己的不标准“口音”和粗鄙词汇以标志个性和身份。女明星后来自己出来接受采访的时候，自爆爱吃“杀猪菜”，不知道算不算扳回一城？

九　烟花易冷韵难工

因为林志炫在《我是歌手》里的翻唱，《烟花易冷》又红了一遍，甚至有盖过当初周董的势头。“雨纷纷，旧故里草木深，我听闻，你始终一个人。斑驳的城门，盘踞着老树根，石板上回荡的是，再等……”唱得林志炫泪光闪闪，听得底下观众如痴如醉。

以前听的时候没留意，在网上重看视频，歌词字幕一句句闪出来，突然留意到一件事，这歌居然押了个插花韵。出现在韵脚的字，“人、本、轮、魂、门、深、醇、村、恳、分、尘”是前鼻音en，而“等、筝、城、冷、生、恒”却是后鼻音eng。并不是不同小节中途换韵，根本是没有什么规律的穿插。

虽说新诗和流行歌曲早已摆脱了格律的桎梏，但词作者方文山，顶着音乐文学才子的名头，是凭着华丽丽的中国风成为标杆的。所谓中国风，往简单点说，就是从诗词歌赋一脉相承而来的古典意象，以及抑扬顿挫的音律美。但凡一曲风行万民随唱的歌，押韵的绝对是大多数。方文山自己也说过，韵脚很重要。如此重视韵脚的人，如何能犯这种错？

即便到了二十一世纪，在华文世界里，还依旧有人写古体格律诗，这里头复古派坚持用反应唐音的平水韵，革新派主张按照现代汉语语音通押合辙的新诗韵。但无论从古还是从今，前鼻音和后鼻音终归是要分的。方文山作词，其他韵脚上规规矩矩，至少是符合新诗韵，如何到了《烟花易冷》里这么不讲究？

一时好奇，跑去翻了方文山几乎所有的作品，发现竟然不是孤例，从《青花瓷》《蒲公英的约定》《热带雨林》，到《爱情转弯的地方》《布拉格广场》《蟑螂小强》，甚至包括那首《押韵的悲伤》，绝大部分押鼻音韵脚的歌，在方文山那里，都是不分前鼻音和后鼻音的，船跟强、心跟星，或者深跟生，在同一首歌的韵脚位置上交替出现。不光是写词的人不分，仔细听听台湾歌星唱，尾音里 en 和 eng、in 和 ing 也确实不容易听清楚，还不光是“口齿不清”的周董如此，嗓音清越的林志炫也一样。

就像今天的学者研究古代音韵，从李白杜甫的诗里总结唐时的语音规律。假若人类经历某种变故，如今的声音视频资料不复存在，若有考古学家碰巧挖掘出印着方文山歌词的纸片，一千年后的语言学家大抵也可以据此推断，在公元二十一世纪的台湾“国语”中，前鼻音和后鼻音正在合流。

春节刚刚去过台湾旅行，台北的捷运，每到一站，都会依次用台湾“国语”、闽南话、客家话和英语报站。身处复杂多源的语言环境中，人们在日常生活中频繁进行着语言转换，难免发生不同语言之间的互相影响。不分前后鼻音，恰是闽南话的特征漂移到了台湾“国语”中，方文山所做的，不过是敏锐地记录了这一变化。

十　那只狐狸

七八年前，“霾”应该算个生僻字，只有文艺女青年才喜欢用“阴霾的天空”之类装腔作势的表达，其实，这么说的时候，多半是把意思偏到了“阴”上，并不真正明白“霾”是什么。因为生僻，经常能听见人说念错成“狸”，最神是伟大的搜狐输入法，即便你打 yinli，它也能聪明地提示你是不是想要“阴霾”。随着蓝天越来越少，空气越来越差，灰霾天气这样的气象术语，跟 PM2.5 一起进入了日常生活，如今这个张牙舞爪的字读错的人是越来越少了。

朱伟先生前些日子发了条长微博，解读“霾”为何是“雨”与“狸”的组合。狸是山猫、野猫，它与雨有什么关系？他说："答案在《周礼·春官·大宗伯》中。《周礼》叙述春祭时，用了'狸沉'这个词。什么意思呢？春天要祭山水，山林无水，要埋；川泽则沉就行了。于是，'狸'就通'埋'。埋必然会腐败，于是，'狸'字也就通抑郁的'郁'了。从'郁'理解'狸'，《释名》'风而雨土为霾'的解释就通了。"读来读去，怎么也从"郁"理解不到"狸"。于是搬出家里的各种辞书，把相关的几个字都查了一遍，试着说说自己的理解。

霾这个字，按照说文的解释，风雨土也，从雨貍聲，说直白一点就是刮风下土飞沙走石，基本可以理解为沙尘暴。沙尘暴是个自然现象，相信古人也遭遇过，他们把这叫霾。现代气象学定义空气中漂浮着颗粒物的天气现象，叫做灰霾，实际上用的就是霾最初的意思，只不过古时候的霾多半是可见的沙尘，如今我们惶惶不可终日的是颗粒更为微小的 PM10 和 PM2.5。

确切地说，霾是雨跟貍的组合，至于貍，却不能简单地直接跟狸画等号，查查辞书，事实上它是个多音字。貍可以念 lí，《说文解字》解释它"伏兽，似貙（音初）。从豸里声"。这个读音的意思是狸猫、山猫。《诗经·七月》里有"一之日于貉，取彼狐貍，为公子裘"。《说文》里并没有"狸"这个字，汉代扬雄的《方言》里记载"貔，关西谓之狸。"，可见它是个方言。貍与狸更像是字形相近的异体字。

貍也可以念 mái，《周礼》记载的春祭，是"以貍沈祭山林川泽"，郑玄注："祭山林曰貍，川泽曰沈。"事实上《说文解字》里还收录了一个字"薶——瘗也。从艸貍声"，段玉裁说，"周礼假借貍字为之，今俗作埋"，这就是说"薶"就是"埋"的古字。貍沈就是薶沉，古人祭祀，是献牲于天地，山川有土就埋起来，川泽有水就沉下去，是真心真意给神享用的，不是后来拿三牲摆摆样子就算数。根据商承祚先生的研究，在甲骨文里"埋"的字形"象掘地及泉，实牛于中，当为貍的本字，貍为借字"。想来"埋"这件事，最初应该不是随便在土里埋点什么，而是重要的祭祀活动，所以才会出现在甲骨文里。为什么需要假借？这大概跟商代以人献祭之风盛行有关，这个引申的意思很难再用"土中埋牛"来表达，于是借了个同音字"貍"，就像表示簸箕的"其"字借作代词一样。到了《说文》的时代，人们又给假借的"貍"加个艸字头，黄土埋人草木掩盖，用形声字"薶"表示埋的意思，而让貍专心做它的猫科动物。

"霾"字说文里说它"从雨貍声"，不过从出土的甲骨文来看，画的是雨下面有只大眼睛的小动物，我大胆地猜，它大概是说刮沙尘暴把小动物都给盖上了，应该是个会意字。随着汉字的发展，在经过书同文之后的小篆系统里,"霾"变成了形声字,"从雨貍聲",这也可以从诗经"终风且霾,惠我肯来"的押韵可以印证。同样"薶"则"从艸貍声",可见"貍"作为声旁读作 mái,不是孤例。我觉得"貍"因为跟狸字字形相近,古人弄混了犬旁和豸旁,它才有了 lí 的读音,反而是后起的事情。

至于读作 yù,解释是腐臭的意思,是出自东汉的经学家郑玄的说法,根据是《周礼·天官·内饔》有"牛夜鸣则臭;羊泠毛而毳,羶;犬赤股而躁,臊;鸟皫色而沙鸣,貍;豕盲视而交睫,腥……"同样的内容,《礼记·内则》则说"鸟皫色而沙鸣,鬱。"古代的经学家不懂得"时有古今,地有南北,字有更革,音有转移",于是轻易下判断就说"貍"音同"鬱"。事实上这段文字说的是各种肉食变质的表征,根据上下文解释为"腐臭"大致不错。我倒宁可照着"貍"的掩埋意引申出"腐臭",至于礼记里的"鬱",用"积聚滞结"来解释也说得通,也许是典籍流传过程中出现的变异。硬要它俩相通,反倒从音理和字形上很难解释,更何况只有这么一个孤例。

把"貍"解释为"埋"的通假字,"霾"字也就解释通了,它就是用来表音的。汉字不是一人一时造出来的,想象一下,洛阳人采取形声法,把"掩土埋牛(或埋人)"这个意思写成从艸貍声,过了 100 年,长安人换了个思路,采取会意法,从土从里,就有了"埋",它跟狐狸野猫什么的,倒真没有多少关系。这种道理现代人也想得通,反正我在餐厅里就看到点菜的小妹把韭菜的韭写成"上艸下九"。虽然简体字系统里"貍"已经并入了"狸",但"霾"字并没有简化成成上雨下狸,可见学者们还是清楚,"貍"与"狸"的差别的。

因霾而郁是当代都市病,在诗经的时代,不管"终风且暴"还是"终风且霾",一点也不耽误情人们谑浪笑傲言笑欢好,朱伟先生想得复杂了,我觉得。童话里小王子驯养小狐狸需要爱与责任,都市暗淡的天空下,驯养"霾"也需要吧?

十一　为什是咸?

初初接触粤地俚语时,有个词非常不解。事涉情色,北方人说"黄",此处却说"咸"——咸书、咸虫、咸湿、咸猪手。"黄"是舶来品,19 世纪末,美国的《世界报》和《晨报》,竞相登载低级趣味的连环画《黄色少年》,从此低级色情开始染黄。换到粤地,竟如何又以味觉表达呢?

翻查资料,几乎所有的源头都追到了《清稗类钞》,书里关于娼妓的篇章分地域描述，讲到同治光绪年间，上海洋泾桥畔出现的疍家女子，靓妆炫服窄袖革履，以接待外国水手为业。书里记载"西人呼之为'咸飞司妹'，华人效之，简称之曰'咸水妹'"。有人分析"咸飞司妹"来自英语 handsome maid。照这种说法，粤语里的"咸"与情色相关，竟是从 hansome 开的头，此说人云亦云还颇有市场。

从语言学的角度看，这个解释十分牵强。当时的广东咸水妹不缠足不着袜，挽椎髻着罗裤，跟三寸金莲的中原弱女相比，确实颇可以用 handsome（健美）来形容，但尽管洋泾浜英语文法粗陋，但当时粤人或沪人音译外词的时候，语音上还是相当精准的。学者拿来作为研究汉语方言演变的对比材料，亦相当可信。看到过一首描绘当年烟花地的《汉口竹枝词》："别开香径去寻芳，入座娇声唤失当。个里衾嬉咸水妹，人人都学广东腔。"此处的"衾嬉"乃 come here 译音，用粤语读惟妙惟肖。粤语鼻音韵开口闭口分得很清楚，用"威廉"音译 William，用"碧咸"对应 Beckham，轮到地名 Granville 却写作加连威老道，"廉"跟"连"普通话里都是 -n 尾，粤语却 -m、-n 泾渭分明。所以彼时是不大可能用"咸"去对应 han 或者 hand 的。Some 跟"飞司"就更搭不上界。

我宁可相信"咸"是粤地土产，跟疍家人口耳传唱的口头文化咸水歌有关。清人屈翁山的《广东新语·诗语》中记载："疍人亦喜唱歌，婚夕两舟相合，男歌胜则牵女衣过舟也"，可见咸水歌早在明末清初就很流行。传统的咸水歌多是情歌，男女对唱，"得娘饮酒千年醉，得娘花带万年香，得娘被揽千年暖，得娘扇拨万年凉。"是何等的天真烂漫天马行空，被称为疍家诗经是有道理的。咸水歌因男欢女爱而起，在道学家看来，难免艳俗难闻。清末"至沪牟利，为洋人所娱乐"的广东女子，多出身粤东贫苦疍家，唱咸水歌的妹子自然就成了咸水妹。久而久之，"咸"就有了引申的色情意味，若再添个腻嗒嗒的"湿"字，更加不堪。

在亦舒小说，尤其是早期作品里，华人女子同洋人走在一起是十分不名誉的事情，比如《我的前半生》里，三十六岁的失婚妇人子君，面对洋人可林钟斯的求婚，坚决地说："我不嫁洋人，决不。情愿一辈子孤独，这一点点的骄傲与自尊必须维持。"按说香港东西杂处一百多年，与"非我族类"两情相悦谈婚论嫁，不必觉得光耀门楣，至少也是平常不过的事情，不至于反应这么激烈吧？师太算不上道德家，言情小说里哪能没点出轨地下情，甚至喜宝的被勖存姿包养都没那么不堪。"坚决不嫁洋人"，这是哪门子的价值观呢？

亦舒生于上海，小说里也颇多沪上南迁的望族。坚决不嫁洋人的价值观，没准也是源于传统的沪上人家对咸水妹的嫌恶。

十二　女国音

北京的年轻女孩子当中，有一种特殊的口音，最早是1920年代语言学家黎锦熙先生考察北京女子中学学生读音时发现的。这个据说在劈柴胡同师大女附中里最早流传的口音，会把j、q、x读得特别靠前，几乎接近z、c、s。这种读音在韵母是i、ie的单字中更明显，说话的时候朱唇轻启莺声呖呖。这种被称为“女国音”的特殊口音是性别方言的典型案例。几十年来陆续有学者调查研究，总结出这种口音的分布人群，主要集中在受教育程度较高的青春期女生，特别是中学生中很流行。青春期之前的小姑娘不这么说，及至女人结婚生子之后也会渐渐消失。

好奇的人会忍不住追问，这是为什么？虽然前后有各种解释，但近年来大家渐趋一致的看法，是将它归结为一种社会心理现象。青春期的女生性别意识萌芽，会有意无意强调自己女性化的一面，尖细的z、c、s的发音，听感上恰恰让人觉得娇弱柔婉，嗲声嗲气。而这甚至复合更广泛的生物学通则。动物界发出高频尖锐声音的，往往是小个头的画眉黄鹂知了蟋蟀，食物链上层的凶猛动物，往往吼叫低沉振聋发聩。弱小的物种，生存危险性高，时刻戒备焦虑，肌肉紧张声带自然紧张，发出的就是高频的尖锐声。相反凶猛物种自视甚高闲庭信步，肌肉放松声音就会低沉起来。甚至生物学家莫顿还发现，不管是哺乳动物还是鸟类，即使是同一物种在打架争斗时，强势自信的一方叫声低沉，而弱势的一方则叫声尖细。在人的自然属性里，女性生理上娇弱一些，嗓音也普遍比男性尖而高。高音调除了用来示弱，也能表示亲密怜爱。男人什么时候会嗓音变细变尖？恋人絮语或者哄逗儿女的时候。这种通感也被人运用于音乐当中，小提琴协奏曲《梁祝》里，十八相送是尖细的小提琴独奏，到了马公子抢亲，就换成了低沉的管鸣鼓动。古典音乐中这样的例子比比皆是。

语言是随着社会变化而不断发展的，如今卖萌有理撒娇无罪，看看网络流行的错别字当中，用z、c、s代替zhi、chi、shi就是拿来撒娇的一个必杀技，不能说“男生女生”，聊天要用“人家是女森”；就算怒吼一声，也得是“滚粗”；哀怨的时候道一句“被森森地伤害了”。即便中国有广大不分平舌音和翘舌音的方言区域,但纵横网络世界的反向例子却很少见到。远离丛林竞争和饥荒战争的年代,整个社会有娇弱化的态势,听听电视里人说话,俨然发现女国音有蔓延的趋势,不仅超龄女青年中长久过期使用,还多了不少斯文男加盟。娱乐节目也倒罢了,那天突然听到《军情观察室》气喘吁吁的董家耀冒出了"女国音",虽然是双臂微张摆出孔武有力的姿势,但那明显发音靠前的j、q、x顿时让人心里一凉……

附　记

中文系终于搬离了五院,去到用香港富商名字命名的人文学苑了,虽然要搬离的消息传了很久,但从同学口中确认,千里之外仍然觉得心绪难平。身处一个剧烈变动的时代,似乎没有什么是长久的,连故乡都可以陌生得让自己像个外人,一度以为那个春天开满紫藤花夏天长满爬山虎的小院,会比别的东西更长久,这种感觉让我心安。现在,不变的大概只有承泽园王老师家那间小屋了吧。

读书的时候去王老师家,多半是为着功课。说功课的时候,总是在书房。老师的书桌是学者中少有的整洁,台灯边总搁着块抹布叠得方方正正。研一下学期,老师布置我背《方言调查字表》,三千多字,声韵调摄等呼全都要记,说好到学期末检查。对于家乡话只有三个单字调的北方孩子来说,背字表其实真没什么优势,分不出尖团清浊,也不辨入声,几乎只能靠死记硬背。大概是有点魔障了,据说有一次同学聚会,微醺的我非拉着别人背字表。期末去王老师家考试的时候战战兢兢,差不多答对了八成。我老琢磨着,老师大概不是很满意,也就看在北方人的份儿上,算我过了关。这门不在学校的课程表上,不计学分的功课,多年过去,想起那晚书桌上的黄色灯光,仍觉得做人做事要勤谨刻苦。

告别学校已经十几年了,依旧不时回北京探望老师。小屋几乎没有任何变化,没有重新装修,却也一如当年地保持着毫发不乱。十几年过去,曾经让人艳羡的博导楼,如今有些颓败,跟外间世界的车水马龙流光溢彩相比,老师的小屋显得过分寒素质朴。可是老师的神情却从来坦荡从容,只是为退了休可以理直气壮地多听古典音乐而不掩喜色。不管社会上价值观如何飘摇不定,这里总是安稳坚定。常常是跟老友方希一起去王老师家,每次去都是坐在那张旧沙发上,甚至坐的位置都是固定的。面前总是一张方凳搁着茶，每次老师总是笑我，喝茶只需要三片茶叶。水续了一杯又一杯，老师好脾气地听我们胡扯着各处的见闻，时光过得飞快。2007年父亲过世后，只有在老师面前，我觉得自己可以做回一个孩子，甚至偶尔撒娇。

一年前应师姐蓝瓦的邀请，在《深圳商报》上开了一个叫“麻辣语文”的专栏，每周一篇，我们把它定位为语言学科普。虽然每个人都是言语的主体，但一般民众对语言学知之甚少，学界的人又都忙着写鸿篇巨制专业文章。我想就以圈外人的身份，尝试做一点普及工作，既联系曾经的专业所学，又跟当下的语言生活亲密接触。毕业多年以后，每周仍然抱着写作业的心情想题目查资料字斟句酌。也抱着交作业的心情把这些小文拿出来，请老师看看。无论多么幼稚，这是一份心意，我从师长这里得的好处，想传播给更多的人。

（李倩　广州日报社）

附：

王福堂教授方言学论著目录

◇ 著作

1989

《汉语方音字汇》(第二版),北京大学中文系语言学教研室编,文字改革出版社。

注:《汉语方音字汇》1962 年初版是北京大学中文系语言学教研室王福堂、石安石、何耿丰等部分教师在袁家骅先生倡议和指导下于 1958—1959 年集体编纂的。1980 年由王福堂主持增订,为时 10 年,1989 年出版时书名改为《汉语方音字汇》(第二版),但作者署名未作相应变更。

1995/2005

《汉语方言词汇》(第二版),北京大学中文系语言学教研室编,语文出版社。

注:《汉语方言词汇》1964 年初版是北京大学中文系语言学教研室王福堂、石安石、何耿丰等部分教师在袁家骅先生倡议和指导下于 1957—1963 年集体编纂的。1982 年由王福堂主持增订,为时 13 年,1995 年出版时书名改为《汉语方言词汇》(第二版),原文字改革出版社更名为语文出版社,但作者署名未作相应变更。2005 年第二版重印时王福堂对材料作了若干补正。

1999

《汉语方言语音的演变和层次》,语文出版社。

2003/2008

《汉语方音字汇》(第二版重排本),北京大学中文系语言学教研室编,语文出版社。

注:《汉语方音字汇》(第二版)2003 年重印时,王福堂作了部分修订,书名改为《汉语方音字汇》(第二版重排本),原文字改革出版社更名为语文出版社,但作者署名仍未作相应变更。2008 年第二版重排本重印时王福堂对个别字音作了改动,作者署名下面加署了"王福堂修订"。

2005

《汉语方言语音的演变和层次》(修订本),语文出版社。

2010

《汉语方言论集》,商务印书馆。

2014

《绍兴方言研究》,语文出版社。

◇ 论文

1959

绍兴话记音,《语言学论丛》第三辑,上海教育出版社。

1960

《昌黎方言志》读后感,《中国语文》第 12 期。

1973

汉民族共同语的历史发展,《人民日报》第三版,12 月 17 日。

1990

《汉语方音字汇》中字目和字音的处理,《语文研究》第 1 期

1993

《梅花戒宝卷》中的绍兴方言,《开篇》第 11 卷,早稻田大学文学部古屋研究室。

1994

a. 闽北方言中弱化声母和"第九调"之我见,《中国语文》第 6 期;又见《汉语方言论集》,黄家教等著,北京语言文化大学出版社(1997)。

b. 舌面中音应该具有什么样的音值,《语言研究》第 2 期。

1995

yuan 韵母主要元音的音值,《语文建设》第 1 期。

1998

a. 杭州方言上声字中声母 v、z 的音变,《语言学论丛》第 20 辑,商务印书馆;又见《汉语方言论集》,黄家教等著,北京语言文化大学出版社(1997)。

b. 关于客家话和赣方言的分合问题,《方言》第 1 期。

c. 二十世纪的汉语方言学,《二十世纪的中国语言学》,刘坚主编,北京大学出版社。

d. 普通话应该有一个严格的语音标准,《语言文字应用》第 3 期。

e. 绍兴方言中表处所的助词 *东、*带、*亨,《语言学论丛》第 21 辑,商务印书馆。

2000

a. 从"实心馒头"到"淡面包"再到"淡包",《语文研究》第 1 期。

b.《汉语方言大词典》的特点和不足,《辞书研究》第 4 期。

2001

平话、湘南土话和粤北土话的归属,《方言》第 2 期。

2002

a. 汉越语和湘南土话、粤北土话中並定母读音的关系,《纪念王力先生百年诞辰学术论文集》,商务印书馆。

b. 北京话儿化韵的产生过程,《语言学论丛》第 26 辑,商务印书馆。

2003

a. 绍兴方言中的两种述语重叠方式及其语义解释,《吴语研究》第 2 辑,上海教育出版社。

b. 汉语方言语音中的层次,《语言学论丛》第 27 辑,商务印书馆。

c. 方言本字考证说略,《方言》第 4 期。

2004

a. 原始闽语中的清弱化声母和相关的"第九调",《中国语文》第 2 期。

b. 徽州方言的性质与归属,《中国语文研究》第 1 期。

c. 袁家骅先生生平,《纪念岑麒祥、袁家骅先生百年诞辰文集》,远帆世纪出版社(香港)有限公司。

2005

a. 绍兴话"傍子"本字考,《吴语研究》第 3 辑,上海教育出版社。

b. 原始闽语构拟问题的研究过程,《语言暨语言学》第 6 卷第 3 期。

2006

a. 文白异读中读书音的几个问题,《语言学论丛》第 32 辑,商务印书馆。

b. 壮侗语吸气音声母 ʔb ʔd 对汉语方言的影响,《语言学论丛》第 33 辑,商务印书馆。

2007

a. 普通话语音标准中声韵调音值的几个问题,《语言学论丛》第 35 辑,商务印书馆。

b. 汉语方言调查和方言语音,《语言学论丛》第 36 辑,商务印书馆。

c. 全浊声母清化后塞音塞擦音送气不送气的问题,《语言学论丛》第 36 辑,商务印书馆。

d. 林焘先生和北大中文系语音实验室的重建,《燕园远去的笛声——林焘先生纪念文集》,商务印书馆。

2008

a. 绍兴方言同音字汇,《方言》第1期。

b. 绍兴方言百年来的语音变化,《吴语研究》第4辑,上海教育出版社。

c. 绍兴方言韵母又读中的元音 ɒ 和 a,《语言学论丛》第37辑,商务印书馆。

d. 广州方言韵母中长短元音和介音问题,《汉藏语学报》第2辑,商务印书馆。

e. 看来朴素无华,实则光彩照人——悼通锵,《求索者:徐通锵先生纪念文集》,商务印书馆。

2009

文白异读与层次区分,《语言研究》第1期。

2010

a. 绍兴方言中蟹摄一等咍泰韵的分合,《吴语研究》第5辑;又见《罗杰瑞先生七秩晋三寿庆论文集》,香港中文大学中国文化研究所吴多泰中国语文研究中心出版。

b.《汉语方言概要》导读,《袁家骅文选·前言》,北京大学出版社。

c. 武宁方言中的古浊声母,《语言学论丛》第42辑,商务印书馆。

d. 韶山方言同音字汇两种,《中国语学研究·开篇》第29卷,[日]好文出版。

2011

a. 原始闽语构拟和历史比较法,《语言学论丛》第43辑,商务印书馆。

b. 吴闽两方言中的 g(k 和 k^h)声母字,《中国语言学集刊》第5卷第1期,纪念李方桂先生中国语言学研究学会、香港科技大学中国语言学研究中心出版。

c. 绍兴方言考察二则,《吴语研究》第6辑,上海教育出版社。

2012

《汉语官话方言研究》评介,《中国语文》第2期。

2013

我和伯慧先生多年来的交往,《走近詹伯慧——庆祝詹伯慧教授从教六十周年纪念文集》,暨南大学出版社。

2014

杭州方言的语音特点、历史和归属,《吴语研究》第 7 辑,上海教育出版社。